Die komischen Deutschen

DIE KOMISCHEN DEUTSCHEN

881 gewitzte Gedichte
aus 400 Jahren

Herausgegeben
und mit einem Nachwort
von
STEFFEN JACOBS

HAFFMANS VERLAG
BEI ZWEITAUSENDEINS

Erstausgabe
1. Auflage, April 2004
2. Auflage, Juli 2004
3. Auflage, August 2004
4. Auflage, Oktober 2004
5. Auflage, September 2005
6. Auflage, August 2007
7. Auflage, September 2008

Umschlagbild von Rudi Hurzlmeier.
Gestaltung, Satz & Produktion von Urs Jakob,
Werkstatt im Grünen Winkel, CH-8400 Winterthur.
Herstellung: Offizin Andersen Nexö, Leipzig.
Printed in Germany.

Dieses Buch gibt es nur bei Zweitausendeins im Versand,
Postfach, D-60381 Frankfurt am Main,
Telefon 069-4 20 80 00, Fax 069-41 50 03.
Internet www.Zweitausendeins.de,
E-Mail info@Zweitausendeins.de.
Oder in den Zweitausendeins-Läden in Bamberg, Berlin, Bochum,
Bonn, Bremen, Darmstadt, Dortmund, Dresden, Düsseldorf,
Erfurt, Essen, Frankfurt/Main, Freiburg, Göttingen Gütersloh,
2 x in Hamburg, in Hannover, Karlsruhe, Köln, Leipzig, Mannheim,
Marburg, München, Neustadt, Nürnberg, Oldenburg, Stuttgart,
Tübingen, Ulm und Würzburg.

In der Schweiz über buch 2000, Postfach 89, CH-8910 Affoltern a.A.

ISBN 978-3-86150-598-3

Ein Komiker von erstem Rang
Ging eine Straße links entlang.
Die Leute sagten rings umher
Hindeutend: »Das ist der und der!«
Der Komiker fuhr aus der Haut
Nach Haus und würgte seine Braut.
Nicht etwa, wie von ungefähr,
Nein ernst, als ob das komisch wär.

Joachim Ringelnatz
Der Komiker

INHALT

»Mag's wenn Tugend einen Hintern
Und ein Hintern Tugend hat«

LUST & LIEBE

KURT SCHWITTERS

Da sprach der Herr: Wieso
Ich bin von Herzen froh,
Daß ich die Dame nicht
Geküßt hab' ins Gesicht,
Denn hätt' ich sie geküßt,
Dann hätte ich gewußt,
Daß mich die Dame liebt,
Was meistens Unglück gibt.

GOTTHOLD EPHRAIM LESSING
Die lügenhafte Phyllis

Mein Dämon spricht:
Kind, lüge nicht!
Sonst werd' ich strafen müssen,
Und dich zur Strafe küssen.
Er droht mir, sieht verdrüßlich aus,
Und strafet mich schon im voraus.

Sonst log ich nicht.
Nun seit er spricht:
Du sollst mir fein mit Küssen
Die losen Lügen büßen,
Red' ich kein wahres Wörtchen mehr.
Nun, Schwestern, sagt, wo kömmt das her?

MATTHIAS CLAUDIUS
Das unschuldige Mädchen

Meine Mutter sagt mir:
»Deine Lippen gab dir
Zum Sprechen, Tochter, die Natur,
Und zum Sprechen brauch sie nur.«

    Warum sind sie so rot?
Oh, ich konnte ja auch mit weißen Lippen sprechen,
    Und warum gebot

Meine Mutter: *nur* zum Sprechen?
Wer zeigt mir armen Mädchen an,
Was mein Mund mehr als sprechen kann?

GOTTHOLD EPHRAIM LESSING
An eine kleine Schöne

Kleine Schöne, küsse mich.
Kleine Schöne, schämst du dich?
Küsse geben, Küsse nehmen,
Darf dich jetzo nicht beschämen.
Küsse mich noch hundertmal!
Küß’ und merk’ der Küsse Zahl.
Ich will dir, bei meinem Leben!
Alle zehnfach wiedergeben,
Wenn der Kuß kein Scherz mehr ist,
Und du zehn Jahr älter bist.

JOHANN WILHELM LUDWIG GLEIM
Die Anwerbung

Wo wilst du künftig wohnen?
Im Garten meines Mädchen.
Wo wilst du künftig schlafen?
Im Arme meines Mädchen.
Wo wilst du künftig spielen?
An meinem ganzen Mädchen.
Wo wilst du künftig sterben?
Auf seinem sanften Schoosse.
Wer soll dich denn begraben?
Mein Mädchen und sein Enkel.
Wo hast du denn das Mädchen?
Wo habt ihr denn die Tochter?

HARALD HARTUNG
Er wäre gern böse gewesen

Ihr Vater (Konrad) war wie Adenauer
Molly die Mutter ja! wie Molly Bloom
Er (Charlie) träumte schon vom kleinen Ruhm
als er sie küßte an der Gartenmauer

Sie trug ein weißes Fähnchen aus Lavabel
Sie schaukelten im Stadtpark mit dem Kahn
und in dem Wäldchen an der Autobahn
erforschte er die Gegend um den Nabel

Sie fragte Gibt es einen Gott? Er lachte
Sie weinte und er sagte Ja Marie!
und fühlte sich wie Mackie Messer, wie
der lächelte und wie ers schließlich machte

Gisela W. aus Recklinghausen-Süd
seit wieviel Jahren bist du schon verblüht

NICOLAS BORN
Eine Liebe

In Köln Knapsack küßte ich eine Frau
unter einer Brücke 1963.

Wie ihr Gesicht war
so mag ich Gesichter.
Dann hieß sie Heidelinde
das sagte sie.
Ich möchte wissen
wie sie mich dabei ansah.
Draußen war es zu kalt.
Wir verabredeten uns auf einen Zufall.
So bald komme ich nicht mehr nach
Köln Knapsack.

JOHANN BURCHARD MENCKE
Die beschwerliche Nase

Lupine hatte für dem Kopff
    Ein ziemlich großes Näschen kleben;
Nun wollte Mops, der arme Tropff,
    Ihr gern ein Liebes-Küßgen geben,
Drum sprach er: Nase bücke dich,
    Und laß den Mund zu Gaste laden:
Sie aber sagte: Küsse mich,
    Wo dir die Nase nicht kann schaden.

MATTHIAS KOEPPEL
Nebul

Nebul, Nebul – nix ze saihen,
da spazzuretten ze zweyen,
op demm weuten Stoppulfalde,
di Mari müt Villipalde.
Duch es gap Ferlagenhoiten
bey demm Dausch fon Zarttligkoiten,
dönnes draf düs Kuzzelin
nit op Müntt unt Futzelin.
Draf nurr ergantwo darhünden –
Nebul, Nebul – nix ze fünden!

SYBIL VOLKS
Kusskuss

Vor dem Kusskuss tanzt die Gigi
gerne Gogo
ohne Tutu ohne Tamtam
einfach soso

Kiki trinkt den Kusskuss purpur
wie ihr Papa
Pepe kriegt sie nur mit Rum rum
an der Barbar

Lulu lutscht den Kusskuss gegen
jedes Wehweh
Guruguru heilt mit Bonbon
Beriberi

Didi macht aus Kusskuss Kunstkunst
nennt es Dada
spielt in Sing-Sing aus dem Eff-Eff
einen Cha-Cha

Wer den Kusskuss beim Cancan kann?
Das ist Coco
dreht den Tsetse – man wird gaga –
wie ein Jojo

Nach dem Kusskuss legt der Kuckuck
gern ein Ei ei
schiebt's 'ner Mama untern Popo
und sagt: bye-bye

OTTO JULIUS BIERBAUM
Auszählvers für Verliebte

Rumpeldipum,
Prinz Amor geht um,
Vorm Aug eine Binden,
Kann doch Jede finden.
Hat die Rosenhecken
Geplündert und Stecken
Aus Rosenzweigen gemacht mit Spitzen,
Die nun in den Herzen der Mädchen sitzen.
Rum… pum… pum.

FRANK WEDEKIND
Stallknecht und Viehmagd
Carmen bucolicon

Die Bärin wohnt im tiefen Walde,
Im tiefen Wald wohnt auch der Bär,
Und an demselben Aufenthalte,
Da wohnen Bären bald noch mehr.

Und im Olymp, da wohnen Götter,
Darunter Venus und Apoll;
Dort hat man ewig schönes Wetter
Und jeder Gott ist liebevoll.

Auf ödem Felde schafft die Viehmagd,
Tut ob der Arbeit manchen Schrei,
Jedoch Cupido, der sich nie plagt,
Wälzt sich im Grase nebenbei.

Nun kommt der Stallknecht mit den Kühen;
Auch Ochsen ziehen an dem Pflug,
Doch muß er selbst das meiste ziehen,
Dann geht es eben flott genug.

Cupido duckt sich listig nieder,
Er legt den Bogen an mit Lust
Und schießt die Viehmagd durch das Mieder
In ihre ahnungslose Brust.

Der Stallknecht kommt herbeigesprungen,
Auf daß er rasch ihr Hilfe bringt;
Cupido trifft den guten Jungen,
Daß er mit ihr zu Boden sinkt.

Da liegen Stallknecht nun und Viehmagd
Und schauen sich verwundert an,
Und nachher tun sie, was man nie sagt,
Doch was man leicht erraten kann.

CHRISTIAN HOFFMANN
VON HOFFMANNSWALDAU
Schertz-lied

Als die Venus neulich sasse
    In dem bade nackt und bloß /
    Und Cupido auff dem schooß
Von dem liebes-zucker asse /
Zeigte sie dem kleinen knaben
Alles was die frauen haben.

Marmel-hügel sah er liegen /
   Von begierden auffgebaut;
   Sprach zur mutter überlaut:
Wenn werd ich dergleichen kriegen /
Daß mich auch die schäferinnen /
Und die damen lieb gewinnen?

Venus lacht aus vollem munde
   Über ihren kleinen sohn:
   Denn sie sah und merckte schon /
Daß er was davon verstunde /
Sprach: du hast wohl andre sachen /
Die verliebter können machen.

Unterdessen ließ sie spielen
   Seine hand auff ihrer brust:
   Denn sie merckte / daß er lust
Hatte weiter nachzufühlen /
Biß ihr endlich dieser kleine
Kam an ihre zarte beine.

Als er sich an sie geschmieget /
   Sprach er: Liebes mütterlein /
   Wer hat an das dicke bein
Euch die wunde zugefüget?
Müst ihr weiber denn auff erden
Alle so verwundet werden?

Venus konte nichts mehr sagen /
   Als: du kleiner bösewicht /
   Packe dich / du solst noch nicht
Nach dergleichen sachen fragen.
Wunden / die von liebes-pfeilen
Kommen / die sind nicht zu heilen.

CHRISTIAN FÜRCHTEGOTT GELLERT
Der Leichtsinn

Der Leichtsinn, wie die Fabel sagt,
Die Fabel aus den goldnen Jahren,
Ward von den Menschen einst verjagt,
Weil alle seiner müde waren.
Er floh zum Zeus und bat um Aufenthalt.
Kaum sah Merkur die lustige Gestalt,
So fühl' er schon die Pflicht, dem Flüchtling beizuspringen.
»So will dich alle Welt verdringen?
Du dauerst mich. Komm' hüpf auf meine Schwingen!
Ich hoffe dich gut anzubringen.
Komm', Paphos sei dein Aufenthalt!«
Schnell bracht' er ihn zur Venus kleinem Knaben.
»Hier, Gott Cupido«, fing er an,
»Schickt Ihnen Zeus den angenehmsten Mann,
Der schärfer als Sie sehen kann;
Sie sollen ihn zu Ihrem Führer haben.«
Der Leichtsinn trat sein Amt mit Eifer an,
Das Amt, der Liebe vorzutraben,
Und soll, wie die gedachte Fabel spricht,
Von dieser Zeit an seine Pflicht
Sehr selten unterlassen haben.

JOHANN WOLFGANG GOETHE
Zeitmaß

Eros, wie seh ich dich hier! In jeglichem Händchen die
Sanduhr!
    Wie? Leichtsinniger Gott, missest du doppelt die Zeit?
»Langsam rinnen aus einer die Stunden entfernter Geliebten;
    Gegenwärtigen fließt eilig die zweite herab.«

LUDWIG CHRISTOPH HEINRICH HÖLTY
Stax
Nach dem Martial

Corinnen denkt Herr Stax, Corinnen,
    Denn weiter denkt er nichts,
Vom Morgen an, bis zum Beginnen
    Des Mondenlichts.
Als er einmahl vor einer Weile
    An seinen Vater schrieb,
Schloß er den Brief mit dieser Zeile,
    Behalte mich, Corinna, lieb.

PETER RÜHMKORF
Wollte nur mal fragen…

Wollte nur mal fragen, wie's so ist.
Wollte nur mal sehn, ob meine Sterne
noch am Leuchten sind
und man mich in der Ferne
etwa gar vermißt…

Wollte eigentlich,
wollte, weil mein Sinn für das Postume
wie bekannt in engen Grenzen bleibt
und der Geist auf seiner schmalen Krume
ungenetzt nur parfümierte Blüten treibt,
also, wollte fragen, ob man sich…

Ob man, wenn es deine Zeit erlaubt,
und du kannst dich auch real entreißen,
weil: du bist genau so spitz wie ich,
meine, ob du dich
in ein Auto, einen Zug, ein Flugzeug schmeißen
würdest und du kämest schneller als man glaubt
hier ganz einfach angestaubt:
ein speziell für mich
in Gang gesetztes Ding-an-sich…

HANS MAGNUS ENZENSBERGER
Telegrammschalter null Uhr zwölf

Mi dulce amor
auf dem Formular
nach Göteborg 40 Pfennig das Wort
Mit allen Tröstungen unsrer Religion
sanft entschlafen
= RXP = Antwort und Engel bezahlt
Dringend aufkauft Malakka Zinn loco
Limit zwohundertsiebzig das Picul
Wie leis das tickt, wie leis
Mi dulce amor
Mi muy dulce amor
60 Pfennig pro Wort nach Valladolid
= LX DEUIL = Unser Schmuckblatt
für Trauerfälle Geschäft und Geburt
Bote bezahlt, hier gilt allein
die harte Poetik fester Tarife:
condensare! An der verschmierten Wand
Fasse dich kurz Tod, vertanes Herz,
Faß dich kurz, Klartext bitte:
mi dulce amor

ECKHARD HENSCHEID
Charlottens Brief

Werter Werther,
Denkst Du noch des Camembert, der
Unsre Liebe sanktionierte,
Während ich dich deflorierte –
Wart einmal: beziehungsweise
Du mich. Ach, du Scheiße,
Beinahe hätt ich's vergessen
(so geht's halt den Topmätressen)
Dir zu sagen, wie ich Dich
Liebe ganz herztausiglich!
Du, mein kleiner Gardeoberst,
Du mein Scheißer! Warte, ob erst
Albert aus dem Hause fort –
Nein, er hockt auf dem Abort –
Trotzdem wag ich diesen Brief!
Ja, der Camembert hat tief
Mir damals das Herz durchbohrt.
Glaub's mir, Werther, jedes Wort
Dieses Klopstock, den wir lasen,
Und du tät'st so artig blasen,
Ging mir an die Eier mein –
Stop! Die Eier sind ja Dein
Ein und Alles – Hen kai pan,
Wie Du's ausdrückst, werter Mann.
Kurz, wie man's auch dreht und wendet –
Albert scheint am Klo verendet –
Ich bin Din und Du bist min!
Ach, ich möcht' nach Westberlin!
Sightseeing mit Dir, das wär's,
Unter des Berliner Bärs
Tatzenpratzen Dich zu knutschen,

Schnell in' Grunewald zu rutschen –
Ach, wie wird mir Wetzlar öde,
»Lar« fürwahr – und dann die blöde
Hühnerfickerei des Pfarrers
Hiebel Jochen, dieses Schmarrers,
Der mich ständig hacken will,
Und ich halt auch schön brav still,
Bis du wiederkömmst, mein Sauschwanz,
Bleib ich ewig treu und Dein ganz;
spitz wie Wetzlarer Karotte
Wartet Dein – mmmh Bussi!
                                        Lotte.

PETER HACKS
Freu dich, Liebe

Ich hab eine Nachbarin,
Der ich nicht zu häßlich bin.
Muß nicht weit nach Küssen gehen.
Hab mein Schatz im Hausflur stehn.

Wohnte sie in Thüringen,
Müßte ich nach Thüringen.
O wie reich bin ich belohnt,
Daß sie nicht in Gotha wohnt.

Ich hab eine Nachbarin,
Der ich nicht zu häßlich bin.
Freu dich, Liebe, freue dich,
Nebenan, da nimmt man mich.

HANS-ULRICH TREICHEL
Ich gäb dir alles

Am liebsten flög ich mit dir fort
(Hab Blei im Schuh)
Und zeigte dir mein Königreich
(Wo liegt es nur)
Mit Haut und Haar gehört ich dir
(Bin alt und kahl)
Und gäb dir alles was ich hab
(Was kann das sein)
Nie wieder würd ich von dir gehen
(Ein Stündlein noch)
Und sänge dir mein schönstes Lied
(Stumm wie ich bin)
Von Liebe Treu und Ewigkeit

RALF ROTHMANN
Mit der Brille auf der Nase

Hab mich im Griff
daß es wehtut, Baby
verirre mich selten
in tiefen Gefühlen
brauch alle Kraft
um bei Kräften zu bleiben
brauch jede Nacht
um im Trüben zu wühlen
bin für die Liebe verloren.
Das Tier in mir
hat Schlappohren.

JAKOB VAN HODDIS
Ach!

Ach! er ist so wohl erzogen
Aber so was muß sich rächen
Niemals wagt er eine Dame
Auf der Straße anzusprechen.

Traurig denkt er nach, zeitlebens,
(O es bost ihn infernalisch),
Wird vor Ärger amoralisch,
Sataniste – ganz vergebens.

Heute denkt er sich: Verehrter!
Sehnst du wirklich dich nach Güte?
Doch was wäre dir verwehrter?
Güte! Mitleid! Gott behüte!

Priesest du das Heldentier nicht
Haß Verruchtheit Stolz und Neid?…
Ach es nützt dem Tier und dir nicht
Fatzke der Gerechtigkeit.

Denn es wäre schön, unstreitig
Zart mit Mildigkeit geladen
Mitleidsvoll und gegenseitig
Meine Wollust auszubaden

Zitternd vor Gewissensqualen
Seufzt er gräßlich: »Ober, zahlen!«
Meuchlings schleicht er dann nach Haus
Denkt sich da ne Orgie aus.

BARBARA MARIA KLOOS
Münchner Honeymoon

Himmel, hat der Halbmond
einen Ständer! Die Sterne
reiben sich in Scharen
an seinem gelben Schwanz.

Ich glaub, heut hat der
Sommer Schnaps gesoffen.
Die heiße Nacht nimmt mich
von hinten: voll und ganz!

JOHANN HEINRICH VOSS
Die Spinnerin

   Ich armes Mädchen!
Mein Spinnerädchen
Will gar nicht gehn,
Seitdem der Fremde
In weißem Hemde
Uns half beim Weizenmähn!

   Denn bald so sinnig,
Bald schlotternd spinn' ich
In wildem Trab,
Bald schnurrt das Rädchen,
Bald läuft das Fädchen
Vom vollen Rocken ab.

   Noch denk' ich immer
Der Sense Schimmer,
Den blanken Hut,
Und wie wir beide
An gelber Weide
So sanft im Klee geruht.

FRIEDRICH HEBBEL
Neue Liebe

O Blitz, der aus dem Tiefsten springt
   Und mir durch jede Faser zuckt,
Der mich mit neuer Glut durchdringt,
   Die sonst mein Inn'res still verschluckt;

Ich grüße dich viel tausend Mal
   Und frag' nicht: bringst du mir Genuß?
Denn du befrei'st mich von der Qual,
   Daß ich mich selber lieben muß.

BERTOLT BRECHT
Die Ballade von der sexuellen Hörigkeit

1

Da ist nun einer schon der Satan selber
Der Metzger: er! Und alle andern: Kälber!
Der frechste Hund! Der schlimmste Hurentreiber!
Wer kocht ihn ab, der alle abkocht? Weiber.
Ob er will oder nicht – er ist bereit.
Das ist die sexuelle Hörigkeit.
 Er hält sich nicht an die Bibel. Er lacht übers BGB.
 Er meint, er ist der größte Egoist
 Weiß, daß wer'n Weib hat, schon verschoben ist.
 Drum duldet er kein Weib in seiner Näh:
 Er soll den Tag nicht vor dem Abend loben
 Denn vor es Nacht wird, liegt er wieder droben.

2

So mancher Mann sah manchen Mann verrecken:
Ein großer Geist blieb in 'ner Hure stecken!
Und die's mit ansahn, was sie sich auch schwuren –
Als sie verreckten, wer begrub sie? Huren.
Ob sie wollen oder nicht – sie sind bereit.
Das ist die sexuelle Hörigkeit.
 Der klammert sich an die Bibel. Der verbessert das BGB.
 Der wird ein Christ! Der wird ein Anarchist!
 Am Mittag zwingt man sich, daß man nicht Sellerie frißt.
 Nachmittags weiht man sich noch eilig 'ner Idee.
 Am Abend sagt man: mit mir geht's nach oben
 Und vor es Nacht wird, liegt man wieder droben.

FRANK WEDEKIND
Zwiegespräch
zwischen Felix, dem Schäfer,
und Galathea, der Schäferin

Felix

Galathea, wie lange schon
Hab ich dich nun gebeten!
Galathea, nur kalter Hohn
War die Antwort auf all mein Flöten,
Auf mein Trompeten, auf mein Schalmein,
Auf meine entzückenden Weisen!
Oh, Mädchen, du hast ein Herz von Stein
Und eine Tugend von Eisen!

Galathea

Mein lieber Felix, was bist du nur
So traurig im schönsten Lenze?
Komm mit mir hinaus auf die Blumenflur,
Da schwellen die üppigsten Kränze.
Sieh, wie die Vögel so zärtlich tun,
Wie die Hunde so selig schlafen.
Sieh, wie so friedlich im Grase ruhn
Die Böcke bei unsern Schafen.

Felix

Oh, Galathea, die Böcke sind satt,
Die Schafe in Rührung zerflossen.

Von meinen Empfindungen aber hat
Sich keine den deinen erschlossen.
Es brodelt in mir wie in einem Vulkan,
Ich muß mich beständig kratzen;
Und wird mir nicht bald Genüge getan,
Dann werde ich nächstens zerplatzen.

Galathea

Ach, Felix, wir leben im Monat August,
Da schwitzt man begreiflicherweise;
Und wenn du dich überdies kratzen mußt,
Dann hast du wahrscheinlich Läuse.
Sieh nur, welch reizenden Kranz ich hier
Aus Himmelsschlüsseln gewunden!
Kränz ich damit deine Locken dir,
Dann ist alles Jucken verschwunden.

Felix

Es handelt sich nicht um das Jucken der Haut;
Das würd ich wohl schwerlich noch spüren! –
Oh, Galathea, sei meine Braut;
Du hast keine Zeit zu verlieren.
An deinem letzten harmlosen Schrei
Möcht ich so gerne mich freuen.
Du findest ja auch deine Rechnung dabei,
Du wirst es gewiß nicht bereuen.

Galathea

Oh, Felix, ich habe, solang ich weiß,
Noch nie eine Rechnung gefunden;
Doch wird auch mir jetzt auf einmal so heiß,
Und meine Ruh ist verschwunden.
Auch spür ich ein Jucken, so sonderbar,
Wo, läßt sich genau nicht entscheiden.
Ich glaube, daß welche aus deinem Haar
In meinen Locken schon weiden.

Felix

Bleib endlich mit deinen Läusen fort!
Du willst mich gar nicht verstehen!
Dich freut es, mir jedes gefühlvolle Wort
Im Munde herum zu drehen.
Dir fehlen, scheint mir, am Schädel herum
Die allernötigsten Schrauben.
Oh, Mädchen, bist du denn wirklich so dumm,
Wie deinem Gesicht nach zu glauben?

Galathea

Ich bin nicht dümmer, als Gott mich schuf.
Ich danke dem Himmel deswegen.
Es ist nicht so einfach, mit dem Vesuv
Eine Unterhaltung zu pflegen.
Du sprichst so verworren, so unbestimmt;
Ich bin nicht klug draus geworden.
Man fürchtet, wenn man es wörtlich nimmt,
Du wolltest einen ermorden.

Felix

Oh, Galathea, spotte nicht mein,
Und sei mir nicht böse, du Süße,
Denn meine Gefühle sind ebenso rein
Wie deine zwei lieblichen Füße.
Ich suche mein Himmelreich und mein Glück,
Den Wahnfried all meiner Sorgen.
Nur fehlt mir dazu das nöt'ge Geschick;
Ich find es vielleicht erst morgen.

Galathea

Oh, Felix, wüßt ich, wohin nur gleich
Sich deine Blicke verkriechen!
Auch wirst du auf einmal so kreidebleich
Und fängst so stark an zu riechen.
Das ist doch ein seltsam entsetzlicher Brauch,
Dein Bild ist gänzlich verschwommen.
Hei-hei-hei-hei-heiratest du mich denn auch,
Wenn ich in die Wochen gekommen?

Felix

Galathea, jetzt wird mir die Welt zu eng.
Ich hab die Besinnung verloren.
Mir donnert dein Schneng-tege-tege-teng-teng-teng
Wie höllischer Spott in den Ohren.
Du selber trägst die Verantwortlichkeit
Für die Wirkungen deiner Partien.
Der Übelstand, welcher nach Abhilfe schreit,
Ist längst aufs höchste gediehen.

Galathea

Oh, Fe-, oh, Felix, oh, Felix, oh, Fe-,
Oh, Felix, ist dir auch behaglich?
Wenn ich deine zornigen Blicke seh,
Scheint mir dein Vergnügen sehr fraglich.
Nicht herrlicher denk ich es mir, wenn ich
Das ewige Leben erwerbe;
Doch deine Grimassen sind fürchterlich,
Du machst mich tot, ich sterbe.

ANTON G. LEITNER
Menschen, Fress er

Grillt sich selbst
Das Fleisch zieht

In die Nase.
Aber der Bauch

Nabel gepierct
Mit fünfzehn

Schwanger. Heilige
Jungfrau, bitte

Für uns Medium
Oder durch

Wachsen. Was
Auf den Tisch kommt

Macht müde
Männer munter. Nicht

So gespreizt. Jeder
Bekommt sein

Stück ab
Gebissen.

GERHARD RÜHM
mein steckenpferd

brüste sind mein steckenpferd
brüste rosig
brüste welk
brüste sind mein steckenpferd
brüste grade
und verkehrt

weiss der teufel was ich will
brüste hüpfend
brüste still
weiss der teufel was ich will
brüste sind mir
weg und ziel

brüste oben
brüste unten
brüste seitwärts
leer und voll

brust und brüste
busen busen
warum macht ihr
mich so toll

brüste sind mein steckenpferd
brüste rosig
brüste welk
brüste sind mein steckenpferd
brüste grade
und verkehrt

weiss der teufel was ich will
brüste hüpfend
brüste still
weiss der teufel was ich will
brüste sind mir
weg und ziel

CHRISTIAN HOFFMANN
VON HOFFMANNSWALDAU
Augen / brüste

Was soll ich von deinen augen / und den weissen brüsten
    sagen?
Jene sind der Venus führer / diese sind ihr sieges-wagen.

FRIEDRICH VON LOGAU
Von den Weiber-Brüsten

Wie kommts, daß Frauen-Volk so klare Stimmen führet?
Weil duppelt Blasebalg hart an ihr Lufftröhr rühret.

GEORG CHRISTOPH LICHTENBERG
Die Amazone

Den alten Amazonen fehlte eine,
Und unsre neuern haben keine.

FRANZOBEL
Dicke Titten

De dicken titten, de tatn,
de tatn wie de Fritaten – und net wie de Totn,
de tatn, de Titten, de dicken,
de taten wie de Fritaten, und net wie de Totn, tatans tuan Tätä.
Tätä tatatns tun, de Titten, de dicken, wie de Fritatn,
de hängen in Tee.
In Tee hängen de Duttln und net in de Suppn, de Deppen,
de kinan nichts tun als Tätä,
wans net hängen im Tee.
De Titten, de dicken, de hängen
und net wie de Totn. Oje.

KURT TUCHOLSKY
Versunkenes Träumen

Lieblich ruht der Busen, auf dem Tisch,
jener Jungfrau, welche rosig ist und frisch.

Ach, er ist so kugelig und gerundet,
daß er mir schon in Gedanken mundet.

Heil und Sieg dereinst dem feinen Knaben,
dem es freisteht, sich daran zu laben.

Jener wird erst stöhnen und sich recken;
aber nachher bleibt er sicher stecken.

Heirat, Kinder und ein häusliches Frangssäh –
nichts von Liebesnacht und jenem Kanapee…

Ich hingegen sitz bei ihren Brüsten,
und – gedanklich – dient sie meinen Lüsten.

Doch dann steh ich auf und schlenkre froh mein Bein,
schiebe ab,
bin frei –
und lasse Jungfer Jungfer sein! –

WOLF WONDRATSCHEK
Hände weg, du Arschloch!

Sie hat die schönsten Dinger
und wenn ich draufschaue, weiß ich,
was los ist. Ihre Gefühlsskala reicht
von nichts bis zum dicksten Skipullover.
Ich habe ihr das nie gesagt,
sie würde ihn sofort ausziehn
und das bedeutet immer
»Hände weg, du Arschloch!«

LUDWIG UHLAND
Hans und Grete

Sie:

Guckst du mir denn immer nach,
Wo du nur mich findest?
Nimm die Äuglein doch in acht!
Daß du nicht erblindest.

Er:

Gucktest du nicht stets herum,
Würdest mich nicht sehen;
Nimm dein Hälschen doch in acht!
Wirst es noch verdrehen.

OTTO JULIUS BIERBAUM
Hans und Grethe

Hans und Grethe, Grethe und Hans;
Ueberall derselbe Tanz;
Immerfort derselbe Kreis,
Von Adam her im Paradeis
Zielt alles auf denselben Strich:
Das Ding ist unabänderlich.

GOTTHOLD EPHRAIM LESSING
Auf die Thestylis

Die schiele Thestylis hat Augen in dem Kopfe,
So hat ein Luchs sie nicht.
Glaubt ihr, sie sieht euch ins Gesicht,
So sieht sie nach dem Hosenknopfe.

JOACHIM RINGELNATZ
Genau besehn

Wenn man das zierlichste Näschen
Von seiner liebsten Braut
Durch ein Vergrößerungsgläschen
Näher beschaut,
Dann zeigen sich haarige Berge,
Daß einem graut.

ANDREAS GRYPHIUS
An Jolinden

Was habt ihr, das ihr mögt an euch eur eigen nennen!
   Die Schminck ist's, die euch so Bluttrote Lippen macht:
   Die Zähne sind durch Kunst in leeren Mund gebracht,
Man weiß das Meisterstück, wordurch die Wangen brennen.

Eur eingekauftes Haar kann auch ein Kind erkennen.
   Der schlimme Schweiß entdeckt des Halses falsche Pracht.
   Die aufgesteiffte Stirn wird billich außgelacht
Wenn sich der Salben Eyß will bey den Runzeln trennen.

   Gemahlte, sagt mir doch, wer seyd ihr, und wie alt?
   Ihr, meyn ich, sechzehn Jahr; drey Stunden die Gestalt.
Ihr seyd von Hauß' und sie ist über See ankommen.

   Ihr schätzt euch trefflich hoch, umbsonst! der Mahler hat
   Noch für ein schöner Bild, das feil war in der Stadt
Und länger bleibt, denn ihr, drey Kronen nur genommen.

FRIEDRICH VON LOGAU
Geschmünkte Weiber

Die Damen, die sich gerne schmünken,
Die lassen sich wohl selbst bedünken,
Daß wo Natur an ihren Gaben
Muß etwas übersehen haben;
Drum wo man Schmuck und Schmünke schauet
Thut törlich, wer der Farbe trauet.

JOHANN WOLFGANG GOETHE
Vier Distichen

Zürnet nicht, ihr Frauen, daß wir das Mädchen bewundern:
Ihr genießet des Nachts, was sie am Abend erregt.

Knaben liebt ich wohl auch, doch lieber sind mir die Mädchen;
Hab ich als Mädchen sie satt, dient sie als Knabe mir noch.

Lange sucht ich ein Weib mir, ich suchte, da fand ich nur Dirnen,
Endlich erhascht ich dich mir, Dirnchen, da fand ich ein Weib.

Arm und kleiderlos war, als ich sie geworben, das Mädchen;
Damals gefiel sie mir nackt, wie sie mir jetzt noch gefällt.

THOMAS MANN

Als Sachsens Marschall einst die stolze Pompadour
Im goldnen Phaeton – vergnügt spazieren fuhr,
Sah Frelon dieses Paar –

                              o, rief er, seht sie beide!
Des Königs Schwert – und seine Scheide!

MAX GOLDT
Eberhard

Wenn Juwelen aus Versehen funkeln
und Rüben nur aus Rücksicht runkeln
Wenn die Gemeine Gartenamsel intensiv nach Käse riecht
und der Emmentaler Käse jedes Jahr gen Süden fliecht
dann kommt er gleich
dann kommt er gleich

– Staatsstreich? Staatstreich? –

Wart, laß mich zu Ende reden:
Wenn die Königin von Schweden
ihrem Ehemann, dem König, sagt
in Schweden sei es ihr zu kalt
und überhaupt, Stockholm sei halt
so etwas von öde, insbesondere nachts
ohjemineh, da kommt er schon
ohjemineh, da kommt er schon

– Der Anstifter zur Revolution? –

Ach was! Der blöde Eberhard
in seinem Flohmarktmantel
und seiner viel zu stark geschminkten Freundin!

– Igitt, die alte Hexe! –

Und er erst: Nur Komplexe

– Was hat er denn für welche? –

Einen ganz banalen:

Im Dunkel seiner Unterhose
wohnt eine Totalphimose
das heißt: die Vorhaut ist verengt
was er allerdings verdrängt
denn ihm graut vorm Hospital
wo man sein Geschlechtsmerkmal
zwar in tiefer Vollnarkose
aber ohne Unterhose
mit spitzen Krankenschwesterfingern
und Skalpellen und so Dingern
chirurgisch reduzieren würde

– Kein Wunder, daß ihm davor graut! –

Ach was, son kleiner Lappen Haut

– Und was sagt seine Freundin? –

Die arbeitet im Hospital

– Dann ist es doch nicht so banal –

URSULA KRECHEL
Hoden und Haben

Wer zwei Hoden hat
mag sich loben.
Wer keine hat
mag sich auch loben.
Wer zwei Hoden hat
und wer keine hat
die mögen sich
freundlich zueinander neigen
und sich was Schönes zeigen.

ROR WOLF
die pflege der geselligkeit

meine herrn, um einmal auszuschweifen,
will ich die gelegenheit ergreifen,

und ich pfeife hier im speisesaal
einmal ordentlich auf die moral,

sagt die witwe zu dem fetten
attaché, im rauch der zigaretten,

meine damen, sagt sie, meine herrn:
heute abend kommen wir zum kern.

weil: nach einem üppigen verzehr,
da empfiehlt sich der geschlechtsverkehr,

sorgenlos beim sitzen auf den stühlen
werden wir uns ins vergnügen wühlen,

oder gar auf den gedeckten tischen,
und zwar ohne sie erst abzuwischen.

freundlich legt sie sich auf ihren bauch,
wie gesagt: im zigarettenrauch.

alle herren, die gerade saßen,
springen jubelnd auf und sie erfassen

ihre gläser: dreimal hoch, madam,
das ist ein vorzügliches programm.

der tenor ruft: bitte sehr, gnä frau,
zeigen sie uns ihren körperbau.

etwas knackt. man hört die witwe lachen.
noch ist nichts genaues auszumachen.

knipsend öffnet sie die puderdose,
und vom tisch tropft etwas bratensoße,

und es tropft auch etwas vom ragout
weich hinunter über ihr dessous,

denn den glockenrock hat sie nach oben
bis zu ihrem hals hinaufgeschoben.

dann hört man den knick von einem knie.
meine herren, worauf warten sie?

plötzlich sieht man alle herren hüpfen
und beim hüpfen aus den hosen schlüpfen.

oben unten mitte links und rechts
sieht man viele teile des geschlechts.

ach die herren aus den höchsten kreisen
wollen ihre leidenschaft beweisen

und sie gießen eine flasche henkell
trocken über ihre schönen schenkel.

liebe zeit, sie machen mich ja nass,
sagt die witwe, warum tun sie das?

rasch sind ihre worte fortgeschwommen,
mittlerweile hat sie platz genommen.

hoch auf dem direktor, mit den lenden
sitzt sie und umfaßt ihn mit den händen,

und sie hebt noch eine kleiderschicht.
meine dame, nein, es geht jetzt nicht.

sagt der lord, der den direktor stützt,
denn was nützt es, wenn es gar nichts nützt.

auch der graf ist über alle maßen
ausgelöffelt oder ausgeblasen.

rechts hat sich der dunkle gast ergossen.
links ist der minister fortgeflossen.

der bankier, am ende seiner kraft,
wird von unbekannten fortgeschafft.

schlaff am boden liegt ein aufgeknöpfter
neger nackt, ein ganz und gar erschöpfter.

nur professor doktor winternitz
ruft: madam, gleich geht es auf den piz!

herrschaft! ruft er, himmel! meine güte!
gott behüte, sagt sie, ich ermüde.

ist das wirklich alles schon gewesen?
fragt die witwe gähnend den chinesen,

denn mit stäbchen und mit liebesmücken
kann man mich auf keinen fall entzücken.

alles ist verschwommen und verschmiert.
aber sonst ist nicht sehr viel passiert.

ULI BECKER
Drei Haiku

1.
Ewiges Feuer!
Alle Bidets dieser Welt
können's nicht löschen.

2.
Ihr Optimismus
steckt an, ihr lebensgroßes
V für Victory.

3.
Brustwarzen groß wie
Menschärgerdichnicht-Püppchen –
Wer imitiert wen?

OTTO JÄGERSBERG
Die Sinnlichkeit der Frauen

Ach die Sinnlichkeit der Frauen
ist ein seltsam Ding
Ganz selten für Sekunden nur
fühlen wir Aha so läuft das also
aber dann ist es auch schon wieder
vorbei

Frauenart warum gibt es das nur
Selbst der kleine Wühler
der Grottenforscher und Hausgeologe
weiß nicht weiter

Überall wahrlich überall vermuten wir
bei den Frauen den Sitz der Sinnlichkeit
Es ist zum Verrücktwerden wo ist nur
der geheimnisvolle Sitz der Sinnlichkeit
(Die Frauen kennen ihn
angeblich selbst nicht)

Wir erforschen die entlegensten Körpergegenden
bringen Markierungzeichen an
Wegweiser für unsere Nachfolger
nur unerschrocken weiter Jungs
hier geht's lang
dies ist der richtige Weg
zum Sitz der Sinnlichkeit

Denkste
Bei dieser erfolglosen Sucherei
bleiben wir ewig kleine Jungen

Die Frauen gehen längst herum
mit ihren frischen Hintern wie duftende
krustige Brotlaibe vom Schwarzwaldbäcker
und pfeifen auf den Sitz ihrer Sinnlichkeit
Spottlieder

GOTTFRIED KELLER
Regina

Mein Schatz sitzt im Garten,
Kehrt den Rücken dem Tal,
Und verbirgt mir ihrer Augen
Himmlischen Strahl.

Ihr goldbrauner Haarwuchs
Weht über den Zaun;
Ihren Mund und ihre Augen
Doch läßt sie nicht schau'n.

Sie lässet erklingen
Ihrer Stimme Getön.
O du boshafte Hexe,
Wie klingt es so schön!

FRANZ HESSEL
Bekenntnis einer Chansonette

Sing ich auch hier von Küssen und Kosen,
Von Puderdosen und Spitzenhosen,
Ihr Männer, bildet euch nur nichts ein,
Noch mag ich keinen von euch zum Schatze,
Zu Hause streichl' ich meine Katze
Und lese Schillers Wallenstein.

Ich übe fleißig die übelsten Chosen,
Kokottengebärden und Nuttenposen,
Ich bin noch jung, ich lerne schnell.
Doch eure Liebe, die ist mir schnuppe.
Zu Haus koch ich mir Tomatensuppe
Und lese Schillers Wilhelm Tell.

Und hab ich hier brav gemimt und gewitzelt
Und eure verwöhnten Sinne gekitzelt,
Dann geh ich nach Hause ganz allein.
Im Bettchen eß ich 'ne Schillerlocke
Mit Sahne und lese das Lied von der Glocke
Oder die Jungfrau – und schlafe ein.

PETER PAUL ALTHAUS

Man muß schon lange gestripteased haben,
um sowas zu können.
Wenn ich nach alldem, was ich auszuziehen habe,
auch noch meine nackte Seele zeige,

werden manche Männer feige
vor den vielen blauen Flecken,
die sie auf meiner Seele entdecken,
oder lüstern, je nach ihrer Sondermarke.
Für die Starken bin ich die Schwache,
für die Schwachen bin ich die Starke.
Dabei striptease ich weder aus Leidenschaft oder sonstwas,
wenn ich meine Seele dabei entblöße.
Für mich ist die ganze Stripteaserei
Sauerbraten und Klöße
Oder Spinat und Spiegelei.

MAX HERRMANN-NEISSE
Schülervorstellung
(Für Kurt Finkenstein)

»Minna von Barnhelm«: Pensum, Tertiaqual.
Heut dürfen, müssen sie ins Schauspielhaus;
gelangweilt lümmeln sie – man kennt sich aus –
Zitate sind Erinnerung, fatal,
an Rüge, Nichtversetztsein, Angst und Zank.
Man sähe lieber den verbotnen Schwank.
Die Kellnerin im »Lamm« war doch nicht krank?
Meist schlummert man wie auf der Klassenbank.
Nur wenn die angebetete Soubrette
als Kammerkätzchen auf der Bühne steht,
kommt plötzlich Leben in den Schülerchor.
Man reckt sich und schielt gierig um die Wette
in ihren Busenschacht, soweit es geht,
und klatscht zum Schluß, trotz Lessings, sie hervor.

GOTTHOLD EPHRAIM LESSING
Die Liebe

Ohne Liebe
Lebe, wer da kann.
Wenn er auch ein Mensch schon bliebe,
Bleibt er doch kein Mann.

Süße Liebe,
Mach' mein Leben süß!
Stille nie die regen Triebe
Sonder Hindernis.

Schmachten lassen
Sei der Schönen Pflicht!
Nur uns ewig schmachten lassen,
Dieses sei sie nicht.

MAX HERRMANN-NEISSE

1.
Ich saß den ganzen Tag beim Becher
Als stillverliebter, zager Zecher,
Und schaute in ihr Augenpaar.
Doch sie – ging aus und ein, und lachte,
»Daß sie sich gar nichts aus mir machte«,
Erklärte sie mir klipp und klar.

II.

Als ich mein ganzes Geld vertrunken,
Da bin ich vor ihr hingesunken,
Da faßte ich mir frischen Mut
Und sprach: »Ich liebe Sie, Madame!
Ich liebe Sie, de toute mon âme!!
Wenn Sie nicht… fließt noch heut mein Blut!«

III.

Sie lachte: »Ach, mein Herr, Sie scherzen,
Ich weiß von Liebe nichts und Herzen.
Und Blut kann ich erst recht nicht sehn.
Ja, einen Kuß mal, aber lieben…!?
Fünf Schnitt und zwei Zigarren macht sieben –
Ich danke sehr! – Auf Wiedersehn!«

HEINRICH HEINE
Aus: *Emma*

Emma, sage mir die Wahrheit:
Ward ich närrisch durch die Liebe?
Oder ist die Liebe selber
Nur die Folge meiner Narrheit?

Ach! mich quälet, teure Emma,
Außer meiner tollen Liebe,
Außer meiner Liebestollheit,
Obendrein noch dies Dilemma.

CLAIRE & YVAN GOLL

Dreißig Jahre
Habe ich auf dich gewartet:
In städtischen Gärten
Lauernd hinter den Büschen,
Mitternachts nach Theaterschluß
Begleitete ich dich im Traum,
In feinen Kunsthandlungen
Kauft ich die Kopie deines Lächelns:
Dreißig Jahre lang
Konnt ich auf dich warten,
Eine ganze Jugend lang!

Aber heut, wenn du nicht pünktlich bist:
Warte ich nur noch bis zur nächsten Tram!

ARNO HOLZ
»Zu den drei Nymphen«

Apage, blonder Satan, lass mich los!
Ich weiss, dies ist das Haus »Zu den drei Nymphen«,
Doch setze dich nicht gleich mir auf den Schooss
Und kokettire nicht mit deinen Strümpfen!

Dein Wort ist wie ein tönendes Geschell,
Du wirst dies junge Herz mir nicht beschwatzen;
Du bist ja doch nur eine Biermamsell
Und feil und falsch wie alle diese Katzen.

Durch dein Gelächter zischt die rothe Lust,
Die Goldgier grub sich tief in deine Züge
Und luftgepolstert thront auf deiner Brust
Die gummifabricirte Doppellüge.

Was dir an Locken bummelt um die Stirn,
Ist mühsam nur gestutzt mit Papilloten,
Und dein vertraktes kleines Weibsgehirn
Ist bis zum Platzen vollgepfropft mit Zoten.

Du machst die Augen zu und schnalzt: Wie schön!
Und nippst beim Nachbargast vom Blut der Reben
Und denkst dabei nur an das Lustgestöhn,
Als du dich gestern Nacht ihm preisgegeben.

Dein Element ist recht die Völlerei,
Das Austernfressen und Champagnersaufen…
Wie? Teufel! schlägt die Stutzuhr dort schon Zwei?
Da, nimm mein Portemonnaie und – lass mich laufen!

KARL RIHA
abschieds-sonett

heb deinen arsch
zieh leine und verdufte, sag ich barsch
das ewige vögeln macht müde mich und matt
ich will dich nimmer sehn, ich hab dich satt

mit deiner futt
machst du mich länger nicht kaputt
zu hilfe ruf ich alle sieben winde
nimm deine titten, kind, verschwinde

ich sags, wie's ist: ich kenne kein pardon
pack deine sachen, zieh davon
samt kleiderschrank und grammophon

getrennt sind wir von bett und tisch
nun bin ich wieder   wie zuvor   ein freier fisch
solo für mich, allein und frisch

LUDWIG CHRISTOPH HEINRICH HÖLTY
Der Misogyn

Kein Mädchen kann mein Herz bestricken;
 Kein Augenpaar,
Aus welchem tausend Engel blicken;
 Kein blondes Haar;
Kein Mund, um den das Lächeln schwebet,
 Und keine Brust,
Mit dünnem Silberflor umwebet,
 Füllt mich mit Lust.

Ein Wuchs, den Venus selber neidet,
 Und eine Hand,
Die Persien in Perlen kleidet,
 Ist Kindertand.
Ich sollte mich darinn vergaffen?
 Ey, großen Dank!
Ich werde nicht, wie junge Laffen,
 Vor Liebe krank.

Mir ward ein Herz von Eis beschieden,
 Ein Felsensinn,
Drum wandl' ich auch, in süßem Frieden,
 Durchs Leben hin;
Geh' immer, in der Brust den Himmel,
 Geraden Pfad;
Durchtaumle niemals das Gewimmel
 Der goldnen Stadt.

Und trink', in meiner Weinblattlaube,
 Den Göttersaft
Der röthelnden Burgundertraube,
 Die Wonne schafft.

Sollt' ich dafür, in Galaröcken,
    Vor Liebe krank,
Des Fräuleins gnädge Hände lecken?
    Ey, großen Dank!

Sollt' ich den Rosenkelch verlaßen?
    Die Nachtigall?
Auf eines Mädchens Winke paßen,
    Bey Tanz und Ball?
Ich würde, kämen ganze Gruppen
    Von Mädchen, traun!
Nicht aus der Laube gehn, die Puppen
    Nur anzuschaun.

ALFRED LICHTENSTEIN
Kunos Nachtlied

Täglich, wenn es so sehr dunkelt,
Daß ich nicht mehr lesen kann,
Lauf ich singend auf die Straße,
Sehe jedes Mädchen an…

Ob vielleicht – wer will das wissen –
Gerade heut ein Wunder sei:
Daß ich als Erlöster heimkehr,
Friedlich und für ewig frei…

Komme ich vom vielen Suchen
Müde und verwirrt nach Haus,
Weiß ich ein geheimes Mittel,
Das löscht alle Leiden aus –

LUDWIG UHLAND
Die Nachtschwärmer

> Eines schickt sich nicht für alle;
> Sehe jeder, wie er's treibe,
> Sehe jeder, wo er bleibe,
> Und wer steht, daß er nicht falle!
> *Goethe*

Der Unverträgliche:

Stille streif ich durch die Gassen,
Wo sie wohnt, die blonde Kleine;
Doch schon seh ich andre passen,
Und mir war's im Dämmerscheine,
Einer würd hineingelassen.
Regt es mir denn gleich die Galle,
Daß sie andern auch gefalle?
Sei's! doch kann ich nicht verschweigen:
Jeder hab ein Liebchen eigen!
Eines schickt sich nicht für alle.

Der Hülfreiche:

Zu dem Brunnen mit den Krügen
Kommt noch spät mein trautes Mädchen,
Rollt mit raschen, kräft'gen Zügen
Husch! die Kette um das Rädchen;
Ihr zu helfen, welch Vergnügen!
Ja, ich zog mit ganzem Leibe,
Bis zersprang des Rädchens Scheibe.

Ist es nun auch stehngeblieben,
Haben wir's doch gut getrieben,
Sehe jeder, wie er's treibe!

Der Vorsichtige:

»Zwölf Uhr!« ist der Ruf erschollen,
Und mir sinkt das Glas vom Munde.
Soll ich jetzt nach Haus mich trollen
In der schlimmen Geisterstunde,
In der Stunde der Patrollen?
Und daheim zum Zeitvertreibe
Noch den Zank von meinem Weibe!
Dann die Nachbarn, häm'sche Tadler! –
Nein! ich bleib im goldnen Adler,
Sehe jeder, wo er bleibe!

Der Schwankende:

Ei, was kann man nicht erleben!
Heute war doch Sommerhitze,
Und nun hat's Glatteis gegeben;
Daß ich noch aufs Pflaster sitze,
Muß ich jeden Schritt erbeben;
Und die Häuser taumeln alle,
Wenn ich kaum an eines pralle.
Hüte sich in diesen Zeiten,
Wer da wandelt, auszugleiten,
Und wer steht, daß er nicht falle!

KLABUND
Pubertät

Durch die Gassen jeden Abend
Schweife ich, und nach der Jause;
Niemals noch erreicht es habend,
Ziehe wedelnd ich nach Hause.

Für die fleischlichen Gelüste
Such' ein passendes Objekt ich.
Hübsches Antlitz, pralle Brüste –
Aphrodite, ach versteck sich!

Jeden Abend, o wie gräßlich,
Sind sie immer überschminkter,
Immer häßlicher als häßlich.
Mein Verstand, die Hände ringt er.

In der Zeitung morgen stehe
Jedes Mädchenherz bewegend:
Netter Jüngling sucht zwecks Ehe
Jungfrau, wenn auch unvermögend.

THOMAS GSELLA
Immer dasselbe

So wie sie hereinkam,
so schlug es mich nieder.
Und jedweder Schweinkram
verbot sich mal wieder:

Drei Nummern zu heilig,
da kann ich nur lieben.
Da kann ich kein eilig-
es Nümmerchen schieben.

ERICH KÄSTNER
Ein Fräulein beklagt sich bitter

Ich bin sehr schön. Und bin als schön bekannt.
Fast jeder denkt bei mir an Botticelli.
Ich bin nicht hübsch. Und bin nicht intressant.
Nein, ich bin schön! Und dabei heiß ich Elli.

Sobald ich wem zum erstenmal begegne,
so wird er fromm und sieht mich reuig an,
als bäte er darum, daß ich ihn segne…
Die Männer glauben, daß ich segnen kann.

So schön wie ich zu sein, ist kein Vergnügen.
So schön zu sein wie ich, ist eine Qual!
Die Männer wählten mich zum Ideal.
Und wen sie ausersehn, der muß sich fügen.

Man sprach mich heilig, weil man es so wollte.
Und keiner fragte, ob ich heilig sei!
Ich bin ein Mädchen, und gesund dabei,
und weiß nicht recht, warum ich fromm sein sollte.

Ja, ich bin schön! Betrachtet mich genau!
Ihr solltet nicht so edel mit mir sprechen…
Das Frömmste ist an mir der Körperbau,
und mich zu lieben, wäre kein Verbrechen.

Macht Verse! Malt mich ab! Setzt mich in Noten!
Mir ist es recht, da es mir recht sein muß.
Doch gafft nicht nur, als wäre ich verboten!
Kein Mädchen ist zu schön für einen Kuß.

Was soll ich einsam als Profil und Akt?
Mir ist, als ob ich in der Kirche stünde.
Ich bin so schön. Noch keiner sah mich nackt.
Wo ist der Mann, der mich verwegen packt!
Daß ihr so fromm zu mir seid, das ist Sünde.

ERICH MÜHSAM

Als ich dich fragte: Darf ich Sie beschützen?
da sagtest du: Mein Herr, Sie sind trivial.
Als ich dich fragte: Kann ich Ihnen nützen?
da sagtest du: Vielleicht ein andres Mal.
Als ich dich bat: Ein Kuß, mein Kind, zum Lohne!
da sagtest du: Mein Gott, was ist ein Kuß?
Als ich befahl: Komm mit mir, wo ich wohne! –
da sagtest du: Na, endlich ein Entschluß!

WENDELIN ÜBERZWERCH
Anleitung, der Erwählten seines Herzens
die Liebe in Schüttelreimen zu gestehen.

Ich hab's schon lange sagen woll'n,
Ich hätt's schon lange wagen soll'n
Und alles dir gestehen.
Denn wenn ein Jüngling dreißig ist,
Find't er das Leben eisig-trist
Und einsam anzusehen.

Es ist die Liebe wunderbar,
ein Laden voller bunter War' –
O wühle in den Schätzen!
Ich beicht' des Herzens Triebe laut –
Glückselig, wer der Liebe traut:
Laß uns die Schnäbel wetzen!

JAN KONEFFKE
Locklied

Willst du meine Schrippen bestrippen?
Soll ich deine Backen auspacken?

Willst du meine Stellen abpellen?
Soll ich deine Flecken entdecken?

Willst du meine Axeln bekraxeln?
Soll ich deine Haxen befaxen?

Willst du meine Lappen betappen?
Soll ich deine Happen aufschnappen?

Willst du meine Ecken ablecken?
Soll ich deine Schnecken abschmecken?

Willst du meine Ritzen beflitzen?
Soll ich deine Spitzen erhitzen?

Willst du meine Morcheln beschnorcheln?
Soll ich deine Funzeln rapunzeln?

Willst du meine Muskeln majuskeln?
Soll ich deine Datteln besatteln?

Willst du meine Koppeln behoppeln?
Soll ich deine Moppeln verdoppeln?

Willst du meine Gipfel bewipfeln?
Soll ich deine Wipfel bezipfeln?

Willst du mir ecetraecetra?
Soll ich dir ecetrapepe?

JAKOB VAN HODDIS

Ich sah dich auf dem Maskenballe
Als Balleteuse kamst du an
Ich war begeistert von dem Falle.
Es küßten dich an siebzig Mann.

Jetzt soll ich deine Seele ehren
(Ich weiß: du hältst von mich sehr viel)
Ach laß, ach lasse dich belehren:
Ich liebe deiner Küsse Stil.

An dein viel liebliches Gequietsche
An deine Beine dachte ich
Du aber kommst mit Kant und Nietzsche
Kind, sei doch lieb! verachte mich.

ALEXANDER NITZBERG
Eros

Mein Auge rutscht auf deinem glatten Bein
hinab zu deinem rotlackierten Schuh,
verfängt sich in dem Netz von deinen Strümpfen.

In meinem Herzen tobt ein Turnverein
aus lächelnden brutalen Gummischlümpfen.
Ich halte meinem Herz die Ohren zu.

PETER HACKS
Couplets des Agamemnon

An Hellas' unbescholtner Küste
Brach Völlerei wie Pocken aus.
Venus Astarte zeigt die Brüste.
Priapus nimmt sich auch was raus.
Und keiner lebt mehr, wie er müßte,
Jeder wälzt sich in Saus und Braus.
Herr, versteht,
Daß das aus dem Ton nicht weitergeht.

Statt die Gavotte hübsch zu tanzen
Oder den Ländler frisch, fromm, froh,
Tanzen die schwarzbestrumpften Pflanzen
Tänze von niedrigstem Niveau:
Abscheuliche Extravaganzen,
Unbeschreiblich, doch etwa so…
Herr, versteht,
Daß das aus dem Ton nicht weitergeht.

HEINRICH HEINE
Mythologie

Ja, Europa ist erlegen –
Wer kann Ochsen widerstehen?
Wir verzeihen auch Danäen –
Sie erlag dem goldnen Regen!

Semele ließ sich verführen –
Denn sie dachte: eine Wolke,
Ideale Himmelswolke,
Kann uns nicht kompromittieren.

Aber tief muß uns empören
Was wir von der Leda lesen –
Welche Gans bist du gewesen,
Daß ein Schwan dich konnt betören!

BERTOLT BRECHT
Liebesunterricht

Aber, Mädchen, ich empfehle
Etwas Lockung im Gekreisch:
Fleischlich lieb ich mir die Seele
Und beseelt lieb ich das Fleisch.

Keuschheit kann nicht Wollust mindern
Hungrig wär ich gerne satt.
Mag's wenn Tugend einen Hintern
Und ein Hintern Tugend hat.

Seit der Gott den Schwan geritten
Wurd es manchem Mädchen bang
Hat sie es auch gern gelitten:
Er bestand auf Schwanensang.

HANS-ULRICH TREICHEL
Über den Sonetteschreiber Brecht

Er hat ganz ohne Scham davon gesprochen:
Vom Arsch der Weiber und der Männer Hirn
Er hätte öfter gern nach Schnaps gerochen
Doch meistens ließ er sich Kamille rühren

Drum frag ich mich: Was soll man davon halten
Ein Zigarilloraucher ist nun mal kein Stier
Er ging am liebsten ohne Bügelfalten
Und abends schrieb er dann: Sie griff nach mir

Das war den Frauen sicher recht: das Plätten
Ist kein Genuß, und das Geplättetwerden
Ist auch nur was für abgezogene Betten

Ganz abgesehen davon glaub ich nicht
Daß es für ihn was Schönres gab auf Erden
Als frischgereimte Wollust im Gedicht

HEINRICH HEINE

Auf meiner Herzliebsten Äugelein
Mach ich die schönsten Kanzonen.
Auf meiner Herzliebsten Mündchen klein
Mach ich die besten Terzinen.

Auf meiner Herzliebsten Wängelein
Mach ich die herrlichsten Stanzen.
Und wenn meine Liebste ein Herzchen hätt,
Ich machte darauf ein hübsches Sonett.

GOTTFRIED AUGUST BÜRGER
Mein Mädel

Mein Mädel ist gar wunderschön.
Hätt' es Anakreon gesehn,
Ihr Dichter, wir hätten,
Ich wollte drauf wetten,
Ein Bändchen Lieder mehr von ihm.

Mein Mädel ist gar wunderschön.
Hätt' es der Versler Bav gesehn,
Ihr Dichter, wir hätten,
Ich wollte drauf wetten,
Wohl noch ein gutes Lied von ihm.

Mein Mädel ist gar wunderschön.
Hätt' es ihr Liebster nie gesehn,
Ihr Dichter, wir hätten,
Ich wollte drauf wetten,
Noch keinen halben Vers von ihm.

BARBARA MARIA KLOOS
Umdrehn!

Möcht einmal seinen Knüppel schwingen
und als Pilot im Tiefflug sehn
wie unter mir mein Tarzan zappelt
wie ihm die Beine zu Berge stehn

TANJA DÜCKERS
Die Androgynen

Sein Bein auf meinem Schenkel
meine Brust auf seiner
Brustwarzen an Brustwarzen
seine Lippen auf meinen
meine Hüften seine Hüften
Arme und Arme
Nase berührt Nase da läuft der Hase
Genitalien Genitalien Geh nach Italien
Haare und Haare lang oder kurz ist schnurz

Wir reiben uns aneinander
konkav konvex was da anders ist
rubbeln wir einfach ab

KARL KRAUS
Sexus und Eros

Dem Sexus kommt es darauf an:
»Weib ist Weib« und »Mann ist Mann«.

Eros aber deckt den Leib:
Weib ist Mann und Mann ist Weib.

Sucht das Tier den Unterschied,
Paart der Geist sich, wo es flieht.

DAGMAR LEUPOLD
Imperative, Fragen

Du, Liebster
knöpf dein Hemd auf
daß ich weiß
woran ich bin

Du, Liebster
pflück den Flieder
der unterm Fenster deliriert

Oder hat
jemand
den Flieder abgeschafft?

ARNFRID ASTEL
Höhlenbär

In der Eingangshalle
des Senckenbergmuseums
steht links unter Glas
das Skelett eines Bären
mit einem Penisknochen.

Das ist praktisch,
sagte meine Schwester.

GOTTHOLD EPHRAIM LESSING
An den Salomon

Hochweiser Salomon! dein Spruch,
»Daß unter Tausenden kein gutes Weib zu finden«,
Gehört – gerad' heraus – zu deinen Zungensünden;
Und jeder Fluch ist minder Fluch,
Als dieser schöne Sittenspruch.
Wer sie bei Tausenden will auf die Probe nehmen,
Wie du getan, hochweiser Mann,
Muß sich bei Tausenden der Probe freilich schämen,
Wird drüber wild, und lästert dann.

HORST TOMAYER
Der Gebildete und das Biest

Er ist Prof für Geschichte
Sie studiert BWL
Er ist mehr alter Meister
Sie ist mehr junges Modell

Er lehrt tiefe Erkenntnis
Sie lernt bloß effizient
So sind sie außer beim Schäfer
stündchen inkongruent

Wie gerne stieße er kritisch
Ihr außert vom Bette Bescheid
Doch hindert an seiner Pflicht ihn
Seine hündische Hörigkeit

Und so wird zwischen Forschung und Lehre
Und dem Johannistrieb
Ein deutscher Prof zerrieben
Und zum Schluß hat ihn keins mehr lieb

Die Jungsche nicht und auch nicht
Die Alte die Wissenschaft
Und der Prof ist wie Buridans Esel
Sowohl als auch bestraft

VALENTIN BRAITENBERG
Im Gasthaus

Die Adelheid spricht im Gasthaus gern
vom Eros bei den Vorsokratikern
nur bringt sie manchmal durcheinander
Anaxagoras, Anaximenes und Anaximander.

Sie kennt auch manchen hübschen Trick
der mathematischen Physik
obwohl sie oft die Bedeutung verkennt
von Impulsmoment, Drehimpuls, Drehmoment.

Doch während sie bei Tische glänzt
als Blaustrumpf, der oft die Schule geschwänzt
und sicher auch manches vergaß,

täuscht sie sich unter dem Tische nie
an wem sie gerade reibt ihr Knie
an Anàx- oder Pythagoràs.

KARIN KIWUS
Homme à femme

Wenn eine kleine unscheinbare Frau
lange kluge und ein wenig
lispelnde Reden hält
über Don Juan und Casanova
dann stehen so Männer auf
und zischen Herrgottnochmal
was soll das überhaupt
die ist doch viel zu fipsig dafür

HEINRICH HEINE

Das Fräulein stand am Meere
Und seufzte lang und bang,
Es rührte sie so sehre
Der Sonnenuntergang.

»Mein Fräulein! sei'n Sie munter,
Das ist ein altes Stück;
Hier vorne geht sie unter
Und kehrt von hinten zurück.«

ERICH FRIED
Ein Frauenkenner

Da hat einer den Morgen genannt
»die gelbe Hure,
klein und doch erschreckend zäh«.
Nun ja
der Mann
ist ein Dichter
und denkt sich vielleicht nichts weiter
wenn er eine Frau
gebraucht
zu solchen Vergleichen

Aber ich hoffe
wenn so ein Dichter vielleicht
mal wieder einer Hure
zu nahe kommt
daß die ihm dann
einen schönen guten Morgen
wünscht
oder bereitet
der noch lange nachwirkt in ihm
klein und doch erschreckend zäh

KARIN KIWUS
Aufklärungsstunde

Manchmal im Lauf der Geschichte
hat man uns
den kleinen Finger gereicht
und als wir dann
die ganze Hand nehmen wollten
ist es bei Licht und Verstand besehen
doch nur ein Pimmel gewesen

Ach du heiliger Bimbam
das war wohl der falsche Griff
da sind wir doch jedesmal freiwillig
an die falsche Spezies geraten
an eine abgelebte Art
die pars pro toto immer noch weiterspukt
an den Appendixband einer überkommenen Philosophie

Ungläubig staunend und voll enzyklopädischer Neugier
betrachten wir jetzt die letzten Exemplare
dieser omnipotenten Eroberer
mit gratis verliehenen Orden unter dem Feigenblatt
dieser lärmenden Greifschwanzäffchen
mit funktionslos leierndem Imponiergehabe

Dieses weltbewegende Zipfelchen
erkennen wir nun
das war immer nur
das dicke Ende einer Schnur
an der man Hampelmänner springen läßt

Und wie sie sich abgestrampelt haben
die Hacken haben sie sich abgerannt

in die Knie sind sie gegangen
und wieder aufgestanden
ihre Ellenbogen haben sie benutzt
die Hände aufgehalten
und ab und zu
ihre Finger krummgemacht

Einiges allerdings hat sich
hinter ihrem Rücken abgespielt und
so ein Marionettentheater
ist inzwischen nicht mehr gefragt

weil wir heute alle ja
schon in die Schule gehen
wo wir zum Abschluß der Lektion
alles nochmal überprüfen wollen
sämtliche Jahrgänge der HUMAN REVIEW herbeiholen
und in jeder Nummer lesen können
schwarz auf weiß in der Headline:

Der Pithecanthropus erectus
ist seit längerer Zeit
ausgestorben

ADELBERT VON CHAMISSO
Minnedienst

Während dort im hellen Saale
  Lustberauscht die Gäste wogen,
  Hält ein Ritter vom Gedränge
  Einsam sich zurückgezogen.

Wie er von dem Sofa aufblickt,
  Wo er ruhet in Gedanken,
  Sieht er neben sich die Dame,
  Der er dienet sonder Wanken.

»Sind es Sterne, sind es Sonnen,
  Die in meiner Nacht sich zeigen?
  Sind's die Augen meiner Herrin,
  Welche über mich sich neigen?«

»Schmeichler, Schmeichler! Sterne, Sonnen
  Sind es nicht, wovon Ihr dichtet;
  Sind die Augen einer Dame,
  Die auf Euch sie bittend richtet.« –

»Herz und Klinge sind Euch eigen,
  Schickt mich aus auf Abenteuer,
  Heißt im Kampfe mich bestehen
  Riesen, Drachen, Ungeheuer.« –

»Nein, um mich, mein werter Ritter,
  Soll kein Blut den Boden färben;
  Um ein Glas Gefrornes bitt ich,
  Lasset nicht vor Durst mich sterben.« –

»Herrin, in dem Dienst der Minne
  Wollt ich gern mein Leben wagen,
  Aber hier durch das Gedränge
  Wird es schwer sich durchzuschlagen.«

Und sie bittet, und er gehet, –
  Kommt zurück, wie er gegangen:
  »Nein! ich konnte, hohe Herrin,
  Kein Gefrorenes erlangen.«

Und sie bittet wieder, wieder
  Wagt er's, immer noch vergebens:
  »Nein! man dringt durch jene Türe
  Mit Gefahr nur seines Lebens.«

»Ritter, Ritter, von Gefahren
  Sprachet Ihr, von Kämpfen, Schlachten;
  Und Ihr laßt vor Euren Augen
  Ohne Hülfe mich verschmachten.«

Und ins wogende Gewühle
  Ist der Ritter vorgedrungen,
  Dort verfolgt er einen Diener,
  Hat den Raub ihm abgerungen.

Und die Dame schaut von ferne,
  Wie mit hochgehaltner Schale
  Er sich durch den Reigen windet
  In dem engen, vollen Saale;

Sieht in eines Fensters Ecke
  Glücklich seinen Fang ihn bergen,
  Sieht ihn hinter die Gardine
  Ihren Augen sich verbergen;

Sieht ihn selber dort gemächlich
    Das Eroberte verschlingen,
    Wischen sich den Mund und kommen,
    Ihr betrübte Kunde bringen:

»Gern will ich mein Leben wagen,
    Schickt mich aus auf Abenteuer,
    Heißt im Kampfe mich bestehen
    Riesen, Drachen, Ungeheuer.

Aber hier, o meine Herrin,
    Hier ist alles doch vergebens,
    Und man dringt durch jene Türe
    Mit Gefahr nur seines Lebens.«

FRIEDRICH HEBBEL
Vorwärts

Steine, sie liegen hier,
Liebchen, im Wege dir,
   Klotzig herum!
Gerne ja bückt' ich mich,
Schaffte sie fort für dich,
   Würd' ich bloß krumm;
Aber, ich seh's genau,
Du auch, du würdest grau,
   Wär' das nicht dumm?
Lebenslang würd' es ja
Währen, so viel sind da,
   Vorwärts darum!

Siehst du, wie das uns frommt,
Wie man hinüber kommt,
   Lustig und schnell?
Rings schon der kühle Wald,
Duftige Beeren bald,
   Drüben ein Quell.
Weiter drum, weiter noch,
Gehst du auf Moos ja doch
   Jetzt bis zur Stell'!
Heisa, nun ruhen wir,
Hätt' ich zwei Flügel, hier
   Kappt' ich sie schnell!

HEINRICH HEINE

Den König Wiswamitra,
Den treibt's ohne Rast und Ruh',
Er will durch Kampf und Büßung
Erwerben Wasischtas Kuh.

Oh, König Wiswamitra,
Oh, welch ein Ochs bist du,
Daß du soviel kämpfest und büßest,
Und alles für eine Kuh!

FRANK WEDEKIND
Morgenstimmung

Leise schleich ich wie auf Eiern
Mich aus Liebchens Paradies,
Wo ich hinter dichten Schleiern
Meine besten Kräfte ließ.

Traurig spiegelt sich der bleiche
Mond in meinem alten Frack;
Ach die Wirkung bleibt die gleiche,
Wie das Kind auch heißen mag.

Wilhelmine, Karoline,
's ist gesprungen wie gehupft,
Nur daß hier die Unschuldsmiene,
Dort dich die Routine rupft.

KURT TUCHOLSKY
Wider die Liebe

Die brave Hausfrau liest im Blättchen
Von Lastern selten dustrer Art,
vom Marktpreis fleißiger Erzkokettchen,
vom Lustgreis auch mit Fußsackbart.

Mein Gott, denkt sich die junge Gattin,
mein Gott! welch ein Spektakulum!
»Das schlanke Frauenzimmer hat ihn…«
Ja was? Sie bringt sich reinweg um.

O Frau! Die Phantasie hat Grenzen,
sie ist so eng – es gibt nicht viel.
Nach wenigen Touren, wenigen Tänzen
ists stets das alte, gleiche Spiel.

Der liebt die Knaben. Dieser Ziegen.
Die will die Männer laut und fett.
Die mag bei Seeoffizieren liegen.
Und der geht nur mit sich ins Bett.

Hausbacken schminkt sich selbst das Laster.
Sieh hin – und Illusionen fliehn.
Es gründen noch die Päderaster
›Verein für Unzucht, Sitz Berlin‹.

Was kann der Mensch denn mit sich machen!
Wie er sich anstellt und verrenkt:
Was Neues kann er nicht entfachen.
Es sind doch stets dieselben Sachen…
    Geschenkt! Geschenkt!

ALFRED LICHTENSTEIN
Erotisches Variété

Auf offner Straße in der Nacht
Entkleidet sich ein Kneipenwirt.
Ein Ingenieur ist aufgebracht,
Der sich bei seinem Weib verirrt.

Nach gleichgesinnten Viechern schielt
Ein homosexueller Hund.
Ein Greis, der mit sich selber spielt,
Merkt: Allzuviel ist ungesund.

In schmutzig grüner Tunke hockt
Ein blauer Syphilitiker.
Ein Boxer bebt. Ein Baby bockt.
Verstiert fault ein Zylinderherr.

Ein Auto bringt ein Fräulein um.
Ein Junge bricht ein Mädchen an.
Verbittert ist ein Mensch. Warum?
Weil er nicht coitieren kann.

JOACHIM RINGELNATZ
Letztes Wort an eine Spröde

Wie ich bettle und weine –
Es ist lächerlich.
Schließe deine Beine!
Ich liebe dich.

Schließe deine Säume
Oben und unten am Rock.
Was ich von dir träume
Träumt ein Bock.

Sage: Ich sei zu dreist.
Zieh ein beleidigtes Gesicht.
Was »Ich liebe dich« heißt,
Weiß ich nicht.

Zeige von deinen Beinen
Nur die Konturen kokett.
Gehe mit einem gemeinen,
Feschen Heiratsschwindler zu Bett.

Finde ich unten im Hafen
Heute ein hurendes Kind
Will ich bei ihr schlafen;
Bis wir fertig sind.

Dann: – die Türe klinket
Leise auf und zu.
Und die Hure winket –
Glücklicher als du.

ERICH MÜHSAM
Heimweg

Traurig ist's und jämmerlicht,
Wenn der Mensch im Dämmerlicht
Früh den Weg nach Hause sucht
Und dabei die Welt verflucht.

Aus dem grauen Pflasterstein
Grinst Verzweiflung, Laster, Pein,
Und vom schwanken Lampenpfahl
Flackert Aberwitz und Qual.

In des Menschen bangem Leid
Stöbert die Vergangenheit –
Und er steigt voll Scham und Schmach
Einer späten Hure nach.

CHRISTIAN FRIEDRICH DANIEL SCHUBART
Toleranz

Der dicke Franz nahm eine Hur' ins Haus.
    Sein Nachbar Melcher sprach:
Ei Franz, jag doch das Mensch hinaus!
    Im ganzen Dorf spricht man dir Uebels nach.
Hm, sprach der aufgeklärte Franz,
's ist dummes Volk, weiß nichts von Toleranz.

NICOLAS BORN
Protest im Puff
(eines Bürgers im Essener Puff 1966)

Auch das noch: Negerinnen!
Sind wir hier in Deutschland
Oder wo sind wir hier?
Die Welt ist übergeschnappt
Eines Tages setzen sie uns
Chinesinnen in die Häuser
Dann krieg ich den Rappel
China und Afrika bestimmen die Preise
Meine Nerven meine Nerven!

UWE KOLBE
Vermutung über Birmingham 1997

Weiße Frauen sehen hier wie Mädchen aus.
Schwarze Fraun dagegen sehn wie Frauen aus.
Pakistanifrauen wirken auch wie Frauen.
Pakistanimädchen schminken sich zu Frauen.
Schwarze Mädchen machen Frauen Konkurrenz.
Weiße Mädchen zeigen eine Punk-Adoleszenz.
Mit den alten Frauen, die wie Mädchen schauen,
wird ganz Birmingham zu einer Stadt der Frauen.
Männer gibt es auch hier, passend in den Farben.
Sie sind alle Jungen mit den Sportplatznarben,
Karaokesingen ist im Pub der Renner.
Im Verein als Jungen fühln sie sich als Männer.
Wie hier die Geschlechter zu Familien passen,
kann ich nur vermuten. Quirlig sind die Massen.

MATTHIAS POLITYCKI
Die Mitternachtsnegerin

Lackschwarze Stiefel mit schenkelwärts ledernden Schäften;
hautschwarz und glänzend, zwei männerhandbreitschmal
    die Hose;
märzgrün ein Slip grell darübergeräkelt: so
hüftete sie ins Lokal –

in Schwarz auch das Sakko; satin-eng darunter
und glattschwarz ein Etwas; ihr langes Gesicht
nichts als Knochen und Augen und Zähne und Lippen:
so umgrinste sie
so umarmte sie
so umbeinte sie den dicken Kellner, nachlässig lustvoll,

so schlakste träg sie zur Musikbox,
so drückte sie die Lieder, die man drückt,
belachelte die Freier, rauchte, schwieg,
benippte kurz ein Cola, saß, war da,
und wir –

festgemauert an die Erden,
nickelbrillenbrunftbewehrt,
bierwärts blähend breite Bäuche,
wir

waren auch da.

ULI BECKER

Eine Blondine von der Sorte, für die jeder richtige
Taxifahrer den Innenspiegel verstellt, Ehrensache,
ohne Peitsche in der Manege, sie arbeitet mit Augen
und Stimme allein, läßt mich mein Männchen machen
und haucht hepp! Und ab geht's durch das flammende O.
Bravorufe, Tusch, sie mittendrin die Ruhe selber:
Frauen haben eben keine Nerven, jedenfalls da nicht.

FRANK WEDEKIND
Allbesiegerin Liebe

Kind, jetzt stehst du auf der Höhe
Der Kultur, das ist gewiß;
Du hast Wanzen, Läuse, Flöhe
T . . . ., S . . . ., S . . . .

Haut und Haare *Mene Tekel*
Von der Stirne bis zur Zeh;
Mich durchschauert schon der Ekel,
Wenn ich deinen Schatten seh.

Aber wenn wir nachts uns lausen
Und die Liebe schafft sich Bahn,
Preis ich mich als deines grausen
Reiches treusten Untertan.

FRIDOLIN TSCHUDI
Steckbrief

Sie gab mir Bridge- und Englischstunden,
sprach über Freud und las Sanskrit;
doch eines Tags war sie verschwunden
und nahm sechs Silberlöffel mit.

Wir hatten uns so gut verstanden!
Mir kam, als sie von dannen fuhr,
die ganze Heiterkeit abhanden
samt meiner goldnen Armbanduhr.

Sie wirkte überaus japanisch
und steckte Blumen in ihr Haar
und war, obgleich leicht kleptomanisch,
in mancher Hinsicht wunderbar.

Azur war ihre Lieblingsfarbe
und Saftgulasch ihr Leibgericht.
Sie hatte eine Blinddarmnarbe
seit wann und wo, das weiss ich nicht.

Ich weiss nur, dass sie beim Erwachen
wie eine Lady sich benahm,
auch wenn von meinen Siebensachen
mir dies und das abhanden kam.

Mein Portefeuille kann ich leicht verschmerzen,
selbst den Smaragd- und Siegelring;
sie aber lag mir sehr am Herzen,
besonders dann, bevor sie ging.

Mein Steckbrief ist recht unvollständig;
ich weiss bloss, dass sie mich verliess
und sündenschön war und lebendig
und Herta oder Hilde hiess.

MATTHIAS KOEPPEL
Treye

Montenschin, üm Montenschin,
dar dünck ük an Mareien.
Klopp ück an ir Fansturlin,
wüll se nur mall saihen.
Duch dar saih ük demm Karl-Hinzen
oppentruff op de Marei
ond ük gleup, er dutt se finzen!
Neimallz nücht snd Vaibur trey.

RUDI STRAHL
Drei Feststellungen
ohne eigentlichen Zusammenhang

Er war ihr treu.
Sie hat ihn nie betrogen.

Auf dieser Welt
wird schrecklich viel gelogen.

PETER MAIWALD
Schneewittchen

hinter den sieben Bergen
betrügt mich
mit sieben Zwergen
die dumme Liese
braucht sieben Berge
braucht sieben Zwerge.
Ich war ihr Riese.

HARUN DOLFS
Ingeborg

Sehr Verehrte,
      Ehrversehrte
           Ingeborg!

Eifersucht
      Sei verrucht,
           Bin Georg.

JOHANN WOLFGANG GOETHE
Entschuldigung

Du verklagest das Weib, sie schwanke von einem zum andern!
   Tadle sie nicht: sie sucht einen beständigen Mann.

ADELBERT VON CHAMISSO
Katzennatur

's war mal 'ne Katzenkönigin,
    Ja, ja!
Die hegte edlen Katzensinn,
    Ja, ja!
    Verstand gar wohl zu mausen,
    Liebt' königlich zu schmausen,
    Ja, ja! – Katzennatur!
Schlafe, mein Mäuschen, schlafe du nur!

Die hatt 'nen schneeweißen Leib,
    Ja, ja!
So schlank, so zart, die Hände so weich.
    Ja, ja!
    Die Augen wie Karfunkeln,
    Sie leuchteten im Dunkeln,
    Ja, ja! – so Katzennatur!
Schlafe, mein Mäuschen, schlafe du nur!

Ein Edelmausjüngling lebte zur Zeit,
    Ja, ja!
Der sah die Königin wohl von weit,
    Ja, ja!
    'ne ehrliche Haut von Mäuschen,
    Der kroch aus seinem Häuschen,
    Ja, ja! – Mäusenatur!
Schlafe, mein Mäuschen, schlafe du nur!

Der sprach: in meinem Leben nicht,
    Ja, ja!
Hab ich gesehen so süßes Gesicht,

Ja, ja!
Die muß mich Mäuschen meinen,
Sie tut so fromm erscheinen,
Ja, ja! – Mäusenatur!
Schlafe, mein Mäuschen, schlafe du nur!

Der Maus: willst du mein Schätzchen sein?
Ja, ja!
Die Katz: ich will dich sprechen allein.
Ja, ja!
Heut will ich bei dir schlafen –
Heut sollst du bei mir schlafen –
Ja, ja! – Katzennatur!
Schlafe, mein Mäuschen, schlafe du nur!

Der Maus, der fehlte nicht die Stund,
Ja, ja!
Die Katz, die lachte den Bauch sich rund,
Ja, ja!
Dem Schatz, den ich erkoren,
Dem zieh ich's Fell über die Ohren,
Ja, ja! – Katzennatur!
Schlafe, mein Mäuschen, schlafe du nur!

GOTTHOLD EPHRAIM LESSING
Der schwörende Liebhaber

Ich schwör' es dir, o Laura, dich zu hassen;
Gerechten Haß schwör' ich dir zu.
Ich schwör' es allen Schönen, sie zu hassen;
Weil alle treulos sind, wie du.
Ich schwör' es dir, vor Amors Ohren,
Daß ich – – ach! daß ich falsch geschworen.

JOHANN GEORG GREFLINGER
An eine sehr häßliche Jungfrau

Graues Haar voll Läus und Nisse,
Augen von Scharlach, voll Flüsse,
Blaues Maul voll kleiner Knochen,
Halb verrost und halb zerbrochen.

Blatterzunge, krank zu Sprachen,
Affischs Zörnen, Narrenlachen,
Runzelvolle magre Wangen,
Die wie gelbe Blätter hangen.

Halshaut gleich den Morianen,
Arme, die mich recht gemahnen,
Wie ein Kind ins Kot gefallen,
Brüste wie zween Druckerballen.

Du bist so ein Alabaster
Als ein wohlberegntes Pflaster,
Aller Ungestalt ein Spiegel,
Aller Schönen Steigebügel.

Schimpf der Jungfern und der Jugend,
Unhuld aller lieben Tugend
Einöd aller plumpen Sitten,
Läßt du dich zum Freien bitten?

HANNS ASSMANN FREIHERR VON ABSCHATZ
Die schöne Zahnlückigte

Dein Mund ist mehr gefüllt mit Lücken als mit Zähnen:
Das Gatter fehlet dir von weissem Helfenbein,
So das Corallne Thor der Lippen schränket ein.
Doch aber hast du nicht den Mangel zu bethränen.

Hier darff kein süsses Wort nach seiner Freyheit gähnen,
Des Athems Bisam-Lufft darff nicht gefangen seyn.
In einer Purpur-See ohn Klippen, Banck und Stein,
Kann ihm der Zunge Schiff stets neue Wege bähnen.

Die Perlen-Mutter ist darum nicht zu verschmähen,
Daß man ihr zartes Kind aus ihrer Schoß entriß.
Wer kan darvor, was durch Gewalt und Zeit geschehen?

Du unbewehrter Mund, ich liebe dich gewiß.
Entzähnte Schlangen wird man minder zornig sehen.
Stehl ich dir einen Kuß, so fürcht ich keinen Biß.

ANDREAS GRYPHIUS
Auf Flacillam

Flacilla liß ihr nechst den letzten Zahn außreissen,
Und gleich wol kann sie noch so unaussprechlich beissen.

MARTIN OPITZ

Im Fall die Zeit die Schönheit ganz vertreibet,
So brauche sie, weil sie noch ist bei dir;
    Verwartet sie vollkommen für und für,
    So gib sie mir, weil sie dir gleichwol bleibet.

LUDWIG THOMA
Im Maien

Ach! Im Frühlingsüberschwange
Fühlt ein jedes Hundeherz
Sich getrieben von dem Drange,
       Ohne Ruh
       A-hu! A-hu!
Von der Liebe süßem Schmerz.

Milder werden ihre Sitten;
Es ergreift Melancholie
Alle, die vergeblich bitten.

Darum du
A-hu! A-hu!
Hundedame, höre sie!

Fühlst du keine jener Schwächen,
Die das Herrenvolk verehrt?
O! das muß sich einmal rächen!
Nur so zu!
A-hu! A-hu!
Auch der Mops hat seinen Wert.

Eh du's meinst, vergeht die Jugend;
Und mit der du so gegeizt,
Gerne gäbst du deine Tugend,
Alte Kuh!
A-hu! A-hu!
Die dann keinen Pinscher reizt.

Mädchen! Sieh an diesen Hunden,
Was auch unsere Wünsche sind!
Hast du wen im Mai gefunden,
O so tu!
A-hu! A-hu!
Alles, was er will, mein Kind!

GOTTHOLD EPHRAIM LESSING
Die Schöne von hinten

Sïeh Freund! sieh da! was geht doch immer
Dort für ein reizend Frauenzimmer?
Der neuen Tracht Vollkommenheit,
Der engen Schritte Nettigkeit,
Die bei der kleinsten Hindrung stocken,
Der weiße Hals voll schwarzer Locken,
Der wohlgewachsne schlanke Leib,
Verrät ein junges art'ges Weib.

Komm Freund! komm, laß uns schneller gehen,
Damit wir sie von vorne sehen.
Es muß, triegt nicht der hintre Schein,
Die Venus oder Phyllis sein.

Komm, eile doch! – O welches Glücke!
Jetzt sieht sie ungefähr zurücke.
Was wars, das mich entzückt gemacht?
Ein altes Weib in junger Tracht.

ANDREAS GRYPHIUS
An Cajam

Glaubt mir Caja. Glaubt, mich schreckt nicht so die Anzahl
    ewrer Jahre:
Als daß ewer jüngster Bruder trägt den Kopf voll grauer
    Haare.

ADELBERT VON CHAMISSO
Polterabend

Woher, Alte, deine schönen
Launen? willst du uns erfreuen?
Willst du dich mit uns versöhnen?
Nein, die Alte will noch freien,
Nein, sie will, vor Toresschlusse,
Humpeln noch mit lahmem Fuße,
Und um welchen Preis es sei,
    Ei, ei!
Noch ein Tänzlein, oder zwei.

Hurtig, hurtig! liebe Lene,
Her die Schminke, die Perücke;
Bringe her mir meine Zähne,
Meinen Busen, meine Krücke;
Also will ich seiner harren. –
Hör ich nicht die Türe knarren? –
Ist er's? – Nein – es geht vorbei.
    Ei, ei!
Töpfe werfen sie entzwei.

Testament und Ehepakten
Hat der Schreiber wohl geschrieben;
Beides nahm er zu den Akten,
Also darf ich frei ihn lieben.
Also will ich seiner harren. –
Hör ich nicht die Türe knarren? –
Ist er's? – Nein – es geht vorbei.
    Ei, ei!
Töpfe werfen sie entzwei.

Wird der Priester, wird der Küster,
Werden bald die Gäste kommen?
Und mein Bräutigam! o wüßt er,
Wie ich seiner, liebentglommen,
Bangend harre, wie ich schmachte? – –
Klopft er? – Ist er's? – Sachte, sachte!
Ungebetne sind dabei.
    Ei, ei!
Sind die Leichenträger frei.

Legen mich die schwarzen Leute
Einsam in ein enges Bette,
Schleppen sich mit ihrer Beute
Langsam nach der Ruhestätte;
Priester, Bräutigam und Gäste
Singen fröhlich bei dem Feste –
Auch die Rede war vorbei –
    Ei, ei!
Nicht ein Tänzlein, oder zwei!

PETER RÜHMKORF
Sodomitische Ansichtskarte

Wenn sie wüßte, wie sie wirkt,
unseres Nachbars gewaltige Tochter,
eben hing doch noch grad an der Mutterbrust
u n d   n u n
hat selbst schon Titten –
Guter Rat an eine junge Übergröße:
Wenn du zufällig mit dem Falschen glücklich wirst,
ist doch nicht schlimm.

Die Bathsebas unserer Jugend,
richtige Omas schon mit Dutt und Beffchen
(Gespräche über Aids ersetzen die Laszivitäten von gestern)
Wie sie neulich erzählten,
soll jede Frau über sechzig
sogar zweimal im Leben vergewaltigt worden sein –
K o m m ,   g e h ,
das ist auch nur so hochgerechnetes Zeugs,
womit in der Liebe niemand was anfangen kann.

Weil ich meinerseits lieber in Bildern spreche,
und da fahren wir zwei nochmal hin:
W i e n   –   K u n s t h i s t o r i s c h e s   M u s e u m   –
A l b r e c h t   A l t d o r f e r :
L o t   u n d   s e i n e   T ö c h t e r
(mit der Farbe des Weins
von der Farbe des untergehenden Sodom genommen)
Und sie sagen, komm, laß uns unserem alten Vater
zu trinken geben und bei ihm liegen,
daß wir Samen durch unseren Vater empfangen,
und du sagst:
(na, was wirst du in einem Gedicht von mir schon sagen?)

Was so süß aussieht
und sogar noch in öffentlichen Galerien rumhängt,
das kann doch nicht völlig vergiftet sein.

RICHARD PIETRASS
Der Vorabend

Nun bin ich vierzig und ein krummer Spund.
Im Ausweis steht, ich war gesund.

Doch wie mich die Extreme plagen.
Die Knochen wolln den Speck nicht tragen.

Die Finger wollen nicht zum Boden.
Nach einem Ritt sind leer die Hoden.

Die Brust gleicht bald der meiner Frau.
Kaum, daß ich den Pickel schau.

Das steife Ding winkt schon hinab
obwohl ich noch Verlangen hab.

ADOLF ENDLER
Verse der Entsagung

Endlich die eig'ne Wohnung!, yes, mit fünfzig! Und von
    neuem bei der Balz ich;
Als wär's nicht Dörrfleisch längst, mein Bürschlein unten;
    als wär' rundum Schweineschmalz ich…
Im Handumdrehen habe – dank der Wohnung? – parallel
    vier Frau'n am Hals ich;
Höchst kregel sie, zartbitter, im Vertrau'n gesagt: an einigen
    Stellen salzig;
Als Wohnungsloser stets geschnitten, nun das Opfer geilsten
    Liebesdralls ich:
– »Aaah!, ja!, der vierfache Beherrscher will, der Sklave sein
    des holden Spalts ich!!!«
Nach einem Monat schlägt das Grauen mich: Wie lang noch
    juble, jodle, schnalz ich?
Erst auf der Wohnungspirschjagd, schließlich bei der Balz –
    bald wieder auf der Walz ich?
Oh, Götter, seht!, zum Höllenpfuhl wird meine Wohnstatt,
    ohne Pause knallt sich
Das gegenseitig in die Fresse – Papa auch kriegt's ab –,
    zerbeult, zerkrallt sich…
Mein Ober-, Unter-, Zwischenhemd, seht und begreift!,
    mein Zeug, zusammenfalt's ich;
Dem Lied der Fernen lauschend, wenn nicht gar dem Atem-
    hauch, dem Ruf des Alls ich –

HARALD HARTUNG
Mobilat

Mit Mobilat als Narde
in fleckigstarrer Hand
die alte Avantgarde
rühmt nun den Ehestand

Man hebt sich aus den Kissen
wie aus Matratzengruft
und schnuppert den gewissen
Moschus- und Musenduft

Die Gattin steht im Rahmen
frisch wie ein Obstsalat
und nickt in deine Richtung

O Psalmenende Amen
gelingt auch nicht die Tat
sie läßt dir ja die Dichtung

»Mäßigung und Mäßigkeit! –
Stoßet an, sie sollen leben!«

ESSEN & TRINKEN

LUDWIG HARIG
Stille Dialektik

Der eine lebt riskant, der andre lebt gesund.
Der erste schöpft sich kühn die nukleare Kraft
aus dem Getreidebrei, aus dem Gemüsesaft
und steigert ganz enorm den Cäsiumbefund.

Der andere ergreift die Flasche aus Burgund,
in der seit Jahr und Tag, geheim und zauberhaft
und lange vor dem GAU der Geist der Rebe schafft.
Er setzt den Römer an und trinkt mit seinem Mund.

Was einmal Trinken war ist seitens der Reklame
abscheulich pervertiert zur Flüssigkeitsaufnahme:
was nutzt ein flacher Schluck in zeitgemäßer Hektik?

Es wirkt der Alkohol aus dem vergornen Treber
erweiternd aufs Gemüt und schrumpfend auf die Leber:
alternativer Hast folgt stille Dialektik.

JOHANN WILHELM LUDWIG GLEIM
Art zu trinken

Wenn ich mein Glas geleeret,
So füll ichs hurtig wieder,
Und bring es meinem Mädchen.
Mein Mädchen nimts und trinket,
Und klopft mich auf die Bakken,
Und füllt es gleich von neuem,
Und lobt den Sekt im Glase,
Und bringt mirs selbst zum Munde,
Ich küß es, eh ich trinke,
Es trinkt, und küßt mich wieder.
Freund, dort im Trauerkleide
Soll es dir auch eins bringen?

GOTTHOLD EPHRAIM LESSING
Das Paradies

Sein Glück für einen Apfel geben,
O Adam, welche Lüsternheit!
Statt deiner hätt' ich sollen leben,
So wär' das Paradies noch heut. –

Wie aber, wenn alsdann die Traube
Die Probefrucht gewesen wär'?
Wie da, mein Freund? – Ei nun, ich glaube –
Das Paradies wär' auch nicht mehr.

MATTHIAS KOEPPEL
Rottwoin

Där Franzeuß, – jar där Franzeuß,
ubb ärr nunn godd is odur beusz,
ärr drünckt statt Bür demm rottin Woin,
trumb wulltück keyn Franzoßß nich soin.

AUGUST KOPISCH
Der unangenehme Wein

O lieber Rebenbauer,
Nimm's mit dem Wein genauer!
Das ist kein Bacharacher,
Vielmehr ein Weh und Acher!
Mir wird davon bald grauer,
Bald blauer, lauer, flauer;
Der frißt die stärkste Mauer!
Es ist ein Sauerauer,
Ein bei dem Essigbrauer
Geborner Winterschauer!

JOHANNES TROJAN
Männerlied

Männer heran!
Lausche mir schweigend die zechende Runde,
Daß ich verkünde betrübliche Kunde!
Ob auch das Wort fast erstirbt mir im Munde,
Männer, hört an!

Herrlichen Wein
Hat uns im Anfang der Sommer versprochen,
Doch sein Versprechen dann hat er gebrochen,
Ach, und die Trauben, anstatt sie zu kochen,
Wässert' er ein.

Gänzlich dahin
Floß unser Hoffen in strömendem Regen,
Greulich vermanscht' er den reifenden Segen,
Und einem Jahrgange sehn wir entgegen:
Sauer und dünn!

Freilich liegt heut
Tief in den Kellern in Flaschen und Fässern
Noch ein erheblicher Vorrat des Bessern,
Der, wenn nicht Wirte ihn tückisch verwässern,
Lang' uns noch freut.

Aber heran
Kommt eine Zeit, die vermeiden man möchte,
Da an die Reihe kommt endlich der Schlechte,
Weil man des Edeln und Guten verzechte.
Männer, was dann?

Männer, auch dann
Werden wir nicht wie die Memmen verzagen,
Sondern die Schläge des Schicksals ertragen,
Dulden dann werden wir, ohne zu klagen.
Stark ist der Mann.

Männer heran!
Lasset uns nicht vor der Zukunft erschauern!
Mutigen Herzens, wenn auch mit Bedauern,
Trinken hindurch wir uns einst durch den Sauern.
Männer, stoßt an!

VOLKER VON TÖRNE
Hannover
in memoriam Ringelnatz

In einem Lokal
Bat ich einmal
Die Kellnerin
Weil ich oft durstig bin
Um einen Kirsch

Unwirsch
Kam sie zurück
Brachte ein Stück
Kirschtorte
Mir fehlten die Worte

VOLKER KRIEGEL
Wie sich das nackte Schaf
mal schwer gehenließ

Eins von den splitternackten Schafen,
das konnte nachts partout nicht schlafen.
Es lief zur Wirtschaft um halb zehn
und blieb direkt am Tresen stehn.

»Herr Ober!« schrie das nackte Tier,
»ein Fernet und ein Weizenbier!« –
Es kippte rasch den Schnaps, den braunen,
die Herren konnten nur noch staunen.

Das Schaf betrank sich wie ein Schwein.
Acht Weizen waren es allein,
dazu elf Fernet und drei Gin –
macht vierzehn Schnäpse. Immerhin!

Viel später dann (es war schon vier)
begann das angesoffne Tier
SEHR laut zu singen, aber wie! –
Die Herren staunten wie noch nie.

Das Schaf sang schwer obszöne Lieder,
eins nach dem andern, immer wieder.
Die Herren dachten: Nicht zu fassen!
Wie kann man sich so gehenlassen?!

Trotzdem sind sie dann noch geblieben
bis ganz zum Schluß, so gegen sieben.
Der Wirt gab noch zwei Runden aus,
dann wankte man erschöpft nach Haus.

ADELBERT VON CHAMISSO
Hans Jürgen und sein Kind

Hans Jürgen, läßt du das Trinken nicht sein,
Und läßt nicht vom leidigen Branntewein,
   Du wirst zur Verzweiflung mich bringen;
Im Weiher dort ist's bald geschehn,
Da wirst du dein Kind mich ertränken sehn,
   Mich selbst hinunterspringen.

Ach Frau, sei mir darum nicht gram,
Weiß selber kaum, wie gestern es kam,
   Der goldene Löw' ist schuldig;
Ich kam an der Schenke vorbei und sann,
Das Tier mich anzuglotzen begann,
   Der Löw', er gleißte so guldig.

Ich ging hinein, das war nicht gut,
Ich trank, hinauszugehn, mir Mut,
   Kam unter dem Tische zu liegen;
Wenn abermals es dem Teufel gelang,
Sei, liebes Herz, darum nicht bang,
   Er soll nicht wieder mich kriegen.

Die Augen zu! Ein Wort, ein Mann,
Ich bringe dir heut', was ich alles gewann
   Und eine trockene Kehle.
So ging er zu seinem Meister hin,
Es lag ihm schwer in seinem Sinn,
   Es quält' ihn in seiner Seele.

Und als es Feierabend war
Und heim er kam, da fühlt' er gar
   Den leidigen Durst ihn beißen.
Die Augen zu! Er kam mit Glück
Der Klippe vorbei, da schaut' er zurück,
   Er sah den Löwen so gleißen.

Jedweder Tugend ihren Lohn!
Verdient, wahrhaftig, hab ich ihn schon,
   Ein Schluck darauf wird schmecken!
Und taumelnd gelangt' er spät nach Haus,
Die Frau saß da, sah finster aus,
   Er mußte vor ihr erschrecken.

Sie prüft ihn mit den Augen stumm,
Es ging ihm seltsam im Kopf herum,
   Gedenkend der eigenen Schwüre,
Sie aber schritt zur Wiege hin,
Und nahm das Kind, das gelegen darin,
   Und eilte hinaus zur Türe.

Er ist nüchtern geworden fast,
Ein kaltes Entsetzen hat ihn erfaßt: –
   Dahin, dahin gekommen! –
Hans Jürgen, rette, rette dein Kind!
Zum Weiher, zum Weiher! geschwind, geschwind!
   Sie hat den Weg genommen. –

Er eilt ihr nach in vollem Lauf,
Ein Plätschern schallt vom Weiher herauf, –
   Nur noch die Mutter war zu sehen: –
Zurück! das Kind, ich hol' es hervor,
Noch halten's die schwimmenden Tücher empor,
   Zurück! genug ist geschehen. –

Er schreit es und springt in das Wasser hinein, –
Das Wasser, das mochte so tief nicht sein,
   Die Beute leicht zu erhalten.
Er trägt das Wickelkind im Arm,
Und drückt's an die Brust so innig und warm,
   Und steigt aus dem Bade, dem kalten. –

»An meinem Herzen, an meiner Brust,
Du meine Wonne, du meine Lust!
   Doch mußt du mich nicht so kratzen.
Ein gutes, schönes Kind, allein
Es kratzte doch ganz ungemein;
   Was hast denn du für Tatzen?«–

Und wie er's näher untersucht,
Erkennt er den schwarzen Kater und flucht,
   Den Kater, ihm zum Possen. –
»Ach Frau, ach Frau, wo bist denn du?«–
Die sitzt zu Hause, die Tür ist zu,
   Die Türe bleibt verschlossen. –

»Ach Frau, das ist ein frostiger Spaß,
Es ist so kalt, ich bin so naß.« –
   Die Türe bleibt verschlossen;
Und wie er pocht und flucht und lärmt,
Und fleht und winselt und sich härmt,
   Die Türe bleibt verschlossen.

Die Nachbarsleute, die Gäste zuhauf
Vom goldenen Löwen paßten wohl auf.
   Das kann leicht einer sich denken;
Die haben wacker ihn ausgelacht,
Und haben ein Lied auf ihn gemacht,
   Und singen's in allen Schenken:

Hans Jürgen, rette, rette dein Kind!
Zum Weiher, zum Weiher! geschwind, geschwind!
   Doch lasse dich ja nicht kratzen.
Und schmeckt, Hans Jürgen, der Branntewein,
Komm' her zu dem goldenen Löwen herein.
   Wir singen ein Lied dir zum Platzen.

HARUN DOLFS
Trunksucht

Im Pfuhl des Lasters, meiner Treu, versinkt
Jedweder ein, der wie ein Säufer trinkt,
Und stets die Welt nur den als nüchtern schätzt
Der seine Lippen möglichst schüchtern netzt.

Auch Du, anstatt des Maßes Schein zu wahren,
Liebst es, oft Freunde um den Wein zu scharen,
Drum wird man Dich gewiß als Lumpen hassen,
Kannst Du nicht allsogleich vom Humpen lassen.

OTTO JULIUS BIERBAUM
Des Musterknaben kläglich Lied

Manchen Wein hab ich getrunken,
Manchem schönen Kinde bin
Ich verliebt ans Herz gesunken;
Jetzt geht alles nüchtern hin,
Abgezirkelt, abgemessen,
Und das ist des Liedes Sinn:
Ach, vergossen, ach, vergessen!

Dunkelroter Wein im Becher
Und ein weißer Busen bloß, –
Ein Verliebter und ein Zecher
War ich selig, war ich groß,
Ritt auf Rausches roten Rossen
Mitten in der Götter Schooß, –
Ach, vergessen, ach, vergossen!

Einsam geh ich nachts nach Hause,
Und mein Keller steht mir leer,
Das verworrene Gebrause,
Ach, mein Herz kennt es nicht mehr;
Tugend hat sich eingesessen,
Exemplarisch, würdig, schwer, –
Ach, vergossen, ach, vergessen!

Soll mich gar nichts mehr entzücken?
Soll ich ewig nüchtern sein?
Wehe Tugend, deinen Tücken,
Denn sie machen mir nur Pein;
Sauertöpfisch und verdrossen
Trag ich meinen Heiligenschein, –
Ach, vergessen, ach, vergossen!

ADELBERT VON CHAMISSO
Mäßigung und Mäßigkeit

Laßt das Wort uns geben heute,
Uns vom Trunke zu entwöhnen;
Ziemt sich's für gesetzte Leute,
Wüster Völlerei zu frönen?
Nein, es ziemt sich Sittsamkeit.
Gutes Beispiel will ich geben:
Mäßigung und Mäßigkeit! –
Stoßet an, sie sollen leben! –
Mäßigung und Mäßigkeit! –
        Maß! Maß!
Leert darauf das volle Glas!

Seht, ein Glas ist Gottes Gabe,
Und das zweite stimmt uns lyrisch;
Wenn ich gegen drei nichts habe,
Machen viele doch uns tierisch;
Trinket mehr nicht als genung!
Und mein Lied will ich euch singen:
Mäßigkeit und Mäßigung! –
Laßt die vollen Gläser klingen! –
Mäßigkeit und Mäßigung!
        Maß! Maß!
Leert darauf das volle Glas!

Seht den Trunkenbold in schrägen
Linien durch die Gassen wanken;
Kommt die Hausfrau ihm entgegen,
Hört sie keifen, hört sie zanken;

Das verdient Beherzigung.
Laßt uns an der Tugend haften:
Mäßigkeit und Mäßigung!
Pereant die Lasterhaften;
Mäßigkeit und Mäßigung!
    Maß! Maß!
Leert darauf das volle Glas!

   Was hast, Schlingel, du zu lachen?
Will das Lachen dir vertreiben;
Dich moralisch auch zu machen,
Dir die Ohren tüchtig reiben,
Pack dich fort bei guter Zeit!
Doch ich will mich nicht erboßen:
Mäßigung und Mäßigkeit! –
Eingeschenkt und angestoßen! –
Mäßigung und Mäßigkeit!
    Maß! Maß!
Leert darauf das volle Glas!

   Modus, ut nos docuere,
Sit in rebus, sumus rati;
Medium qui tenuere
Nominati sunt beati;
C'est le juste Milieu zur Zeit!
Ergo! Ergel! – Deutsch gesprochen:
Mäßigung und Mäßigkeit! –
Frisch das Glas nur ausgestochen –
Mäßigung und Mäßigkeit!
    Maß! Maß!
Leert darauf das volle Glas!

Nüchtern bin ich, – Wein her! Wein her! –
Immer nüchtern, – das versteht sich. –
Nur das Haus, der Boden, – Nein, Herr,
Nicht betrunken! – Wie doch dreht sich
Alles so um mich im Schwung?
Laß mich, Kellner, laß mich liegen!
Mäßigkeit und Mäßigung! –
Heute muß die Tugend siegen! –
Mäßigkeit und Mäßigung!
     Maß! Maß!
Noch ein Glas – so – noch ein Glas!

HEINRICH SEIDEL
Auf eine Nase

Wie ein Rubin auf rosenfarb'gem Grunde
In mildverklärtem Flammenscheine sprüht sie,
Wie eine Purpurros' mit sanftem Runde
Vergnüglich heiter freuderweckend blüht sie.
Im Abendroth manch froh durchschwärmter Stunde
Im Wiederschein viel rothen Weines glüht sie!
O welche Fluthen flossen schon zusammen
Zu schaffen dieses wundervolle Flammen!

Wie viele Lasten Silbers oder Goldes
Dies Kupfer zu erzeugen sind verschwendet,
Wie viele Länder haben schon ihr holdes
Getränk zu ihrem Wohlgedeihn gespendet!
Hinab von Kap-, Bordeaux- und Rheinwein rollt' es
Ohn' Unterlass, bis endlich sie vollendet:
Ein Flammenhugel, eine wundervolle
Mit innrer Gluth getränkte Purpurknolle!

ADOLF GLASSBRENNER
Wert des Lebens

Er stand an dem Kupfergraben,
Der Eckensteher Zimmt,
Er schaute hinab in das Wasser
Und war sehr trübe gestimmt.

»Wat soll ick mir länger hier quälen?
So'n Leben hab ick satt!
Ick stürze mir runter in't Wasser,
Wo allens en Ende hat.«

So sprach er und machte schon Anstalt –
Da kam ein Kollege vorbei;
Der sagte: »Ick habe vier Jroschen,
Die wolln wir verkümmeln, juchhei!«

Da besann sich der Zimmt ein wenig
Und rief: »Wat bin ick vor'n Tor!
Wat hilft mir den ooch det Ersaufen?
Ick ziehe det Besaufen vor!«

GÜNTER BRUNO FUCHS

Der große Besoffne geht um.
    Alberne Häuser lachen sich krumm.
Der große Besoffne geht um.
    Er läßt seine Fahne kreisen,
    er schenkt sie am Sonntag den Meisen,
er foppt sein Delirium.

GOTTHOLD EPHRAIM LESSING
Antwort eines trunknen Dichters

Ein trunkner Dichter leerte
Sein Glas auf jeden Zug;
Ihn warnte sein Gefährte:
Hör' auf! du hast genug.

Bereit vom Stuhl zu sinken,
Sprach der: Du bist nicht klug;
Zu viel kann man wohl trinken,
Doch nie trinkt man genug.

GERHARD RÜHM
dar wein

dar wein dar wein dar wein
dar wein dar wein dar wein
sunsd foed m goa nix ein

dar schdeffe ewendduö
dar schdeffe ewendduö
und dar wein
dar wein dar wein dar wein
sunsd foed ma bei leib nix ein

das wein dar wein dar wein
dar wein dar schdeffe dar wein
sunsd foed ma i schwea s nix mea ein

ERNST JANDL
die überwindung
für friederike mayröcker

kaum habe er
geschrieben was an diesem einen tag
er schreiben habe wollen

so überkomme ihn
nicht durst nein
trinkenslust

auch wenn es nicht
der tageszeit entspreche
und wenn es nicht

der tageszeit entspreche
fange für ihn
ein scharfer zwiespalt an

am schärfsten spürbar wenn
der tagesplan
noch ein zusammentreffen vorsehe

ausgenommen mit der ihm engst vertrauten
vor der er auch
wehenden alkohols nicht reuig stehe

also versuche er es
mit einem einzigen gläschen
wodka

wobei er ein recht großes
glas benütze
zur verringerung der kontrolle

es aber höchstens
ein drittel fülle
meist etwas weniger

es werde leer
es werde voll
es werde leer

schon fürchte er nicht mehr
treffen mit irgendwem
und aus den händen

lästiges kribbeln
vollends
sei geschwunden

so habe er sich wieder überwunden

GOTTHOLD EPHRAIM LESSING
Die Beredsamkeit

Freunde, Wasser machet stumm:
Lernet dieses an den Fischen.
Doch beim Weine kehrt sichs um:
Dieses lernt an unsern Tischen.
Was für Redner sind wir nicht,
Wenn der Rheinwein aus uns spricht!
Wir ermahnen, streiten, lehren;
Keiner will den andern hören.

FRIEDRICH VON HAGEDORN
Arist und Suffen

Auf Ortolanen, Lachs und Samos stolzen Wein
Hat oft Arist das Glück, Suffenens Gast zu sein.
Dann aber liest Suffen ihm seiner Dichtkunst Proben,
Und diese muß Arist stets hören und stets loben.
Nun überschätze nicht dein theures Mahl, Suffen:
Gewiß, nur für Arist kömmt es recht hoch zu stehn.

EDUARD MÖRIKE
Zur Warnung

Einmal nach einer lustigen Nacht
War ich am Morgen seltsam aufgewacht:
Durst, Wasserscheu, ungleich Geblüt;
Dabei gerührt und weichlich im Gemüt,
Beinah' poetisch, ja, ich bat die Muse um ein Lied.
Sie, mit verstelltem Pathos, spottet' mein,
Gab mir den schnöden Bafel ein:

> *»Es schlaget eine Nachtigall*
> *Am Wasserfall;*
> *Und ein Vogel ebenfalls,*
> *Der schreibt sich Wendehals,*
> *Johann Jakob Wendehals;*
> *Der tut tanzen*
> *Bei den Pflanzen*
> *Obbemeldten Wasserfalls —«*

So ging es fort; mir wurde immer bänger.
Jetzt sprang ich auf: zum Wein! Der war denn auch mein
    Retter.–
Merkt's euch, ihr tränenreichen Sänger,
Im Katzenjammer ruft man keine Götter!

BERTOLT BRECHT

1
Wenn sie trinkt, fällt sie in jedes Bett
Wenn sie nicht trinkt, läßt sie keinen ran
Denn sie sagt: sie braucht nur einen Mann
Und der Mann bin ich. Das ist sehr nett
Schade, daß sie da nichts machen kann:
Wenn sie trinkt, fällt sie in jedes Bett.

2
Es ist wirklich mit ihr ein Gfrett
Denn man weiß es in der ganzen Stadt.
Dabei hat der, der sie einmal hat
Lang bei ihr noch keinen Stein im Brett.
Ganz im Gegenteil: sie ist ihn satt
Wenn sie trinkt, fällt sie in jedes Bett.

3
Schließlich, sagt sie, bin ich auch kein Brett.
Gott sei Dank ist sie soweit gesund ...
Nur das eine wird mir bald zu bunt:
Sieht sie einen, den sie gerne hätt
Fängt sie leider an zu trinken – und
Wenn sie trinkt, fällt sie in jedes Bett.

DANIEL WILHELM TRILLER
Das trunkene Weib

Es war ein Weib der Trunkenheit
So übermäßig stark ergeben,
Daß sie sonst nichts so sehr im Leben,
Als den verhaßten Durst, gescheut.
Als sie sich einst nun so betrank,
Daß sie zu Boden niedersank,
Und sinnenlos kein Glied gereget:
Hat sie ihr Mann in Sarg geleget.
Das Zimmer war ganz schwarz bedeckt,
Auch Todtenfackeln angesteckt;
Er selbsten hatte sich darneben
In fürchterliche Tracht verhüllt,
Ein Scheusal oder Schreckenbild
Bey diesem Lustspiel abzugeben.

Als nun hierauf um Mitternacht
Das Weib von ihrem Rausch erwacht:
Fuhr sie mit Schrecken in die Höhe.
Hilf Gott! wo bin ich? ich schon todt?
Ists möglich? O der großen Noth!
Wen seh ich dort? Ach! ich vergehe!
Bin ich denn in der Ewigkeit?

Ja! schrie der Mann mit grasser Stimme,
Empfah nun von der Geister Grimme
Den Lohn für deine Trunkenheit:
Steh auf, du mußt nun mit uns fressen!
Drauf reicht er ihr ein gräulich Essen,
Das voller Salz und Wermuth war,
In einem schwarzen Topfe dar.

Hier ließ sie sich nun selbst bedünken,
Daß sie den Geistern beygesellt,
Und in dem Reich der Todten sey;
Doch fragte sie annoch darbey:
Ihr Kinderchen in jener Welt,
Habt ihr nicht auch etwas zu trinken?

Die Menschen haben insgemein
Ein Laster, das sie heftig lieben,
Und wird es ihnen gleich vertrieben;
So stellt es sich doch wieder ein:
Wenn sichs mit der Natur verbunden,
Denn wird es schwerlich überwunden;
Man jag es fort, den Augenblick
Kehrt es doch wiederum zurück.

GEORG CHRISTOPH LICHTENBERG
Die Champagner-Bouteille im Kühlfaß

So lang' ich fest steh', steht mein Herr;
So bald ich tanze, tanzt auch er;
Kaum tauml' ich um und lege mich,
So taumelt Er und legt auch *Sich.*

GOTTHOLD EPHRAIM LESSING
Die Stärke des Weins

Wein ist stärker als das Wasser:
Dies gestehn auch seine Hasser.
Wasser reißt wohl Eichen um,
Und hat Häuser umgerissen:
Und ihr wundert euch darum,
Daß der Wein mich umgerissen?

SIMON BOROWIAK
Ein Spirituosenleben

Frau Magenbitter haut's vom Stuhl,
Herr Doornkaat liegt daneben.
Eifrig bemüht sich Pommery,
versucht sie aufzuheben.

Dem jungen Korn ist nichts mehr klar.
Frau Gin sieht eine Maus.
Herr Pils beugt sich zu weit nach vorn
und fällt zur Flasche raus.

Alles verdunstet, schwappt und ölt,
entkorkt sich auf den Tischen.
Auch Fräulein Selters geht es schlecht:
Sie muß hier morgen wischen.

AXEL SANJOSÉ
Dinkel

Einst, da war'n die Menschen frei,
lebten froh und ohne Dinkel,
aßen Kohl zu fettem Pinkel
und zum Frühstück Speck und Ei.

Heute sind die Menschen froh
wenn sie aus dem Augenwinkel
schauen einen Bau von Schinkel
(Sellerie zerkauend, roh.)

JOHANNES TROJAN
Vom Stoffwechsel

Nähr dich, o Mensch, verständig!
Mit einem Wort: Erkenn dich!
Nach Liebig lern ermessen,
Was dir gebührt zu essen.

Fettbildner sind, das merke:
Fett, Zuckerstoff und Stärke;
Blutbildner sind im ganzen
die Proteinsubstanzen.

Die erstern, wie wir sehen,
Aus CHO bestehen;
Die letztern, mannigfaltig,
Sind sämtlich stickstoffhaltig.

Daß Knochen sich erneuern,
Bedarfst du Kalk und Säuren;
Drum mische klug und weise
Dergleichen in die Speise.

Und also iß und lebe,
Ersetzend dein Gewebe,
Und denk in allen Fällen;
Wie bild ich neue Zellen?

CHRISTIAN MORGENSTERN
Der Hecht

Ein Hecht, vom heiligen Antōn
bekehrt, beschloß, samt Frau und Sohn,
am vegetarischen Gedanken
moralisch sich emporzuranken.

Er aß seit jenem nur noch dies:
Seegras, Seerose und Seegries.
Doch Gries, Gras, Rose floß, o Graus,
entsetzlich wieder hinten aus.

Der ganze Teich ward angesteckt.
Fünfhundert Fische sind verreckt.
Doch Sankt Antōn, gerufen eilig,
sprach nichts als: Heilig! heilig! heilig!

AXEL MARQUARDT
Hail to thee Snitzel!

Hail to thee snitzel
and you wurstl con crauti
forza Luciano Gamberoni e tutti i provoloni
mein ist das suppngrün spricht der herr witzigmann
mîn herze zieht flädle
hechtschaum und brüstlcanapé
schwarzwurz und kandismeuse
durch den landwehrkanal
gelobt sein die süßen bataten
zibeben und frittaten
die serviettenknödeln
marillen und

Hail to thee snitzel
and wurstl con crauti!
Benedicamus Kotelett!
Praise the Lord of the hiccups!

FRANZOBEL
Blunzengröstl

Blunzengröstl essen, Kistlbrunzen müssen,
Blunzengröstl essen, Blunzenkistl müssen,
Blunzen brunzen, Gröstlkistl essen müssen,
Brunzen blunzen, Kistl müssen Gröstl essen,
Blunzen essen, brunzen müssen, Köstl. Köstl.

MATTHIAS POLITYCKI
Zwischen den Heuhaufen der Moderne
Buridans Abzählreim für Billigesser

Tschatschlück, Dönner, Fladdnbrottn,
Brattgewurstl, weisz und rottn,
Tscheffsalatt, ein Schpickl-Ey,
Pratzkartuffeleiner-Ley,
Lasz-die-Sanje, Nurdelglück,
Pirza – plosz kein Seyten-Schtück! –,
Pfrittn, Hottdokk, Doppelwhopps,
Gullatsch odr Roll-den-Mopps,
Tortelarni, Fitsch pannürt,
Tschweinerbauch, inns Fätt sarvürt,
Bickmäck, Schnarzel, Urpfeltatschn,
Halba-haan, Gemüs-Mitschmatschn,
Frühlinksroller, Körrireisz,
Flaschmann odr Maggnum-Eisz?

Imma her den ganzen Scheisz!

OSKAR PASTIOR
how many mumifizz and goist

daumenhals und magenfrauden
und schmurgel-schmirgel und
schwindel-zum-schwurgel und
daumenfreuden und magenhals

und luchmuschgrausmauch und
madendamen und dramenmaidon
daimagaugnflaudn und balsam
und mausgrauchmuchlusch und

ein filzmagon ein grusluchs
(schlinzgaug und reuchling)
ein gaumendaimon ein gängur

(und schwinzlingerling und)
ein schloibel ein fizgarma
(frauduleux-zum-panschglib)

WILHELM BUSCH
Pfannkuchen und Salat

Von Fruchtomletts da mag berichten
Ein Dichter aus den höhern Schichten.

Wir aber, ohne Neid nach oben,
Mit bürgerlicher Zunge loben
Uns Pfannekuchen und Salat.

Wie unsere Liese delikat
So etwas backt und zubereitet,
Sei hier in Worten angedeutet.

Drei Eier, frisch und ohne Fehl,
Und Milch und einen Löffel Mehl,
Die quirlt sie fleißig durcheinand
Zu einem innigen Verband.

Sodann, wenn Tränen auch ein Übel,
Zerstückelt sie und mengt die Zwiebel
Mit Öl und Salz zu einer Brühe,
Daß der Salat sie an sich ziehe.

Um diesen ferner herzustellen,
Hat sie Kartoffeln abzupellen.
Da heißt es, fix die Finger brauchen,
Den Mund zu spitzen und zu hauchen,
Denn heiß geschnitten nur allein
Kann der Salat geschmeidig sein.

Hierauf so geht es wieder heiter
Mit unserm Pfannekuchen weiter.

Nachdem das Feuer leicht geschürt,
Die Pfanne sorgsam auspoliert,
Der Würfelspeck hineingeschüttelt,
So daß es lustig brät und brittelt,
Pisch, kommt darüber mit Gezisch
Das ersterwähnte Kunstgemisch.

Nun zeigt besonders und apart
Sich Lieschens Geistesgegenwart,
Denn nur zu bald, wie allbekannt,
Ist solch ein Kuchen angebrannt.

Sie prickelt ihn, sie stockert ihn,
Sie rüttelt, schüttelt, lockert ihn
Und lüftet ihn, bis augenscheinlich
Die Unterseite eben bräunlich,
Die umgekehrt geschickt und prompt
Jetzt ihrerseits nach oben kommt.

Geduld, es währt nur noch ein bissel,
Dann liegt der Kuchen auf der Schüssel.
Doch späterhin die Einverleibung,
Wie die zu Mund und Herzen spricht,
Das spottet jeglicher Beschreibung,
Und darum endet das Gedicht.

PETER RÜHMKORF
Duocentenarperformance Intercity »Heinrich Heine«

Heh, Herr Ober!
Eigentlich bin ich ein großer Lober.
Aber Ihre hier total verpißten Nieren
sind zu reklamieren;
weshalb ich Sie bitten möchte, schnur!-
stracks an Ihren Herrn Toilettenwart retour.

Fragen? Keine. Außer allerdings Regreß!
Und zwar *unterthenigst, willig und erbötig*
(Siehe Luther an den Churfürsten Johann)
und nicht wie Sie hier in Ihrem Poesie-Express
sich herauszunehmen sich nicht schämen:
Wer hier absteigt, hat es nötig,
und er wird noch weitres auf sich nehmen –
Ja, er wird, er kann,
respektive seine strafunmündige Begleitperson
macht das schon.

Weil, sie wird, so will es ihr Begleiter,
und sie ist sein liebes Medium,
ihren Beitrag zu den Düsseldorfer Jubelfeiern
(Schaun Sie nicht so dumm!
Lieber haun Sie ab und noch viel weiter)
mittels Fingertrick in Ihren Quick-Pick-Speisewagen reihern
(Großer Kunst-Event für Jud und Christ)
A c h t u n g ,   K l e i n e s !
Du verstehst, was deines Amtes ist:
w a l t e   s e i n e s !

FRED ENDRIKAT
Bildung

Ich saß im D-Zug. Vis-à-vis
ein Gent mit Pranken wie Zinnober.
Er schnalzt' und schmatzte wie ein Vieh.
Die Suppe kam und auch der Ober. –

Der Kavalier beschloß den Schmaus,
entschlürft den letzten Rest dem Glase,
dann zog er seinen Spiegel raus,
drückt einen Pickel aus der Nase,

steckt dann den Finger in den Mund.
Mit einem Kopfnick, einem leisen,
und einem Rülps aus Herzensgrund
sprach er: »Ich wünsche wohl zu speisen.«

FRITZ GRASSHOFF
Speisen bildet

Sie sollten gelegentlich verreisen
und in anderen Ländern anderes speisen,
wie wir es machen. Wir schmecken tiefer!
Wir bilden den Gaumen viel intensiver!
Wir kultivieren Darm und After
und leben wesentlich vorteilhafter!

Auf den Molukken essen wir immer
zum Breakfast gebackenen Kohlentrimmer.
Wir haben auch scharfen Hahn probiert,
der wird auf Trinidad serviert.
Wir schätzen verlorene Mossuleier,
wir kennen gespickten Kragengeier,
gefüllte Pusztapflaumen mit Mais,
kalten Stationsvorsteher auf Gleis,
Lederhose à la Husar
und durchgedrehten Kommissar.

In einem Dorf auf dem Peloponnese
gibt es eine Art Roßgekröse,
das man auf Popenbärten brät –
eine besondere Spezialität!
Waren Sie mal in Sankt Johann?
Da heißt der Käse Alter Mann;
der riecht so streng, daß die Scheiben beschlagen.
(Vorsicht bei geschlossenem Wagen!)

Kommen Sie erst nach Cul au mer!
Da haben wir unsere Köchin her.

Die bereitet aus Taubendung und Kaneel,
Kakerlaken und feinem Weizenmehl
einen Kuchen, den man nicht essen kann.
Wir essen ihn nicht. Wir bieten ihn an.

HEINRICH SEIDEL
Grausames Schicksal

Für mich der etwas weiss vom Essen,
Kann nichts Betrübteres geschehn,
Als Andre schlemmen sehn und fressen,
Die keine Spur davon verstehn.

Ja, düster ist des Schicksals Wille
Und kalt vermag es zuzusehn,
Wie ein Talent so in der Stille
Muss ungenutzt zu Grunde gehn.

KARL VALENTIN
Rezept zum komischen Salat
Nach der Melodie »Jahrmarktsrummel« von Paul Lincke

1
Drei Pfund Rindfleisch hackt man klein,
Tut das in an Hafen nein;
Etwas Pfeffer, etwas Salz,
Dazu einen Löffel Schmalz,

Drei Zitronen ohne Kern –
Den Geschmack, den hat man gern –
Kalte Sauce vom Rehragout
Schüttet man dem Ganzen zu.

– Auch Leberkäs und Honig,
Sardinen und Spinat,
Gefärbte Eierschalen
Mit Mandelschokolad:
Auch Paprika und Erdbeer,
Zwei Liter Lebertran,
Drei Pfund gesottne Erbsen,
Vermischt mit Marzipan.

– Schweizerpilln und Sauerkraut,
Zungenwurscht mitsamt der Haut,
Naphtalin und Wagenschmier,
Feingeschnittnes Glaspapier,
Ananas und Karfiol,
Bismarckhering und Odol,
Essiggurken, Fliegenleim –
Das kommt alles mit hinein.

Und dazu noch Blutorangen und Zibebn
Müssn obendrein noch das Aroma hebn;
Makkaroni, geschnittne Nudeln, kalten Bratn,
Lineburger, Kokosnüss und Schwartenmagn.

2
Ist nun alles das dabei,
Fehlt es noch an mancherlei;
Lorbeerblätter und Zwieback,
Die erhöhen den Geschmack,

Kletzenbrot und Glyzerin,
Zwetschgenmus und Terpentin,
Kandiszucker und Forelln
Dürfen auch dabei nicht fehln.

– Auch Malzkaffee und Rollmops,
Zigorri und Zement,
A Messerspitz voll Streusand
Gewiß nicht schaden könnt.
Bananen, Aprikosen
Nebst Himbeerlimonad,
Dazu nen kleinen Löffel
Voll Messerputzpomad.

– Schnupftabak und Stachelbeer,
Gelbe Rüben, Kirschlikör,
Eierkognak, Nelken, Zimt
Man auch zu der Sache nimmt,
Kaviar und Zervelat,
Birn- und Pflaumenmarmelad,
Noch dazu zwei Flaschen Sekt,
Das erfordert das Rezept.

Heu und Stroh, auch Hafnerlehm und Bügelkohln,
Und a paar ganz feingeschnittne Hausschuhsohln,
Harte Semmelbrocken, eingeweicht in Teer,
Das ist noch nicht alles, 's kommt schon noch viel mehr.

3
Hetschebetsch und Parmesan,
Bauerngselchts und sauren Rahm,
Gsundheitskuchen, Petersil,
Nen zerhackten Besenstiel,

Zwiebelzeltln, Kreosot,
Zigarrenstumpen und Kompott,
Ziegelsteine pulvrisiert
Werden mit hineingerührt.

– Rebhühner und Fasanen,
Auch Fensterkitt und Gips,
Zwei ganze Faschingskrapfen,
Garniert mit Stiefelwichs,
Leoniewurst und Bleiweiß,
Parkettbodnwachs und Reis,
Ölfarb und Anquilotti,
Zwei junge weiße Mäus.

– Sauerkraut und Sellerie,
Rettich und Fromage de Brie,
Knoblauch, Spargel und Stearin,
Weichselsaft und Zacherlin,
Kaisertinte, Schusterpapp,
Apfelmus und Salmiak,
Auch Briketts und Anthrazit,
Platzpatronen, Dynamit.

Ist dann alles drin, was ich soebn diktiert,
Wird das Ganze mit dem Löffel umgerührt,
Glauben Sie sicher, es schmeckt wirklich delikat;
Sehn Sie, so entsteht der komische Salat.

JOACHIM RINGELNATZ
Silvester bei den Kannibalen

Am Silvesterabend setzen
Sich die nackten Menschenfresser
Um ein Feuer, und sie wetzen
Zähneklappernd lange Messer.

Trinken dabei – das schmeckt sehr gut –
Bambus-Soda mit Menschenblut.
Dann werden aus einem tiefen Schacht
Die eingefangenen Kinder gebracht
Und kaltgemacht.
Das Rückgrat geknickt,
Die Knochen zerknackt,
Die Schenkel gespickt,
Die Lebern zerhackt,
Die Bäuchlein gewalzt,
Die Bäckchen paniert,
Die Zehen gesalzt
Und die Äuglein garniert.

Man trinkt eine Runde und noch eine Runde.
Und allen läuft das Wasser im Munde
Zusammen, ausnander und wieder zusammen.
Bis über den feierlichen Flammen
Die kleinen Kinder mit Zutaten
Kochen, rösten, schmoren und braten.

Nur dem Häuptling wird eine steinalte Frau
Zubereitet als Karpfen blau.
Riecht beinah wie Borchardt-Küche, Berlin,
Nur mehr nach Kokosfett und Palmin.

Dann Höhepunkt: Zeiger der Monduhr weist
Auf Zwölf. Es entschwindet das alte Jahr.
Die Kinder und Karpfen sind gar.
Es wird gespeist.

Und wenn die Kannibalen dann satt sind,
Besoffen und überfressen, ganz matt sind,
Dann denken sie der geschlachteten Kleinen
Mit Wehmut und fangen dann an zu weinen.

WENDELIN ÜBERZWERCH
Der Vielfraß

Ich aß zuviel von Reis und Huhn;
Ach Gott, wie ist mir heiß, und ruhn
Muß ich, ein Weilchen liegen.
Mir droht der Schlemmer grausig Los
und meine Angst ist lausig groß:
Werd' bald drei Zentner wiegen!

EUGEN ROTH
Reiskur

Der Patient hat fest versprochen,
Nur Reis zu essen, sieben Wochen.
Erst tut ers streng: salzlos, gewässert,
Dann insgeheim schon leicht verbessert;
Dann in der Form des süßen Breis;
Dann Reis mit Huhn; dann Huhn mit Reis –
Um im Gefühle eines Helden
Beim Doktor wieder sich zu melden.
Und sieh! Der Patient hat Glück:
Der hohe Blutdruck ging zurück
Und beide singen Lob und Preis
Dem wundertätig-edlen Reis.

HEINRICH SEIDEL
Erinnerung

In Andacht stand ich jüngst versunken
Vor jenem Haus, wo manches Mal
Ich viel gegessen und getrunken
Und gut, nach meines Herzens Wahl

Nach jener Zeit, nach jenen Tagen
Ward meine Sehnsucht wieder jung,
Und leise fiel auf meinen Magen
Die Thräne der Erinnerung.

LOTHAR THIEL
einladung

ludger lebt nur noch von lauch
tilmann trägt herein das essen
denn hermine hat's vergessen
stine steht zu ihrem bauch

britt wird eine oper schreiben
gregor meint das könnt er auch
ludger führt sich ein den schlauch
else will an curd sich reiben

schirin schlürft derweil ein bier
lilli leckt an birnenscheiben
bernd begreift die welt nicht mehr

inga sagt 's war schön bei dir
denn sie will nicht länger bleiben
carmens brandyglas steht leer.

PAUL SCHEERBART
Die Galle
Ein Tafelgedicht

Mit Euch an einem Tisch zu sitzen
Macht mir den größten Höllenspaß.
Ich träume schon von Euren Witzen.
Wohl dem, der mit Euch Austern aß.

Denn was Ihr trinkt
Ist pure Galle.
Und was Ihr eßt
Ein alter Quark.

Recht grob möcht ich Euch Allen sagen,
Daß Ihr mir nie mehr könnt behagen.
Ihr seid das Luderpack der Welt
Und habt mir manchen Tag vergällt!

KERSTIN HENSEL
Das Abendessen am 18. Dezember 1999
Für R. Kirsch

Marzahn frißt, säuft und kotzt Bulette.
Dumpf schlägt das Leben an vor Rainers Küche.
Doch statt Gebell von Flüchen lieber Hochgerüche
Tischt er uns auf und statt Gerülps Sonette.

Petrarca thront, entblättert die Serviette.
In einem Löffel consommé double Julienne
Entfaltet sich ein Kritiker von Rang –
Rapunzels Haar an Apfel-Vinaigrette!

Man möchte kauen, schmecken, nur nicht schlucken.
Ein mariniertes Ententittchen löst die Zunge.
Was man kaum sieht, das duftet hell, und junge
Bohnen und Trüffel lassen den Verstand verzucken.

So bitten wir, umzwirnt von Weltverderben:
Wenn schon nicht lustig, so doch lustvoll sterben!

THEODOR KRAMER
Festliche Mahlzeit

Bring vom Greisler Leberkäs und Topfen
und vom Wirt zwei Liter roten Wein;
heute wolln wir uns den Magen stopfen
und noch einmal, Alte, fröhlich sein.

Eßbesteck und Tischtuch sind verpfändet,
gestern haben wir die Bank verheizt;
und das Warten, daß sich etwas wendet,
macht zum Schluß nur müde und gereizt.

Darum, glaub mir, sind die letzten Groschen,
Alte, so am besten angewandt;
nimm den Krug und schlüpf in die Galoschen,
und das Schneuztuch tu mir aus der Hand.

»Daheim ist es zwar nicht hundertprozentig dafür aber immer«

EHE & FAMILIE

NICOLAS BORN
Die Familie

Die Familie versteht sich von selbst.
Die Kinder fühlen sich der jungen
die Eltern der älteren Generation zugehörig.
Die Familie bewohnt Stadt und Land
ihren genauen Wohnsitz kann man ermitteln.
Eine Familie unterscheidet sich von der anderen
man muß sie beim Namen nennen.
Gewöhnlich gibt es in der Familie Streitigkeiten
dabei geht es um dieses oder um jenes
die Streitigkeiten werden mehr oder weniger ausgeräumt.
Die netteste Form der Streitigkeit
ist die Meinungsverschiedenheit.
Wenn Angehörige gegeneinander tätlich werden
dann stimmt am Milieu etwas nicht.
Wenn etwas aus der Familie nicht veräußert wird
dann bleibt es in der Familie.
Wer in der Familie das letzte Wort hat
das hängt von den Umständen ab
früher hatte es meistens der Vater
im Zuge zeitbedingter Veränderungen
hat es die Mutter mehr und mehr an sich gerissen.
Einige Mitglieder der Familie haben Geschlechtsverkehr
andere nicht oder vielleicht.
Das liebste Fest ist der Familie das Weihnachtsfest
die Familie ist vollzählig und ißt gut
man tauscht Geschenke und ist nett zueinander
daß man nett zueinander ist
hält die Mutter für das schönste Geschenk.
Die Familie hat einen Familienverbrauch
und einen pro-Kopf-Verbrauch

sie ist nicht ausgesprochen religiös
glaubt aber an ein höheres Wesen.
Die Familie lebt lieber im Sommer als im Winter
in Kälteperioden rückt sie zusammen
ist der Himmel blau fährt sie ins Grüne.
Sie ist gegen Kriegs- und Nachkriegszeiten
und fürchtet sich vor unehelichen Kindern.
Die Familie hat die Ansicht daß vieles nicht stimmt
ist aber im großen und ganzen zufrieden.

ADELBERT VON CHAMISSO
Familienfest

Der Vater ging auf die Jagd in den Wald;
Ein gutes Wild ersah er sich bald.

Er legte wohl an, er drückte los,
Der Sperling fiel auf das weiche Moos.

Die Brüder luden zu Schlitten den Fang,
Und schleiften ihn heim, und jubelten lang.

Die Töchter schnell das Feuer geschürt,
Sie rupften und sengten ihn, wie sich's gebührt.

Die Mutter briet und schmort' ihn gleich,
Der Braten war köstlich und schmackhaft und weich.

Geschäftig trugen die Schwestern ihn auf;
Es kamen die fröhlichen Gäste zu Hauf.

Sie setzten zu Tisch sich und saßen fest,
Und taten sich gütlich beim weidlichen Fest.

Sie schmausten den Sperling in guter Ruh,
Und tranken drei Fässer des Bieres dazu.

ROR WOLF
mein famili

mein schwester strickt am grünen strumpf
so heiß und groß so dick und weich
so seltsam übers knie gebeugt
mein schwester mit dem roten strumpf

mein oma liebe oma so
so faltig pergament so dünn
so vogel hals so fistel stimm
so mürrisch mittags abends froh

mein famili im zimmer lung
wo um den schwarzen tisch und rund
mit topf und fisch und zwiebelbrüh
mit hand mit mund mit großem hung

mein vater mit der nickelbrill
mein mutter auf dem küchenstuhl
mein starker bruder mit dem bart
mein kleine schwester blaß und still

mein famili mein ganze fam
ili mein ganze zwei drei und
mein vier und fünf und zwei und ein
mein famili wie wundersam

wie wundersam wie wir am tisch
am runden tisch von rundem holz
wie faust und gabel hier und hier
faust gabel hier mund da und fisch

mund da und fisch und fisch und kloß
am runden tisch der vater spricht
und ißt den kloß und ißt den fisch
vom tisch und spricht und zwiebelsoß

und zwiebelsoß rinnt ab vom mund
wischt ab ach wischt und wischt und spricht
die schwester hörts an ihrem strumpf
die mutter hörts der bruder und

großvater dort auf dem abort
der hund der hund bunt hinterm schirm
die laus in seinem pelz und ich
ich hörs ich hab im ohr die wort

wie altes brot die wort wie brot
wie schwarzes brot die mutter nimmts
vom küchenbord und lächelt wild
denn trocken brot macht wangen rot

wie glotzt aus seinem leib das brot
wie rollt es rollt es durch die tür
die base sitzt vor dem klavier
und spielt ohn brot ist große not

die schürz der mutter weht herum
die uhr platzt an der wand und da
grinst unterm bottich grinst die schab
der vater spricht seht euch nicht um

KLABUND
Ich baumle mit de Beene

Meine Mutter liegt im Bette,
Denn sie kriegt das dritte Kind;
Meine Schwester geht zur Mette,
Weil wir so katholisch sind.
Manchmal troppt mir eine Träne
Und im Herzen puppert's schwer;
Und ich baumle mit de Beene,
Mit de Beene vor mich her.

Neulich kommt ein Herr gegangen
Mit 'nem violetten Shawl,
Und er hat sich eingehangen,
Und es ging nach Jeschkenthal!
Sonntag war's. Er grinste: »Kleene,
Wa, dein Port'menée is leer?«
Und ich baumle mit de Beene,
Mit de Beene vor mich her.

Vater sitzt zum 'zigsten Male,
Wegen »Hm« in Plötzensee,
Und sein Schatz, der schimpft sich Male,
Und der Mutter tut's so weh!
Ja so gut wie der hat's Keener,
Fressen kriegt er und noch mehr,
Und er baumelt mit de Beene,
Mit de Beene vor sich her.

Manchmal in den Vollmondnächten
Is mir gar so wunderlich:
Ob sie meinen Emil brächten,
Weil er auf dem Striche strich!

Früh um dreie krähten Hähne,
Und ein Galgen ragt, und er…
Und er baumelt mit de Beene,
Mit de Beene vor sich her.

JOACHIM RINGELNATZ
An Berliner Kinder

Was meint ihr wohl, was eure Eltern treiben,
Wenn ihr schlafen gehen müßt?
Und sie angeblich noch Briefe schreiben.

Ich kanns euch sagen: da wird geküßt,
Geraucht, getanzt, gesoffen, gefressen,
Da schleichen verdächtige Gäste herbei.
Da wird jede Stufe der Unzucht durchmessen
Bis zur Papagei-Sodomiterei.
Da wird hasardiert um unsagbare Summen.
Da dampft es von Opium und Kokain.
Da wird gepaart, daß die Schädel brummen.
Ach schweigen wir lieber. – Pfui Spinne, Berlin!

WILHELM BUSCH

Die Tante winkt, die Tante lacht:
He, Fritz, komm mal herein!
Sieh, welch ein hübsches Brüderlein
Der gute Storch in letzter Nacht
Ganz heimlich der Mama gebracht.
Ei ja, das wird dich freun!

Der Fritz, der sagte kurz und grob:
Ich hol'n dicken Stein
Und schmeiß ihn an den Kopp!

MATTHIAS CLAUDIUS
Fritze

Nun mag ich auch nicht länger leben,
    Verhaßt ist mir des Tages Licht;
Denn sie hat Franze Kuchen gegeben,
    Mir aber nicht.

KONRAD BAYER
dann bin ich gestorben

ich wurde geboren
am 17. august
bald wurde ich grösser
doch war's mir nicht bewusst
ich lernte auch sprechen
und bausteine brechen
dann bin ich gestorben
am 17. august
ein jahr nur ein jahr nur
hat mir gott geschenkt
doch war es ein reiches
wenn man es recht bedenkt

ERICH MÜHSAM
Der tote Kater

Warum schleicht der Bube Peter
mit gesenktem Kopf herum?
Warum feixt er? Warum geht er
nicht in das Gymnasium?
Was geschah mit ihm? Was tat er?
Seht, von einer Wäscheleine
schlenkert ein gewesener Kater,
senkrecht ausgestreckt die Beine. –
Schlenkert schon seit sieben Tagen;
Peters Blicke aber schleichen,
wo die Tat sich zugetragen,
wo es stinkt nach alten Leichen…
Was der Bube sich wohl dachte,
als er dieses scheu vollbrachte? –
Wollt er nur die Luft verstänkern?
Oder freut er sich am Schlenkern?

BERTOLT BRECHT
Apfelböck oder Die Lilie auf dem Felde

1

In mildem Lichte Jakob Apfelböck
Erschlug den Vater und die Mutter sein
Und schloß sie beide in den Wäscheschrank
Und blieb im Hause übrig, er allein.

2

Es schwammen Wolken unterm Himmel hin
Und um sein Haus ging mild der Sommerwind
Und in dem Hause saß er selber drin
Vor sieben Tagen war es noch ein Kind.

3

Die Tage gingen und die Nacht ging auch
Und nichts war anders außer mancherlei
Bei seinen Eltern Jakob Apfelböck
Wartete einfach, komme was es sei.

4

Es bringt die Milchfrau noch die Milch ins Haus
Gerahmte Buttermilch, süß, fett und kühl.
Was er nicht trinkt, das schüttet Jakob aus
Denn Jakob Apfelböck trinkt nicht mehr viel.

5

Es bringt der Zeitungsmann die Zeitung noch
Mit schwerem Tritt ins Haus beim Abendlicht
Und wirft sie scheppernd in das Kastenloch
Doch Jakob Apfelböck, der liest sie nicht.

6
Und als die Leichen rochen durch das Haus
Da weinte Jakob und ward krank davon.
Und Jakob Apfelböck zog weinend aus
Und schlief von nun an nur auf dem Balkon.

7
Es sprach der Zeitungsmann, der täglich kam:
Was riecht hier so? Ich rieche doch Gestank.
In mildem Licht sprach Jakob Apfelböck:
Es ist die Wäsche in dem Wäscheschrank.

8
Es sprach die Milchfrau einst, die täglich kam:
Was riecht hier so? Es riecht, als wenn man stirbt!
In mildem Licht sprach Jakob Apfelböck:
Es ist das Kalbfleisch, das im Schrank verdirbt.

9
Und als sie einstens in den Schrank ihm sahn
Stand Jakob Apfelböck in mildem Licht
Und als sie fragten, warum er's getan
Sprach Jakob Apfelböck: Ich weiß es nicht.

10
Die Milchfrau aber sprach am Tag danach:
Ob wohl das Kind einmal, früh oder spät
Ob Jakob Apfelböck wohl einmal noch
Zum Grabe seiner armen Eltern geht?

KLABUND
Bürgerliches Weihnachtsidyll

Was bringt der Weihnachtsmann Emilien?
Ein Strauß von Rosmarin und Lilien.
Sie geht so fleißig auf den Strich.
O Tochter Zions, freue dich!

Doch sieh, was wird sie bleich wie Flieder?
Vom Himmel hoch, da komm ich nieder.
Die Mutter wandelt wie im Traum.
O Tannenbaum! O Tannenbaum!

O Kind, was hast du da gemacht?
Stille Nacht, heilige Nacht.
Leis hat sie ihr ins Ohr gesungen:
Mama, es ist ein Reis entsprungen!
Papa haut ihr die Fresse breit.
O du selige Weihnachtszeit!

WILHELM BUSCH

Die erste alte Tante sprach:
Wir müssen nun auch dran denken,
Was wir zu ihrem Namenstag
Dem guten Sophiechen schenken.

Drauf sprach die zweite Tante kühn:
Ich schlage vor, wir entscheiden
Uns für ein Kleid in Erbsengrün,
Das mag Sophiechen nicht leiden.

Der dritten Tante war das recht:
Ja, sprach sie, mit gelben Ranken!
Ich weiß, sie ärgert sich nicht schlecht
Und muß sich auch noch bedanken.

JOACHIM RINGELNATZ

Kinder, ihr müßt euch mehr zutrauen!
Ihr laßt euch von Erwachsenen belügen
Und schlagen. – Denkt mal: fünf Kinder genügen,
Um eine Großmama zu verhauen.

HELMUT QUALTINGER

Ich möcht' ein großes Lager kommandieren,
wo alle Väter eingefangen sind,
und wenn die mir dann nicht aufs Wort parieren,
erleben s' was von ihrem eig'nen Kind.

Die müßten täglich sich die Ohren waschen,
den Hals, die Nägel und sogar die Zähn',
und beim Appell fängt jeder gleich a Flaschen,
ist nur ein Bröserl irgendwo zu seh'n…

Und will mir einer keine Suppe essen
und streikt er beim Pürée oder Spinat,
da kriegt er fünfundzwanzig aufgemessen.
Das wär' a Hetz für mich und niemals fad!

Weiß er nicht, wer die Freiheit hat erfunden
und etwa auch die Elektrizität,
gibt es zur Nachhilf' vierundzwanzig Stunden,
wo er auf einem Fuß im Winkerl steht.

Kann einer aber 'leicht nicht dividieren
Und irrt sich gar bei einer Addition,
dann kriecht er mir herum auf allen Vieren,
bis er gelernt hat seine Lektion.

Wir Jungen, ja, wir sind halt die Garanten
der Zukunft, und die Alten sind es nicht –
Ich bin dafür, man sperrt die Blutsverwandten
ins Lager, wo kein Mensch sie wiedersiecht.

Ich aber möcht' im hohen Turme sitzen,
der mitten drin im Hof vom Lager steht,

und würde, während die zu Tod sich schwitzen,
ein vielbeneideter Analphabet.
Ein fröhlicher, ein glücklicher Analphabet…

ERICH KÄSTNER
Das verhexte Telefon

Neulich waren bei Pauline
sieben Kinder zum Kaffee.
Und der Mutter taten schließlich
von dem Krach die Ohren weh.

Deshalb sagte sie: »Ich gehe.
Aber treibt es nicht zu toll.
Denn der Doktor hat verordnet,
daß ich mich nicht ärgern soll.«

Doch kaum war sie aus dem Hause,
schrie die rote Grete schon:
»Kennt ihr meine neuste Mode?
Kommt mal mit ans Telefon.«

Und sie rannten wie die Wilden
An den Schreibtisch des Papas.
Grete nahm das Telefonbuch,
blätterte darin und las.

Dann hob sie den Hörer runter,
gab die Nummer an und sprach:
»Ist dort der Herr Bürgermeister?
Ja? Das freut mich. Guten Tach!

Hier ist Störungsstelle Westen.
Ihre Leitung scheint gestört.
Und da wäre es am besten,
wenn man Sie mal sprechen hört.

Klingt ganz gut… Vor allen Dingen
bittet unsere Stelle Sie,
prüfungshalber was zu singen.
Irgendeine Melodie.«

Und die Grete hielt den Hörer
allen Sieben an das Ohr.
Denn der brave Bürgermeister
sang »Am Brunnen vor dem Tor«.

Weil sie schrecklich lachen mußten,
hängten sie den Hörer ein.
Dann trat Grete in Verbindung
mit Finanzminister Stein.

»Exzellenz, hier Störungsstelle.
Sagen Sie doch dreimal ›Schrank‹.
Etwas lauter, Herr Minister!
Tschuldigung und besten Dank.«

Wieder mußten alle lachen.
Hertha schrie »Hurra!« und dann
riefen sie von neuem lauter
sehr berühmte Männer an.

Von der Stadtbank der Direktor
sang zwei Strophen »Hänschen klein«.
Und der Intendant der Oper
knödelte die »Wacht am Rhein«.

Ach, sogar den Klassenlehrer
rief man an. Doch sagte der:
»Was für Unsinn? Störungsstelle?
Grete, Grete! Morgen mehr.«

Das fuhr allen in die Glieder.
Was geschah am Tage drauf!
Grete rief: »Wir tuns nicht wieder.«
Doch er sagte: »Setzt Euch nieder.
Was habt Ihr im Rechnen auf?«

JOACHIM RINGELNATZ
Himmelsklöße

Je mehr Kinder dabei mitmachen,
Um so mehr gibt es nachher zu lachen.

Dicke Papiere sind nicht zu gebrauchen.
Man muß Zeitung oder Briefe von Vaters Schreibtisch nehmen.
Keiner darf sich schämen,
Das Papier mit der Hand in den Nachttopf zu tauchen.
Wenn es ganz weich ist, wird es zu Klößen geballt
Und mit aller Wucht gegen die Decke geknallt.

Man darf auch vorher schnell noch Popel hineinkneten.
Solche Klöße bleiben oben minutenlang kleben.
Jedes Kind muß nun unter einen der Klöße treten
Und den offenen Mund nach der Decke erheben.

Vorher singen alle im Rund:
»Lieber Himmel tu uns kund,
Wer hat einen bösen Mund.«
Bis der erste Kloß runterfällt
Und trifft zum Beispiel in Fannis Gesicht.
Dann wird die Fanni umstellt.
Und alle singen (nur Fanni nicht):
»Schweinehündin, Schweinehund!
Himmelsklöße taten kund:
Du hast einen bösen Mund.
Sperrt sie in den Kleiderschrank
Wegen ihrem Mordsgestank.«

Steckt eurem Vater frech die Zunge
Heraus. Und ruft: »Prost Lausejunge!«
Dann — wenn er vorher auch noch grollte —
Vergißt er, daß er euch prügeln wollte.

ADELBERT VON CHAMISSO
Es ist nur so der Lauf der Welt

Mir ward als Kind im Mutterhaus,
Zu aller Zeit, Tag ein, Tag aus,
    Die Rute wohl gegeben.
Und als ich an zu wachsen fing
Und endlich in die Schule ging,
    Erging es mir noch schlimmer.

Das Lesen war ein Hauptverdruß,
Ach! wer's nicht kann und dennoch muß,
    Der lebt ein hartes Leben.
So ward ich unter Schmerzen groß
Und hoffte nun ein beßres Los,
    Da ging es mir noch schlimmer.

Wie hat die Sorge mich gepackt!
Wie hab ich mich um Geld geplackt!
    Was hat's für Not gegeben!
Und als zu Geld ich kommen war,
Da führt' ein Weib mich zum Altar,
    Da ging es mir noch schlimmer.

Ich hab's versucht, und hab's verflucht,
Pantoffeldienst und Kinderzucht
    Und das Gekreisch der Holden.
O meiner Kindheit stilles Glück,
Wie wünsch ich dich jetzt fromm zurück!
    Die Rute war ja golden!

EDUARD MÖRIKE
Bei einer Trauung

Vor lauter hochadligen Zeugen
Kopuliert man ihrer zwei;
Die Orgel hängt voll Geigen,
Der Himmel nicht, mein' Treu!
Seht doch! *sie* weint ja greulich,
Er macht ein Gesicht abscheulich!
Denn leider freilich, freilich
Keine Lieb ist nicht dabei.

OTTO JULIUS BIERBAUM
Ehemarterl

Hier fiel ich, steh, Wandrer, und bet ein Gebet,
In die Hände meiner Frau, der Anna Margreth;
Es war am fünfundzwanzigsten Mai,
Als ich ging an diesem ††† Baume vorbei,
Hinter dem sie ganz von ungefähr stand;
Ich sagte Guten Abend und gab ihr die Hand.
Damals war ich ein Junggesell,
Und deshalb verliebte ich mich sehr schnell;
Sie behauptete von sich selber das Gleiche
Und verlangte, daß ich die Hand ihr reiche
Nächstens und schleunigst auch am Altar,
Der zufällig hier in der Nähe war.
Und deshalb, weil dieses wirklich geschehn,
Sag ich: Oh Wandrer, bleibe hier stehn,
Bedenke der Freiheit Vergänglichkeit,
Bet ein Gebet und bleibe gescheidt.

Bums Bärlaatsch, Bauer und Ehemann,
Der ein Wort davon mitreden kann.

GEORG PHILIPP HARSDÖRFFER
Die Einfalt

Die *Einfalt* ist bei mir, willst du *viel Falten* haben,
So nimm' ein' Weiberrock, der wird dich wohl begaben.

GOTTHOLD EPHRAIM LESSING
Thrax und Stax

Stax. Thrax! eine taube Frau zu nehmen!
O Thrax, das nenn' ich dumm.
Thrax. Ja freilich, Stax! ich muß mich schämen.
Doch sieh, ich hielt sie auch für stumm.

BERTOLT BRECHT
Das Hochzeitslied für ärmere Leute

Bill Lawgen und Mary Syer
Wurden letzten Mittwoch Mann und Frau.
(Hoch sollen sie leben, hoch, hoch, hoch!)
Als sie drin standen vor dem Standesamt
Wußte er nicht, woher ihr Brautkleid stammt
Aber sie wußte seinen Namen nicht genau.
Hoch!

Wissen Sie, was Ihre Frau treibt? Nein!
Lassen Sie Ihr Lüstlingsleben sein? Nein!
(Hoch sollen sie leben, hoch, hoch, hoch!)
Billy Lawgen sagte neulich mir:
Mir genügt ein kleiner Teil von ihr!
Das Schwein.
Hoch!

WILHELM BUSCH

Die Liebe war nicht geringe.
Sie wurden ordentlich blaß;
Sie sagten sich tausend Dinge
Und wußten noch immer was.

Sie mußten sich lange quälen,
Doch schließlich kam's dazu,
Daß sie sich konnten vermählen.
Jetzt haben die Seelen Ruh.

Bei eines Strumpfes Bereitung
Sitzt sie im Morgenhabit;
Er liest in der Kölnischen Zeitung
Und teilt ihr das Nötige mit.

PETER PAUL ALTHAUS

Dr. Enzian pflegt jungen Leuten
(und vor allem jungen Ehepaaren)
bei gelegentlichen Schwierigkeiten
(beispielsweise, wenn sich junge Ehepaare in die Haare fahren)
seinen Onkel Paul und seine Tante Emma vorzuführen
und an ihm und ihr zu demonstrieren,
wie man sich bei Zwisten oder Eifersüchteleien
oder Mißverstehen oder Groll
(ohne gleich zu schimpfen oder gar zu schreien)
vorbildlich verhalten kann und soll.

Vielen Ehepaaren halfen Onkel Paul und Tante Emma
schon in ihrem Ehezwist-Dilemma.

Manche Ehepaare, die von Dankgefühlen überquollen,
schrieben Dankesbriefe, die aus übervollen
Herzen kamen und bekundend neues Glück.
Doch die Dankesschreiben kamen »Adressaten unbekannt«
    zurück.

Onkel Paul und Tante Emma sind (wenn man so sagen darf)
    ein supra-naturales Bühnen-Weihspiel.
Onkel Paul und Tante Emma existieren nicht, sie sind nur
    Beispiel.

H. C. ARTMANN

wenn die herbstesnebel wallen
wie ein kleid aus fahler seide,
bäckt die hamstrin ihr getreide,
humphrey hamster zu gefallen.

oh, auch hamster lieben kipfel,
trinken tee aus zarten schalen,
rechnen kopf mit hohen zahlen,
schütteln ihre mützenzipfel.

sparsamkeit, du hehre tugend,
bist dem hausmann goldner orden,

so im süden, so im norden,
ehrst das alter, zierst die jugend.

wer gen jahresend die speicher
bis zum bersten voll gefüllt hat,
ist fürwahr kein müßger waldschrat,
wird von jahr zu jährchen reicher.

seht, in gehrock und zylinder
steht herr humphrey vor der schwelle,
mißt den wohlstand mit der elle
wie ein vater seine kinder.

FRANK SCHULZ
Die Glucke

In die Erde eingekauert
sitzt ein Huhn und legt ein Ei.
Kurz bevor es leis' erschauert,
ist das Gröbste schon vorbei.

Die Glucke gluckt mit viel Gegacker
im Nest der Küken. Und der Hahn
stolziert im Hof und macht den Macker.
»Der Habicht kommt!« lautet sein Wahn.

Leicht nervös im Laube scharrend,
sucht die blinde Henne Korn.
Vor der Leiter kühl verharrend
nagt der Hahn an seinem Sporn.

Unterm warmen Leibgefieder
fühl'n sich Gluckes Küken wohl.
Indes der Hahn fühlt hin und wieder
sich im Innern eher hohl.

Manchmal fängt er an zu denken:
Wann war Huhn und wann war Ei?
Letztlich kann ihn das nicht kränken.
Er war sicherlich dabei.

Abend wird's, der Hahn jagt Mücken,
und ihm schwillt vor Wut der Kamm.
Der frischgeback'nen Glucke Küken
machen nicht so viel Tamtam.

Auf der Stange wird's gemütlich,
langsam kommt der Stall zur Ruh'.
Der Habicht jagt viel weiter südlich.
Der Hahn macht seine Augen zu.

HEINZ ERHARDT
Die Made

Hinter eines Baumes Rinde
wohnt die Made mit dem Kinde.

Sie ist Witwe, denn der Gatte,
den sie hatte, fiel vom Blatte.
Diente so auf diese Weise
einer Ameise als Speise.

Eines Morgens sprach die Made:
»Liebes Kind, ich sehe grade,
drüben gibt es frischen Kohl,
den ich hol. So leb denn wohl!
Halt, noch eins! Denk, was geschah,
geh nicht aus, denk an Papa!«

Also sprach sie und entwich. –
Made junior aber schlich
hinterdrein; und das war schlecht!
Denn schon kam ein bunter Specht
und verschlang die kleine fade
Made ohne Gnade. Schade!

Hinter eines Baumes Rinde
ruft die Made nach dem Kinde…

JAN FAKTOR

sterbender Papa steht auf
sterbender Papa bastelt an sich im Bad
sterbender Papa frühstückt
sterbender Papa zur Arbeit
sterbender Papa aus der Arbeit
sterbender Papa Bier
sterbender Papa ins Bett

nach Jahren

sterbender Papa aus der Arbeit
sterbender Papa Bier
sterbender Papa ins Bett
sterbender Papa aus dem Bett
sterbender Papa im Bad
sterbender Papa frühstückt
sterbender Papa zur Arbeit

nach Jahren

sterbender Papa aus dem Bett
sterbender Papa Bier
sterbender Papa ins Bett

nach Jahren

sterbender Papa Bier

GÜNTER BRUNO FUCHS
Berlin
Sonntagslied aus dem letzten Stock

1
Meen Mann sitzt unten inne Kneipe,
ick sitze oben.
Meen Mann säuft unten wien Auaochse,
ick sitze oben, ick
saufe nuscht.

2
Meen Olla kotzt unten inne Kneipe,
ick sitze oben.
Meen Olla pennt oben wien Pferd,
ick sitze oben, ick
penne nich.

3
Meen Liebsta haut unten inne Kneipe,
mir hauta nich.
Meen Liebsta brüllt unten wien Affe,
ick warte oben, ick
weeß ja schon.

4
Meen Säufa wohnt unten inne Kneipe,
ick wohne oben.
Meen Mann singt unten wien Vöjelchen,
ick singe nich, ick
hör ihm zu.

PAUL HEYSE
Aus: *Frauen*

Nie wird ein Weib sich ganz dir weihn,
Hat es dir nie was zu verzeihn.

FRIEDRICH VON HAGEDORN
Der ordentliche Hausstand

   Crispin geht stets berauscht zu Bette,
Und öfters, wann der Tag schon graut.
Sein Weib, die lächelnde Finette,
Lebt mit dem Nachbar recht vertraut.
Ihr ganzes Haus- und Wirthschaftswesen
Ist ordentlich und auserlesen.

   Kaum rennt Crispin zum neuen Schmause
Und wittert angenehmen Wein:
So schleicht sein Weibchen aus dem Hause
Und führt den Nachbar selbst hinein.
Ihr ganzes Haus- und Wirthschaftswesen
Ist ordentlich und auserlesen.

   Er lobet und beschreibt ihr klüglich
Den wohlgenoss'nen Rebensaft:
Sie aber rühmt ihm unverzüglich
Des Nachbars gute Nachbarschaft.
Ihr ganzes Haus- und Wirthschaftswesen
Ist ordentlich und auserlesen.

Die Nachmittags- und Abendstunden
Bringt sie mit ihrem Nachbar zu,
Und wann die Nacht sich eingefunden,
Befördert sie des Mannes Ruh.
Ihr ganzes Haus- und Wirthschaftswesen
Ist ordentlich und auserlesen.

Der gute Mann weiß nichts vom Neide:
Die gute Frau darf sich erfreun.
Er gönnt Finetten ihre Freude;
Sie gönnt Crispinen seinen Wein.
Ihr ganzes Haus- und Wirthschaftswesen
Ist ordentlich und auserlesen.

Die Weiber, die den Männern fluchen,
Wenn sie zu oft zu Weine gehn,
Die sollten dieses Haus besuchen
Und der Finette Beispiel sehn.
Ihr ganzes Haus- und Wirthschaftswesen
Ist ordentlich und auserlesen.

Den Männern, die auf Weiber schmählen,
Wenn sie der Nachbar sittlich macht,
O denen kann Crispin erzählen,
Der Wein ertränke den Verdacht.
Sein ganzes Haus- und Wirthschaftswesen
Ist ordentlich und auserlesen.

FRIEDRICH VON LOGAU
Auff Veitum

Gleich da seinem fromen Weibe
Lag ein andrer auff dem Leibe,
Sah es Veit und sprach zu ihr:
Ey nun harr! steckt das in dir?

GEORG CHRISTOPH LICHTENBERG
Opim und Nachbar Seip

Komm, schönste Hälfte, sagt Opim,
    Und meint damit sein Weib:
Sehr recht, denn halb gehört sie ihm
    Und halb dem Nachbarn Seip.

FRED ENDRIKAT
Ehe-pigramm

Das Herz gar mancher Frau ist groß,
hat mancher brave Dichter schon verkündet.
Das stimmt führwahr. Es ist so groß,
daß oft sogar der eigne Mann ein Plätzchen darin findet!

JOHANN HEINRICH VOSS
Sprachanmerkung

Des Pöbels Einfalt hält Gemahl
  Und Mann für einerlei;
Doch manche Dam' hat ihren Herrn Gemahl,
  Und einen Mann dabei.

FRIEDRICH VON LOGAU
Auff Floridam

Florida, dieweil sie schön, meint sie, daß ein eintzler Mann
Ihrer Schönheit nicht sey werth, beut der gantzen Welt sich an.

GOTTHOLD EPHRAIM LESSING
Die Haushaltung

Zankst du schon wieder? sprach Hans Lau
Zu seiner lieben Ehefrau.
»Versoffner, unverschämter Mann« – – –
Geduld, mein Kind, ich zieh' mich an – –
»Wo nun schon wieder hin?«
Zu Weine. Zank' du alleine.

»Du gehst? – –Verdammtes Kaffeehaus!
Ja! blieb' er nur die Nacht nicht aus.

Gott! ich soll so verlassen sein? –
Wer pocht? – – Herr Nachbar? – – nur herein!
Mein böser Teufel ist zu Weine:
Wir sind alleine.«

ALFRED ANDERSCH
Ansprache an eine femme fatale

jetzt küsst du den kurt

na meinetwegen

du kannst dich leicht
umstellen

auch ich könnte mich leicht
umstellen

grundsätzlich kann jeder mann
mit jeder halbwegs
angenehmen frau
ins bett gehen

franz sagt
margot macht mir szenen aber
ich kann doch nichts dafür
dass mir der schwanz
manchmal in anderer
richtung steht

ich meinerseits
verteidige erbittert
mein recht auf monogamie

geh also mit kurt ins bett
meinetwegen
du brauchst abwechslung

ich nicht
ich kaprizier mich
auf dich

HARALD HARTUNG
Man höre

Etwas (trösten englische Ärzte)
wächst noch im Alter: die Ohren
Millimeterbruchteile pro Jahr
Ach könnten wir
Philemon und Baucis
verdämmern im Schatten
faltiger Riesensegel

KARIN KIWUS
Im ersten Licht

Wenn wir uns gedankenlos getrunken haben
    aus einem langen Sommerabend
        in eine kurze heiße Nacht
wenn die Vögel dann früh
    davonjagen aus gedämpften Färbungen
in den hellen tönenden frischgespannten Himmel

wenn ich dann über mir in den Lüften
weit und feierlich mich dehne
in den mächtigen Armen meiner Toccata

wenn du dann neben mir im Bett
deinen ausladenden Klangkörper bewegst
dich dumpf aufrichtest und zur Tür gehst

und wenn ich dann im ersten Licht
    deinen fetten Arsch sehe
        deinen Arsch
                    verstehst du
    deinen trüben verstimmten ausgeleierten Arsch
dann weiß ich wieder
    daß ich dich nicht liebe
                        wirklich
        daß ich dich einfach nicht liebe

DETLEV VON LILIENCRON
Der Handkuß

Viere lang,
Zum Empfang,
Vorne Jean,
Elegant
    Fährt meine süße Lady.

Schilderhaus,
Wache raus.
Schloßportal,
Und im Saal
    Steht meine süße Lady.

Hofmarschall,
Pagenwall.
Sehr graziös,
Merveillös
    Knixt meine süße Lady.

Königin,
Hoher Sinn.
Ihre Hand,
Interessant,
    Küßt meine süße Lady.

Viere lang,
Vom Empfang,
Vorne Jean,
Elegant,
    Kommt meine süße Lady.

Nun wie war's
Heut bei Czars?
Ach, ich bin
Noch ganz hin,
   Haucht meine süße Lady.

Nach und nach,
Allgemach,
Ihren Mann
Wieder dann
   Kennt meine süße Lady.

LUDWIG FELS
Wahnsinn im Geviert

Meine Frau
die nur ich so nennen darf
ist ausgegangen
ins Kino, glaube ich
und die Engel fliegen rückwärts.

Ich färbe mir die Eier
und denke entschlossen an Ostern.
Raten sind zahlbar.
Als wenn ich das je bestritten hätte
obwohl ich keine blasse Ahnung habe
von den Leuten
denen ich Geld schulden soll.
Daheim ist es zwar nicht hundertprozentig
dafür aber immer.

WERNER FINCK
Brief einer verheirateten Frau
an ihren Geliebten

Mein lieber, leider früh'rer Hannes,
mir geht es gut, wie geht es Dir?
Ich sitz' am Schreibtisch meines Mannes,
er ist jetzt Gott sei Dank nicht hier.

Er ging, um sich mal auszusprechen
und in Konkurs, (die Mühle steht,)
Du sagtest mal, es wird sich rächen,
Du bist wahrhaftig ein Prophet.

Ich schluchze oft in meine Hände,
Du weißt ja, wie ich schluchzen kann,
und meiner Schönheit Restbestände
sehn mich im Spiegel traurig an.

Er kommt zurück, Du bist im Bilde,
schreib mir doch bitte mal intim,
schreib mir als Lu, nein, schreib als Hilde,
Lu heißt der Seitensprung von ihm.

FRANZ HESSEL
Lied nach der Verhandlung

Kennt ihr die schwarze Anne Lie.
Ach seit ich die, ach seit ich die
Zum erstenmal gesehen,
Wenn ich nur ihre Nähe fühl,
Dann wird mir schwul, dann wird mir schwül,
Kann kaum mehr aufrecht stehen.
In jeder Woche nur zweimal
Seh ich sie in dem Tanzlokal.
Sie wird so streng gehalten
Von ihren Alten.

Mein Mann, das ist ein guter Mann
Wenn ich ihn auch nicht ausstehn kann,
Er geht mir auf die Nerven
Und wenn er mit mir zärtlich tut,
Die Qual, die Qual in meinem Blut
Die kann er nur verschärfen.
In jeder Woche nur zweimal
Werd ich erlöst von meiner Qual
Im Tanz mit meiner Kleinen.
Es ist zum Weinen.

Ich glaub, es wird das beste sein,
Ich geb dem guten Mann was ein,
Was Saures in die Suppe:
Er ruht von seinem Leiden aus,
Und ich nehm ganz zu mir ins Haus
Die süße schwarze Puppe.

Nicht in der Woche nur zweimal,
Nicht immer nur im Tanzlokal,
Nein, stets im Tête-à-tête
Von früh bis späte.

Und kommt's heraus, was ich gemacht,
Daß meinen Mann ich umgebracht,
Dann wird man mir vergeben.
Die guten Richter sehn es ein:
Man kann nun mal nicht anders sein
Als man veranlagt eben.
Laßt mich zu meiner Anne Lie.
Ich kann nicht leben ohne sie,
Die ich im Herzen fühle,
So schwul, so schwüle.

FRITZ GRASSHOFF
Bordellvorsteherposten gesucht

Mein Mann
langweilt sich tot.
Er raucht wie ein Schlot.
Ich sitze im Rauch
und öde mich auch.
Uns schmeckt nichts mehr,
uns juckt nichts mehr,
wir verkehren lustlos.
Er wollte, er wäre, sagt er,
Bordellsekretär
oder -kustos.
Ich
übernähme den Lieferwagen
als Sekretärin der Bienen
und würde –
außer an Sonn- und Feiertagen –
auch mitbedienen;
denn ich bin fit
und bringe reiche Erfahrungen mit.
(Man brauchte natürlich
für gröbere Arbeiten noch eine Kraft,
weil unsereins das kontinuierlich
nicht schafft.)
Das Geschäft florierte
bei gemäßigten Preisen.
Wir führten nur Damen,
studierte
und solche aus höheren Kreisen.
Wir wären gesichert
auf Jahre.
Denn Nutten sind keine Mangelware.

ERNST JANDL
geh doch nicht ins pornokino

weißt, sagt auf dem rennweg helga
wenn du nicht
eine fut hast zur verfügung
dann erst gehst ins porno-kino
weiß der franz, was helga spricht?
sie weiß, franzi hört es nicht.
ist sie, die mit franz verheirat
durch ihn schon beenkelt ist
ist sie jetzt so frei für franzens
absteifung von ehen's norm
daß nicht ihre, sondern jede
fut das gilt, was porno nicht
halten kann, wenn auch verspricht?

HEINRICH HEINE
Unterwelt

Blieb ich doch ein Junggeselle! –
Seufzte Pluto tausendmal –
Jetzt, in meiner Eh'standsqual,
Merk' ich, früher ohne Weib
War die Hölle keine Hölle.

Blieb ich doch ein Junggeselle!
Seit ich Proserpinen hab',
Wünsch' ich täglich mich in's Grab!
Wenn sie keift, so hör ich kaum
Meines Cerberus Gebelle.

Stets vergeblich, stets nach Frieden
Ring' ich. Hier im Schattenreich
Kein Verdammter ist mir gleich!
Ich beneide Sisyphus
Und die edlen Danaiden.

FRANK WEDEKIND
Xanthippe

Die böse Frau Xanthippe heißt,
Die ihren Mann am Halstuch reißt.
Sie goß das volle Nachtgefäß
Hinunter über Sokrates.
Da sprach der Weise sehr verlegen:
»Aufs Donnerwetter folgt der Regen.«

CHRISTIAN FRIEDRICH DANIEL SCHUBART
Der Lebenssatte

Ach, was hat man auf der Welt!
Ehre, Güter, Schmaus und Geld,
    Und ein jeder Zeitvertreib
        Helfen uns nichts,
        (Sokrates spricht's)
    Hat man erst ein böses Weib!

Böse Weiber ohne Zahl
Gibt's in diesem Jammerthal!
    Meins kann ein Exempel sein.
        Gingen sie doch
        Heute noch
    Zu dem alten Schwager Hein!

Ach er böse Drache der,
Macht mir Welt und Leben schwer!
    Hagel, Donner, Blitz und Sturm
        Schrecken zwar sehr;
        Aber sie mehr!
    Ach ich armer Mann! ich Wurm!

Länger steh' ich's nimmer aus.
Lieber Furien ins Haus,
    Als mein Weib, die Schlange hier.
        Hole sie ab,
        Friedliches Grab;
    Oder nimm mich selbst zu dir!

GEORG RODOLF WECKHERLIN
Einer zänkischen Frau

Hier schläfet, und Gott sei gedanket!
Ein Weib, das Tag und Nacht gezanket.
Ach, tretet nicht hart, liebe Leut,
Sonst wecket ihr ein neuen Streit.

PAUL DIELS
Weisheit der Liebe

Man soll sich nie mit wilden Damen zanken
Und soll dem Schöpfer für die zahmen danken.

KURT MARTI

es war eine gute ehe
sie blieben sich treu
es war eine gute ehe
nicht das geringste geschah
es war eine gute ehe
die stark war wie stahl
es war eine gute ehe
die still war wie stein
es war eine gute ehe
nicht das geringste geschah
es war eine gute ehe
jetzt ist das gefängnis gesprengt

PAUL SCHEERBART
Abschiedslied

Fahr wohl, du alte Schraube!
Mir warst du sehr egal.
Mir schmeckt die Lebenstraube,
Und dir ist alles Qual!
Tu immer, was du wolltest;
Ich stör dich nicht dabei.
Ich weiß nicht, was du solltest;
Ich laß dich gerne frei.
Und wenn du wieder grolltest,
So wär's mir einerlei.
Schrei nur, mein Liebchen, schrei!

ABRAHAM GOTTHELF KÄSTNER
Klug und nicht klug

Der Damen Zorn mich durch die Flucht entziehn,
Das that ich oft, und, glaub ich, klug daran;
Und, klüger hätt' ich noch gethan,
Auch ihre Güte mehr zu fliehn.

FRIEDRICH VON LOGAU
Auff Vitum

Ei, siehst du nicht, wie Veit für Weibern sich verstecke?
Ja, aber wo denn hin? Ei, unter ihre Decke.

KURT TUCHOLSKY
Wie mans macht

a) Trost für den Ehemann

Und wie sie dich so recht gelangweilt hat,
da wandern die Gedanken in die Stadt…
Du stellst dir vor, wie eine dir,
  und wie du ihr, das denkst du dir…
  Aber so schön ist es ja gar nicht!

Mensch, in den Bars, da gähnt die Langeweile.
Die Margot, die bezog von Rudolf Keile.
Was flüstert nachher deine Bajadere?
Sie quatscht von einer Filmkarriere,
und von dem Lunapark und Feuerwerk,
und daß sie Reinhard kennt und Pallenberg…
Und eine Frau mit Seele? Merk dies wichtige:
die klebt ja noch viel fester als die richtige.

Du träumst von Orgien und von Liebesfesten.
Ach, Mensch, und immer diese selben Gesten,
derselbe Zimt, dieselben Schweinerein –
was kann denn da schon auf die Dauer sein!
Und hinterher, dann trittst du an
mit einem positiven Wassermann,
  so schön ist das ja gar nicht.
Sei klug. Verfluch nicht deine Frau, nicht deine Klause.
Bleib wo du bist.
                    Bleib ruhig zu Hause.

b) Trost für den Junggesellen

Du hast es satt. Wer will, der kann.
Du gehst jetzt häufiger zu Höhnemann.
Der hat mit Gott zwei Nichten. Zart wie Rehe.
Da gehst du ran. Du lauerst auf die Ehe.

Bild dir nichts ein. Du schüttelst mit dem Kopf?
Ach, alle Tage Huhn im Topf
und Gans im Bett – man kriegt es satt,
man kennt den kleinen Fleck am linken Schulterblatt…
    So schön ist es ja gar nicht!

Sie zählt die Laken. Sagt, wann man großreinemachen soll.
Du weißt es alles, und du hast die Nase voll.
Erst warst du auf die Heirat wie versessen;
daß deine Frau auch Frau ist, hast du bald vergessen.
Sei klug. Verfluch nicht deine Freiheit, deine Klause.
Bleib wo du bist.
                   Bleib ruhig zu Hause.

c) Moral

Lebst du mit ihr gemeinsam – dann fühlst du dich recht
    einsam.
Bist du aber alleine – dann frieren dir die Beine.
Lebst du zu zweit? Lebst du allein?
Der Mittelweg wird wohl das richtige sein.

THEODOR FONTANE
Unsre »deutsche Frau«

Hierlandes ist unsre »deutsche Frau«
Noch immer aus Friesack oder Bernau,
Nur dem Kleinen gilt ihre Respektbezeigung,
Aus Not nicht, nein, aus purer Neigung,
Uralte Themen uralter Epochen
Werden am liebsten durchgesprochen:
Die Küche, die Wäsche, die Wohnung – und dann
(Unerschöpfliches Thema) »mein Mann, mein Mann«.

»Mein Mann ist eigentlich viel zu gut,
Und kommt er mal gegen mich in Wut,
Ist es immer bloß wegen der dummen Dinger,
Denen sieht er alles durch die Finger;
Eine Vierzehnjährige nennt er ›Sie‹,
Mittwochs hat er Skatpartie.
Da würd' ich nun gern ins Theater gehn,
Aber, am Ende, was soll man sehn?
›Sodoms Ende‹ gilt ja für unmoralisch,
Schiller ist mir zu theatralisch
Und macht immer schöne Worte nur –
Das Beste bleibt doch freie Natur:
Am Großen Stern auf den Kaiser warten,
Konzert im Zoologischen Garten,
Flamingo, Büffel, Pelikan,
Und Abends (zum Spargel) kommt ›mein Mann‹
Und Rudolf auch, und die Zeit vergeht,
Und der liebe Mond am Himmel steht.«

FRITZ GRASSHOFF
Verdieners Klage

Mein Haus ist voll Konservenmusik
meiner Tochter,
dem steilen Zahn.
Mein Weib möbliert unser Haus antik
und schwelgt im Größenwahn.

Sie pflegt,
wenn sie nicht Bridge studiert,
der Ruhe auf dem Balkon
und kommt mir,
wenn sich mein Gottlieb rührt,
mit manischer Depression.

Mein Sohn raucht Lullen und Fluppen
und macht kanische Schau
und einen Schüttelschuppen
aus unserem Bau.

Mein Tochter kennt meine Ische
und erpreßt mich geschickt
für einen,
der sie bei Tische
in den Hintern zwickt.

Sie wollen mir alle ans Leben,
rück ich nicht raus den Brast.
Mein Sohn bleibt Ostern kleben.
So hat man schon seine Last.

PETER MAIWALD
Kindergeburtstag

Wir hatten alles geregelt.
Meine Frau schlief ihren Rausch aus.
Ich besorgte die Kuchen
und was sonst noch
dazugehört. Ich dachte
an mein Konto. Dann
verbrachten wir Stunden
mit Tischdecken, dem Wecken
meiner Frau und der Frage
wann das Ganze denn anfängt.
Dann kamen die anderen Kinder
und wir hörten nicht mehr hin
wenn irgendwo in der Wohnung
etwas klirrte. Gegen
sechs kamen die Eltern
und holten ihre Kinder
aus der zertrümmerten Wohnung.
Eine Mutter sprach von dem schweren
Los eine Mutter zu sein.
Meine Frau trank sich einen Rausch an.
Ich brachte die Kinder zu Bett
und schlief mit der Mutter
die übrigblieb.

GÜNTER BRUNO FUCHS
Hausfrauen-Nachmittag

Sie sieht mich an, sie blickt
zur weißgetünchten Wand. Sie droht
den Fliegen mit der Fliegenklatsche.

Denn
übermorgen kommt Besuch, die erste
zweite, dritte

Fliege
fällt, daß jedermann
bei uns vom Boden essen kann.

BEAT BRECHBÜHL
Ehepaar beim Nachtessen

Sie schweigen sich an.
Sie essen das graue Zeug.

Dann fallen sie
tot von den Stühlen.

JAN FAKTOR
Fünfzehn Grundsätze des modernen Haushalts

der erste Grundsatz:
die Erhaltung der Unordnung in Unordnung ist zeitlich
viel sparsamer als die Erhaltung der Ordnung in Ordnung
der zweite Grundsatz:
jede Ordnung entsteht aus Unordnung und ist instabil
der dritte Grundsatz:
die Ordnung beunruhigt weil in ihr immer potentielle
Unordnung steckt
der vierte Grundsatz:
die Unordnung beruhigt und vermittelt ein Gefühl
der Befriedigung weil in ihr potentielle Ordnung steckt
die man sich ohne jeden Aufwand an physischer Arbeit
jederzeit vorstellen kann
der fünfte Grundsatz:
die Unordnung ist ewig und lebensfähig und ist
Veränderungen zugänglich
der sechste Grundsatz:
in der Unordnung hat man die Möglichkeit eine stabile
Harmonie zwischen den eigenen Bedürfnissen und
den Bedürfnissen der eigenen nächsten Umgebung zu
schaffen
der siebente Grundsatz:
das Suchen von Gegenständen und Schriftstücken ist eine
produktive Tätigkeit weil es zwingt sich mit Gegenständen
und Schriftstücken zu beschäftigen die man sonst
ignorieren würde
der achte Grundsatz:
die Unordnung lehrt Überblick zu haben wirklich nur
darüber worüber Überblick zu haben tatsächlich
notwendig ist

der neunte Grundsatz:
was du nicht aufsaugst das wischst du unmittelbar
danach auf

der zehnte Grundsatz:
was du unmittelbar danach nicht aufwischst das wirst du
das nächstemal aufsaugen oder aufwischen

der elfte Grundsatz:
was du das nächstemal nicht aufsaugst oder aufwischst
das wird das übernächstemal jemand anders aufsaugen
oder aufwischen

der zwölfte Grundsatz:
was das übernächstemal jemand anders nicht aufsaugt
oder aufwischt das wird unbemerkt in den Organismus
deiner Wohnung hineinwachsen

der dreizehnte Grundsatz:
die Gegenstände die den Fußboden bedecken stören
beim Saubermachen nicht weil sie durch die
Bewegungen der Staubsaugerdüse oder die Bewegungen
des in einen Lappen eingewickelten Schrubbers ebenfalls
in Bewegung gesetzt werden

der vierzehnte Grundsatz:
alle Wasch- und Putzmittel sind Feinde des Lebens
weil sie die Fette und Säuren die einen schützen und
die Mikroorganismen mit denen man im Frieden leben
sollte zerstören

der fünfzehnte Grundsatz:
es gibt wichtigere Dinge als Haushalt

WILHELM BUSCH
Die Tute

Wenn die Tante Adelheide
Als Logierbesuch erschien,
Fühlte Fritzchen große Freude,
Denn dann gab es was für ihn.

Immer hat die liebe Gute
Tief im Reisekorb versteckt
Eine angenehme Tute,
Deren Inhalt köstlich schmeckt.

Täglich wird dem braven Knaben
Draus ein hübsches Stück beschert,
Bis wir schließlich nichts mehr haben
Und die Tante weiterfährt.

Mit der Post fuhr sie von hinnen,
Fritzchens Trauer ist nur schwach.
Einer Tute, wo nichts drinnen,
Weint man keine Träne nach.

FRANK WEDEKIND
Der Tantenmörder

Ich hab' meine Tante geschlachtet,
Meine Tante war alt und schwach;
Ich hatte bei ihr übernachtet
Und grub in den Kisten-Kasten nach.

Da fand ich goldene Haufen,
Fand auch an Papieren gar viel
Und hörte die alte Tante schnaufen
Ohn' Mitleid und Zartgefühl.

Was nutzt es, daß sie sich noch härme –
Nacht war es rings um mich her –
Ich stieß ihr den Dolch in die Därme,
Die Tante schnaufte nicht mehr.

Das Geld war schwer zu tragen,
Viel schwerer die Tante noch.
Ich faßte sie bebend am Kragen
Und stieß sie ins tiefe Kellerloch. –

Ich hab' meine Tante geschlachtet,
Meine Tante war alt und schwach;
Ihr aber, o Richter, ihr trachtet
Meiner blühenden Jugend-Jugend nach.

JAMES KRÜSS
*Die Ballade von Henry
und den achtzehn Tanten*

Henry hatte achtzehn Tanten,
Achtzehn Tanten hatte er.
Und mit soviel Anverwandten
Hats ein Neffe leider schwer.
Henry! hieß es immerfort.
Henry hier und Henry dort!

Ging der Henry in die Schule,
Hielten achtzehn Tanten Schritt.
Spielte Henry mit der Jule,
Spielten achtzehn Tanten mit.
Tat sich Henry einmal weh,
Hieß es achtzehnmal: O je!

Henry konnte alles haben,
Denn die Tanten waren reich.
Doch bald waren ihm die Gaben
Seiner Tanten ziemlich gleich.
Achtzehn Schaukelpferde sind
Eher lästig für ein Kind.

Als der Henry achtzehn Jahre
Zählte, floh er von zu Haus.
Ach, da rauften sich die Haare
Alle achtzehn Tanten aus.
Durch ihr Weinen, achtzehnfach,
Gab es einen Tränenbach.

»Warum hat er uns verlassen?«
Hieß es schluchzend achtzehnmal.

»Noch dazu bei diesem nassen
Wetter ohne Hut und Schal?
Sicher kommt er bald zurück
Mit der Grippe im Genick.«

Aber Henry kam nicht wieder.
Grippekrank und ohne Geld
Sang er auf der Straße Lieder
Und kam mühsam durch die Welt.
Trotzdem rief er: »Wie famos!
Endlich bin ich, endlich bin ich
Alle achtzehn Tanten los.«

KARL ARNOLD KORTUM
Vater und Sohn
Nach- und umgedichtet von Wilhelm Busch

Der Sohn hat unterdessen
Seine guten Alten nicht vergessen.

»Liebe Eltern!« – so schrieb er oft – »Ich melde
Hiebei, daß es mir fehlet an Gelde,
Habet also die Gewogenheit
Und schicket mir bald eine Kleinigkeit.
Nämlich etwa zwanzig Dukaten,
Denn ich weiß mich kaum mehr zu raten,
Weil alles so knapp geht hier,
Drum sendet doch dieses Geld bald mir.
Kaum begreift ihr die starke Ausgabe,
Welche ich auf der Universität habe,
Für so viele Bücher und Collegia;
Ach, wären die zwanzig Dukaten da!
Hiermit will ich also mein Schreiben beschließen.
Meine Geschwister tu ich freundlich grüßen,
Und verharre hierauf zum Schluß

Euer gehorsamer Sohn
                              Hieronymus.

Ich setze noch eilig zum Postscripte:
Meine hochgeehrte und sehr geliebte
Eltern, ich bitte kindlich,
Schicket doch bald das Geld an mich.«

Was hierauf des Vaters Antwort gewesen,
Das kann man folgendermaßen lesen:

»Mein herzvielgeliebter Sohn!
Dein Schreiben hab ich erhalten schon.
Es sind noch nicht drei Monat vergangen,
Daß Du hundertundfünfzig Taler empfangen;
Fast weiß ich nicht, wo in der Welt
Ich hernehmen solle all das Geld.

Ich höre gerne, daß Du studierest
Und dich fleißig und ordentlich aufführest;
Aber höchst ungern vernehme ich von Dir,
Daß Du zwanzig Dukaten forderst von mir.

Ich werde es also sehr gern sehen,
Wenn Du von der Universität tust gehen,
Denn es fällt mir wahrlich gar schwer,
Alle die Gelder zu nehmen woher.
Ich verharre übrigens
                          Dein treuer Vater,

Hans Jobs, pro tempore Senater.

N.S.: Dein Schreiben mir zwar gefällt,
Aber verschone mich weiter mit Geld.«

PAUL SCHEERBART
Grausamkeit

Der König saß auf seinem Thron
Und sagte: »Lieber guter Sohn,
Hast du das Gift genossen?
Genieß es schleunigst unverdrossen!«

PETER HACKS
Der Nachfolger

In diesem Armengrabe liegt ein Sohn,
Der, was der Vater sparte auf dem Thron,
Vergeudete. Ein Schild sagt den Besuchern:
Er hat geerbt. Er war zu dumm zu wuchern.

GEORG CHRISTOPH LICHTENBERG
Geburtstagslied für den Sohn Wilhelm

Blauäugig' Gesichtchen!
Guck, ach! welche Lichtchen!
Guck, guck: Eine, Zweie
Und übers Jahr, No wei –
So sind es Ein, zwei, drei!

       Was fällt den Leuten ein?
       Es soll wohl gar mein Burz-Tag sein?

Ja, ja er ists,
Geschwisterchen wißts,
Stürzt lustig und munter
Die Treppen hinunter!
Auf der Welt ist kein Spaß
Ohne blitzblauen Hintern und Grind auf der Nas'.

Laßt die Tee-Tassen rasseln und die Trink-Gläser klingen!
O! gingen! O! gingen! O! gingen!
Seht wie ich trinke! Es fließt mir so nett
Bei Tag in den Magen, wie des Nachts in das Bett.

Nun, Wilhalmchen, komm,
Leb lange frisch, trocken und fromm.
Und iß (man wird nur einmal geboren)
Dir heut einen Schnurrbart bis hinter die Ohren.

Echo, das ist,
Repetier-Arie
(Mit Trompeten Schwärmer und Raketen)

In der Welt ist kein Spaß
Ohne blitzblauen Hintern und Grind auf der Nas'
Nett
ins Bett,
– Nur einmal geboren –
Schnurrbart bis hinter die Ohren,
Ein Leben das den Schnurrbart entbehrt
Ist keine Steckluladel wert

Leben ohne Bärt'
keine Stecknadel wert!
Vivat.

ERICH MÜHSAM
Erziehung

Der Vater zu dem Sohne spricht:
Zum Herz- und Seelengleichgewicht,
zur inneren Zufriedenheit
und äußeren Behaglichkeit
und zur geregelten Verdauung
bedarf es einer Weltanschauung.
Mein Sohn, du bist nun alt genug.
Das Leben macht den Menschen klug,
die Klugheit macht den Menschen reich,
der Reichtum macht uns Herrschern gleich,
und herrschen juckt uns in den Knöcheln
vom Kindesbein bis zum Verröcheln.
Und sprichst du: Vater, es ist schwer.
Wo nehm ich Geld und Reichtum her?
So merk: Sei deines Nächsten Gast!
Pump von ihm, was du nötig hast.
Sei's selbst sein letzter Kerzenstumpen –
besinn dich nicht, auch den zu pumpen.
Vom Pumpen lebt die ganze Welt.
Glück ist und Ruhm auf Pump gestellt.
Der Reiche pumpt den Armen aus,
vom Armen pumpt auch noch die Laus,
und drängst du dich nicht früh zur Krippe,
das Fell zieht man dir vom Gerippe.
Drum pump, mein Sohn, und pumpe dreist!
Pump anderer Ehr, pump anderer Geist.
Was andere schufen, nenne dein!
Was andere haben, steck dir ein!
Greif zu, greif zu! Gott wird's dir lohnen.
Hoch wirst du ob der Menschheit thronen!

JOHANN WILHELM LUDWIG GLEIM
An die Eltern

Väter! nöthigt eure Kinder,
Nie zum Lernen solcher Künste,
Die sie nicht erlernen wollen.
Laßt sie selber was erwählen,
Lobt und billigt ihre Neigung;
Sonst erlebt ihr, wie mein Vater,
Unglükk, an den besten Kindern.
Fragt ihn nur, ietzt wird er sagen:
Väter! zwinget keine Kinder.
Ich, sein Sohn, ward auch gezwungen,
Aber hat es was gefruchtet?
Erst sollt ich im schwarzen Kleide,
Sorgen vor die Geister lernen,
Weil es meine Mutter wollte;
Doch es rettete mein Vater
Mich von solchen schweren Sorgen;
Und da sollt ich, wider Willen,
Sorgen vor die Körper lernen;
Aber es erfuhr mein Vater,
Daß ich lieber gar nichts lernte.
Endlich nahm er mich beim Arme,
Führte mich zum Advokaten,
Und ermahnt ihn, daß ichs hörte:
Vetter, lehre diesen rechten,
Halt ihn scharf, und gieb ihm Arbeit.
Hurtig gab sie mir der Vetter.
Köpfen, Hangen, Peitschen, Rädern
Sollt ich aus den Blättern lernen.
O! wie haßt ich dieses Handwerk.

O! wie wünscht ich, oft aus Unmuth,
Meinen Lehrer an den Galgen,
Wenn er mich mit Schriften quälte,
Welche Blut und Tod verlangten.
Aber gab er mir Prozesse
Von verlornen Liebesbriefen,
Von willkommnen Nachtgespenstern,
Von ertappten Anverwandten;
Oder sollt ich, statt der Schönen,
Über blöde Männer klagen:
Gleich war Kopf und Feder fleißig;
Und mein Lehrer konnt es merken,
Daß ich nichts erlernen würde,
Als die Händel der Verliebten;
Drum verschaft er mir vom Richter
Lauter Händel der Verliebten.
Jetzo weiß ich sie zu schlichten,
Drum empfehl ich mich den Schönen,
Die mich etwa brauchen möchten.

H. C. ARTMANN

hänschen soll ein redner werden
schämt sich vor der menge
hänschen soll ein schwuler werden
fühlt sich doch zu enge
hänschen hänschen denke dran
was aus dir noch werden kann

hänschen soll ein bulle werden
pfui das ist nicht nobel
hänschen soll minister werden
blast mir doch den hobel
hänschen hänschen denke dran
was aus dir noch werden kann

hänschen soll ein goethe werden
haßts röslein auf der haiden
hänschen soll giftmischer werden
mag arsen nicht leiden
hänschen hänschen denke dran
was aus dir noch werden kann

hänschen soll langfinger werden
klaut viel lieber veilchen
hänschen soll ein henker werden
schreckt zurück vorm beilchen
hänschen hänschen denke dran
was aus dir noch werden kann

hänschen soll ne hure werden
grault sich vor den luden
hänschen soll gestapo werden
dauern ihn die juden

hänschen hänschen denke dran
was aus dir noch werden kann

hänschen soll ein plündrer werden
pfeift jedoch auf beute
hänschen soll ein vopo werden
schießt nicht gern auf leute
hänschen hänschen denke dran
was aus dir noch werden kann

hänschen ist zum hans geworden
geht jetzt voller sorgen
hungert bettelt weint und klagt
vom abend bis zum morgen

GÜNTER BRUNO FUCHS
Schularbeiten

Der Fortschritt
hat keene Lust, sich
zu kümmern um
mir. Und wat mir anjeht, habick
keene Lust, mir
um den Fortschritt
zu kümmern. Denn
unsereins
war ja
als Mensch
wohl zuerst da.

So, mein Kind, das
schreibste
in dein Schulheft
rein.

PAUL HEYSE
Pädagogik

Die Bildung, die wir den Kindern erteilen,
Bezweckt bei Licht besehn nur eben,
Die übliche Masse von Vorurteilen
Ihnen ins Leben mitzugeben.

JOHANNES TROJAN
Der Geldpunkt

Wenn sie es hat und du es hast,
Seid ihr ein Paar, das trefflich paßt.
Wenn sie es hat und dir gebricht's,
Dann gräm dich nicht, das schadet nichts.
Wenn ihr es fehlt und du es hast,
So scheint mir das noch besser fast.
Doch habt ihr beide »gar nichts nich«,
Sohn! Sohn! wie wird das werden, sprich!

ADELBERT VON CHAMISSO
Recht empfindsam

Tochter

Meine teuren Eltern, habt Erbarmen,
   Laßt mein Leid erweichen euren Sinn,
Nähm ich diesen Mann, in seinen Armen
   Welkt ich, zarte Blume, bald dahin!

Vater

Mutter, sieh, wie sie sich zieret!
   Hör, du dumme Trine, du,
Einen Mann sollst du bekommen,
   Greif mit beiden Händen zu.

Tochter

Rauher Wirklichkeit nur mag er frönen;
   Ohne Zartheit, ohne Poesie,
Ungebildet, kann er nur mich höhnen,
   Mich verstehen, nein, das wird er nie!

Vater

Mutter, die verfluchten Bücher
   Müssen ihr den Kopf verdrehn.
Waren wir denn je gebildet?
   Konnten wir uns je verstehn?

Tochter

Wo die Herzen fremd einander blieben,
    Knüpft ihr nicht ein gottgefällig Band;
Weder achten kann ich ihn, noch lieben,
    Nimmermehr erhält er meine Hand!

Vater

Mutter, hör die dumme Trine,
    Hör doch, was es Neues gibt!
Haben wir uns je geachtet?
    Haben wir uns je geliebt?

Tochter

Lieber will ich in ein Kloster fliehen,
    Gibt's kein Kloster, in mein frühes Grab;
Wohl denn! dieser Schmach mich zu entziehen,
    Stürz ich in die Wellen mich hinab!

Vater

Hast du endlich ausgeredet?
    Gut, du bleibst mir heut zu Haus,
Hältst dein Maul und nimmst den Bengel,
    Punktum, und das Lied ist aus.

ABRAHAM GOTTHELF KÄSTNER
Die Tochter

Mama, daß Sie mich liebreich hüten,
Das kann ich Ihnen nicht verbieten;
Und, ist gleich die Gefahr noch weit,
Dank' ich doch Ihrer Zärtlichkeit.
Doch nehm' ich mich nicht selbst in Acht,
So werd' ich nur umsonst bewacht.

Vielleicht, was ich sonst nie begehrte,
Reizt mich, nur weil man es mir wehrte;
Frey soll mich sanfte Tugend ziehn,
Doch Fesseln brech' ich, sie zu fliehn.
Drum, nehm' ich mich nicht selbst in Acht,
So werd' ich doch umsonst bewacht.

Nie wird den Müttern Klugheit sagen,
Was muntre Mädchen listig wagen;
Damit ich keine Thorheit thu',
So trauen Sie mir Weisheit zu.
Drum, nehm' ich mich nicht selbst in Acht,
So werd' ich ganz umsonst bewacht.

ECKHARD HENSCHEID
Der Eltern Klage

Es dud uns schier des Herz abdrigge,
Seh'n wir die Kinnä zu beim Figge.

WILHELM BUSCH

Selig sind die Auserwählten,
Die sich liebten und vermählten;
Denn sie tragen hübsche Früchte.
Und so wuchert die Geschichte
Sichtbarlich von Ort zu Ort.
Doch die braven Junggesellen,
Jungfern ohne Ehestellen,
Welche ohne Leibeserben
So als Blattgewächse sterben,
Pflanzen sich durch Knollen fort.

ERNST JANDL
dreizeiler

ich habe ja fast keine kinder
also um himmelswillen
wie pflanz ich mich fort?

ERICH KÄSTNER
Möblierte Melancholie

Mancher Mann darf, wie er möchte, schlafen.
Und er möchte selbstverständlich gern!
Andre Menschen will der Himmel strafen,
und er macht sie zu möblierten Herrn.

Er verschickt sie zu verkniffnen Damen.
In Logis. Und manchmal in Pension.
Blöde Bilder wollen aus den Rahmen.
Und die Möbel sagen keinen Ton.

Selbst das Handtuch möchte sauber bleiben.
Dreimal husten kostet eine Mark.
Um die alten Schachteln zu beschreiben,
ist kein noch so starkes Wort zu stark.

Das Klavier, die Köpfe und die Stühle
sind aus Überzeugung stets verstaubt.
Und die Nutzanwendung der Gefühle
ist den Aftermietern nicht erlaubt.

Und sie nicken nur noch wie die Puppen;
denn der Mund ist nach und nach vereist.
Untermieter sind Besatzungstruppen
in dem Reiche, das Familie heißt.

Alles, was erlaubt ist, ist verboten.
Wer die Liebe liebt, muß in den Wald
oder macht, noch besser, einen Knoten
in sein Maskulinum. Und zwar bald.

Die möblierten Herrn aus allen Ländern
stehen fremd und stumm in ihrem Zimmer.
Nur die Ehe kann den Zustand ändern.
Doch die Ehe ist ja noch viel schlimmer.

FRANZ FREIHERR VON GAUDY
Des Hagestolzen Geburtstag

Ein Brief? Von wem? Von meinem Neffen.
        'Ne theure Sippschaft! Was wird's sein!
Die unfrankierten Schreiben treffen
        Posttag für Posttag wieder ein.
Der kurze Sinn der langen Klagen
        Ist doch das leid'ge: Schicke Geld!
Ich werde 'mal Susannen fragen,
        Was sie von dem Geschreibsel hält?

Was Tausend! Verse! – Das gesteh' ich –
        Wird der Patron noch gar Poet?
Hm! Kurz und lang gereimt – Was seh' ich?
        »Geburtstag – Lenze – Kränze – spät
Glück – Augenblick – in fernsten Tagen« –
        Wo hat der Jung' in aller Welt –
Da will ich doch Susannen fragen
        Was die von dem Gedichte hält?

'S ist richtig. Zwei und sechzig Jahre
        Sind's heut' – – ich dachte nicht daran,
Doch still davon. Kein Mensch erfahre
        Ein Wort. Noch sieht man mir's nicht an.
Fest ist mein Schlaf, gesund mein Magen,
        Wenn auch das Haar in's Graue fällt –
Ich will doch gleich Susannen fragen:
        Wie alt mich wohl die Alte hält?

Dem Neffen aber zwölf Dukaten –
        Weiß Gott, der Schlingel hat Talent.
Dem Sohn der Schwester, meinem Pathen
        Muß ich doch manchmal ein Präsent –
Selbst will zur Post den Brief ich tragen,
        So kräht kein Hahn nach jenem Geld –
Doch will ich erst Susannen fragen:
        Ob sie's nicht für Verschwendung hält?

Susanne ist ja sonst verständig –
        Nur das Gebrumme meidet man
Wo möglich. Sagt sie nein, so wend' ich
        Ein neu' Merinokleid daran.
Kein Mensch darf mich zu meistern wagen –
        Frei bin ich, kein Pantoffelheld –
Susannen will ich auch nur fragen
        Pro forma, was sie davon hält?

Mein Gimpel pfeift mit leisem Tone:
        »God save the King«, als wünscht' er Glück.
Das alte treue Thier, ich lohne
        Ihm mit dem größten Zuckerstück.
Und Nachmittags nehm' ich 'nen Wagen
        Vor's Thor – ja – nach dem Türk'schen Zelt –
Nur will ich erst Susannen fragen:
        Ob heute sich das Wetter hält?

WILHELM BUSCH
Lied eines versimpelten Junggesellen

Keine Frau befiehlt ihm was,
Hindert ihn durch dies und das,
Und er sorgt für sich allein –
Schön ist's, Junggeselle sein!

Mancherlei gibt's Zeitvertreib
Auf den Gassen, in der Kneip',
Auch gefäll'ge Mägdelein –
Schön ist's, Junggeselle sein!

Sitzt er abends lang beim Bier,
Schilt ihn nicht die Frau dafür,
Darum schenkt er nochmal ein –
Schön ist's, Junggeselle sein!

Geht er endlich selig fort,
Winket Ruh im Bette dort,
Ei wie gut schläft sich's allein –
Schön ist's, Junggeselle sein!

Wenn er morgens schlafen will,
Störet ihn kein Kindsgebrüll,
Keine Frau redt' ihm was drein –
Schön ist's, Junggeselle sein!

Zieht ein frisches Hemd er an,
Fehlt gar oft ein Knopf daran,
Fröhlich näht er ihn dann ein –
Schön ist's, Junggeselle sein!

Und noch manche andre Freud
Sich der Junggesell bereit't,
Auch geht er mitunter ein –
Schön ist's, Junggeselle sein!

Harmlos lebt er so dahin
Und versimpelt oft im Sinn;
Manchmal ist er auch ein Schwein –
Schön ist's, Junggeselle sein!

Heut stolziert er auf und ab,
Morgen scheißt der Hund auf's Grab,
Dies ist dann sein Leichenstein –
Schön ist's, Junggeselle sein!

»Mensch, einmal auf den Buhlewar!
Mensch, einmal in Paris!«

REISEN *&* BLEIBEN

AXEL MARQUARDT
Reisevorbereitungen

Ich habe das Problem gelöst,
mich plagt nicht mehr Gepäck:
Ich klapp einfach die Nase zu
und schließ die Augen weg.

Dann roll ich meine Ohren auf
und trag sie auf die Bank,
die Zunge, sauer mariniert,
kommt in den Vorratsschrank.

Die Haare werden numeriert
und kommen ins Archiv,
der Bart bekommt 'ne Postleitzahl
und geht voraus als Brief.

Dann falte ich mein linkes Bein
fein säuberlich zusammen
und wickel es in Watte ein
zum Schutze gegen Schrammen.

Die Milz, die Leber und den Darm,
den Magen und die Nieren,
die schick ich auf die Schönheitsfarm
zum Rekonvaleszieren.

Doch ein Organ, das laß ich hier,
es ist mein Herz, das gute,
denn es gehört ja nicht mehr mir:
My heart belongs to Ute.

Als letztes kommt die rechte Hand
in eine Plastiktute,
so daß ich nicht mehr winken kann –
adieu und alles Gute!

CHRISTIAN MORGENSTERN
Das Böhmische Dorf

Palmström reist, mit einem Herrn v. Korf,
in ein sogenanntes Böhmisches Dorf.

Unverständlich bleibt ihm alles dort,
von dem ersten bis zum letzten Wort.

Auch v. Korf (der nur des Reimes wegen
ihn begleitet) ist um Rat verlegen.

Doch just dieses macht ihn blaß vor Glück.
Tiefentzückt kehrt unser Freund zurück.

Und er schreibt in seine Wochenchronik:
Wieder ein Erlebnis, voll von Honig!

ARNFRID ASTEL
Deplaciert

Auf dem Gemeinplatz
eines böhmischen Dorfes
wird eine Rede gehalten.
Die Bauern verstehen kein Wort.
Die Städter gähnen.

ERICH KÄSTNER
Gefährliches Lokal

Mir träumte neulich, daß mein Stammcafé
auf einer Insel unter Palmen stünde.
Persönlich kenne ich bloß Warnemünde.
Doch Träume reisen gern nach Übersee.

Ich saß am Feuer und versank in Schweigen.
Wo sonst die Linie 56 hält,
war eine Art von Urwald aufgestellt.
Und Orang Utans hingen in den Zweigen.

Sie waren sicher noch nicht lange da
So leicht verändern sich die Metermaße!
Bevor ich kam, war's noch die Prager Straße.
Man setzt sich hin, schon ist es Sumatra.

Erst wollte ich den Oberkellner fragen.
Dann dachte ich, es hätte keinen Zweck.
Was soll ein Kellner namens Urbanek,
selbst wenn er wollte, weiter dazu sagen?

Dann ging die Tür. Das war der Doktor Uhl.
Und hinter ihm erschien ein schwarzer Panther,
der setzte sich, als sei er ein Bekannter,
an meinen Tisch auf einen leeren Stuhl.

Ich fragte ihn betreten, ob er rauche.
Er sah mich an. Und sagte keinen Ton.
Dann kam der Wirt in eigener Person
Und kitzelte den seltnen Gast am Bauche.

Der Ober brachte Erbspüree mit Speck.
Er hatte große Angst und ging auf Zehen.
Der Panther ließ das gute Essen stehen
und fraß den Kellner. Armer Urbanek!

Von oben drang der Klang der Billardbälle.
Der schwarze Panther war noch beim Diner.
Ich saß bestürzt in meinem Stammcafé.
Und sah nur Wald. Und keine Haltestelle.

Weil man mich dann zum Telefone rief
(ein Kunde wollte mich geschäftlich sprechen),
war ich genötigt, plötzlich aufzubrechen.
Als ich zurückkam, sah ich, daß ich schlief…

ROR WOLF
hans waldmanns erste worte

eines tages gab es einen frost.
und hans waldmann sagte: ab die post.

und man sah ihn eine zeit nicht mehr.
doch man sah ihn wieder hinterher.

er war fort und lange zeit verstrich,
bis er wiederkam gelegentlich.

vor dem fenster sah man schon die nacht,
als hans waldmann kam, kurz nach halb acht.

waldmann sagt: das ist mein erstes wort.
er stand auf darauf und er ging fort.

in der bayrischen provinzstadt W
fiel an diesem abend sehr viel schnee.

EUGEN ROTH
Der Abschied

Ein Mensch, der fort muß – was oft schmerzlich,
Nimmt von dem Freunde Abschied, herzlich.
Sie drücken mannhaft sich die Hände;
Fast werden beide weich am Ende,
Indem sie auseinander gehen:
»Wann werden wir uns wiedersehen?«
Nach Jahr und Tag, in fernem Land?
Nein – gleich am nächsten Zeitungsstand!
Sie ziehen, schon verschämt, den Hut:
»Nochmals ade – und mach es gut!«
Und gehn, der hierhin und der dort,
In ganz verschiedner Richtung fort.
Doch ists damit nicht abgetan:
Man trifft sich in der Straßenbahn,
Woselbst man sich, quer durch die Stadt,
Im Grund nichts mehr zu sagen hat.
Der Mensch, bevor er nun verreist,
Hätt gern noch irgendwo gespeist.
Doch, wie er so den Raum durchstreunt, –
Wer sitzt dort schon? Sein guter Freund!
Der Mensch, davon nicht sehr entzückt,
Hat still und grußlos sich gedrückt,
Und hat, nur durch die Flucht, vermieden
Sich noch einmal verabzuschieden.
Moral: Wenns schon, mit Schmerz, sein muß,
Dann *einmal* Lebewohl und Schluß!

NICOLAS BORN
Auf Wiedersehen

Wer malt mir das Bild meiner Freunde
zusammenklappbar ein bequemes Taschenformat
ich will abreisen
eine zweifelhafte Lücke hinterlassen
in diesen Reihen dicht geschlossen

Freunde ihr habt mich das Fürchten gelehrt
bei euch und beim Bier zu altern ist übel
die Zähne fallen in der Gemeinschaft
im angenehmsten aller Kollektive

Seid gut zu den Fraun, seid besser als ich
ich will erobern ein wackliges Raucherabteil
geht ein Freunde in die Selbstgerechtigkeit
das Wetter bleibt veränderlich
laßt es euch schlecht ergehen schlecht

Auf Wiedersehen hab ich auch nichts vergessen
gebt alles zurück was mir gehört
ja ich werde jetzt kleinlich Leute

OTTO JULIUS BIERBAUM
Glück auf die Reise!

Sie machen die Luft dir dumpf und schwer,
Die kreischenden Zwerge?
Lach ihnen Abschied! Fahr über das Meer!
Steig über die Berge!

Doch, ehe du gehst, nimm einen am Ohr
Und schüttel ihn leise.
Verloren ist, wer den Humor verlor.
Glück auf die Reise!

UWE KOLBE
Was hab ich noch nachzuholen

Fast jeden Ort hatte ich nachzuholen, fast jeden Anblick.
So einen gewissen blauen Berg hatte ich nachzuholen.
Wo hernach? Doch eigentlich hervor.
Ein Venedig und ein Comersee und ein Lugano und
      ein *che bello* im Original.
Amsterdam habe ich zeitig nachgeholt, Kopenhagen brachte
ich ähnlich hinter mich und meine Frau, die noch mehr
      nachzuholen hatte.
Was habe ich noch nachzuholen?
So viel hatte ich gelesen über Eastside und Westside –
New York hatte ich unbedingt nachzuholen, nach Chicago,
nach San Francisco, nach dem Grand Canyon undsoweiter.
Oder wars andersherum?

Erst holte ich den Ku'damm nach dem Savignyplatz.
Erst holte ich das Oberhalb der Mauer nach, in der S-
Bahn nach dem jahrzehntelangen Vor oder Hinter.
Was hab ich noch nachzuholen: Paris und Provence und Rom
sind bereits nachgeholt, hab ich abgeholt.
Wem hab ich was nachzuholen?
Wie hol ich die liebe Gewißheit aber?
Wie hol ich das Kind nach, das hätte mir so wohlgetan?
Aber das ist ein Durchgangsstadium.

NORBERT C. KASER
meinung

irland muß schoen
sein wie alles was
man nicht gesehen
hat
neapel dem liede nach

ERNST JANDL
calypso

ich was not yet
in brasilien
nach brasilien
wulld ich laik du go

wer de wimen
arr so ander
so quait ander
denn anderwo

ich was not yet
in brasilien
nach brasilien
wulld ich laik du go

als ich anderschdehn
mange lanquidsch
will ich anderschdehn
auch lanquidsch in rioo.

ich was not yet
in brasilien
nach brasilien
wulld ich laik du go

wenn de senden
mi across de meer
wai mi not senden wer
ich wulld ich laik du go

yes yes de senden
mi across de meer
wer ich was not yet
ich laik du go sehr

ich was not yet
in brasilien
yes nach brasilien
wulld ich laik du go

OSKAR PASTIOR
triftig o du o triftig

du bist aber dann nach
spanien gegangen hatte
das einen besonderen
grund ja das hatte ihn

nach spanien bist aber
dann du gegangen welch
einen grund hatte dann
der nein der hatte den

aber bist du denn auch
dann ohne den oder ihn
mit einem grund gangen

ja nach spanien gangen
o ja den hatte er auch
nach spanien aber dann

CHRISTIAN MORGENSTERN
Sprachstudien

Korf und Palmström nehmen Lektionen,
um das Wetter-Wendische zu lernen.
Täglich pilgern sie zu den modernen
Ollendorffschen Sprachlehrgrammophonen.

Dort nun lassen sie mit vielen andern,
welche gleichfalls steile Charaktere,
(gleich als ob's ein Ziel für Edle wäre),
sich im Wetter-Wendischen bewandern.

Dies Idiom behebt den Geist der Schwere,
macht sie unstät, launisch und cholerisch ...
Doch die Sache bleibt nur peripherisch.
Und sie werden wieder – Charaktere.

CÉSAR KEISER
Drei Limericks

1.
Da gab's einen Herrn aus Ascona
Der träumt von der Lisa, der Mona –
Er fuhr via Pisa
Nach Paris – ah! – noch nie sah
Die Lisa er vis-à-vis so nah

2.
Da hatte ein Herr aus den Anden
10 Onkels, 8 Neffen, 6 Tanten
Plus 7 Mätressen
Aus Böhmen und Hessen –
Ein Hoch den Familienbanden!

3.
Da vermißte ein Herr in La Spezia
Eines Tags seine Gattin Lukretia
Plötzlich sah er sie wandern
Am Arm eines Andern
Und schrie ganz erfreut: Seht, da geht sie ja!

MAX GOLDT
Die Beatles in New York

Die Beatles, die Beatles, die Beatles
wohnen in New York
denn dort pulsiert es ständig
und sie haben es nicht weit
zum legendären Star-Club
Dort packen sie ihre Banjos aus
wie unsereins sein Butterbrot
und rocken bis zum Morgengrauen
und die gute Susan Sontag
mit Drogen vollgepumpt
deklamiert dazu
ihre brillanten Essays

Leider krabbeln dabei Küchenschaben
an ihren Beinen empor
Schaben so groß wie Schildkröten in Deutschland

Manchmal jettet auch Liz Taylor an
um U-Bahn-Waggons mit Haarspray zu besprühen
Diese Waggons werden dann ganz schnell bei Sotheby's
für die Aids-Hilfe versteigert
(warum auch nicht)

Aber auch die Beatles (»Save your kisses for me«)
spenden, was viele nicht wissen
fast ihre sämtliche Habe
an die Aids-Hilfe
(warum auch nicht)

Das einzig Doofe an New York
sind die gigantischen Küchenschaben
Nur wenn der sogenannte fünfte Beatle, Woody Allen
mit seiner Klarinette kommt
laufen sie weg
(warum auch nicht)

Leider kommt Woody Allen nur selten nach New York
denn er wohnt in Los Angeles
wegen des Nebels, des Tees und des geduldigen Anstehens
    an den Bushaltestellen

KURT TUCHOLSKY
Immer raus mit der Mutter…!
Für Paul Graetz

Verdumpft, verengt, verpennt, blockiert,
so geht das seit zehn Jahren.
Wie sind die Deutschen dezimiert,
die einst von Goethe waren!
    Ein Mittel gibt's – und das ist rar.
    Das Mittel das ist dies:
    Mensch, einmal auf den Buhlewar!
    Mensch, einmal in Paris!

Als Ludendorff einst Lüttich nahm
und nachher nicht mehr rausfand –
Welch Tag für ihn! Der Brave kam
zum erstenmal ins Ausland.

Man denk ihn sich mit Schnurrbarthaar,
mit Orden, Helm und Spieß,
Mensch, einmal auf den Buhlewar!
Mensch, einmal in Paris!

Hannover-Süd und Franken-Nord.
Der Horizont wird kleiner.
Von Hause kommen Wenige fort
Und in die Welt fast Keiner.
    Ich wünsch der Angestelltenschar
    statt Brandenburger Kies:
    nur einmal auf den Buhlewar!
    nur einmal in Paris!

Da draußen kümmert sich kein Bein
um eure Fahrdienstleiter.
Ihr könnt Hep-Hep und Hurra schrein:
die Welt geht ruhig weiter.
Die Völker leben. Freude lacht.
Wir stehn in letzter Reihe.
Was sich bei uns so mausig macht,
das sollte mal ins Freie!
    Den Richtern, Bonzen, ja, sogar
    Herrn Hitler wünsch ich dies:
    Mensch, einmal auf den Buhlewar!
    Mensch, einmal in Paris –!

HARALD HARTUNG
Aus: *Burbanks Paris*

DEN FAHRPLAN konnte ich nicht lesen
der Zug fuhr los die falsche Richtung
die Schule richtig falsch die Spesen
die Seele tief doch schief die Schichtung
(und plötzlich bin ich wach gewesen)
Hier ist Paris und keine Dichtung

DU MÖCHTEST eigene Fische schuppen
statt in der Bar der Rue Mouffetard
zu fragen nach dem Großen Ganzen
statt mitten in den Fremdengruppen
aus Milbertshofen und Dakar
vorm Kaufhausfenster Mozartpuppen
zu sehen und wie Affen tanzen

(Doch eh ich einen Guide chartre
zu deuten alles dies Geglänz
kehr ich zurück zur Existenz
Albert Camus und Jean Paul Sartre)

RAINER BRAMBACH
Gesundheit

Den Louvre kenn ich nur von außen
und den Eiffelturm von unten.
Spaziergang an der Seine, dann in ein Bistro.

Am Tisch hob ich das Glas: Santé!
Mir scheint, ich saß ein weniges zu lang.
Was nach dem achten Glas geschah, bestreite ich.
Das Prison von Paris heißt Santé.

RALF ROTHMANN
Nie wieder Paris

Adieu Soutine
Talent zur Trunksucht
meisterhafte Magenschmerzen
(hier starb ich fast den Käsetod)
adieu Hagel auf dem Blechdach
Schlaf wie in der Nähmaschine
psychedelische Tapete
Hals- und Beinbruch Wendeltreppe
Tresen aus Sargholz
kleine singende Karaffe
lebt wohl Virtuosen der Untertöne
schreibende Leichen
Buchhandlung Flinker
Sternbild in schwarzen Dessous
lebt wohl Marie Kaffee Maries
durchsichtig wie ein Kirchenfenster
adieu Heroismus in Flaschen
Nie wollte ich Mann der Stunde sein
immer nur ihr Geliebter.

HANS-ULRICH TREICHEL
Wintersonntag in Pisa

Nun stehe ich schon
wieder vor dem windigen
Kiosk, halte den Schirm
wie ein Mann mit Familie
und bete zu Gott um die
Zeitung aus Deutschland:
Die kommt erst morgen!
brüllts aus dem Dunkel,
ich danke und stelle mich
unter den Turm, denn dort
sind wie immer ein paar
blasse Japaner, die sich
lächelnd verbeugen, ganz
egal was man sagt.

KLABUND
Berliner in Italien

Die ganze Welt ist voll von Berlinern.
Deutschland, Deutschland überall in der Welt.
Ich sah sie auf der Promenade in Nervi sich gegenseitig
  bedienern,
Und sie waren als Statisten beim Empfang des italienischen
  Königs

  in Mailand aufgestellt.

Da konnten sie einmal wieder aus vollem Herzen Hurra
  schreien.
So 'n König, und sei er noch so klein, is doch janz was anderes

  als so 'ne miekrige Republik.

In Bellaggio wandeln sie unter Palmen und Zypressen zu
  zweien,
Und aus dem Grandhotel tönt (fabelhaft echt Italienisch;

  Pensionspreis täglich 200 Lire) die Jazzmusik.

Wie hübsch in Bologna die Jungens mit den schwarzen
  Mussolinhemden!
Wie malerisch die Bettler am Kirchentor!
Die und die Flöhe finden einen Fremden
Aus hunderttausend Eingebornen hervor.

In Genua am Hafen aus engen mit Wäsche verhangenen
  Gassen winken
Schwarzäugige Mädchen und sind bereit,

Gegen entsprechendes Honorar sich abzuschminken.
O du fröhliche, o du selige Frühlingszeit.

Dagegen das Kolosseum, die ollen Klamotten, die ver-
    staubten Geschichten,
Das haben wir zu Hause auf halb bebautem Gelände auch,
    nu jewiß.
Den schiefen Turm von Pisa sollten sie mal jrade richten.
Mussolini hat dazu den nötigen Schmiß.

Über diesem Lande schweben egal weg die Musen,
Man sehe sich die Brera und die Uffizien an.
Die mageren Weiber von Botticelli kann ich nich verknusen,
Aber Rubens, des is mein Mann.

Wohin man sieht, spuckt einer oder verrichtet sonst eine
    Notdurft:

        es ist ein echt volkstümliches Treiben.

Prächtig dies Monument Vittorio Emmanueles in Rom:
    goldbronziert

        und die Säulenhalle aus weißem Gips.

Dafür kann mir das ganze Forum jestohlen bleiben.
Ich bin modern. A proposito: haben Sie für Karlshorst
    sichere Tips?

ERICH WEINERT
Sommerfrischler

Leute wandeln schweigend durch die Stille
Der Verschönerungsvereinsidylle,
Die auf imitierten Birkenbänken
Sich mit Andacht in die Landschaft senken.

Leute, die, verkrümelt in Gehölzen,
Mit Natur und Gott zusammenschmelzen,
Abgewandt polit'schen Hypothesen,
Und die Föjetongs von gestern lesen.

Leute, die auf grünen Liegeplätzen
Die Verdauung unter Vollmilch setzen,
Die ihr Innres biochemisch pökeln
Und was Warmes für den Winter häkeln.

Leute, die elegisch an Gedanken
Ungelöster Silbenrätsel kranken,
Die sich an Ruinen ganze Haufen
Kolorierter Ansichtskarten kaufen.

Leute, die geräuschvoll in den obern
Waldregionen den Ozon beschnobern,
Die Gedichte oder Initialen
Voll Gefühl an jeden Lokus malen.

Leute, hingewälzt im Sommerabend,
Die Beamtenweste offen habend,
Leute, die an schroffen Wasserfällen
Freundliche Familiengruppen stellen.

Leute, die phlegmatisch ihre vollen
Doppelzentner durchs Gebirge rollen,
Die sich an romant'schen Felsenrissen
Dauernd gegenseitig knipsen müssen.

O Naturfreund, flieh in alle Öden!
Hüte dich, die Leute anzureden!
Denn sie haben außer dem Genießen
Den immensen Drang, sich anzuschließen.

LUDWIG THOMA
Sommeridylle

Berge und Täler sind jetzt voll von Menschen,
Welche sich Urlaub genommen haben
Und an der reinen Luft der Kurorte
Sowohl sich als ihre Angehörigen laben.

Viele hört man mit Neugierde fragen,
Ob hier noch echte Wilderer wachsen,
Welche die wirklichen Gemsen töten.
Meistens sind diese Leute aus Sachsen.

Manche baden in dem klaren Gewässer,
Wobei erwachsene Töchter nicht geizen
Mit ihren Formen, von denen man füglich
Glaubt, daß sie den Junggesellen anreizen.

Ihre Mütter stricken indes im Garten,
Wo sie Kaffee mit Honig genießen
Und sich über die Dienstboten äußern,
Welche sie in der Stadt darin ließen.

Abgesondert sitzen die Ehemänner,
Welche sich gründlich dadurch erfrischen,
Daß sie nichts von den Frauen hören,
Sondern beim Skat ihre Karten mischen.

Auf den Ruhebänken am Seeufer
Sitzen zwei Richter, welche verdauen
Und anderen Leuten durch Fachsimpeln
Ihren Sommeraufenthalt versauen.

MATTHIAS POLITYCKI
Touristen

Immer sitzen sie vor den falschen Cafés
und warten auf die große Fremde,
immer finden sie alles zu teuer,
immer, im Vergleich zum Prospekt, enttäuschend:
Man kann's ihnen einfach nicht recht machen.

Immer sind es ihrer zu viele
und reich gesegnet obendrein mit Socken,
immer stellen sie die gleichen Fragen,
immer versichern sie einander der gleichen Antworten:
Sie können's uns einfach nicht recht machen.

PETER RÜHMKORF
O – 1.-Klasse-Einsamkeit

Von Mainz nach Bingen bacharachwärts,
die Veilchen verglimmen im Fluge –
Wohl völlig verrückt geworden der März?!
Der Kopf total aus der Fuge.

Ich reise mit Gedichten umher,
paarmal rundumerneuert
seit Achtzehnhundertichweißnichtmehr
Heinrich Heine die Lore beleiert.

Schon *Anschlußreisende aus Paris*?
Schon Koblenz? – und abgepfiffen!
Eine rosa Hand am Dichterverlies,
intressant! aus dem Leben gegriffen.

O perspektivloser Augenblick,
was schaufelt das Herz seine Schlacken?!
Alles hat nochmal diesen Schimmer von Glück,
noch einmal die flammenden Backen.

Und sind Sie bloß ein Glanz, Madame,
nur immer reingeschwebt!
Hier ist doch auch Substanz, Madame,
die nicht an den Fingern klebt.

Was blickst du mich an wie eine Vision,
entbehrend Angeschielte?
Du Fuder Stroh, ich würde schon,
an mich halten, wenn ich mich hielte.

Ich seh aber Zeiten kommen wo wir
gar nichts mehr fassen können.
Ich bin kein Mann für die Zukunft, dafür
muß ich hier zappeln und brennen.

Es quietscht die Klinke, es knattert ein Kleid,
eine Geistererscheinung entfernt sich –
O – 1.-Klasse-Einsamkeit!
das gibt sich nicht, aber das lernt sich.

Das lernt sich nie, ein verschleppter Schock
sitzt tief in den steinernen Knochen.
Und wär so gern mit dir en bloc
zerborsten, ja, zerbrochen.

Ade-du-da du Deutsches Eck,
vorwärts zu Winterpunschen!
Die Last ist runter, der Wahnsinn weg,
der Sommer ist entwunschen.

KURT TUCHOLSKY
Luftveränderung

Fahre mit der Eisenbahn,
fahre, Junge, fahre!
Auf dem Deck vom Wasserkahn
wehen deine Haare.

Tauch in fremde Städte ein,
lauf in fremde Gassen;
höre fremde Menschen schrein,
trink aus fremden Tassen.

Flieh Betrieb und Telefon,
grab in alten Schmökern,
sieh am Seinekai, mein Sohn,
Weisheit still verhökern.

Lauf in Afrika umher,
reite durch Oasen;
lausche auf ein blaues Meer,
hör den Mistral blasen!

Wie du auch die Welt durchflitzt
ohne Rast und Ruh –:
Hinten auf dem Puffer sitzt
du.

MATTHIAS POLITYCKI
Summe meiner Fehlfahrten

Auf den Kilimandscharo hinauf
(den Fudschi, den Feldberg, den Dschebel Musa),
in den Grand Canyon hinab gestiegen
(den Geiranger-Fjord, die Schluchten des Balkans),
jeden Tempel beklettert in Mandalay (Madras),
die Chinesische Mauer abgelaufen
bis an ihre beiden Enden (und den
kompletten Pfarrer-Krempl-Weg in Ottobrunn)

Auch in der Gobi hab' ich danach gegraben,
hab' meine Hände in Saharasand gesteckt,
und in der Zipfelmützenödnis Kappadokiens
entdeckte ich zumindest mal
einen Skorpion in meinem Schuh

Dann fuhr ich nach Finnland, auf die Faröer,
fuhr nach Brasilien, Burundi, nach Belgien,
und schließlich ging ich unter Wasser:
tauchte danach im Roten wie im Gelben Meer,
in der Karibik, im Kleinhesseloer See, im Indischen Ozean

Doch wo ich auch suchte,
ich konnte und konnte und konnte's
nicht finden

PAUL SCHEERBART
Das Festland

Tief unten, wo die Zwerge
Hämmern und feilen,
Muß man eilen.

Hoch oben, wo die Adler
Jagen und morden,
Muß man auch eilen –

Nur auf dem Festlande
Kann man ruhig sitzen,
Ohne zu schwitzen –

Man kann da auch liegen.
Ja, ein Festland ist das feste Land!
Wüßt ich nur, wo das Festland liegt!

GÜNTER BRUNO FUCHS
Die Schneezwerge

Die Schneezwerge
liegen auf den Dächern
und anderswo.

Die Schneezwerge
haben keinen Namen.

Die Schneezwerge
sind langnasig
und werden von den Hasen
Langnasen
genannt.

Die Schneezwerge
fragen: Wo sind wir?
Ihr seid auf der Erde,
sagen die Hasen.

MATTHIAS CLAUDIUS
Urians Reise um die Welt,
mit Anmerkungen

Wenn jemand eine Reise tut,
So kann er was verzählen;
Drum nahm ich meinen Stock und Hut,
Und tät das Reisen wählen.

Tutti

Da hat Er gar nicht übel dran getan;
Verzähl Er doch weiter Herr Urian!

Zuerst ging's an den Nordpol hin;
Da war es kalt, bei Ehre!
Da dacht ich denn in meinem Sinn,
Daß es hier besser wäre.

Tutti

Da hat Er gar nicht übel dran getan;
Verzähl Er doch weiter Herr Urian!

In Grönland freuten sie sich sehr,
Mich ihres Orts zu sehen,
Und setzten mir den Trankrug her;
Ich ließ ihn aber stehen.

Tutti

Da hat Er gar nicht übel dran getan;
Verzähl Er doch weiter Herr Urian!

Die Eskimo sind wild und groß,
Zu allem Guten träge;
Da schalt ich einen einen Kloß,
Und kriegte viele Schläge.

Tutti

Da hat Er gar nicht übel dran getan;
Verzähl Er doch weiter Herr Urian!

Nun war ich in Amerika;
Da sagt ich zu mir: Lieber!
Nordwestpassage ist doch da;
Mach dich einmal darüber!

Tutti

Da hat Er gar nicht übel dran getan;
Verzähl Er doch weiter Herr Urian!

Flugs ich an Bord und aus ins Meer,
Den Tubus festgebunden,
Und suchte sie die Kreuz und Quer,
Und hab sie nicht gefunden.

Tutti

Da hat Er gar nicht übel dran getan;
Verzähl Er doch weiter Herr Urian!

Von hier ging ich nach Mexiko;
Ist weiter als nach Bremen,
Da, dacht ich, liegt das Gold wie Stroh;
Du sollst 'n Sackvoll nehmen.

Tutti

Da hat Er gar nicht übel dran getan;
Verzähl Er doch weiter Herr Urian!

Allein, allein, allein, allein,
Wie kann ein Mensch sich trügen!
Ich fand da nichts als Sand und Stein,
Und ließ den Sack da liegen.

Tutti

Da hat Er gar nicht übel dran getan;
Verzähl Er doch weiter Herr Urian!

Drauf kauft ich etwas kalte Kost,
Und Kieler Sprott und Kuchen,
Und setzte mich auf Extrapost,
Land Asia zu besuchen.

Tutti

Da hat Er gar nicht übel dran getan;
Verzähl Er doch weiter Herr Urian!

Der Mogul ist ein großer Mann,
Und gnädig über Maßen,
Und klug; er war itzt eben dran,
'n Zahn ausziehn zu lassen.

Tutti

Da hat Er gar nicht übel dran getan;
Verzähl Er doch weiter Herr Urian!

Hm! dacht ich, der hat Zähnepein,
Bei aller Größ und Gaben! –
Was hilft's denn auch noch Mogul sein?
Die kann man so wohl haben.

Tutti

Da hat Er gar nicht übel dran getan;
Verzähl Er doch weiter Herr Urian!

Ich gab dem Wirt mein Ehrenwort,
Ihn nächstens zu bezahlen;
Und damit reist ich weiter fort
Nach China und Bengalen.

Tutti

Da hat Er gar nicht übel dran getan;
Verzähl Er doch weiter Herr Urian!

Nach Java und nach Otaheit,
Und Afrika nicht minder;
Und sah bei der Gelegenheit
Viel Städt und Menschenkinder;

Tutti

Da hat Er gar nicht übel dran getan;
Verzähl Er doch weiter Herr Urian!

Und fand es überall wie hier,
Fand überall 'n Sparren,
Die Menschen gradeso wie wir,
Und ebensolche Narren.

Tutti

Da hat Er übel übel dran getan;
Verzähl Er nicht weiter Herr Urian!

ERICH KÄSTNER
Surabaya-Johnny II
Frei nach Kipling und Brecht

Du kamst aus den Wäldern bei Pirna.
Du sagtest nicht Frau, sondern Weib.
Du warst tätowiert wie ein Seemann.
Du hattest nichts Warmes im Leib.
Du sagtest, du wärst viel auf Reisen.
Und du führest zu Schiff über Land.
Und du hättest Muskeln aus Eisen.
Und auch sonst hättst du allerhand.

> Das war gemein, Johnny.
> Ich fiel drauf rein, Johnny.
> Du hast gelogen, Johnny, du bist nicht echt.
> Du bist nicht gereist, Johnny.
> Du bist nicht von Kipling, Johnny.
> Nimm die Pfeife raus. Du bist von Brecht.
> Surabaya-Johnny!
> Kalkutta, Schanghai, Montreux!
> Johnny, sunny Johnny,
> mein Gott, my God, mon Dieu!

Du konntest vor Kraft nicht laufen.
Du hattest den größten Mund.
Du wolltest mich preiswert verkaufen,
in Dollars und nach Pfund.
Du schwärmtest von fernen Bordellen,
mit Huren und Kunden und Gin.
Dort gäbe es offene Stellen.
Und da gehöre ich hin.

Weil du es wolltest, Johnny,
sagte ich Ja, Johnny.
Ich war so sinnlich, Johnny, mir war es recht.
Doch die Bordelle, Johnny,
warn frei erfunden, Johnny!
Du hast gelogen, wart! Ich sag es Brecht.
Surabaya-Johnny!
Du sprachest von Kolonien,
Johnny, sunny Johnny,
und kanntest nur Berlin.

Du sagtest, du wärst ein Verbrecher.
Und hättest die Konzession
als vereidigter Messerstecher.
Ich glaubte dir jeden Ton.
Du versprachst mir, mich zu ermorden.
Du stachst mich schon in die Haut.
Es ist nichts draus geworden.
Du hast dich nicht getraut.

Du renommiertest, Johnny,
sooft du sprachst, Johnny.
Nur mit dem Maul, Johnny, da warst du schlecht.
Du warst nicht englisch, Johnny.
Du warst nicht indisch, Johnny.
Kauft Kolonialwaren bei Bertolt Brecht!
Surabaya-Johnny!
Villon, Kipling, Rimbaud,
fourniert auf Mahagonny –
du bist der geborene »& Co«!

HUGO BALL
Karawane

jolifanto bambla o falli bambla
grossgiga m'pfa habla horem
égiga goramen
higo bloiko russula huju
hollaka hollala
anlogo bung
blago bung blago bung
bosso fataka
ü üü ü
schampa wulla wussa ólobo
hej tatta gôrem
eschige zunbada
wulubu ssubudu uluw ssubudu
tumba ba-umf
kusa gauma
ba – umf

JOHANN HEINRICH VOSS
Klingsonate

I. Grave.

Mit
Prall-
Hall
Sprüht
 Süd-
Tral-
Lal-
Lied.
 Kling-
Klang
Singt;
 Sing-
Sang
Klingt.

II. Scherzando.

 Aus Moor-
Gewimmel
Und Schimmel
Hervor
 Dringt, Chor,
Dein Bimmel-
Getümmel
Ins Ohr.
 O höre
Mein kleines
Sonett.

   Auf Ehre!
Klingt deines
So nett?

III. Maestoso

Was singelt ihr und klingelt im Sonetto,
Als hätt' im Flug euch grade von Toskana
Geführt zur heimatlichen Tramontana
Ein kindlich Englein, zart wie Amoretto?

Auf, Klingler, hört von mir ein andres detto!
Klangvoll entsteigt mir echtem Sohn von Mana
Geläut der pomphaft wallenden Kampana,
Das summend wallt zum Elfenminuetto!

Mein Haupt, des Singers! krönt mit Ros' und Lilie
Des Rhythmos und des Wohlklangs holde Charis,
Achtlos, o Kindlein, eure Larifaris!

Euch kühl' ein Kranz hellgrüner Petersilie!
Von schwülem Anhauch ward euch das Gemüt heiß,
Und fiebert, ach! in unheilbarem Südschweiß!

HEINRICH HEINE

Himmel grau und wochentäglich!
Auch die Stadt ist noch dieselbe!
Und noch immer blöd und kläglich
Spiegelt sie sich in der Elbe.

Lange Nasen, noch langweilig
Werden sie wie sonst geschneuzet,
Und das duckt sich noch scheinheilig,
Oder bläht sich, stolz gespreizet.

Schöner Süden! wie verehr ich
Deinen Himmel, deine Götter,
Seit ich diesen Menschenkehricht
Wiederseh, und dieses Wetter!

HANS MAGNUS ENZENSBERGER
Et ego

Diese tropischen Abende in Thessaloniki,
und die hellen Nächte am Ofotfjord –
weißt du noch?

Sicher weiß ich es noch.
Aber was war das schon,
verglichen mit dem Wochenende in Minnesota,
im Neuschnee versunken,
und mit dem Vollmond über Stockelsdorf-Krumbeck,
Post Pronstorf, Landkreis Bad Segeberg –
weißt du noch?

Sicher weiß ich es noch.
Aber ich weiß nicht mehr,
warum.

EUGEN ROTH
Trümpfe

Wie schnöd von der Provence sie schwärmen:
Nur daß die andern recht sich härmen,
Fragt einer: »Kennen Sie Les Beaux?«
Doch gleich ruft wer: »Das sowieso!«
Und seinerseits nun gibt ers ihm:
»Sie waren sicher doch in Nîmes!«
Nun hagelts Arles, Sete, Aigues mortes:
Natürlich waren alle dort,
Und dreschen wütend ihre Trümpfe:
Les Saintes Maries, die Rhône-Sümpfe.
Ein vierter kann sie alle bluffen:
Er sah dort das Zigeunertreffen.
Bis wiederum der dritte sticht:
»In Carcassonne, da wart Ihr nicht?«
Und siehe da, die ehrlich-Dummen,
Die sagen: »Nein!« und sie verstummen.
Der Sieger blickt umher im Kreise:
»Der Höchstpunkt der Südfrankreichreise!
Dort auf den Zinnen muß man stehn –
Wer *das* nicht sah, hat *nichts* gesehn!«
Gern fing' der erste wieder an,
Um laut zu rühmen Perpignan,
Wo er gewesen, fast drei Wochen. –
Doch hat der Trumpf nicht mehr gestochen.
Ganz klein sind alle vom Gedonner,
Mit dem sie traf der Carcassonner.

GOTTFRIED BENN
Reisen

Meinen Sie Zürich zum Beispiel
sei eine tiefere Stadt,
wo man Wunder und Weihen
immer als Inhalt hat?

Meinen Sie, aus Habana,
weiß und hibiskusrot,
bräche ein ewiges Manna
für Ihre Wüstennot?

Bahnhofsstraßen und rue'en,
Boulevards, Lidos, Laan –
selbst auf den fifth avenue'en
fällt Sie die Leere an –

ach, vergeblich das Fahren!
Spät erst erfahren Sie sich:
bleiben und stille bewahren
das sich umgrenzende Ich.

THOMAS GSELLA
Reisen wenn schon, dann ins Ich

Wißt: daß Reisende von heute
längst nicht mehr der Welt bedürfen;
daß moderne Reiseleute
heut' auf innern Wellen surfen:
tief hinab durch Mund und Kehle
ins Gewölbe ihrer Seele.

Seht: wie auf Ostfrieseninseln
blasse Ruhrgebietsgestalten
still um Manas Gnade winseln
und sich fest an Händen halten,

während sie im Steinkreis wachen
Herzens hoffen, diese Welt
möge einmal kein' Scheiß machen;
nicht, solang ihr Steinkreis hält.

Seht: wie Münchener in Wesel
schwerste Körperarbeit leisten –
unbezahlte Arbeitsesel,
die noch stets nach Wesel reisten,

wo sie nun, schon arg benommen,
im Rebirthingkurs versuchen,
endlich auf die Welt zu kommen,
die sie kennen und verfluchen.

Seht: alpine Reisegruppen
hagelblau gen Nord aufbrechen,
um in Köln auf Woodoopuppen
einzuteufeln und zu -stechen;

seht: sie unter Gurus Augen
(denn da läuft es wie geschmiert)
dicke Luft ins Zwerchfell saugen,
bis es ihnen mulmig wird

und sie mit Ur-Opa faseln;
gern auch mit schon länger Toten
über Nichtigkeiten quasseln –
Gott ist mit den Idioten.

Glaubt: daß Schwaben grad in Essen
neue Fastenkuren proben;
vierzehn Tage lang nix fressen
und den Fastenmeister loben

und ihn preisen auch in Kärnten,
wo die fröhlich Klapperdürren
bei Tai-Chi-Kartoffelernten
sich und auch Kartoffeln spüren.

Lacht denn also: über Wesen,
die sich selbst so ferne liegen,
daß sie lange vorm Verwesen
eine weiche Birne kriegen –

Doch seht auch: die kurzen Hosen
feixend in die Ferne düsen,
durch die leeren Büsche tosen
und mit Schwerstverwüstung grüßen

eine Erde, die genug
an Hanswürsten tragen muß.
Jenes ist nur Lug und Trug.
Dies ist Stuß. Und hier ist Schluß.

JOACHIM RINGELNATZ
Die Ameisen

In Hamburg lebten zwei Ameisen,
Die wollten nach Australien reisen.
Bei Altona auf der Chaussee,
Da taten ihnen die Beine weh,
Und da verzichteten sie weise
Dann auf den letzten Teil der Reise.

HANS MAGNUS ENZENSBERGER
Glückwunsch für eine Dame namens Elisabeth

Zum Geburtstag noch einmal
das Albumblatt a-moll,
»jedem Anfänger bekannt« –
man winkt ab –,
noch eine Magisterarbeit
zur Rezeptionsgeschichte
der Elisabethanischen Literatur –
lieber nicht!
Reminiszenzen à la Romy Schneider –
Zuckerwatte aus dem 19. Jahrhundert –,
eine Kerze für die Landgräfin von Thüringen –
aber die Rosen machen nicht satt –,
oder wie wärs mit einem Flugticket
nach Lumbumbashi (Zaire),
längst umgetauft, die Hitze mörderisch
und die Villen niedergebrannt:
überhaupt, lieber keine Festschriften mehr,
man bleibt zuhause, wo man
vielleicht noch gebraucht wird.

EUGEN ROTH
Daheimbleiben

Die Welt ist toll vor Reisewut,
Indes zu Haus der Weise ruht
Und lächelnd – oft auch leicht verschroben –
In das Gewühl blickt: »Laßt sie toben!«
So ist *Spinoza* nie gereist –
Und doch: welch weltenweiter Geist!
Auch *Kant*, der wunderliche Zwerg
Kam nie heraus aus Königsberg.
»Die Welt geht« – sagte *Pascal* immer –
»Zugrund dran, daß in seinem Zimmer
Der Mensch nicht sitzen bleiben will!«
In Frankfurt lebte deshalb still
Der *Schopenhauer* samt dem Pudel;
»Wer Geist hat, liebt nicht das Gehudel.«
Von *Shakespeare* weiß man nichts Genau's,
Doch offenbar blieb er zu Haus –
Und zeigte allerdings auch nie
Sich stark in der Geographie,
Wußt' nicht, was jedes Kind heut wüßte:
Und schreibt ganz dreist von Böhmens Küste.
Und wo kam *Schiller* denn schon hin?
Die weiteste Reise war Berlin!
Die Schweiz, die er so schön beschrieben,
Zu sehn, ist ihm versagt geblieben.
Die »ökonomische Verfassung«
Zwang ihn zur Reise-Unterlassung.
Die Kleinen auch, wie Vater *Gleim*,
Sie blieben lebenslang daheim.
Der *Mörike* kam nie aus Schwaben,
Wo er geboren und begraben.
Bemerkenswert auch, daß man *Swift*

Persönlich nur in England trifft,
Von wo aus er den Gulliver
Auf weite Reisen schickt' umher.
Auch *Defoe*, der als Jüngling zwar
In Frankreich und in Spanien war,
Blieb dann daheim (laut Lexikon)
Und schrieb dort seinen Robinson.
Als weitgereist denkt gleichfalls gern
Der Leser sich wohl den *Jules Verne*,
Der, selbst meist lebend in Paris,
Nur andre weltumreisen ließ.
Und ebenso war der *Karl May*
Wie man ihm nachwies, nicht dabei.
Er machte große Reisen zwar:
Nachträglich erst, vom Honorar.
Der größte Maler, *Rembrandt*, kam
So gut wie nicht aus Amsterdam.
Noch könnt ich glänzen als Beschreiber
Der klassischen Zuhausebleiber,
Die, wie der *Papst* im Vatikan,
Nicht einen Schritt hinausgetan,
Und die oft weltfremd nur geschienen:
Die Welt kam, umgekehrt, zu ihnen!
Der cherubinische *Wandersmann*
Fing erst auf Erden gar nicht an:
Hoch überm lauten Weltgewimmel
Zog er geradewegs zum Himmel.

»In einem Lumpenkasten
War große Rebellion«

GESCHICHTE & GESELLSCHAFT

FRANZ GRILLPARZER
Der Geschichtforscher

Ich gehe mit meinem Kober
Und meinem Hakenstab,
Und wo von Mist ein Schober,
Setz ich die Bürde ab.

Da wird geforscht, zerstochen
Der Kehricht weit und tief,
Ob irgend ein Abfall, ein Knochen
Sich etwa hinein verlief.

Und was ich da gefunden,
Trag ich vergnügt nach Haus
Und sied in einsamen Stunden
Manch schöne Notiz heraus.

FRIEDRICH RÜCKERT
Perrücke und Brille

Zwei Stutzer, alt' und neue Zeit,
   Geriethen miteinander in Streit;
   Der eine stieß sich an seines Nachbarn Perrücke,
   Und der an des andern modischer Nasenbrücke.
Herr Neuzeit rümpft die Brill' auf der Nase,
   Und Herr von Altzeit schüttelt die Perrücke;
   Sie thun, als ob der Menschheit Glücke
   Beruh' auf falschem Haar und Augenglase.
Perrücke behauptet der neuen Brille Gefährlichkeit,
   Und Brille behauptet der alten Perrücke Beschwerlichkeit;
   Perrücke beruft sich auf eigene alte Verehrlichkeit,
   Und Brille auf ihre nunmehrige Weltunentbehrlichkeit.

AUGUST VON PLATEN
Alte und Neuere

Sprecht von den Alten mit mehr Ehrfurcht, ihr Jünger der
   Seichtheit,
Weil ihr ihnen ja doch Alles in Allem verdankt:
Kunst habt ihr von den Griechen gelernt, Politik von den
   Römern,
Habt selbst Religion bloß von den Juden gelernt!

JUSTINUS KERNER
Der Zopf im Kopfe

Einst hat man das Haar frisiert,
Hat's gepudert und geschmiert,
Daß es stattlich glänze,
Steif die Stirn begrenze.

Nun läßt schlicht man wohl das Haar,
doch dafür wird wunderbar
Das Gehirn frisieret,
Meisterlich dressieret.

Auf dem Kopfe die Frisur,
Ist sie wohl ganz Unnatur,
Scheint mir doch passabel,
Nicht so miserabel

Als jetzt im Gehirn der Zopf,
Als jetzt die Frisur im Kopf,
Puder und Pomade
Im Gehirn! – Gott Gnade!

FRANZ GRILLPARZER
Das Rechte und Schlechte

Mit frechen Feinden kriegen,
Und sie nur stets besiegen,
Das wär schon recht!
Doch ohn ein Schwert zu ziehen,
Nur immer, immer fliehen,
Ei, das ist schlecht!

Mit immer tapfern Kämpfen,
Des Feindes Rachgier dämpfen,
Das wär schon recht!
Mit Planen, die nichts taugen,
Das Land nur auszusaugen,
Ei, das ist schlecht!

Wenn Schurken sich beraten,
Und Leut und Land verraten,
Das ist nicht recht!
Doch sie zu pensionieren,
Statt zu arkebusieren,
Ei, das ist schlecht!

Im Siebenjährgen Kriege
Hatt man sehr wenig Siege,
Das war nicht recht!
Doch jetzt so schrecklich kriegen,
Und auch nicht einmal siegen,
Ei, das ist schlecht!

Dem Lande Frieden schenken
Und Leut und Land bedenken,
Das wär schon recht!
Doch jetzo Friede schließen,
Draus kann nichts Guts entsprießen,
Nein, das ist schlecht!

Wenn man nun reformierte
Und alles weiser führte,
Dann wärs schon recht!
Doch bleibt es noch beim alten,
Und läßt man Schurken schalten,
Ei, dann ists schlecht!

MATTHIAS CLAUDIUS
Der große und der kleine Hund

Ein kleiner Hund, der lange nichts gerochen
Und Hunger hatte, traf es nun
Und fand sich einen schönen Knochen
Und nagte herzlich dran, wie Hunde denn wohl tun.

Ein großer nahm sein wahr von fern:
»Der muß da was zum Besten haben,
Ich fresse auch dergleichen gern,
Will doch des Wegs einmal hintraben.«

Alard, der ihn des Weges kommen sah,
Fand es nicht ratsam, daß er weilte
Und lief betrübt davon und heulte
Und seinen Knochen ließ er da.

Und Packan kam in vollem Lauf
Und fraß den ganzen Knochen auf.

Ende der Fabel

»Und die Moral?« Wer hat davon gesprochen? –
Gar keine! Leser, bist du toll?
Denn welcher arme Mann nagt wohl an einem Knochen,
Und welcher reiche nähm ihn wohl?

THEODOR STORM
Aus der Marsch

Der Ochse frißt das feine Gras
Und läßt die groben Halme stehen;
Der Bauer schreitet hinterdrein
Und fängt bedächtig an zu mähen.

Und auf dem Stall zur Winterszeit,
Wie wacker steht der Ochs zu kauen!
Was er als grünes Gras verschmäht,
Das muß er nun als Heu verdauen.

PETER HACKS
Produktionsverhältnis

Das Roß geht auf dem Acker, stumm.
Der Bauer hinter seiner Kruppe.
Er flucht und schilt und tobt. Warum?
Er will das Feld gepflügt. Dem Rosse ist es schnuppe.

ADELBERT VON CHAMISSO
Don Quixote

Noch ein Abenteuer,
Welches Ruhm verspricht;
Siehst du auf dem Hügel
Dort die Riesen nicht?
Turmhoch, mißgeschaffen,
Drohend in den Wind,
Welche anzuschauen
Fast wie Mühlen sind?
   Mit Vergunst, Herr Ritter,
   Kann ich da nur sehn
   Mühlen, die im Winde
   Ihre Flügel drehn.

Seien, feiger Knappe,
Deinem stumpfen Sinn
Diese Ungeheuer
Mühlen immerhin;
Hülle sich mit Trugschein
Zauberhaft der Graus,
Findet doch der Ritter
Sich die Riesen aus.
   Mit Vergunst, Herr Ritter,
   Glaubt's mir, auf mein Wort,
   Das sind echte Mühlen,
   Auf dem Hügel dort.

Dürft ihr's euch erfrechen,
Haltet mir nur Stand,
Strauß mit euresgleichen
Ist mir Kindertand.

Einer gegen alle,
Falsche Höllenbrut,
Und die Erde trinkt bald
Eures Herzens Blut.
    Mit Vergunst, Herr Ritter,
    Hört mich doch nur an,
    Mühlen sind's, nur Mühlen,
    Wie ich schwören kann.

Süße Dulcinea,
Blick auf mich herab!
So der wackre Ritter,
Spornt den Gaul in Trab;
Treibet auf den ersten,
Der da seiner harrt –
Und geschleudert stürzt er
Auf die Erde hart.
    Lebt Ihr, guter Ritter,
    Oder seid Ihr tot?
    Aber tat's mit Mühlen
    Euch zu raufen Not?

Sollte wer mich fragen,
Wie man vieles fragt,
Ob es Riesen waren,
Wie der Herr es sagt,
Oder bloße Mühlen,
Wie es meint der Knecht;
Geb ich unbedenklich
Unserm Ritter Recht.
    Mit den Herrn es halten,
    Bleibt das Klügste noch;
    Was von solchen Dingen
    Wissen Knechte doch!

JAMES KRÜSS
Der Bär und die Ameisen

Ein Bär wollte einmal in Preußen
Den Ameisen schlagend beweisen,
Wie schwer er als Bär doch wohl wär.
So setzte der Bär sich mit Schnaufen
Hin auf einen Ameisenhaufen
Und brummte: »So schwer ist ein Bär!«

Doch plötzlich, sich juckend und lausend,
Erkannte der Bär, daß zehntausend
Von Ameisen, winzig und klein,
(Sind sie sich nur einig und herzhaft)
Sehr lästig und gräßlich und schmerzhaft
Und überaus stark können sein.

Der Bär, er lag Stunden um Stunden,
Geschunden, voll Schrunden und Wunden,
Im Kampf mit dem Ameisenheer.
Er floh schließlich, gräßlich zerbissen,
Zerfetzt und zerkratzt und zerschlissen.
Und klug sagt der Bär sich seither:

Der Große kann Kleine bedrücken.
Er tanzt ihnen keck auf dem Rücken.
Doch wird diese Bürde zu schwer,
Und stehen die Kleinen zusammen,
Dann sind sie wie Stürme, wie Flammen,
Und tausendmal stärker als er.

ERICH MÜHSAM
Lumpenlied

Kein Schlips am Hals, kein Geld im Sack.
Wir sind ein schäbiges Lumpenpack,
auf das der Bürger speit.
Der Bürger blank von Stiebellack,
mit Ordenszacken auf dem Frack,
der Bürger mit dem Chapeau claque,
fromm und voll Redlichkeit.

Der Bürger speit und hat auch recht.
Er hat Geschmeide gold und echt. –
Wir haben Schnaps im Bauch.
Wer Schnaps hat, ist bezecht,
und wer bezecht ist, der erfrecht
zu Dingen sich, die jener schlecht
und niedrig findet auch.

Der Bürger kann gesittet sein,
er lernte Bibel und Latein. –
Wir lernen nur den Neid.
Wer Porter trinkt und Schampus-Wein,
lustwandelt fein im Sonnenschein,
der bürstet sich, wenn unserein
ihn anrührt mit dem Kleid.

Wo hat der Bürger alles her:
den Geldsack und das Schießgewehr?
Er stiehlt es grad wie wir.
Bloß macht man uns das Stehlen schwer.
Doch er kriegt mehr als sein Begehr.
Er schröpft dazu die Taschen leer
von allem Arbeitstier.

Oh, wär ich doch ein reicher Mann,
der ohne Mühe stehlen kann,
gepriesen und geehrt.
Träf ich euch auf der Straße dann,
ihr Strohkumpane, Fritz, Johann,
ihr Lumpenvolk, ich spie euch an. –
Das seid ihr Hunde wert!

HEINRICH HEINE

Selten habt Ihr mich verstanden,
Selten auch verstand ich Euch,
Nur wenn wir im Kot uns fanden,
So verstanden wir uns gleich.

LUDWIG THOMA
Lied der Großindustriellen

Wir lieben dieses Vaterland!
Doch fesselt uns ein schön'res Band
Viel stärker, unvergleichlich zäh
Ans Portemonnaie.

Die Treue unserm Königshaus,
Wir hängen sie beim Sekt heraus,
Indes noch immer hat das Prae
Das Portemonnaie.

An Gott im Himmel glauben wir.
Wär Er dem Volk nicht mehr's Panier,
Wer wüßte dann, was wohl geschäh'
Dem Portemonnaie?

So lebt sich's gut bei dem System,
Wir ändern es auch je nachdem,
Wenn man wo einen Vorteil säh'
Fürs Portemonnaie.

KARL KRAUS
Verkehrte Götterwelt

Das ist ja ein mythologischer Spott,
man staunt nicht genug des Wandels:
Seit wann ist Merkur denn des Krieges Gott
Und Mars der Gott des Handels?

WALTER MEHRING

IHR
BANANENROHKÖSTLER
   UND EISBOMBEN-ESKIMOS!
Wetzt eure Löffel und ölt die Posaunen
zum Dreiklang des Jüngsten Gerichts: =
Seit Eintausend 9 hundert und 19 Jahren
front der Hl. Geist in den Bagnos eurer
»Parties honteuses« – am Weißen Nach-
Sündflut-Ausfluß!
Die Weltbörsen kabeln: »INFLATION!
   Hirnzellulose nur noch im
   Schwarzhandel greifbar – zu
   Phantasiepreisen!«
Also erbaut euch an Skyscrapers,
die nicht in den Himmel wachsen! Mehrt euch!
Ernährt euch schlecht und recht
aus den Gulaschkanonen des
Klassenkrieges! Protzt ab! Aber
protzt nicht mit dem Sekret eurer
Adamsäpfel, die ihr vom Baum der
Erkenntnis geklaut!
Mehrwertskult ist das Goldene Kalb
der Mediokrität! Die nackte Bankrott-
erklärung der Geistlichen Impotenz =
Mit dem Feigen-Skandalblatt als
Hosenlatz = = =
Ihr aber –
   dreimal wehe euch! – betet
zur theologischen Zangengeburt
VON BETLEHEM [= *Bethlehem-Steel*
Incorporated =]: Idealste Investitur –
sofort kreuzzugtauglich / eingekleidet

in christlich-byzantinischer Ausführung! =
Hauptschlager letzter Feldgottesdienst-Mode-
messen! Nur echt mit dem Hakenkreuz [D.R.P.]
unsrer aseptisch-antisemitischen HEIL-Pillen
Gegen
    = demagogische Diarrhöen –
    = unkontrollierbare Primäraffekte
und das delirium tremens
    der literarischen Pornographie =

KURT TUCHOLSKY
Die Seriösen

Wenn dir ein ernster Kaufmann spricht:
so hör ihn nicht! so hör ihn nicht!
Er spricht dir von den schweren Zeiten,
von Wirtschaft und Notwendigkeiten…
  Erst wird er fachlich. Und dann krötig.
  Der hats nötig –!

Ja, mit gepumptem Auslandsgeld,
da war sie schön, die deutsche Welt.
Da rauchten wirbelnd alle Essen,
da hatten sie die großen Fressen.
  Das Land war ihnen sehr erbötig…
  Die habens nötig.

Das Geld ist hin. Die Arbeit knapp.
Die Konjunktur sank tief herab…
  Wer sich und uns derart verwirrt hat;
  wer dauernd sich so oft geirrt hat;
  wer sich in allen schweren Tagen
  nur Pleiten holt und Niederlagen,
  ein Heros der Finanz-Etappe –:
  der erzähle uns nichts, sondern halte die Klappe!
    1, 2, 3 –
    am Zuchthaus glatt vorbei!
    3, 2, 1 –
    Was du dir nimmst, ist deins!
Von Tag zu Tag wird stets defekter
der Ruf vom Generaldirekter.
Was der uns predigt, darauf flöt ich.
  Der hats nötig.

WOLFGANG NEUSS
Gereimte Destruktion

Ich kenne einen erfolgreichen Unternehmer
aus Lüdenscheid mit Namen Cremer
der erfand eine Faser
absolut reiß- und witterungsfest
die sich nicht einmal
zerschneiden oder zersägen läßt.
Die Faser wurde in aller Welt
in Riesenmengen vorausbestellt
und Cremer begann in Kürze schon
im neuen Betrieb mit der Produktion.
Aber dann stellte er
als es soweit war
fest
daß die Faser sich nicht zerschneiden
läßt
und so konnte er sie weder
in kleinen noch in großen Stücken
geschweige sie irgendwohin verschicken
und sein Betrieb ging noch vor der Zeit
zugrunde an solcher Vollkommenheit.

JOACHIM RINGELNATZ
Das Seriöse

Wo ich abends Weißwürste fresse,
Da sitzt oft drei Tische weit
Vor mir ein Herr von Noblesse,
Sehr groß, sehr ernst und sehr breit.

Sein Haar und Bart, seine Kleidung
Sind einwandfrei und gepflegt,
Wie er unter steter Vermeidung
Sich einwandfrei sicher bewegt.

Wie ihn die Kellner bedienen,
Ist er ein Fürst oder reich.
Doch bleibt das Spiel seiner Mienen
Jederzeit würdig und gleich.

Wenn diese würdig seriöse
Erscheinung vorübergeht,
Dann ist mir, als ob mein Gekröse
In Hirn und Leib sich verdreht.

Denn, wenn er mit seinen Blicken
Mich streifte – das fühle ich klar –,
Ich würde zusammenknicken
Und nimmer sein, was ich war.

Doch ohne seitwärts zu schauen
Schreitet er durchs Lokal.
Seine gerunzelten Brauen –
Wie alles an ihm – sind aus Stahl.

Und seine Schritte lenken
Sich dahin, wohin man nicht sieht.
Ich wage nicht auszudenken,
Was er dort etwa vollzieht.

Ach, ich bin klein, ich bin böse.
Mein Herz ist auch nicht ganz rein.
Ach dürfte ich solche seriöse
Persönlichkeit einmal sein!

ERICH KÄSTNER
Das Lied vom feinen Mann

Ich kann, im Kino, auf wen immer warten –
stets treten Leute stolz an mich heran
und präsentieren mir die Eintrittskarten,
als dächten sie, ich wiese Plätze an.

Meist sind es Männer. Manchmal sind es Frauen.
Seh ich so aus, als wäre ich vom Bau?
Erwecke ich besonderes Vertrauen?
Das ist es nicht... ich kenn den Grund genau.

Ich schau mich hie und da im Spiegel an
und komme immer zu dem Resultat:
Ich werde nie ein wirklich feiner Mann!
Das sagt auch jeder, der mir nähertrat.

Es soll nicht heißen, daß ich unfein wäre
und meinen Hut beim Schlafen aufbehalte!
Ich weiß das Nötigste von Mannesehre
und lege Wert auf etwas Bügelfalte.

Ich weiß, wie man den Ruf von Damen rettet,
und schieße, falls ich nicht nervös bin, gut.
Und wenn ihr mich manchmal gesehen hättet –
ihr wärt erschrocken vor so vielem Mut.

Das wären nur ein paar von jenen Sachen.
(Auch frag ich nur bei edlen Frauen an…)
Doch meistens muß ich über alles lachen,
und sowas tut kein feiner Mann.

Ich bin zu kindisch für so ernste Dinge.
Und feine Leute merken das sofort.
Sie tun, als ob ich ohne Kragen ginge,
und sehn mich an und glauben mir kein Wort.

Kein Anzug will mir, wie er möchte, passen.
Die Senkel hängen ewig aus den Schuhn.
Ich bin die zweite Wahl bei Meißner Tassen.
Ach, wer mich liebt, der muß es trotzdem tun!

Und dabei sehne ich mich ungemein
nach gradem Scheitel in der krümmsten Lage!
Ich möchte allererster Sorte sein.
Fein oder nicht fein, das ist hier die Frage.

Bin ich, um fein zu sein, nicht fein genug?
Mein Herz ist häufig nicht besonders rein.
Woran es liegt? Man wird so schwer draus klug.
Ich bin, um fein genug zu sein, vielleicht zu fein?

GOTTFRIED BENN
Annonce

»Villa in Baden-Baden,
schloßartig, Wasserlauf
im Garten, Balustraden
vermietbar oder Kauf« –
das ist wohl so zu lesen,
von Waldessaum begrenzt,
mit Fernblick und Vogesen
und wo die Oos erglänzt.

Nun mag wohl ein Tiroler
von Burg und Martinswand
erwägen, ob ihm wohler
im wellig heitern Land
oder aus andern Kreisen,
wo Herz und Sinne weit
das Schöne offen preisen
und frohe Gastlichkeit.

Zum Beispiel Sommerstunde
geöffnet der Salon,
berauscht die Rosenrunde
vom Klang des Steinway son
das Lied, das Lied hat Flügel,
wie's durch den Garten zieht,
wo man vom Flaggenhügel
die Handelskammer sieht.

Oder wie seelisch offen,
wie strömt man hin so frei:
»der Mann dort in Pantoffeln,
der Gärtner zieht im Mai,

er will schon wieder gehen,
und eh man dann was fand,
man gibt die Orchideen
nicht gern von Hand zu Hand.«

So nicht nur Ehrenrunden
und Oberflächlichkeit,
es führt zu innern Stunden,
Leid und Vergänglichkeit
und hält Gesundheitsschaden
für die Familie auf
die Villa Baden-Baden,
schloßartig, Wasserlauf.

WILHELM BUSCH
Glückspilz

Geboren ward er ohne Wehen
Bei Leuten, die mit Geld versehen.
Er schwänzt die Schule, lernt nicht viel,
Hat Glück bei Weibern und im Spiel,
Nimmt eine Frau sich, eine schöne,
Erzeugt mit ihr zwei kluge Söhne,
Hat Appetit, kriegt einen Bauch,
Und einen Orden kriegt er auch,
Und stirbt, nachdem er aufgespeichert
Ein paar Milliönchen, hochbetagt;
Obgleich ein jeder weiß und sagt:
Er war mit Dummerjan geräuchert!

GEORG HERWEGH
Wohlgeboren

So hab' ich es nach langen Jahren
Zu diesem Posten noch gebracht
Und leider nur zu oft erfahren,
Wer hier im Land das Wetter macht.
Du sollst, verdammte Freiheit! mir
Die Ruhe fürder nicht gefährden;
Lisette, noch ein Gläschen Bier!
Ich will ein guter Bürger werden.

Auch ich sprach einst vom Vaterland
Und solchen sonderbaren Dingen,
Ich trug mein schwarzrotgolden Band
Und ließ die Sporen furchtbar klingen:
Doch selig, wer im Gleise geht
Und still im Joche zieht auf Erden –
Was hilft die Genialität?
Ich will ein guter Bürger werden.

Diogenes vor seiner Tonne –
Vortrefflich, wie beneid' ich ihn!
Es war noch keine Julisonne,
Die jenen Glücklichen beschien.
Was Monarchie? was Republik?
Wie sich die Leute toll gebärden!
Zum Teufel mit der Politik!
Ich will ein guter Bürger werden.

Gewiß, man tobt sich einmal aus –
Es wär' ja um die Jugend schade –
Doch, führt man erst sein eigen Haus,
So werden Fünfe plötzlich grade.

In welcher Mühle man uns mahlt,
Das macht uns nimmer viel Beschwerden;
Der ist mein Herr, der mich bezahlt –,
Ich will ein guter Bürger werden.

Jedwedem Umtrieb bleib' ich fern,
Der Henker mag das Volk beglücken!
Ein Orden ist ein eigner Stern,
Wer einen hat, der soll sich bücken.
Bück' dich, mein Herz! bald fahren wir
Zur Residenz mit eignen Pferden;
Lisette, noch ein Gläschen Bier!
Ich will ein guter Bürger werden.

KURT TUCHOLSKY
Das Ideal

       Ja, das möchste:
Eine Villa im Grünen mit großer Terrasse,
vorn die Ostsee, hinten die Friedrichstraße;
mit schöner Aussicht, ländlich-mondän,
vom Badezimmer ist die Zugspitze zu sehn –
aber abends zum Kino hast dus nicht weit.

Das Ganze schlicht, voller Bescheidenheit:

Neun Zimmer, – nein, doch lieber zehn!
Ein Dachgarten, wo die Eichen drauf stehn,
Radio, Zentralheizung, Vakuum,
eine Dienerschaft, gut gezogen und stumm,
eine süße Frau voller Rasse und Verve –
(und eine fürs Wochenend, zur Reserve) –,
eine Bibliothek und drumherum
Einsamkeit und Hummelgesumm.

Im Stall: Zwei Ponys, vier Vollbluthengste,
acht Autos, Motorrad – alles lenkste
natürlich selber – das wär' ja gelacht!
Und zwischendurch gehst du auf Hochwildjagd.

Ja, und das hab' ich ganz vergessen:
Prima Küche – erstes Essen –
alte Weine aus schönem Pokal –
und egalweg bleibst du dünn wie ein Aal.
Und Geld. Und an Schmuck eine richtige Portion.
Und noch 'ne Million und noch 'ne Million.
Und Reisen. Und fröhliche Lebensbuntheit.
Und famose Kinder. Und ewige Gesundheit.

Ja, das möchste!

Aber wie das so ist hienieden:
manchmal scheint's so, als sei es beschieden
nur pöapö, das irdische Glück,
Immer fehlt dir irgendein Stück.
Hast du Geld, dann hast du nicht Käten;
hast du die Frau, dann fehl'n dir die Moneten –
hast du die Geisha, dann stört dich der Fächer:
bald fehlt uns der Wein, bald fehlt uns der Becher.

Etwas ist immer.
           Tröste dich.

Jedes Glück hat einen kleinen Stich.
Wir möchten so viel: Haben. Sein. Und gelten.
Daß einer alles hat:
           das ist selten.

KARL KRAUS
Expansion

'nen Platz an der Sonne erlangen?
Nicht leicht.
Denn wenn er erreicht,
ist sie untergegangen.

HEINZ ERHARDT
Das Große Los

Wie man's auch dreht, wie man's auch nimmt,
das Los ist uns vorausbestimmt.

Wir wissen nicht, was kommt, was geht,
wie man's auch nimmt, wie man's auch dreht.

Wie man's auch dreht und nimmt und zieht,
wir wissen nicht, was uns noch blüht.

Das Große Los blüht uns nicht oft,
wie man's auch dreht, nimmt, zieht und hofft.

HANS-ULRICH TREICHEL
Politik der Lebensstile

Es geht nicht mehr ums Geld.
Es geht um die feineren Unterschiede.
Distinktionsgewinne,
sage ich immer,
und alles horcht auf.
Was heißt schon Vereinzelung.
Was heißt schon sozial.
Das Problem ist der Stil.
Das Problem ist kein Problem.
Ich empfehle:
Absolute Authentizität.
Darauf fällt jeder herein.

KURT MARTI
suburbia

hier
zont es
grün
hier
parkt
verkehr:
der lärm
schwand hin
man ruht
sich sehr

hier
wohnts
auf schön
hier sonnts
am hang:
komm
laß uns
gehn
ich
weil mich
lang

HANS MAGNUS ENZENSBERGER
freizeit

rasenmäher, sonntag
der die sekunden köpft
und das gras

gras wächst
über das tote gras
das über die toten gewachsen ist.

wer das hören könnt!

der mäher dröhnt,
überdröhnt
das schreiende gras.

die freizeit mästet sich.
wir beißen geduldig
ins frische gras.

CHRISTIAN MORGENSTERN
Zäzilie

I

Das Erste, des Zäzilie beflissen,
ist dies: sie nimmt von Tisch und Stuhl die Bücher
und legt sie Stück auf Stück, wie Taschentücher,
jeweils nach bestem Wissen und Gewissen.

Desgleichen ordnet sie die Schreibereien,
die Hefte, Mappen, Bleis und Gänsekiele,
vor Augen nur das eine Ziel der Ziele,
dem Genius Ordnung das Gemach zu weihen.

Denn Sauberkeit ist zwar nicht ihre Stärke,
doch Ordnung, Ordnung ist ihr eingeboren.
Ein Scheuerweib ist nicht an ihr verloren.
Dafür ist Symmetrie in ihrem Werke.

II

Zäzilie soll die Fenster putzen,
sich selbst zum Gram, jedoch dem Haus zum Nutzen.

Durch meine Fenster muß man, spricht die Frau,
so durchsehn können, daß man nicht genau
erkennen kann, ob dieser Fenster Glas
Glas oder bloße Luft ist. Merk dir das.

Zäzilie ringt mit allen Menschen-Waffen…
Doch Ähnlichkeit mit Luft ist nicht zu schaffen.
Zuletzt ermannt sie sich mit einem Schrei –
und schlägt die Fenster allesamt entzwei!

Dann säubert sie die Rahmen von den Resten,
und ohne Zweifel ist es so am besten.
Sogar die Dame spricht zunächst verdutzt:
So hat Zäzilie ja noch nie geputzt.

Doch alsobald ersieht man, was geschehn,
und sagt einstimmig: Diese Magd muß gehn.

JOACHIM RINGELNATZ

»Sie faule, verbummelte Schlampe«,
Sagte der Spiegel zur Lampe.
»Sie altes, schmieriges Scherbenstück«,
Gab die Lampe dem Spiegel zurück.
Der Spiegel in seiner Erbitterung
Bekam einen ganz gewaltigen Sprung.
Der zornigen Lampe verging die Puste.
Sie fauchte, rauchte, schwelte und rußte.
Das Stubenmädchen ließ beide in Ruhe.
Und doch: Ihr schob man die Schuld in die Schuhe.

FRANK WEDEKIND
Der Zoologe von Berlin

Hört ihr Kinder, wie es jüngst ergangen
Einem Zoologen in Berlin!
Plötzlich führt ein Schutzmann ihn gefangen
Vor den Untersuchungsrichter hin.
Dieser tritt ihm kräftig auf die Zehen,
Nimmt ihn hochnotpeinlich ins Gebet
Und empfiehlt ihm, schlankweg zu gestehen,
Daß beleidigt er die Majestät.

Dieser sprach: »Herr Richter, ungeheuer
Ist die Schuld, die man mir unterlegt;
Denn daß eine Kuh ein Wiederkäuer,
Hat noch nirgends Ärgernis erregt.
Soweit ist die Wissenschaft gediehen,
Daß es längst in Kinderbüchern steht.
Wenn Sie das auf Majestät beziehen,
Dann beleidigen Sie die Majestät!

Vor der Majestät, das kann ich schwören,
Hegt ich stets den schuldigsten Respekt;
Ja, es freut mich oft sogar zu hören,
Wenn man den Beleidiger entdeckt;
Denn dann wird die Majestät erst sehen,
Ob sie majestätisch nach Gebühr.
Deshalb ist ein Mops, das bleibt bestehen,
Zweifelsohne doch ein Säugetier.

Ebenso hab vor den Staatsgewalten
Ich mich vorschriftsmäßig stets geduckt,
Auf Kommando oft das Maul gehalten
Und vor Anarchisten ausgespuckt.
Auch wo Spitzel horchen in Vereinen,
Sprach ich immer harmlos wie ein Kind.
Aber deshalb kann ich von den Schweinen
Doch nicht sagen, daß es Menschen sind.

Viel Respekt hab ich vor dir, o Richter,
Unbegrenzten menschlichen Respekt!
Läßt du doch die ärgsten Bösewichter
In Berlin gewöhnlich unentdeckt.
Doch wenn hochzurufen ich mich sehne
Von dem Schwarzwald bis nach Kiautschau,
Bleibt deshalb gestreift nicht die Hyäne?
Nicht ein schönes Federvieh der Pfau?«

Also war das Wort des Zoologen,
Doch dann sprach der hohe Staatsanwalt;
Und nachdem man alles wohl erwogen,
Ward der Mann zu einem Jahr verknallt.
Deshalb vor Zoologie-Studieren
Hüte sich ein jeder, wenn er jung;
Denn es schlummert in den meisten Tieren
Eine Majestätsbeleidigung.

HUGO BALL
Der grüne König

Wir, Johann, Amadeus Adelgreif,
Fürst von Saprunt und beiderlei Smeraldis,
Erzkaiser über allen Unterschleif
Und Obersäckelmeister vom Schmalkaldis

Erheben unsern grimmen Löwenschweif
Und dekretieren vor den leeren Saldis:
»Ihr Räuberhorden, eure Zeit ist reif.
Die Hahnenfeder ab, Ihr Garibaldis!

Man sammle alle Blätter unserer Wälder
Und stanze Gold daraus, soviel man mag.
Das ausgedehnte Land braucht neue Gelder.

Und eine Hungersnot liegt klar am Tag.
Sofort versehe man die Schatzbehälter
Mit Blattgold aus dem nächsten Buchenschlag.«

FRIEDRICH VON LOGAU
Eines Fürsten Bewust von den Seinen./Schweinen

Ist deß Fürsten gröste Tugend, daß er die kennt, die sind
    Seine?
Ist deß Fürsten gröste Tugend, daß er kennt die wilden
    Schweine?
Jenes, wil ich feste glauben, sey deß Fürsten eigne Pflicht;
Dieses, glaub ich, sey deß Försters, sey deß Fürsten eigen
    nicht.

JOACHIM RINGELNATZ
Die Schnupftabaksdose

Es war eine Schnupftabaksdose,
Die hatte Friedrich der Große
Sich selbst geschnitzelt aus Nußbaumholz.
Und darauf war sie natürlich stolz.

Da kam ein Holzwurm gekrochen.
Der hatte Nußbaum gerochen.
Die Dose erzählte ihm lang und breit
Von Friedrich dem Großen und seiner Zeit.

Sie nannte den alten Fritz generös.
Da aber wurde der Holzwurm nervös
Und sagte, indem er zu bohren begann:
»Was geht mich Friedrich der Große an!«

THEODOR STORM
Der Beamte

Er reibt sich die Hände: »Wir kriegen's jetzt!
Auch der frechste Bursche spüret
Schon bis hinab in die Fingerspitz',
Daß von oben er wird regieret.

Bei jeder Geburt ist künftig sofort
Der Antrag zu formulieren,
Daß die hohe Behörde dem lieben Kind
Gestatte zu existieren!«

OTTO ERNST
Ein Korrekter

Das ist ein Kerl nach der Zeiten Gebot!
Und bät ihn Gott selbst um ein Stücklein Brot,
Er fragte zunächst, was, wenn er's verschenke,
Die vorgesetzte Behörde denke.

KARL IMMERMANN
Der Kammerherr

Gott sprach in seiner Allmacht:
»Das Nichts soll etwas werden!«
Da hüpft' aus Dunst und Schein
Das Kammerherrelein.

AUGUST FRIEDRICH ERNST LANGBEIN
Der Adler und die Schnecke

    Adler
  Wie find' ich dich, du thräges Thier,
Auf diesem Eichenwipfel hier?
Wie kamst du her? - So rede doch

    Schnecke
Je nun, ich kroch.

————

Sein hohes Ehrenamt gewann
Nicht anders mancher Schneckenmann.

JOHANN WOLFGANG GOETHE
Totalität

Ein Cavalier von Kopf und Herz
Ist überall willkommen;
Er hat mit seinem Witz und Scherz
Manch Weibchen eingenommen:
Doch wenn's ihm fehlt an Faust und Kraft,
Wer mag ihn dann beschützen?
Und wenn er keinen Hintern hat,
Wie mag der Edle sitzen?

JOHANN HEINRICH VOSS
Stand und Würde

Der adlige Rat.

Mein Vater war ein Reichsbaron
Und Ihrer war, ich meine…?

Der bürgerliche Rat.

So niedrig, daß, mein Herr Baron,
Ich glaube, wären Sie sein Sohn,
Sie hüteten die Schweine.

MARTIN OPITZ
Auff den Philopompus

Du bist geheimer Rath deß Keysers, so wie du,
    O Philopompe, sagst, und ich gesteh' es zu.
Der Keyser kennt dich nicht, du weissest es allein,
    Und zweiffelst selber noch; Was kann geheimbers seyn?

MICHAEL RICHEY
Auf die neuesten Regeln der Politik

Verlache, voller Witz, die Einfalt frommer Alten;
Versprich im Ueberfluß, und denke nichts zu halten;
Erspare keinen Schwur; sey iedermann bereit;
Und trage stets den Mund voll Dienstgeflissenheit:
Doch, wenn man deiner braucht, so zeuch den Fuß zurücke;
Verändre, nach der Kunst, die sonst gefällgen Blicke;
    Und sage nein, doch so, daß man dir danken muß:
    So bist du rechter Art, ein Erz-Politikus.

HERMANN LÖNS
Lebensregel

Üb' immer Untertänigkeit
Bis an dein frühes Grab,
Und weiche keinen Finger breit
Vom Magistrate ab.

Sag' immer: »Ja« und dann nur »Nee«,
Bist du in Minderzahl,
Das schadet nichts und macht sogar
Ganz gut sich auch einmal.

Opposition ist pöbelhaft,
Nach eigner Meinung geht
Kein feiner Mann, im Gegenteil,
Das tut bloß ein Prolet.

Drum tue ruhig deine Pflicht,
Wie sich's für dich gehört,
Vielleicht wirst du Senator dann
Und stirbst einst hochgeehrt.

Und jeder, der dein Grabmal sieht,
Der zieht den Hut und spricht:
Er tat stets, was man ihm gesagt,
Und sträubte nie sich nicht.

Er ward dem Magistrate nicht
Zum Ärger und zur Last,
Mit einem Wort: er war ein Mann,
Wie er aufs Rathaus paßt.

ARTHUR SCHOPENHAUER
Auf die Gothaer Philister

Sie spähen, lauschen, geben acht
    Auf alles, was geschiehet,
    Was jeder treibt, was jeder macht,
    Was jeder redet laut und sacht,
    Nichts ihnen sich entziehet.
Durch Fenster ihre Blicke spähn,
    Ihr Ohr lauscht an den Thüren,
    Es darf nichts unbemerkt geschehn,
    Die Katz nicht auf dem Dache gehn,
    Daß sie es nicht erführen.
Des Menschen Geist, Gedanken, Werth,
    Das spitzt nicht ihre Ohren;
    Wie viel alljährlich er verzehrt
    Und ob mit Recht der Mann gehört
    Zu den Honoratioren,
Ob er zuerst zu grüßen ist,
    Ob er »Herr von« und gnädig,
    Ob Rath nur oder Canzelist,
    Luther'scher oder röm'scher Christ,
    Verehelicht oder ledig,
Sein Haus wie groß, sein Rock wie fein,
    Wird gründlich wohl erwogen,
    Doch: kann er uns von Nutzen sein?
    Wird jeder Rücksicht groß und klein
    Wie billig vorgezogen.
Sonst frägt sich's, was hält er von uns,
    Von uns wie denkt und spricht er?
    Da frägt man nach bei Hinz und Kunz,
    Wiegt seine Wort' mit Loth und Unz,
    Erspähet die Gesichter.

ADOLF GLASSBRENNER
Die alte Leier

Hofrat, Stadtrat, Registrator,
Baurat, Kriegsrat, Auskultator,
Supernumerarius,
Marschall, Sekretarius
Geht die alte Leier.
Titel sind nicht teuer!

Bänder, blaue, grüne, weiße,
Kreuze, Sterne, Stanisläuse,
Rote Krebse vierter Klasse,
Eine ungeheure Masse,
Geht die alte Leier.
Orden sind nicht teuer!

Edel-, Wohl- und Hochgeboren,
Gnaden und Hochwohlgeboren;
Frau Major und Exzellenzen,
Euer Durchlaucht, Eminenzen
Geht die alte Leier.
Unsinn ist nicht teuer!

Möchte, könnte, dürfte, sollte,
Allerhöchst geruhen wollte,
Tunlichst, möglichst, in Betrachtung,
In submissester Erwartung
Geht die alte Leier!
Die verdammte Leier!

Ganz ergebne, treue, schlechte,
Tiefste, untertän'ge Knechte;
Demutsvoll und ehrfurchtsvoll!

Nein, sie klingt denn doch zu toll,
Die verdammte Leier!
Hol euch all der Geier!

ERICH KÄSTNER
Ein Hund hält Reden

Ich hab im Traum mit einem Hund gesprochen.
Erst sprach er spanisch. Denn dort war er her.
Weil ich ihn nicht verstand – das merkte er –
sprach er dann deutsch, wenn auch etwas gebrochen.

Er sah mich ganz entsetzt die Hände falten
und sagte freundlich: »Kästner, wissen Sie,
warum die Tiere ihre Schnauze halten?«
Ich schwieg. Und war verlegen wie noch nie.

Der Hund sprach durch die Nase und fuhr fort:
»Wir können sprechen. Doch wir tun es nicht.
Und wer, außer im Traum, mit Menschen spricht,
den fressen wir nach seinem ersten Wort.«

Ich fragte ihn natürlich nach dem Grund.
(Ich glaube nichts, was man mir nicht erklärt.)
Da sagte mir denn der geträumte Hund:

»Das ist doch klar! Der Mensch ist es nicht wert,
daß man gesellschaftlich mit ihm verkehrt.«
Er hob sein Bein, sprang flink durch krumme Gassen…
Und so etwas muß man sich sagen lassen!

THEODOR FONTANE
Was mir fehlte

Wenn andre Fortunens Schiff gekapert,
Mit meinen Versuchen hat's immer gehapert,
Auf halbem Weg', auf der Enterbrücke,
Glitt immer ich aus. War's Schicksalstücke?
War's irgend ein großes Unterlassen?
Ein falsches die Sach' am Schopfe Fassen?
War's Schwachsein in den vier Elementen,
In Wissen, Ordnung, Fleiß und Talenten?
Oder war's – ach, suche nicht zu weit,
Was mir fehlte, war: Sinn für Feierlichkeit.

Ich blicke zurück. Gott sei gesegnet,
Wem bin ich nicht alles im Leben begegnet!
Machthabern aller Arten und Grade,
Vom Hof, von der Börse, von der Parade,
»Damens« mit und ohne Schnitzer,
Portiers, Hauswirte, Hausbesitzer,
Ich konnte mich allen bequem bequemen,
Aber feierlich konnt' ich sie nicht nehmen.

Das rächt sich schließlich bei den Leuten,
Ein jeder möchte was Rechts bedeuten,
Und steht mal was in Sicht oder Frage,
So sagt ein Reskript am nächsten Tage:
»Nach bestem Wissen und Gewissen,
Er läßt doch den rechten Ernst vermissen,
Alle Dinge sind ihm immer nur Schein,
Er ist ein Fremdling, er paßt nicht hinein,

Und ob das Feierlichste gescheh',
Er sagt von jedem nur: Fa il Re.«

Suche nicht weiter. Man bringt es nicht weit
Bei fehlendem Sinn für Feierlichkeit.

OTTO JULIUS BIERBAUM
Parabel
(Herrn Franz von Lenbach zugeeignet.)

Herr Lehmann wollt sich malen lan,
Hub drum zu Lenbach z'reden an:
»Herr Meister, Ihr sollt mich konterfein!
Doch solls ein feines Bildnus sein:
Ein Bild voll Schönheit, Geist und Kraft,
Ein Ehrenmal der Lehmannschaft.
Mein treues Auge, deutsch und blau,
Daß es recht gottesfürchtig schau!
Meiner Lippen roter Bogenschwung
Verrate heilge Begeisterung
Für alles, was da groß und wahr:
Baut meine Stirne hoch und klar,
Und laßt die Locken golden wallen!
Meine Nase soll meiner Frau gefallen
(Sie liebt die langen, graden, schmalen):
Was Ihr verlangt, ich wills bezahlen.«

Der Meister durch das Brillenrund
Schaut nieder auf Herrn Lehmann und
Er spricht:

»Herr Lehmann, Euer wohledel Gesicht
Eignet sich zu einem Adonis nicht!
Ihr seid ein guter Lehmann zwar,
Doch ein Apoll nicht eben gar.
Euer Auge blickt ein wenig schiel,
Eure Nase staunt zum Himmel zu viel,
Eurer Locken blonden Scheitelkranz,
Die Zeit hat ihn gelichtet ganz.

Ihr seid ein Bürger unzweifelhaft bieder,
Doch Eure Stirn ist gedrückt und nieder,
Auch geht Eurer Lippen Schwung die Quere –
Herr Lehmann, ich bedaure sehre.«
Groß sah den Meister Herr Lehmann an,
Dacht bei sich: Das ist ein grober Mann!
Ist auch von den Realisten verdorben;
Der Idealismus ist ausgestorben.
Oh, diese Zeiten, diese krassen!!
Kein Biedermann kann sich mehr malen lassen.

GEORG HERWEGH
Der Kunstprotektor

»Alles kann ein Pinsel adlen,
Alles macht ein Pinsel eben,
Einen Satyr kann ein deutscher
Pinsel zum Apoll erheben.
Darum, nur mit Andacht trete
man vor meine Pinsel hin:
Aber vor dem allergrößten
sollen meine Bauern knien.

Sie gewinnen, wenn des Landes
Vater für die Pinsel brennt:
Denn die Schweine müssen steigen
durch solch borstig Regiment.«

KARL KRAUS
Burgtheater-Tradition

Der Zustand macht uns nicht wenig stolz:
Unsre Kunst war aus Marmor, jetzt ist sie von Holz.
Ich hatte stets das beste Kleid:
spricht ein Parvenü der Vergangenheit.
Wenn wir so mit dem Gehabten protzen,
hat der Gast nichts zu essen, aber reichlich zu kotzen.

ADOLF ENDLER
Hymnus nach dem Besuch des Großen Mannes

Ich hab ihn gesehn ich hab
Den berühmten Mann eine Suppe essen gesehn
Ich hab es gesehn Mit einem Löffel
Mit einem Löffel tat er sie in den Mund

    Er hat ihn gesehn
    Gesehn hat er ihn
    Gesehn Ja Gesehn
    Preis und Ehre dem
    Der ihn gesehn hat

Ich hab es gesehn Er saß
Der berühmte Mann überm Teller hab es gesehn
Saß über einen Teller gebeugt und tat
Suppe in seinen Mund und mit einem Löffel

> Er hat ihn gesehn
> Gesehn hat er ihn
> Gesehn Ja Gesehn
> Preis und Ehre dem
> Der ihn gesehn hat

Ich hab es gesehn ich hab
Durch das Fenster gesehn da hab ichs gesehn
Den Löffel in seinem Mund einen Löffel voll
Nudelsuppe Bißchen fiel plätschernd herunter

> Er hat ihn gesehn
> Gesehn hat er ihn
> O ihn gesehen zu haben
> Den Glücklichen
> Der ihn gesehn hat

REINHARD PRIESSNITZ
entwachung

wenn das sehen könnte,
wie das beobachten wünschte,
weil das schauen möchte,
dass das starren täte.

KARL KRAUS
Gerüchte

Der Mann war das leibhaftige Gerücht.
Lief er auf leisen Sohlen durch den Saal,
so war es ein Skandal,
und man erfuhr die Quelle nicht.

Wie gleich und gleich sich gleich verflicht,
die Gattin, die er nahm, sah aus wie Fama.
Das gab ein Ehedrama,
das Kind war ein Gerücht.

Und eh die Ehe, die nicht ehern, bricht,
gesellt sich einer zu dem Pärchen,
erzählte ihr ein Märchen.
Was war die Folge? Ein Gerücht.

MASCHA KALÉKO
Tratsch im Treppenflur

– Ob Sie 't nu jlooben oda nich:
Von Bumkens die Meta, die jeht uff'n Strich!
...Wat, Meyern, ick sachte doch ofte schon,
Die takelt sich uff wie 'ne richtje Persohn!

– Na, ick habs die Bumken schon imma jesacht,
Die Jöre, die treibt sich doch rum alle Nacht.
...Un denn: mit die Kerle in'n Hausflur poussiehrn –
Ick meene, det *kann* zu wat Jutet nicht fiehrn!

Aba ick jlobe, die sieht det noch jern.
Schon frieha, wo se mit den meblierten Herrn…
– Na, man will ja weita nich drieba reden.
Aba die Olle erzählt et ja jeden.

Bildt sich wat in uff det joldije Kind…
Na, meine Tochter die derft et nich sind!!!
Is ja ne Schande for't janze Haus.
– Wie sieht 'n det Mädchen schon heite aus!

Bemalte Fassade, de Haare wie Stroh.
Det Röckchen, det reicht ihr man knapp bis an Po…
Die schickste Kledasche ist der nich ze teier,
– Bis jetzt truch se Kluft von Brenninkmeyer.

Ich frare Ihn'n nu: wo hat die det her?
Uff Arbeet jeht die doch seit Ostern nich mehr.
Bei Tare stempeln, de Nächte zum Tanz,
– Un sonntachs da riecht's nach jebratene Jans…

Det soll eena jlooben?! – Na, det ick nich lache.
– Aba det is ja die Bumkens ihre Sache.
Wat jeht *mir* det an? – Na, denn: jute Nacht!
…Sonst heeßt's: unsaeens hätte Tratsch jemacht!

GEORG PHILIPP HARSDÖRFFER
Ehr', Reh

So leicht das Reh entwischt, so schnell entfleucht die Ehr',
Und ist sie einmal hin, so kömmt sie selten mehr.

FRIEDRICH VON LOGAU
Bloße Warheit

Die Warheit ist ein Weib, das zwar kein Laster kennt;
Doch weil sie nackt und bloß, so wird sie sehr geschändt.

KURT TUCHOLSKY
Der Meineid

Wenn denn Jeorjen seine Fauste
in Lottchen ihre Augen sauste,
   denn freute sich det janze Haus.
Indem daß alle einich waren:
ne Frau von vierunddreißig Jahren,
   die sieht jefälligst anders aus.
      Na, det will ick mein –!

Von wejen: sich die Backen pudern
un nachts mit fremde Kerle ludern –
   man weeß doch, wat det heißen soll!
Wer Ohren hat, kann manches hören…
»Det könn wa allesamt beschwörn –
   er haut ihr nachts den Buckel voll!
      Frau Grimkasch sacht auch.«

Frau Grimkasch hats von Frollein Klüber,
die wohnt Jeorjen jejenüber,
   wer richtig kieken kann, der sieht.
Frau Grimkasch sacht noch uffn Flure:
»Na, wissen Se, die olle Hure…!«
   denn jehn se alle nach Moabit.
      Morjens halbzehn, zweiter Stock.

Da stehn se nu wie Orjelpfeifen;
die Weiba fangen an zu keifen,
   der Richter ruft: »Immer eine nur!«
Det sind nu Fraun von Kommenisten,
von Jelben un von Sozialisten…
   hier is det allens eine Tour.

Denn nischt jreift so det Herze an
wie die Sorje um den Nebenmann.

Nu wird man die Pochtjehsche hören.
»Jawoll! Det kann ich jlatt beschwören!
    Der kleene Horst stand ooch dabei!
Frau Grimkasch sacht, die Klübern hätte
die beiden überrascht int Bette –
    und det Klosett wah auch nich frei!
        So wahr mir Gott helfe!«

Der Richter schreibt det in die Biecher.
    Der Staatsanwalt mit seinen Riecher…
        Meineidsverfahren! Alle Mann.
Frau Grimkasch, Lottchen mit de Prüjel,
der janze linke Seitenflüjel –
    die treten alle nochmah an.
        Acht Jahre Zuchthaus.

Wat nehmlich unsa Staat ist heute –:
pisaken sone kleinen Leute,
    det kann er nämlich meisterlich.
A seine Deutschen Arbeit jehm
un Licht un Luft un jutet Lehm…
    det kann er nich.
        Det kann er nich.

HORST TOMAYER
Im Biergarten

Unterm Baldachin der Kastanien
Der Maßkrug klingt nah und fern
Diskurrieren gmüatliche Münchner
Wia dDopedealer hi gmacht ghörn

Oana moant i daads daschiaßn
Der andre is mehr für den Strick
Koa oanziger is fürs Vergasen
Mei ham de Dopedealer Glück

KERSTIN HENSEL
Spielplatz
Mitschrift

Eh, Kleena, jeh doch mal hin
Zun Alten da of de Bank
Und fragen ma obs'n
Vajessn ham
Zu vajasn, damals!

ERICH KÄSTNER
Kalenderspruch

Vergiß in keinem Falle,
auch dann nicht, wenn vieles mißlingt:
Die Gescheiten werden nicht alle!
(So unwahrscheinlich das klingt.)

THEODOR FONTANE
König Karl der Zweite von Engelland

König Karl der Zweite von Engelland
Bei Mit- und Nachwelt in Ungunst stand;
In jedem Geschichtsbuch ist zu lesen,
Er sei durchaus vom Übel gewesen
Und habe das denkbar Schlimmste verbrochen:
Nie was Kluges getan, nie was Dummes gesprochen.

Ach König Karl von Engelland,
Einen kenn' ich, der hebt für dich die Hand,
Einen kenn' ich, der sich zu sagen erdreistet,
Du hast das denkbar Größte geleistet.
Denn immer zu tun, was klug und weise,
Wie sehr ich diese Kunst auch preise,
Sie muß ihr Auge doch niederschlagen
Vor der höheren Kunst, nie was Dummes zu sagen.

JUSTINUS KERNER
Ein Spruch

Alle Schlösser, alle Schließen
An der Menschen Händ' und Füßen
Können herzlich mich verdrießen;
Ein Schloß nur aus Herzensgrund
Lob' ich – das am Menschenmund.

ERNST JANDL
die dummheit

die dummheit ist eine eigene art
von gescheitheit. sie ist
ein grad davon, eine temperatur.
wirklich dumm ist nur, wer glaubt
immer kann sommer sein, zum im freien baden,
oder immer kann winter sein, zum schifahren.

AUGUST KOPISCH
Dummheit

Wer nur der Weisheit nachgespürt, den halt' ich noch für
keinen Mann:
Doch wer die Dummheit ausstudirt, den seh ich für was
Rechtes an!
Der Weisen Thun erräth man leicht: man sieht da noch
wann, wie, warum;
Bei Dummen kuckt man sich umsonst nach allen diesen
Sachen um.
Der Dummheit Weg ist wunderbar; niemals erkennet man
den Grund,
Und fänd' ihn einer richtig aus, so thät er aller Funde Fund!
Denn Dummheit ist die größte Macht, sie führt der Heere
stärkstes an;
Ich glaube, daß sie nie ein Held bekämpfen und besiegen
kann.

PETER HILLE
Hymnus der Dummen

Dummheit, erhabene Göttin,
Unsere Patronin,
Die auf goldenem Throne,
Blöden, herrlichen Auges,
Niedrig erhabener Stirne,
Ein stumpfsinnig Lächeln
Auf breitem, nichtssagendem Antlitz,
Königlich sitzet:
Sieh' herab mit dem dümmsten Lächeln
Auf deine treuen, dir nach-
Dummenden Kinder,
Verjag' aus dem Land
Die Dichter und Künstler und Denker,
Unsre Verächter;
Vernichte die Bücher,
Gesangbuch und Meßbuch verschonend:
Und wir bringen ein Eselchen dir,
Dein Lieblingstier,
Dein mildes, graues,
Ohrenlanges Lieblingstier,
Eine goldene Krippe dafür
Und ein purpurnes Laken voll Disteln.

HANS MAGNUS ENZENSBERGER
Hymne an die Dummheit

Himmelsmacht, die sich verbirgt in den Falten des Stamm-
　　hirns,
bodenlose Mitgift an das Menschengeschlecht *in saecula
　　saeculorum,*

unzählig wie die Milchstraße bist du
und vielfältig wie das Gras.

Mächtige Zwillingsschwester der Intelligenz, Händchen
　　haltend
zelebrierst du mit ihr ein trübsinniges Palaver.

Ja, es ist stark, wie du uns inspirierst in immer neuen Ver-
　　wandlungen,
als weibliche Dämlichkeit und als männliche Idiotie,

wie du aus den blutunterlaufenen Augen des Schlägers
　　leuchtest
und einhertrippelst im aristokratisch hüstelnden Dünkel,

wie du uns anwehst mit dem Mundgeruch einer beschickerten
　　Muse
und als vielsilbiges Delirieren im philosophischen Seminar.

Was wäre der Tüchtige ohne dich, stock-, stroh- und hunds-
　　dumme Dummheit,
die feurig durch seine Adern rollt wie eine Überdosis
　　Amphetamin,

und der Forscher ohne die fixe Idee, der er durch die
    weißen Korridore
seines Instituts hinterherrappelt wie die Ratte im Labyrinth!

Gar nicht zu gedenken der Weltgeschichte, wessen gedächte
    sie denn,
wenn nicht der Sieger in ihrem napoleonischen Stumpfsinn.

So wird uns wohl der dümmliche Stolz des Gewinners
    erhalten bleiben
und der dumpfe Groll des Verlierers, nur hie und da versüßt

durch den erleuchteten Sums der Sektenprediger,
der Komiker und Quartalssäufer. Dummheit,

oft Verleumdete, die du dich in deiner Schlauheit
dümmer stellst als du bist, Beschützerin aller Hinfälligen,

nur den Auserwählten läßt du zuteilwerden deine seltenste
    Gabe,
die gebenedeite Einfalt der Einfältigen.

Sie sind die unbeschriebenen Blätter in deinem großen Buch
dessen Siegel du keinem von uns eröffnest.

CHRISTIAN MORGENSTERN
Die beiden Esel

Ein finstrer Esel sprach einmal
zu seinem ehlichen Gemahl:

»Ich bin so dumm, du bist so dumm,
wir wollen sterben gehen, kumm!«

Doch wie es kommt so öfter eben:
Die beiden blieben fröhlich leben.

ADOLF ENDLER
Das Lied vom Fleiß

Laßt mich allein nun! Endlich laßt michs singen,
Das Lied vom Fleiße, das ich singen will.
Einhundert Zeilen wird mein Fleiß erzwingen
Und fünfzig Doppelreime. Also still!
Hier wird das Lied auf meinen Fleiß geschrieben:
O großer Fleiß, der schon die Zeile sechs
(Sie wars), der also schon die Zeile sieben
Mit Lippen abzählt –: zeig mir das Gewächs,
Das schneller wächst! Kein Wägelchen mit Reisern
Ist rascher voll als dies mein Büchlein, ja!
So, Brüder, tut der Fleiß – kantianisch, eisern! –,
Fleiß von der Art, wie ich ihn oft schon sah
In unserm Land. Erkennt und prüft euch, Helden!:
Fleiß, eisern sinnlos, wär nicht heldenhaft?
Mich aber laßt als Zwischenmeldung melden:

Die Zeile sechzehn, seht, ist schon geschafft!
Mag unser Himmel blauen, mag er regnen,
Einhundert Zeilen her!, seis mit Gewalt,
Ihn, der sich selbst genügt, den Fleiß zu segnen,
Und seine Jünger, deren Chor erschallt:
»Hauptsache: fleißig! Alles andre: Scheiße!
Wer nach dem Sinn fragt, ist ein armer Tropf!«
Der Lehrling schon hört diesen Vers vom Fleiße,
Der Meister nickt mit dem Charakterkopf:
»Betrieb, Betrieb!« So dieses Epos, Lieschen:
Nicht Geistesblitze kennts noch Phantasie,
Ich pflanze hundert Zeilen wie Radieschen,
Brech Reim um Reim wie Kleinholz übers Knie.
Der ich nicht Wochen-, Monatslohn empfange,
Ich übertreffe alle! Freunde, geht,
Ein Hymnus, lang wie eine Hopfenstange
Und spannend wie ein Defa-Film, entsteht!
Hier schlägt der Fleiß heroischste Bataille!
Ich übertreffe alle – nichts als Schweiß
Wird mir zum Lohn, nicht Orden noch Medaille
Erstreb ich oder Heinrich-Heine-Preis!
Auch nicht aus Lust und Liebe, liebe Grete,
Wird hier gedichtet, nicht aus Lieb' und Lust
Der Hymnus, Vers an Vers wie Spargelbeete,
Hier hebt der Fleiß an sich die Heldenbrust:
Die Zeile einundvierzig ist errungen!
Die Zeile zweiundvierzig liegt schon vor!
Die Zeile dreiundvierzig wird gesungen!
Die Zeile vierundvierzig summt ums Ohr!
Der Reim auf Nest, Inzest und Pest rückt näher,
Da ich die fünfzigste begehen kann –
Und fließt der Strom der Zeilen etwas zäher,
Ich peitsch ihn weiter wie ein Reitersmann
Beim Endspurt in der letzten Zielgerade,

O Fleiß, der meinen Herzschlag stottern läßt!
Dies war sie! Nummer fünfzig! Schade, schade,
Wie bald vorüber! Doch ein kleiner Rest
Heißen Triumphes wird mich weiterjagen
Vielleicht noch zwei, drei Zeilen, wenn nicht vier –
Schon fällt, ich eile mich, sie einzutragen,
Die Zeile siebenundfünfzig, diese hier!
– »Glanzlose Zahl und schlicht, wie rasch vergessen!
Und grade die Bescheidnen solltest du
Mit einem Toast und einem kleinen Essen
Zuweilen ehren! Eine Fuffzehn, nu?…«
Der Satan! Ich verscheuch ihn, zähl die Zeilen.
Vergeblich lockt des Teufels süßer Leim.
Ja, atemlos von Reim zu Reim sich seilen
Will Dichters Fleiß, zetBe zu diesem Reim:
Die fünfundsechzigste der Zeilen, Brüder!
Erheb dich, Leser, meinem Fleiße Ruhm!
Setz dich, Genosse, und erheb dich wieder.
(Der Fleiß, der Fleiß nur ist mein Heiligtum!)
Du näherst dich der siebenzicksten Zelle.
Ich sage: siebenzick! Sie ists mir wert.
Wer lächelt oder lacht, verdiente Keile –
Die Zeile siebenzick, in ihr mein Fleiß geehrt!
Und monoton ertönts von fleißiger Leier:
Die Zeile siebzig hab ich dargebracht,
Die siebzigste. – Noch immer keine Feier?
Sinds nicht schon beinah siebenzick und acht?«
Nein, nein, es sind erst siebenzick und sieben!
Vers achtundsiebzig ist erst dieser, schau!
(Ach, möchten sie wie Schnee, die Zeilen, stieben…)
Die Zeile achtzig, bitte, schöne Frau!
Die Zeile einundachtzig! – Und der Dichter,
Er überlegt: War sie nicht allzu schwach?

Ein plapperndes und meckerndes Gelichter
Die Verse, die ihn überfallen: Ach,
Ob nicht, eh ich des Liedes Schlußsatz tippe,
Freund Hein erscheint, der keinen noch verfehlt'?
Steht er schon hinter mir mit seiner Hippe?
Wie mancher fragt sich, solchem Fleiß vermählt,
Eh er sein Pensum Punkt für Punkt geschafft hat,
Fragt bänglich, ob ers noch erreicht, sein Ziel?
Ob er für solchen Fleiß noch länger Kraft hat?
– »Wo ist der Sinn? Wärs wenigstens ein Spiel!«
Ja, mancher Held ward endlich schwach, mein Lieber –
Ich bin ein Preuße und erfüll es strikt,
Mein Pensum, ich erfüll es notfalls über:
Die Zeile sechsundneunzig ist geglückt!
Die Zeile siebenundneunzig! Stolz verwundert
Seh ich das Lied auf meinen Fleiß gereift.
Hier ist der Gipfel, hier die Zeile hundert:
– »Gebt mir den Strick da, doch gut eingeseift!«

JOSEPH FREIHERR
VON EICHENDORFF

Aktenstöße nachts verschlingen,
schwatzen nach der Welt Gebrauch,
und das große Tretrad schwingen
wie ein Ochs, das kann ich auch.

Aber glauben, daß der Plunder
eben nicht der Plunder wär,
sondern ein hochwichtig Wunder,
das gelang mir nimmermehr.

Aber andre überwitzen,
daß ich mit dem Federkiel
könnt den morschen Weltbau stützen,
schien mir immer Narrenspiel.

Und so, weil ich in dem Drehen
dasteh oft wie ein Pasquill,
läßt die Welt mich eben stehen –
mag sies halten, wie sie will!

HANS MAGNUS ENZENSBERGER
Vor dem Techno und danach
für Andrzej Kopacki

Der Herr v. Eichendorff
hat sich nicht erschossen.
Der Herr v. Eichendorff
kokste nicht, kam ohne Duelle
und ohne Quickies aus.
Der Herr v. Eichendorff
sprach fließend polnisch.
Sein Ehrgeiz hielt sich in Grenzen.
Der Herr v. Eichendorff –
schwache Lunge, Hilfsarbeiter
in preußischen Ministerien,
dreißig Jahre lang –
träumte von Waldhörnern
in seinem Büro, taugte
und taugte nicht,
lebte unauffällig, starb
und hinterließ ein paar Zeilen,
haltbarer als die morschen Ziegel
von Lubowitz, heutigen Tags
Rzeczpopolita, Polska,
im tauben Ohr unserer Kinder:
nur ein paar Zeilen,
die ihnen eines Tages,
wenn sie in Rente gehen,
vielleicht etwas Weiches,
Unbekanntes zu fühlen geben,
das früher Wehmut hieß.

ERICH KÄSTNER
Bürger, schont eure Anlagen

Arbeit läßt sich schlecht vermeiden,
und sie ist der Mühe Preis.
Jeder muß sich mal entscheiden.
Arbeit zeugt noch nicht von Fleiß.

Arbeit muß es quasi geben.
Denn der Mensch besteht aus Bauch.
Arbeit ist das halbe Leben,
und die andre Hälfte auch.

Seht euch vor, bevor ihr schuftet!
Zieht euch keinen Splitter ein.
Wer behauptet, daß Schweiß duftet,
ist (ganz objektiv) ein Schwein.

Zählt die Arbeit zu den Strafen!
Wer nichts braucht, braucht nichts zu tun.
Legt euch mit den Hühnern schlafen.
Wenn es geht: pro Mann ein Huhn.

Manche geben keine Ruhe,
und sie schuften voller Wut.
Doch ihr Tun ist nur Getue,
und es kleidet sie nicht gut.

Laßt euch auf den Sofas treiben!
Gut geträumt ist halb gelacht.
Hände sind zum Händereiben.
Sprecht schon morgens: »Gute Nacht.«

Laßt die Wecker ruhig rasseln!
Zeigt dem Krach das Hinterteil.
Laßt die Moralisten quasseln.
Bietet euch nicht täglich feil.

Wozu macht ihr Karriere?
Ist die Erde denn kein Stern?
Tut, als ob stets Sonntag wäre,
denn er ist der Tag des Herrn.

Vieles tun heißt vieles leiden.
Lebt, so gut es geht, von Luft.
Arbeit läßt sich schlecht vermeiden, –
Doch wer schuftet, ist ein Schuft!

FRED ENDRIKAT
Wochenbrevier

Am Montag fängt die Woche an.
Am Montag ruht der brave Mann,
das taten unsre Ahnen schon.
Wir halten streng auf Tradition.

Am Dienstag hält man mit sich Rat.
Man sammelt Mut und Kraft zur Tat.
Bevor man anfängt, eins, zwei, drei,
bums – ist der Dienstag schon vorbei.

Am Mittwoch faßt man den Entschluß:
Bestimmt, es soll, es wird, es muß,
mag kommen, was da kommen mag,
ab morgen früh ist Donnerstag.

Am Donnerstag faßt man den Plan:
Von heute ab wird was getan.
Gedacht, getan, getan, gedacht.
Inzwischen ist es wieder Nacht.

Am Freitag geht von alters her,
was man auch anfängt, stets verquer.
Drum ruh dich aus und sei belehrt:
Wer gar nichts tut - macht nichts verkehrt.

Am Samstag ist das Wochen-End,
da wird ganz gründlich ausgepennt.
Heut anzufangen, lohnt sich nicht.
Die Ruhe ist des Bürgers Pflicht.

Am Sonntag möcht' man soviel tun.
Am Sonntag m u ß man leider ruhn.
Zur Arbeit ist es nie zu spät.
O Kinder, wie die Zeit vergeht.

GOTTHOLD EPHRAIM LESSING
Lob der Faulheit

Faulheit, jetzo will ich dir
Auch ein kleines Loblied bringen. –
O – – wie – – sau – – er – – wird es mir, – –
Dich – – nach Würden – – zu besingen!
Doch, ich will mein Bestes tun,
Nach der Arbeit ist gut ruhn.

Höchstes Gut! wer dich nur hat,
Dessen ungestörtes Leben – –
Ach! – – ich – – gähn' – – ich – – werde matt – –
Nun – – so – – magst du – – mirs vergeben,
Daß ich dich nicht singen kann;
Du verhinderst mich ja dran.

LUDWIG FELS
Akkordgedicht

Von der ganzen Arbeit
würde mir die Hälfte reichen
weil ich nicht mal ein Viertel
vom verdienten Geld kriege.

PETER MAIWALD
Sisyphos

für alle
die den Verläßlichen
lieben. Immer
weiß man wo
er sich gerade
befindet, bergauf
bergab.

Aber jetzt: Das hält
keiner aus! Die Rufe
die Schreie, das Geheule
unerträgliches Gegrein
bei Tag und Nacht
auch sonntags Sisyphos:
Wo ist mein Stein?

ERICH MÜHSAM
Der Lampenputzer

War einmal ein Revoluzzer,
im Zivilstand Lampenputzer;
ging im Revoluzzerschritt
mit den Revoluzzern mit.

Und er schrie: »Ich revolüzze!«
Und die Revoluzzermütze
schob er auf das linke Ohr,
kam sich höchst gefährlich vor.

Doch die Revoluzzer schritten
mitten in der Straßen Mitten
wo er sonsten unverdrutzt
alle Gaslaternen putzt.

Sie vom Boden zu entfernen
rupfte man die Gaslaternen
aus dem Straßenpflaster aus,
zwecks des Barrikadenbaus.

Aber unser Revoluzzer
schrie: »Ich bin der Lampenputzer
dieses guten Leuchtelichts.
Bitte, bitte tut ihm nichts!

Wenn wir ihn' das Licht ausdrehen,
kann kein Bürger nichts mehr sehen.
Laßt die Lampen stehn, ich bitt! –
Denn sonst spiel' ich nicht mehr mit!«

Doch die Revoluzzer lachten,
und die Gaslaternen krachten,
und der Lampenputzer schlich
fort und weinte bitterlich.

Dann ist er zuhaus geblieben
und hat dort ein Buch geschrieben:
nämlich, wie man revoluzzt
und dabei doch Lampen putzt.

AUGUST WILHELM SCHLEGEL
Der vorwaltende Gedanke

»Ich sagt'; Ich schrieb; Ich rieth; Ich prophezeite;
»Ich und das deutsche Volk; das deutsche Volk und Ich;«
So heißt's in deinem Buch auf jeder Seite.
Wer Gutes will, der denkt nicht mehr an sich.

FRIEDRICH SCHILLER
Der Wichtige

Seine Meinung sagt er von seinem Jahrhundert, er sagt sie,
    Nochmals sagt er sie laut, hat sie gesagt und geht ab.

ADOLF ENDLER
Die Rede des großen Pimmel

Seien wir brüderlich zueinander
    Brüderlich brüderlich
Mahnte der große Jacques Pimmel
(Sein Handschuh wies zum Himmel)
Seien wir alle brüderlich zueinander
Alle hier brüderlich zueinander
Alle *ohne Ausnahme* brüderlich
Dröhnte der große Jacques Pimmel
(Flüchtendes Menschengewimmel)
    Für keinen ne Extrawurst

AUGUST WILHELM SCHLEGEL
Der lahme Pamphletist

    Wenn er politisch saalbadert,
Und mit euch, ihr Fürsten, hadert,
Als ein kühner Patriot:
Denkt nicht, daß euch Unheil droht.
Nein, es dämpft, gleich Morpheus Mohnen,
Sein Pamphlet Rebellionen.
Alles bricht in Gähnen aus,
Und das Volk schleicht still nach Haus.

GOTTLIEB CONRAD PFEFFEL
Die Maden

Ein wimmelnder Convent von Käsemaden
Ergoß bey seinem Abendschmaus
Sich in die bittersten Jeremiaden:
Man muß gestehn, so rief er aus,
Daß niemand in der Kunst zu schaden
Dem Menschen gleicht. Es ist ihm nicht genug,
Daß er sich von dem Käse nähret,
Der uns beherbergt; oft wird ohne Fug
Auch unsre ganze Brut mit aufgezehret,
Die Kannibalen! Ey ihr dürfet sie,
Sprach hier das Oberhaupt der Colonie,
Im Grunde darum nicht beneiden;
Denn wißt, wenn sie zu Grabe gehn,
So werden wir in ihren Eingeweiden
Nach wenig Tagen auferstehn,
Und unsre Rache nicht vergessen.
Wer andre frißt, wird endlich auch gefressen.

THEODOR FONTANE
Rangstreitigkeiten

In einem Lumpenkasten
War große Rebellion:
Die feinen Lumpen haßten
Die groben lange schon.

Die Fehde tät beginnen
Ein Lümpchen von Batist,
Weil ihm ein Stück Sacklinnen
Zu nah gekommen ist.

Sacklinnen aber freilich
War eben Sackleinwand
Und hatte grob und eilig
Die Antwort bei der Hand:

»Von Ladies oder Schlumpen –
's tut nichts zur Sache hier,
Du zählst jetzt zu den Lumpen
Und bist nicht mehr wie wir.«

GOTTFRIED KELLER
Champagner

Da saßen wir Polemiker,
Es flog der Kork, wir tranken toll
Ein blaß Gebräu' der Chemiker,
Das schäumend auf und nieder quoll.

Wir heulten, schrien und fackelten
Vom armen Proletarierpack;
Inzwischen aber wackelten
Die letzten Taler aus dem Sack.

Da plumpte uns Entledigten
Ein später Bettler scheu die Quer' –
Wir prophezeiten, predigten,
Doch fand er keinen Stüber mehr.

Doch ohne Arg verhandelten
Wir noch sein Elend so und so,
Als wir nach Hause wandelten,
Der Weisheit für und wider froh.

ARNO HOLZ
Et altera pars!

Schon Joseph Viktor von Scheffel sagt: Lass
Von Klassen-, Rassen- und Massenhass!
Doch bitte, zähme auch deine Triebe
In Klassen-, Rassen- und Massenliebe!

GOTTFRIED KELLER
Majorität

Der Mehrheit ist nicht auszuweichen,
Mit Helden- wie mit Schwabenstreichen
Macht sie uns ihre Macht bekannt
Auf Weg und Steg im ganzen Land;
So gebt dem Kind den rechten Namen,
Laßt Ehr und Schuld ihm und sagt Amen!
Und läuft es dann auf schlechten Sohlen,
So wird es schon der Teufel holen!

ERICH KÄSTNER
Kleine Rechenaufgabe

Allein ging jedem alles schief.
Da packte sie die Wut.
Sie bildeten ein Kollektiv
und glaubten, nun sei's gut.

Sie blinzelten mit viel Geduld
der Zukunft ins Gesicht.
Es blieb, wie's war. Was war dran schuld?
Die Rechnung stimmte nicht.

Addiert die Null zehntausend Mal!
Rechnet's nur gründlich aus!
Multipliziert's! Mit jeder Zahl!
Steht Kopf! Es bleibt euch keine Wahl:

Zum Schluß kommt Null heraus.

JAKOB VAN HODDIS
Weltende

Dem Bürger fliegt vom spitzen Kopf der Hut,
In allen Lüften hallt es wie Geschrei.
Dachdecker stürzen ab und gehen entzwei
Und an den Küsten – liest man – steigt die Flut.

Der Sturm ist da, die wilden Meere hupfen
An Land, um dicke Dämme zu zerdrücken.
Die meisten Menschen haben einen Schnupfen.
Die Eisenbahnen fallen von den Brücken.

ERICH WEINERT
Wie reimt sich das?

Die Generale fordern Staatspensionen.
Aus Hinterhäusern weht ein Leichenstunk.
Am Fürstenfilm begeilen sich Matronen.
Der Seelenhirte quäkt im Telefunk.
Was unten Hunger heißt, heißt oben Dalles.
In dieser Republik, da reimt sich alles.

Hier walten ganze Clubs von Meuchelmördern,
Dort schwimmt ein Arbeitsloser im Kanal.
Reichswehrmajore lassen sich befördern.
Die Morgenpost hat ihren Hofskandal.
Ein Volk krepiert, trotz deutschen Wogenpralles...
In dieser Republik, da reimt sich alles.

Gerichtsvollzieher rasen durch die Gegend.
Im Himmelbette rülpst die Fürstensau.
Und, öffentliches Ärgernis erregend,
Spielt Schwarzrotgolden wieder mal k.v.
Im Glanz reichsbannerlichen Maskenballes...
In *dieser* Republik, da reimt sich alles!

AUGUST WILHELM SCHLEGEL
Mißdeutung

A.

Der Bundestag hat wie ein Leu gebrüllt.
Seid ihr von Grausen, Deutsche, nicht erfüllt?
Macht euch gefaßt auf unerhörte Dinge!
Er geht umher und sucht, wen er verschlinge.

B.

Nicht doch! Es war kein Brüllen, wie ihr wähnt.
Der Bundestag hat nur sehr laut gegähnt;
Denn auf der Bärenhaut der Protokolle
Sich wälzend, spielt er schlafend seine Rolle.

OTTO ERNST
Auf einen Minister

Das ist ein Mann! Soll er was Rechtes tun,
So hält er's »jetzt noch nicht für opportun«,
Und hilft ihm keine Ausflucht dran vorüber,
So stellt er sich »sympathisch – gegenüber«.

FRANZ GRILLPARZER
Jahrmarkt

Potz Hegel und Schlegel!
Was gibts in Berlin?
Man sieht ja die Gäste,
Wie Spielleut zum Feste,
Dort haufenweis ziehn.

Gehts wohl zum Kongresse?
Wie, oder hält Messe
Der Deutsche Verein?
Sie bringen die Waren,
Die kurzen, gefahren,
Von Elbe und Rhein.

Und alles fein billig,
Gilt Zindel wie Zwillich,
Seit einig die Kraft,
Der Zoll innerlandes
Der Kunst, des Verstandes
Ward ab ja geschafft.

Papier hier ohn Ende,
Durch fleißige Hände
Mit Versen besprengt,
Belehrend und nutzend,
Man macht sie im Dutzend,
Die Form geht geschenkt.

Hier könnt ihr Novellen
Nach Ellen bestellen,
Der Stuhl feiert nie.
Ein Dichter in Prosa,
Beredt wie ein Posa,
Statt Glut Ironie.

Dort deutsche Grammatik
Verkauft mit Fanatik
Ein Mann, sonst wohl gut.
Wo Goten, Vandalen
Als Vorbilder strahlen,
Da, Kunst, fasse Mut.

Bei so viel des Neuen
Laßt euch nicht gereuen
Ein Stück Rokoko.
Frisiert à la France
Hält hier Renaissance
Ein Mann comme il faut.

Nun fehlt, ob man böte,
Nur Wolfgang – ei, Goethe? –
Wer denkt noch an das.
Der schnürte sein Ränzel.
Fehlt, meint ich, nur Menzel
Zum deutschen Parnaß.

FRANZ HODJAK
Mythos

Ich mußte kotzen, also
lief ich in die nächste
öffentliche Toilette, doch
als ich sah, was für
Ideologien sich an den Wänden
trafen, ist mir das Kotzen
vergangen. Ich
tat es draußen, an einen
Baum gelehnt. Du Schwein,
sagte eine ganz ganz feine
Dame, wir haben ja
öffentliche Toiletten, weißt du
das nicht?

WOLFGANG NEUSS
Das Beste

Es läßt mich nicht ruhn
Wie kann ich wirklich was
für Europa tun?
Und wenn du mich einen
Landesverräter nennst:
Das Beste wäre für Europa
wenn Frankreich bis an die Elbe reicht
und Polen direkt an Frankreich grenzt

ADOLF ENDLER
Der Unbequeme

Daß man ihn endlich aus dem Land rausschlage
Auf jede Antwort weiß das Schwein die Frage

FRIEDRICH RÜCKERT
Grammatische Deutschheit

Neulich deutschten auf Deutsch vier deutsche Deutsch-
linge deutschend,
    Sich überdeutschend am Deutsch, welcher der Deut-
    scheste sei.
Vier deutschnamig benannt: Deutsch, Deutscherig,
Deutscherling, Deutschdich,
    Selbst so hatten zu deutsch sie sich die Namen ge-
    deutscht.
Jetzt wettdeutschten sie, deutschend in grammatikalischer
Deutschheit,
    Deutscheren Komparativ, deutschesten Superlativ.
»Ich bin deutscher als deutsch.« »Ich deutscherer.«
»Deutschester bin ich.«
    »Ich bin der Deutschereste, oder der Deutschestere.«
Drauf durch Komparativ und Superlativ fortdeutschend,
    Deutschen sie auf bis zum – Deutschesteresteresten;
Bis sie vor komparativisch und superlativischer Deutschung
    Den Positiv von Deutsch hatten vergessen zuletzt.

ERICH MÜHSAM
Epigramm

Was einen Deutschen ziert, ist weises Sichbequemen
und zarter Takt, bei wohlgesittetem Benehmen.
Man kennt sie überall an ihrer Art; wie Eier
so ähnlich sehn sie sich. – Daher der Name Meier.

FRIEDRICH SCHLEGEL
Aus: *Proben der neuesten Poesie*
Altdeutsches Volkslied

Es gehen zwei Butzemänner im Reich herum;
Mit der kleinen Kilikeia, mit der großen Kumkum.

Der eine klimpert um den Brei herum;
Bidibum auf der Trumm, bidibum, bidibum.

Der andre schaut sich nach den Fräulein um;
Mit der kleinen Kilikeia, mit der großen Kumkum.

Sie drehen sich beide recht artig herum;
Bidibum, bidibum.

Gute Nacht, Butzemänner, dreht euch weiter um!
Mit der kleinen Kilikeia, mit der großen Kumkum.

Wer hat dies feine Liedlein gemacht?
Es kamen entlang drei Enten den Bach,
Die haben dies feine Liedlein erdacht usw.

KLABUND
Deutsches Volkslied

Es braust ein Ruf wie Donnerhall,
Daß ich so traurig bin.
Und Friede, Friede überall,
Das kommt mir nicht aus dem Sinn.

Kaiser Rotbart im Kyffhäuser saß
An der Wand entlang, an der Wand.
Wer nie sein Brot mit Tränen aß,
Bist du, mein Bayerland!

Wer reitet so spät durch Nacht und Wind?
Ich rate dir gut, mein Sohn!
Urahne, Großmutter, Mutter und Kind
Vom Roßbachbataillon.

O selig, o selig, ein Kind noch zu sein,
Von der Wiege bis zur Bahr'!
Mariechen saß auf einem Stein,
Sie kämmte ihr goldenes Haar.

Sie kämmt's mit goldenem Kamme,
Wie Zieten aus dem Busch.
Sonne, du klagende Flamme:
Husch! Husch!

Der liebe Gott geht durch den Wald,
Von der Etsch bis an den Belt,
Daß lustig es zum Himmel schallt:
Fahr wohl, du schöne Welt!

Der schnellste Reiter ist der Tod,
Mit Juppheidi und Juppheida.
Stolz weht die Flagge Schwarzweißrot.
Hurra, Germania!

FRIEDRICH CHRISTIAN DELIUS
Belohnung

Heut nacht
hab ich ein Soldatenlied zertrümmert.
Viel Lob wurde mir
seitdem zuteil.

Wie ich höre,
liegen schon Orden bereit.

PAUL SCHEERBART
Donnerkarl, der Schreckliche
Ein Heldengedicht

Reich mir meine Platzpatronen,
Denn mich packt die Raserei!
Keinen Menschen will ich schonen,
Alles schlag ich jetzt entzwei.
Hunderttausend Köpfe reiß ich
Heute noch von ihrem Rumpf!
Hei! Das wilde Morden preis ich,
Denn das ist der letzte Trumpf!

Welt, verschrumpf!

PAUL SCHEERBART

Ich hab ein Auge, das ist blau.
Mir gestern Abend geschlagen.

Ich schrie fünfhundertmal »Au! Au!«
Was wollt ich damit sagen?

Ich weiß es heute selber nicht;
Ich hab ein Heldenangesicht.

ABRAHAM GOTTHELF KÄSTNER
Drey deutsche Heldengedichte

Beym ersten muß man lachen,
Beym zweyten muß man gähnen;
Was aber bey dem dritten?
Wer, Henker! kann das lesen?

JOHANN WILHELM LUDWIG GLEIM
An die Helden

Helden! dingt mich nicht zum Dichter.
Meine Laute will nicht schallen,
Wenn ich euch ein Loblied singe.
Immer ist sie widerspenstig,
Immer giebt sie falsche Töne,
Wenn ich euch ein Loblied singe.
Wenn ich von der Liebe singe,
Wenn ich Amors Waffen preise
Oder wenn ich trinkend lalle:
Dann trift sie die schönsten Töne,
Dann, so geht sie immer richtig.

ERICH KÄSTNER
Helden in Pantoffeln

Auch der tapferste Mann, den es gibt,
schaut mal unters Bett.
Auch die nobelste Frau, die man liebt,
muß mal aufs Klosett.

Wer anläßlich dieser Erklärung
behauptet, das sei Infamie,
der verwechselt Heldenverehrung
mit Mangel an Phantasie.

BERTOLT BRECHT
Historie vom verliebten Schwein Malchus

1

Hört die Mär vom guten Schwein
Und von seiner Liebe!
Ach, es wollt geliebet sein
Und bekam nur Hiebe.

2

Weil's dem Schwein noch nie so war
(Erste, grüne Liebe!)
Liebte es mit Haut und Haar.
Und bekam nur Hiebe.

3

Denn die Sonne selber war
Diese große Liebe.
Wie, wenn sie's mit Haut und Haar
Zur Verzweiflung triebe?

4

Einmal nun im Sonnenschein
Kriegt es keine Hiebe
Und es schrie das gute Schwein:
Ist das nun nicht Liebe?!

5

Und das sehr beglückte Schwein
Es beschloß zu handeln
Um im ewigen Sonnenschein
Nun hinfort zu wandeln.

6
Und indem es Schweine fing
Daß sie sich verbeugten
Wenn das Schwein vorüberging
Ehrfurcht ihm bezeugten

7
Hoffte das begabte Schwein
Ihr zu imponieren
Und im guten Sonnenschein
Ständig zu spazieren.

8
Doch die Sonne sieht wohl nicht
Jedes Schwein auf Erden
Und sie wandt ihr Augenlicht
Ließ es dunkel werden

9
Dunkel um das arme Schwein
Außen und auch innen
Doch da fiel ihm etwas ein,
Um sie zu gewinnen.

10
Und mit einem anderen Schwein
Übte es zusammen
Mit dem Rüssel Gift zu spein
Mit den Augen Flammen.

11
Und ein altes schwarzes Schwein
Zwang es (nur durch Reden)
Ihm und seinen Schweinerein
Algier abzutreten.

12
Und als nun die Sonne kam
Tat es voll Erregung
Halberstickt von edler Scham
Eine Fußbewegung

13
In der alles lag, was je-
mals ein Schwein empfunden
(Liebe läßt vergessen Weh
Und gesalzene Wunden!)

14
Und so legt nun diese Sau
Auf 'ner kleinen Wiesen
Tieferschüttert seiner Frau
Afrika zu Füßen.

15
Und diktiert zur selben Stund
Daß es einfach alle
Die ihm diesen Seelenbund
Störten, niederknalle.

16
Und an dunklen Tagen, wenn
Sie ihm brach die Treue
Lief es finster weg vom Trog
Watschelte ins Freie.

17
Und man sah dort, wie das Vieh
Das erschreckend blaß war
Wütend in die Wolken spie
Bis es selber naß war.

18
Ja, in einer trüben Früh
In der Brunnenkresse
Drohte es ihr, daß es sie
Einstmals doch noch fresse.

19
Da sie alles fressen, mein-
te es dies wohl ehrlich;
Aber wo die Sonne scheint
Fressen Schweine schwerlich.

20
Aber jedes Schwein ist schlau
Weiß, die Sonn im Himmelsblau
Ist stets nur die liebe Frau
Von der jeweils größten Sau.

ERICH KÄSTNER
Das Führerproblem, genetisch betrachtet

Als Gott am ersten Wochenende
die Welt besah, und siehe, sie war gut,
da rieb er sich vergnügt die Hände.
Ihn packte eine Art von Übermut.

Er blickte stolz auf seine Erde
und sah Tuberkeln, Standard Oil und Waffen.
Da kam aus Deutschland die Beschwerde:
»Du hast versäumt, uns Führer zu erschaffen!«

Gott war bestürzt. Man kann's verstehn.
»Mein liebes deutsches Volk«, schrieb er zurück,
»es muß halt ohne Führer gehn.
Die Schöpfung ist vorbei. Grüß Gott. Viel Glück.«

Nun standen wir mit Ohne da,
der Weltgeschichte freundlichst überlassen.
Und: Alles, was seitdem geschah,
ist ohne diesen Hinweis kaum zu fassen.

ERICH WEINERT
Der Führer
Deutsches Volkslied

Manch gekrönter Abenteurer
Hat in Deutschland schon regiert,
Manche polternden Erneurer
Haben uns schon angeführt.
Viel war nie davon zu halten;
Doch man konnt es noch verstehn.
Diese, auch als Staatsgewalten,
Waren immerhin Gestalten.
     Aber ausgerechnet *den*?

Wär nun in der Zeit der Krise
Irgendeiner aufgetaucht,
Ein Prophet, ein Kerl, ein Riese,
Wie die rauhe Zeit ihn braucht.
Gleich als Tempelstürmer kenntlich,
Ein Rebell, ein Phänomen,
Wo die Menge ruft: na endlich,
Alles wäre noch verständlich.
     Aber ausgerechnet *den*?

Diesen Hindenburgumschwänzler,
Diesen tristen Hampelmann,
Diesen faden Temperenzler,
Der's nicht mal mit Weibern kann,
Diesen Selterswassergötzen,
Dies Friseurmodell auf schön,
Davon laßt ihr euch beschwätzen?
Und man fragt sich mit Entsetzen:
     Aber ausgerechnet *den*?

Später einmal unsere Kinder
Sehn ihn im Panoptikum.
Um den ausgestopften Schinder
Stehn sie dann verwundert rum.
Und sie werden von euch sagen:
Alles könnte man verstehn,
Was das Volk in früheren Tagen
An Gestalten schon ertragen ...
     Aber ausgerechnet *den*?

ELKE ERB
Hitlerjugend-Anekdote

Mein Freund H., ein Pfarrer, sagte,

daß er kicherte
daß er bei der HJ kicherte
daß er bei der HJ kicherte im Glied
daß er bei der HJ kicherte im Glied, wenn die Gleichaltrigen
daß er bei der HJ im Glied kicherte, wenn die Gleichaltrigen
     ihre Kommandos
daß er bei der HJ, wenn die Gleichaltrigen ihre Kommandos
     brüllten, immer kichern mußte im Glied.

MASCHA KALÉKO
Der kleine Unterschied

Es sprach zu Mister Goodwill
ein deutscher Emigrant:
»Gewiß, es bleibt dasselbe,
sag ich nun *land* statt Land,
sag ich für Heimat *homeland*
und *poem* für Gedicht.
Gewiß, ich bin sehr *happy*:
Doch glücklich bin ich nicht.«

WALTER MEHRING
Die Aasgeier und der Klapperstorch

Die Geier saßen beim Petit-Déjeunier'n,
was Geier so frühstücken,
    wenn sie regier'n:
Armeekorps – Petroleum – paar kleinere Staaten
Und einem, der besonders stramm,
dem war ein Stückchen Aufrüstungsprogramm
grad in den falschen Hals geraten –
Also, mein Geier würgt, rülpst –
    und fast erstickt,
Als er – zum Glück – den Dr. med. Storch erblickt –
Winkt mit der Schwinge gnädigst:
    Sie! Krämerseele!
Hab' da Fremdkörper in unrechter Kehle!
Entfernsemal!
    Doktor Moses Storch, nicht faul,
holt mit der Zange aus dem Geiermaul
einen Klumpen Rüstung
    – und liquidiert.
Was? pfiff der Geier, Sie fremde Rasse,
Mästen sich hier auf Kosten des Staats?
Sollten froh sein, daß ich sie nicht
    wegen Verrats
Militärischer Geheimnisse köpfen lasse!

Moral:
Storch oder Jud – gesprungen wie gehupft –
Stecken in alles ihren roten Schnabel –
Und wenn man sie dann – lebendigen Leibes –
    Etwas rupft –
Verbreiten sie als Dank eine
    Greuelfabel.

GERHARD RÜHM
hasen-ode

hasen in hosen
lasen in losen
assen aus dosen
sassen in sossen

grasen im grossen
rasen in rosen
blasen mit blossen
nasen in moosen

aasen in posen
gasen und tosen
vergassen zu kosen
die hasen in hosen

DAGMAR LEUPOLD
Aus dem Fenster

Katze und Hase im Schnee
belauern sich
mit aufgestelltem Winterpelz
wie Erzfeinde
kurz vor dem fälligen Angriff
zupft der Hase Gras
und die Katze leckt ihre Pfoten

Krieg verschoben
auf mildere Zeiten

PAUL SCHEERBART
Indianerlied

Murx den Europäer!
Murx ihn!
Murx ihn! Murx ihn!
Murx ihn ab!

JOHANN WILHELM LUDWIG GLEIM
An die Krieger

Hört doch, allerliebste Krieger,
Hört doch, seid doch nicht so grimmig.
Wenn ihr mit den Feinden fechtet,
Stechen euch die Feinde Wunden,
Und dann müßt ihr euch verbluten.
Warum wollt ihr euch verbluten?
Wollt ihr etwa, an den Wunden
Eines sanften Todes sterben?
Warum wollt ihr denn schon sterben?
Seht ihr nicht, auf diesen Bergen
Reifen schon die vollen Trauben!
Stiftet Frieden mit den Feinden,
Helft die vollen Trauben keltern,
Trinkt den Most, und werdet Brüder,
Und laßt euch durch Wein und Freundschaft,
Alle Lust zum Sterben rauben!

CHRISTIAN MORGENSTERN
Das Knie

Ein Knie geht einsam durch die Welt.
Es ist ein Knie, sonst nichts!
Es ist kein Baum! Es ist kein Zelt!
Es ist ein Knie, sonst nichts.

Im Kriege ward einmal ein Mann
erschossen um und um.
Das Knie allein blieb unverletzt –
als wär's ein Heiligtum.

Seitdem geht's einsam durch die Welt.
Es ist ein Knie, sonst nichts.
Es ist kein Baum, es ist kein Zelt.
Es ist ein Knie, sonst nichts.

HANS MAGNUS ENZENSBERGER
Andenken

Also was die siebziger Jahre betrifft,
kann ich mich kurz fassen.
Die Auskunft war immer besetzt.
Die wundersame Brotvermehrung
beschränkte sich auf Düsseldorf und Umgebung.
Die furchtbare Nachricht lief über den Ticker,
wurde zur Kenntnis genommen und archiviert.

Widerstandslos, im großen und ganzen,
haben sie sich selber verschluckt,
die siebziger Jahre,
ohne Gewähr für Nachgeborene,
Türken und Arbeitslose.
Daß irgendwer ihrer mit Nachsicht gedächte,
wäre zuviel verlangt.

THOMAS GSELLA
Die Siebziger, abends

Bier in Kästen. Wein in Tüten.
Abscheu gegenüber Hüten.
Marx und Mao in der Brust
und zu dieser Welt kein' Lust.
Freundin sitzt mit Freud und Katzen
auf archaischen Matratzen,
während sie Pullover strickt
und der Freund den Parka flickt
samt der Jeans mit weitem Schlag.
Mond taucht auf, fahl sinkt ein Tag
in vergilbt verrotzte Kissen.
Macht nix – Welt ist eh beschissen.

Freund lugt suchend, weil sensibel,
in die Raubdruck-Maobibel.
In die Trauer feixt der Heller
André via Plattenteller,
und er macht, daß die zwei Zauseln
schamhaft, irre, lustlos mauseln –
Che Guevara überm Bett,
Haare trinken Eigenfett.
Beide leiden dann am Spasmus
des entfremdeten Orgasmus,
doch zum Glück kehrt flugs, in Eile,
schnell zurück die Langweile,
als in Schüben und in Wellen
leidende Genossen schellen.
Alle hocken sie im Kreis
auf dem wundgehockten Steiß,

und man sieht den dumpfen Reigen
scharf in die Umgebung schweigen
von den menschlichen Problemen
in unmenschlichen Systemen –
ja, mit Recht verzweifelt starrt die
Runde stumm in den Flokati.
Denn es waren schlimme, wahre,
also: gute Schweigejahre.

Nur in Räucherstäbchenräumen
sah man Trottel wortreich träumen:
vom Propheten Hermann Hesse
(seines Zeichens Laberfresse).

HANS MAGNUS ENZENSBERGER
Die Dreiunddreißigjährige

Sie hat sich das alles ganz anders vorgestellt.
Immer diese verrosteten Volkswagen.
Einmal hätte sie fast einen Bäcker geheiratet.
Erst hat sie Hesse gelesen, dann Handke.
Jetzt löst sie öfter Silbenrätsel im Bett.
Von Männern läßt sie sich nichts gefallen.
Jahrelang war sie Trotzkistin, aber auf ihre Art.
Sie hat nie eine Brotmarke in der Hand gehabt.
Wenn sie an Kambodscha denkt, wird ihr ganz schlecht.
Ihr letzter Freund, der Professor, wollte immer verhaut
    werden.
Grünliche Batik-Kleider, die ihr zu weit sind.
Blattläuse auf der Zimmerlinde.
Eigentlich wollte sie malen, oder auswandern.
Ihre Dissertation, *Klassenkämpfe in Ulm, 1500*
bis 1512, und ihre Spuren im Volkslied:
Stipendien, Anfänge und ein Koffer voller Notizen.
Manchmal schickt ihr die Großmutter Geld.
Zaghafte Tänze im Badezimmer, kleine Grimassen,
stundenlang Gurkenmilch vor dem Spiegel.
Sie sagt: Ich werde schon nicht verhungern.
Wenn sie weint, sieht sie aus wie neunzehn.

PETER HACKS
Viehaustrieb

Ich fuhr, und ohne Trauer,
Zu der hin, die ich lieb.
Da plötzlich: eine Mauer
Von Ärschen. Viehaustrieb.
Das Auto darf nicht rollen.
Sie drücken es entzwei.
Eine Herde Rindvieh
Läßt keinen vorbei.

Sie hören auf kein Zeichen,
Sie haben Dreck im Ohr,
Als wär man ihresgleichen
Und drängelte sich vor.
Der stinkenden Kuhmagd
Gilts auch einerlei.
Eine Herde Rindvieh
Läßt keinen vorbei.

Ich bin der besten einer
Der Köpfe unterm Mond.
Ich weiß, sonst weiß es keiner,
Wo Deutschlands Muse wohnt.
Wir lägen längst zu Bette
In holder Schwärmerei.
Ich will mich nicht wiederholen.
Die Fahrbahn ist nicht frei.

KARL MICKEL
Die Friedensfeier
Zeitgenössische Phantasie
auf einen noch zu erkämpfenden Tag

Zuerst werden wir uns blütenweiße Hemden kaufen
Dann lassen wir uns drei Tage lang voll laufen.

Wenn wir wieder nüchtern und kalt abgeduscht sind
Machen wir unseren Frauen jeder ein Kind

Dann starrn wir rauchend den sternvollen Himmel an.
Morgens dann, viertel nach vier, geht der run

Auf Schneidbrenner los, die begehrten Artikel
Einer davon ist ganz sicher für Mickel.

Dann verteilen wir uns über Luft, Land und Meer
Und machen uns über das Kriegsgerät her

Und alles hackt und schneidet, zerrt, reißt, schweißt
Spuckt an, pißt dran, sitzt oben drauf und schweißt

Und schmeißt mit Steinen, sprengt mit Sprengstoff weg:
Das ist des Sprengstoffs *höchsterrungner* Zweck!

In Geschützrohre bohren wir kleine Löcher hinein
Dort ziehen dann Spechte und Stare ein

Wers kann, kann auf ausgeblasnen Raketen
Wie auf Taminos Zauberflöte flöten

Mit U-Booten fangen wir Haie und andere Fische
Die Frauen decken die Generalstabstische

An Schlagbäumen werden Ochsen und Hammel gebraten
Von nackten Männern, die waren Soldaten

Und besser als es Uniformen können
Wärmt sie das Feuer, drin die Uniformen brennen.

Rot glühn die Martinöfen auf, in ihren Bäuchen
Vergehn, entstehen Welten! Wie wir keuchen

Vor Wollust, wenn wir sehen: hart wird weich
Und wenn sichs wieder härtet, wird zugleich

Das Krumme grad. Wir waren krumm und dumm!
Wir schleppen Schrott, wir schmieden, pflügen um:

Wenn wir dann die müd-müden Rücken recken
Durchstoßen die Köpfe die Zimmerdecken

Nur in den Nächten jahrein, jahraus
Wir träumen uns ins Mauseloch als Maus.

PETER WAWERZINEK
Was Mottek sagt, sagt Mottek nicht
Nach Karl Mickel

Oft ja grad in dunklen Schenken
Von den Bieren angetörnt
Muß ich an die Märchen denken
Daran was man daraus lernt

Sollten (Beispiel) Grausamkeiten
(oftens haaretürmend schlimm)
Nicht gleich für alle Zeiten
schimmeln bei den Brüdern Grimm?

Klar, sagt Mickel, löffelt Erbsensuppe
Auf in den Wald zu Isegrimm
Wölfe jagt man mit Gepupe
Kinder furzet laut und schlimm

GÜNTER KUNERT
In Kansas City

fordert der Gouverneur nicht viel
von seinen Anhängern,
sagen seine Anhänger:
nur eine Kleinigkeit.
Sie sollen ihm nicht den Boden überlassen,
nicht die Häuser in der Stadt, nicht die
jungfräulichen Töchter und die Autos,
nur
das Denken sollen sie ihm überlassen.
Das ist nicht zuviel verlangt,
sagen sie, das ist doch billig.

Aber wenn dem Gouverneur
das Denken überlasssen worden ist,
woran denkt er?

Nicht an den Boden, auf dem er steht,
nicht an die Häuser der Stadt,
die er regiert,
nicht an jungfräuliche Töchter und Autos,
sondern an nicht viel:
an sich.

RICHARD PIETRASS
Das Abendmahl

Zwölf Herren steigen aus schwarzen Wagen
Sie halten dezent die Handschuh vorm Magen.
Stumm gehen sie ins Erste Lokal
Damast das Tischtuch, die Lüster Kristall.
Zwölf Ober, im Frack, tun ihren Fall
Präsentieren ochslederne Karten.
Ich steh hinter Samt und habe zu warten.
Was nun sich tut, ich kann es nicht fassen
Was sich die Herren gefallen lassen.
In silbernen Schalen kommen die Suppen
Aus Aalgedärm und Karpfenschuppen!
Keiner der Herren verzieht eine Miene
Als ob es so in Ordnung schiene.
Kartoffelschalensalat. Kein Protest.
Zernagtes Korn samt Mäusenest.
Ochsenaugen mit Kohlstrunk garniert.
Noch immer keiner, der sich ziert.
Hühnerköpfe, Schneckenhäuser (gemahlen).
Wird der Koch mit dem Leben zahlen?
Schimmliges Brot, blaugrün gefleckt.
Keiner, der den Finger steckt
Ananasschöpfe, Artischockenzehen
Gierig, wie die Kiefer gehen.
Wüste Folge düstrer Gänge
Langsam zieht sich das Mahl in die Länge.
Golden blinkt das Messinggestänge.
Die Topfpalmen winken mit den Wedeln.
Der letzte Gang, Egel in Igelblut.
Die Herren schnippen nach dem Hut.
Jeder küßt jeden, ohne Ton.
Wie sie gekommen, fahrn sie davon.

ERWIN EINZINGER
Paßt, wackelt & hat Luft

Zwei schöne Länder werden endlich Freunde & reden sich
    ihre ge
Waltige Erleichterung darüber vom Herzen: »Ich habe
    immer

Schon jemanden gesucht, dem ich mich wirklich anver-
    trauen kann…
Was ich nämlich ganz einfach brauche, sind sehr viel Zu-
    wendung

& Verständnis.« – »Ja, ich auch. Außerdem brauche ich
    einen Hub-
Schrauber & einen Klappsessel, der halbwegs flüssig
    sprechen kann!

Hin & wieder vielleicht einige gute Shows wie sie
Jetzt ohnehin überall in die Kanäle kommen.«

ERICH KÄSTNER
Die Fabel von Schnabels Gabel

Kannten Sie Christian Leberecht Schnabel?
Ich habe ihn gekannt.
Vor seiner Zeit gab es die vierzinkige,
die dreizinkige
und auch schon die zweizinkige Gabel.
Doch jener Christian Leberecht Schnabel,
das war der Mann,
der in schlaflosen Nächten die einzinkige Gabel
entdeckte, bzw. erfand.

Das Einfachste ist immer das Schwerste.
Die einzinkige Gabel
lag seit Jahrhunderten auf der Hand.
Aber Christian Leberecht Schnabel
war eben der erste,
der die einzinkige Gabel erfand!

Die Menschen sind wie die Kinder.
Christian Leberecht Schnabel
teilte mit seiner Gabel
das Schicksal aller Entdecker, bzw. Erfinder.

Einzinkige Gabeln,
wurde Schnabeln
erklärt,
seien nichts wert.

Sie entbehrten als Teil des Bestecks
jeden praktischen Zwecks,
und man könne, sagte man Schnabeln,
mit seiner Gabel nicht gabeln.

Die Menschen glaubten tatsächlich, daß Schnabel
etwas Konkretes bezweckte,
als er die einzinkige Gabel
erfand, bzw. entdeckte!
Ha!

Ihm ging es um nichts Reelles.
(Und deshalb ging es ihm schlecht.)
Ihm ging es um Prinzipielles!
Und insofern hatte Schnabel
mit der von ihm erfundenen Gabel
natürlich recht.

»Die Wort? in Ordnung;
Nichts, als der Verstand verrückt«

SPRACHE & DICHTUNG

KLABUND
Prolog

Ich sitze hier am Schreibetisch
Und schreibe ein Gedichte,
Indem ich in die Tinte wisch
Und mein Gebet verrichte.

So giebt sich spiegelnd Vers an Vers
In ölgemuter Glätte.
Nur selten fragt man sich: Wie wärs,
Wenn es mehr Seele hätte?

Die Seele tut mir garnicht weh,
Sie ist ganz unbeteiligt.
Nackt liegt sie auf dem Kanapee
Und durch sich selbst geheiligt.

Des Abends geh ich mit ihr aus,
Im Knopfloch eine Dalie.
Ich selber heiße Stanislaus,
Sie aber heißt Amalie.

ERNST JANDL
liegendes gedicht

hier liegt, es hat sich
hingelegt, es hat von selbst
sich hingelegt, ein
liegendes gedicht
oder es ist hingelegt worden
jemand hat es hingelegt
und zugedeckt, »da lieg schön brav«, ein
dichter vielleicht

BEAT ZWICKY
Zerfall

Ein Zwieback liegt im Regen und wird weicher,
mit tausend Händen vom Gewitter weichgeklopft.
Er wird dem Boden und der Erde immer gleicher
mit jedem Tropfen, der vom grauen Himmel tropft.

Des Zwiebackbäckers Kunst, sie war vergebens.
Dem Walten der Natur entgeht man nicht.
Ja, zum Verständnis der Gesetze unsres Lebens
genügt ein weicher Zwieback als Gedicht.

JOHANN WOLFGANG GOETHE

Getretner Quark
Wird breit, nicht stark. –
Schlägst du ihn aber mit Gewalt
In feste Form, er nimmt Gestalt.
Dergleichen Steine wirst du kennen,
Europäer Pisé sie nennen.

WILHELM BUSCH

Der Hausknecht in dem »Weidenbusch«
Zu Frankfurt an dem Main,
Der war Poet, doch immer kurz,
Denn wenig fiel ihm ein.

Ja, sprach er, Freund, wir leben jetzt
In der Depeschenzeit,
Und Schiller, käm er heut zurück,
Wär auch nicht mehr so breit.

AUGUST WILHELM SCHLEGEL
Gesicherte Unsterblichkeit

So lang' es Schwaben giebt in Schwaben,
Wird Schiller stets Bewundrer haben.

KURT TUCHOLSKY
Junge Autoren

Was sie nur wollen –!
Da schimpfen sie auf die Ollen,
und die sind stieke
und überlassen die ganze Musike
den Jungen.
            Und die machen ein Geschrei!
Und es sind alle dabei:

Da sieht man ältere Knaben,
die schon ihre fünfzig auf dem Buckel haben,
in kurzen Hosen umeinanderlaufen;
wenn sie schnell gehen, kriegen sie das Schnaufen –
aber bloß nicht hinten bleiben!
Modern! modern müssen sie schreiben!
Nur nicht sein Leben zu Ende leben –
jung! jung mußt du dich geben!
Bei uns haben sie sonen Bart, der von alleine steht –
oder sie kommen gar nicht raus aus der Pubertät.

Was sie nur haben –!
Hindert denn einer die jungen Knaben?
Hört doch bloß mal: Die junge Generation!
Na, da macht doch schon!
Es hält euch ja keiner. Als ob uns das nicht frommt,
wenn ein neues Talent geloffen kommt.
Neunzehn Jahre! Was ist denn das schon?
Das ist keine Qualifikation.
Ludendorff war auch mal neunzehn Jahr.
Jung sein ist gar nichts. Es fragt sich, wers war.
Es gibt alte Esel und junge Talente –
Geburtsscheine sind keine Argumente.

Und wenns nicht klappt: es liegt nicht am Paß.
Dann liegts an euch. Könnt ihr was –?

Noch nie hat man sich so um Jugend gerissen.
Direktoren, Verleger warten servil…
jeder lauert auf einen fetten Bissen –
Speelt man god. Und schreit nicht so viel.
Wer was kann, der sei willkommen.
Der Rest hat die Jugend zum Vorwand genommen;
das sind – wir wollen uns da nicht streiten –
verhinderte Talentlosigkeiten.

CHRISTIAN WERNICKE
Über gewisse Gedichte

Der Abschnitt? gutt; der Vers? fließt woll; der Reim? geschickt;
Die Wort? in Ordnung; Nichts, als der Verstand verrückt.

OTTO ERNST
Der Mystikus

O hättest du immer »dunkel« geschrieben,
Du wärst ein Symbolist geblieben! –
Zum ersten Male schrieb er klar –
Da sah man's, daß er ein Simpel war.

GOTTHOLD EPHRAIM LESSING
Die Ewigkeit gewisser Gedichte

Verse, wie sie Bassus schreibt,
Werden unvergänglich bleiben: –
Weil dergleichen Zeug zu schreiben,
Stets ein Stümper übrig bleibt.

FRIEDRICH HEBBEL
Auf Manchen

Freilich thut es dir noth, zu schaffen, ich glaub' es, doch, leider
Thut es der Welt nicht noth, daß sie besizt, was du schaffst.

MATTHIAS CLAUDIUS
Das Distichon

Im Hexameter zieht der ästhetische Dudelsack Wind ein;
    Im Pentameter drauf läßt er ihn wieder heraus.

KARL IMMERMANN
Das schreibende Haus

Einen Freund habe ich, der Schriftsteller ist,
Und geheiratet hat die Schriftstellerin,
Mit zwo schriftstellernden Töchtern.
Jüngst besucht' ich den Mann um die Hundstagsglut,
Da hab' ich gesehn, was geschrieben jetzt wird,
Ich will euch das Schreiben beschreiben.

Durch den einsamen Flur, wo der eigene Tritt
Nachdröhnte mir dumpf, stieg die Treppe ich 'nauf
Und klopf' an die Stube des Freundes;
Der winkt mich jedoch mit den Händen zurück,
Denn er hat keine Zeit, denn er schreibt ein Traktat
Von der höhern Bedeutung der Schafzucht.

Nun, dacht' ich, die Frau wird wohl höflicher sein,
Und trat ins Gemach, wo die Geistreiche saß,
Bekleckst von dem Haupte zur Sohle.
Sie winkt mich jedoch mit den Händen zurück,
Denn sie hat keine Zeit, denn sie schreibt an: »Ideen
Über Feinheit im Leben und Umgang«.

So sei denn mein Heil bei den Töchtern versucht!
Ich stieg in die dritte Etage hinauf,
Und begrüßte Melanien und Armgard;
Die winkten mich beid' mit den Händen zurück,
Denn sie hatten nicht Zeit, denn sie saßen am Tisch,
Und schrieben Roman' in Gemeinschaft.

Ei so hole der Henker das Schriftstellertum!
Gibt's denn keinen Lakai'n, der das Zimmer mir zeigt?
Ich lief in die Stube der Diener.

Doch die winken mich all' mit den Händen zurück,
Denn sie haben nicht Zeit, denn sie sitzen umher,
Und die ganze Livree schreibt Bücher.

Der Kutscher, der schreibt über Kümmel, Anis,
Die Amme, die schreibt von der Unschuld Ersatz
Im beglückenden Muttergefühle;
Der Bediente, der schreibt über Hegel ein Werk,
Die Köchin ahmt Clauren dem Göttlichen nach:
»Vergißmeinnicht«, schreibt sie, »für Mägde«.

Es verbrennet am Spieße der Braten, es schrein
Im Stalle die Pferde nach Hafer und Heu,
Laut schreien die hungrigen Kinder.
Laß sie schreien! Es komme das Ende der Welt,
Das verstöret die schreibenden Schriftsteller nicht
Vom Parterre bis zur dritten Etage.

Ich ergreife die Flucht, auf dem Hofe vernehm
Ich Geräusch aus dem Stall; nun guck' ich hinein,
Da stehet das Reitpferd und schreibet.
Die Zeit und den Hunger vertreibt sich das Vieh,
In die Pfütze beian eintaucht' es den Huf,
Und kratzt in den Sand: »Elegien«.

Ach, wo soll doch die Welt vor Autoren noch hin?
Woher schafft man die Lumpen zu all' dem Papier?
Es fehlen die Gäns' zu den Federn!
Ihr Skribenten, seid gut, und verschont das Papier
Und sparet die Federn, und macht's wie der Rapp';
Kratzt, kratzt in den Sand eure Sachen!

OSCAR BLUMENTHAL
Verleger-Geständnisse

»Ich bin Verleger und mache in Geist.
Mein Hauptwort heißt: Verdienen.
In meinem Verlag ist ›das Elend der Welt‹
Auf Schreibpapier erschienen.

Das ist die Perle meines Verlags,
Im Umsehen wurd' es Mode.
Professor Dunkel schrieb mir das Buch
Nach induktiver Methode.

In jeden Winkel des deutschen Reichs
Wird täglich es versendet.
Die Kritiker haben dem Elend der Welt
Den freudigsten Beifall gespendet.

Tragödien und Epen liegen wie Blei,
Gedichte gehen spärlich,
Doch Dunkels köstliches Leidensbuch
Wird aufgelegt alljährlich!

Denn kein System ist an Freunden so reich,
Wie der aufgewärmte Buddhismus.
Drum lebe die Schopenhauerei,
Es lebe der Pessimismus.

Es lebe die Krankheit, es lebe der Tod,
Denn wären uns die nicht geblieben,
So hätte mir Dunkel sein ganzes Buch
Am Ende gar nicht geschrieben.

Und kehrt auch manchmal ein Krebs zurück
Als unnwillkomm'ne Reptilie –
Dem Elend der Welt verdanke ich
Den Wohlstand meiner Familie.«

* * *

So hat ein deutscher Verleger einst
Mir offenherzig betheuert.
Er wird als Träger der Wissenschaft
Von seinen Collegen gefeiert.

HEINRICH SEIDEL
Das Buch aus der Leihbibliothek

Das ich hier in Händen halte,
Dies zermürbte Buch, dies alte,
Blei- und Tinten-argbeschmierte,
Eselsohrenreichgezierte,
Kaffee-, Thee- und Bier-befleckte,
Fliegen-, Fett- und Oel-bekleckte,
Dem als Spur der Wanderschaften
Tausend schlechte Düfte haften,
Dieses Buch, zerlumpt, entstellt:
Dieses liest die deutsche Welt!
Liest die Köchin bei den' Braten,
Auf der Wache die Soldaten,
Liest der Sträfling in der Zelle,
Der Commis bei seiner Elle,

Liest der Hagestolz im Bett,
Und das ganze Lazareth;
Dann, die schönste aller Damen
Mit dem glanzerfüllten Namen
Nimmt dies Buch so wohl durchdüftet
Und von jeder Luft durchlüftet
In die zarte weisse Hand!
Von des Dichters Kunst gebannt,
Bald der Schönen, zart besaitet,
Eine Thräne sanft entgleitet
Und erfüllt den grossen Zweck:
Nie ein Leser ohne Fleck!
O Gedanke, gross und mächtig!
O Erfolg, so wunderprächtig!
Wie gesegnet der Poet,
Der die edle Kunst versteht!
Hoch und niedrig, arm und reich:
Diese Schmiere macht es gleich!
Ach, wer noch im Dunkel lebt,
Nach dem hohen Lorbeer strebt;
Dieser fühlt mit heissem Sehnen
Einen Wunsch den Busen dehnen:
»Lieber Himmel« fleht er täglich,
»Schenk auch mir das Glück unsäglich:
»Laß auch meine Dichterein
»Einst so herrlich fettig sein!«

CLEMENS BRENTANO

Als Herr Künzel neulich bat,
Schuldig ihm kein Blatt zu bleiben,
O da fand ich freilich Rat,
Braucht' mir nicht die Stirn zu reiben:
Für ein Blatt von Freiligrath
Konnt' ich ihm gleich sechse schreiben;
Gern um einen Pfeil ich bat
Nach so reiner Sonnenscheiben;
Tanzt' auch auf dem Seil ich grad,
Wollt' ich balancierend bleiben,
Schrieb auch keine Zeil' ich grad,
Ließ doch meinen Kiel ich treiben,
Kläng' es auch langweilig fad,
Wollt' ich doch sechs Blätter schreiben,
Für ein Blatt von Freiligrath.
Aber dabei soll's auch bleiben,
Denn, weil ich zu eilig tat,
Mich sechsfach einzuverleiben,
Sah ich, daß Herr Freiligrath
Sein Gedrucktes ab kann schreiben;
Ein gedrucktes Blatt ist seines,
Dies von meinen Sechsen eines,
Weiter kriegt Herr Künzel keines.

FRANZ FREIHERR VON GAUDY
Das letzte Gedicht

Ich will auch das verdammte Verseln lassen –
   Zur Krankheit ward's bei mir, ward zur Manie.
Auf Honorar für Verse kann man passen,
   Kaum gratis noch gedruckt wird Poesie.
Was er an Versen braucht, macht sich ein Jeder
   Allein – nach fremden trägt kein Mensch Begehr.
Ich schwörs: Zum Letztenmal tunk ich die Feder
   Jetzt ein. Noch dies Gedicht – kein Anders mehr.

Kein Anders mehr! – Einmal und nimmer wieder!
   Wer sähe gern in solch 'nem Lumpenblatt
Am Pranger gleichsam stehen seine Lieder,
   Mit Prädikaten »manierirt« und »matt«?
Ich nicht, bei Gott! – Doch dem, der dies Geschmiere
   Verfaßt, dem Tezett – o, ich weiß schon wer –
Dem tränk' ich's ein. 'Ne einzige Satyre
   Auf ihn – noch dies Gedicht – kein Anders mehr.

Kein Anders mehr! – Hier schwör' ich's ab. Ja, wenn der
   Geburtstag meiner Braut nur nicht –
Zur Unzeit kuckte ich in den Kalender –
   Wünsch ich nicht Glück in Reimen – ja, sie bricht.
Nun, Verse zum Geburtstag, streng genommen
   Sind keine Verse – Prosa doch wohl eh'r.
So'n Tag kann einmal nur im Jahre kommen –
   Da geht's – Noch dies Gedicht – kein Anders mehr.

Kein Anders mehr! – Fort, du heilloser Zettel
   Vom Redakteur des Musenalmanach!
Ich treib' einmal nicht länger mehr den Bettel
   Von Poesie! Ob je mein Wort ich brach?
Was schreibt er denn? – »Sie werden mich verpflichten –
   Gepries'ner Name – Meister« – Bitte sehr! –
Man kann den Mann doch nicht zu Grunde richten –
   Ihm fehlt's – noch dies Gedicht – kein Anders mehr.

Kein Anders mehr! – Wenn von Gesammt-Ausgabe
   Buchhändler sprächen – nein! – doch ja – vielleicht –
Man nimmt das Alte, feilt – von Neuem habe
   Ich mancherlei im Pult, und, wie mir däucht,
Nicht Schwäch'res just. – Freilich müßt' ich vollenden
   Das Epos, das romantische, vorher.
Dann ging's, daß meine Werk' in sieben Bänden –
   Nun ja – noch dies Gedicht – kein Anders mehr.

Kein Anders mehr! – Ich muß das Verseln lassen.
   Es ist die höchste Zeit, ich seh' es ein. –
Ja, laß Dich nur bei einem Haare fassen
   Vom Teufel, und Du bist auf ewig sein.
Ach! Ruh ist nur im Grabe zu gewärt'gen –
   Und doch – wer setzte mir die Grabschrift? Wer?
Müßt' ich denn nicht am Ende selbst verfert'gen
   Noch sterbend dies Gedicht – kein Anders mehr.

MICHAEL RICHEY
Auf einen Polygraphum

Du schreibst. Wovon? von… ey! du schreibst, ich weiß
nicht was.
Du schreibst, und wiederum du schreibst. Was soll denn das?
Bringts Ehre? schafft es Frucht? solls etwa Zeit vertreiben?
Geschiehts um Geld? o nein! du schreibst nur, um zu schreiben.

ROBERT NEUMANN
Ein Sohn, etwas frühreif,
schreibt an Frau Großhennig
Nach Erich Kästner

Liebe Mutter! Das war natürlich sehr freundlich,
daß du mir schriebst. Und ich bin dir durchaus nicht gram.
Im Augenblick war es ja allerdings etwas peinlich,
weil eben ein Mädchen bei mir lag, als der Briefbote kam.

Sie heißt Hilda und ist gesund, da mußt du dich nicht erst
    erregen.
Das tut dir nicht gut. Sie ist zärtlich, sie hat eine Tante und
    wohnt nebenan Nummer acht.
Diese Mitteilungen mache ich dir hauptsächlich des Reimes
    wegen,
und weil das mit der Tante sich so reizend natürlich macht.

Du fragst was ich treibe. Ich treibe soziales Gewissen.
Ich treibe auch Kinderseele. Wie, bitte? Danke, es geht.
Dagegen gibt es welche, die wollten meinen Roman lieber
    missen,
weil er fast nur aus zu Prosa gewalzten Kästnergedichten
    besteht.

So gebe ich eben plauderdings dem Kurfürstendamme,
was des Kurfürstendammes ist, gut für Kunz oder Hinz.
Die halten das dann für Asphalt. Aber gleich darunter
    flackert mit scheu leuchtender Flamme
die Melancholie. Und ein wenig Moral. Und ein wenig
    Provinz.

Ist das neu? Lies den Heine, wenn du den Heine liest. Uns
    Erwürger
Des Gefühls würgt ja doch nur das Gefühl.
Na, schon gut! Halb ein Bürgerschreck und halb ein
    erschrockener Bürger
dichte ich mich leicht frierend durch das Menschengewühl.

LUDWIG THOMA
Des Dichters Klage

Was bin ich für ein großer Lump!
Ich leb' das ganze Jahr auf Pump,
Ich stecke tief in Schulden.
O Himmel, Herrschaft, Sapperlott!
Ich treibe mit dem Höchsten Spott.
Wie lange wird man's dulden?

Die Tante sprach: »Mein liebes Kind,
Sei nicht so, wie die andern sind!
Mich freut nicht, was ich sehe.
Nimm dir ein hübsches Mädchen nur
Mit voller, üppiger Figur;
Begib dich in die Ehe!«

Und gestern abend der Herr Rat,
Der sagte: »Es ist wirklich schad',
Sie haben doch Talente!
Sie würden sicher Sekretär
Und später auch noch etwas mehr
Mit einem Staatspatente.«

Mein Onkel, der ist ziemlich kühl;
Wenn er mich sieht, dann wird ihm schwül,
Er geht mir durch die Lappen.
Er sieht sich nach 'nem Laden um,
Er geht geschwinde hintenrum,
Er glaubt, er muß berappen.

Ich bin entgleist als Existenz
Und kenne selbst die Konsequenz
In unserm Staatsverbande;
Mit mir, da geht's noch einmal schief,
Ich sinke noch einmal sehr tief;
Es ist 'ne Affenschande.

FRIEDRICH RÜCKERT
Dichterehe

Ein junger Dichter, eines alten Dichters Sohn,
Und einer alten Dichterin,
Heiratet' eine Dicht'rin, Tochter eben so
Von Dichter und von Dichterin.
Ein Dichter sprach dem Dichterpaar den Trauersermon,
Das Brautlied sang ein Dichterling.
Da ward vom Dichtergeiste, der zusammenfloß,
Der Ehebund so dichterisch,
Daß, satt des süßen Dichterglücks im ersten Mond,
Im zweiten man zur Scheidung schritt.

THEODOR FONTANE
Der echte Dichter
(Wie man sich früher ihn dachte)

Ein Dichter, ein echter, der Lyrik betreibt,
Mit einer Köchin ist er beweibt,
Seine Kinder sind schmuddlig und unerzogen,
Kommt der Mietszettelmann, so wird tüchtig gelogen,
Gelogen, gemogelt wird überhaupt viel,
»Fabulieren« ist ja Zweck und Ziel.

Und ist er gekämmt und gewaschen zuzeiten,
So schafft das nur Verlegenheiten,
Und ist er gar ohne Wechsel und Schulden
Und empfängt er pro Zeile 'nen halben Gulden
Oder pendeln ihm Orden am Frack hin und her,
So ist er gar kein Dichter mehr,
Eines echten Dichters eigenste Welt
Ist der Himmel und – ein Zigeunerzelt.

GOTTHOLD EPHRAIM LESSING
Der geizige Dichter

Du fragst, warum Semir ein reicher Geizhals ist?
Semir, der Dichter? er, den Welt und Nachwelt liest?
Weil, nach des Schicksals ew'gem Schluß,
Ein jeder Dichter darben muß.

ERNST JANDL
rilkes trennung

der ungewöhnliche rilke
und der gewöhnliche rilke
steckten im gleichen

der ungewöhnliche rilke
und der gewöhnliche rilke
wären beisammen geblieben

der ungewöhnliche rilke
und der gewöhnliche rilke
würden sich trennen müssen

der ungewöhnliche rilke
und der gewöhnliche rilke
wußten es beide

KARL RIHA

abends / am rande der nacht
nach rainer maria rilke
(dem alphabetischen verzeichnis der gedichtanfänge nach)

abends / am rande der nacht
betrachte sie und sieh
corrida
diese neigung in den jahren
ein frauen-schicksal
fragmente aus verlorenen tagen
gib deine schönheit immer hin
hörst du, geliebte, ich hebe die hände
ich bin derselbe noch
ja ich sehne mich nach dir / ich gleite
komm
lösch mir die augen aus
mach mich zum wächter deiner weiten
nacht / nächtliche fahrt
o brunnen-mund / o komm und geh
persisches heliotrop
rufe mich zu jener deiner stunden
sei allem abschied voran, als wäre er hinter dir
schlaf-mohn
todes-erfahrung
und dennoch: mir geschieht
venezianischer morgen
wie ergreift uns der vogelschrei
zwei becken, eins das andre übersteigend

REINHARD LETTAU
Interessante Begegnung

Der Dramatiker Peter Handke,
unterwegs nach einem Interesse,
begegnet
der Sprache,
dann dem Senator Franz Burda aus
Offenburg, endlich
sich selbst.

»Nach innen«, seufzt er, »geht
der geheimnisvolle Weg.«

ARNO HOLZ
Die deutsche Dichtkunst

Die deutsche Dichtkunst schrieb notorisch
Sich selber den Uriasbrief,
Seit das Gefühl ihr obligatorisch
Und der Verstand nur facultativ.

JOHANN WOLFGANG GOETHE
Das Sonett

Sich in erneutem Kunstgebrauch zu üben
   Ist heil'ge Pflicht, die wir dir auferlegen:
   Du kannst dich auch, wie wir, bestimmt bewegen
   Nach Tritt und Schritt, wie es dir vorgeschrieben.

Denn eben die Beschränkung läßt sich lieben,
   Wenn sich die Geister gar gewaltig regen;
   Und wie sie sich denn auch gebärden mögen,
   Das Werk zuletzt ist doch vollendet blieben.

So möcht ich selbst in künstlichen Sonetten,
   In sprachgewandter Maße kühnem Stolze,
   Das Beste, was Gefühl mir gäbe, reimen;

Nur weiß ich hier mich nicht bequem zu betten,
   Ich schneide sonst so gern aus ganzem Holze
   Und müßte nun doch auch mitunter leimen.

JOHANN HEINRICH VOSS
An Goethe
März 1808.

Auch du, der, sinnreich durch Athene's Schenkung,
Sein Flügelroß, wann's unfügsam sich bäumet,
Und Funken schnaubt, mit Kunst und Milde zäumet,
Zum Hemmen niemals, nur zu freyer Lenkung:

Du hast, nicht abhold künstelnder Beschränkung,
Zwey Vierling' und zwey Dreiling' uns gereimet?
Wiewohl man hier Kernholz verhaut, hier leimet,
Den Geist mit Stümmlung lähmend, und Verrenkung?

Laß, Freund, die Unform alter Truvaduren,
Die einst vor Barbarn, halb galant, halb mystisch,
Ableierten ihr klingelndes Sonetto;

Und lächle mit, wo äffische Naturen
Mit rohem Sang' und Klingklang' afterchristisch,
Als Lumpenpilgrim, wallen nach Loretto.

MYNONA

In alte Schläuche taugt kein neuer Wein,
Der Dichter dichte, wie zum Beispiel Whitman;
Die Seele immer neu schafft ihre Rhythmen,
Wer heut' Sonette macht, ist nur ein Schwein.

Daher auch hüt' ich mich davor, allein
Ich bin darob beruhigt, denn ich glitt, wenn
Ich's auch wollte, nicht in diesen Ritt, denn
Grad zur Sonettform sag ich immer: nein!

Ich hopse, wie die Muskeln mir's diktieren,
Will nicht in fremde Form gezwungen sein
Und fühle mich ganz frei in meiner – meiner!

Pfui Teufel, sollt' ich je Sonette schmieren:
Ich will ich selbst in meinen Lungen sein
Und niemals atmen in Petrarkas seiner.

ERNST JANDL
erstes sonett

am reim erkennt man oft die zeile
auch an der wörter gleichen eile
am silbenschlag, der wie der takt
des drummers jene dichter packt
die nie beim jazz in ruhe bleiben
sondern es mit den beinen treiben
den füßen, die den boden schlagen
als könnten sie es nicht ertragen
baß, drums, trompeten, saxophonen
ohne bewegung beizuwohnen.
wir sind vom selben holz gemacht
ihr schlagt und heult, und in uns kracht
ohrenbetäubend tag und nacht
donner der sprache, heult und lacht.

GERHARD RÜHM
sonett

erste strophe erste zeile
erste strophe zweite zeile
erste strophe dritte zeile
erste strophe vierte zeile

zweite strophe erste zeile
zweite strophe zweite zeile
zweite strophe dritte zeile
zweite strophe vierte zeile

dritte strophe erste zeile
dritte strophe zweite zeile
dritte strophe dritte zeile

vierte strophe erste zeile
vierte strophe zweite zeile
vierte strophe dritte zeile

MASCHA KALÉKO
»Die Leistung der Frau in der Kultur«
(Auf eine Rundfrage)

Zu deutsch: »Die klägliche Leistung der Frau«.
Meine Herren, wir sind im Bilde.
Nun, Wagner hatte seine Cosima
Und Heine seine Mathilde.
Die Herren vom Fach haben allemal
Einen vorwiegend weiblichen Schatz.
Was uns Frauen fehlt, ist
»Des Künstlers Frau«
Oder gleichwertiger Ersatz.

Mag sie auch keine Venus sein
Mit lieblichem Rosenmund,
So tippt sie die Manuskripte doch fein
Und kocht im Hintergrund.

Und gleicht sie auch nicht Rautendelein
Im wallenden Lockenhaar,
So macht sie doch täglich die Zimmer rein
Und kassiert das Honorar.

Wenn William Shakespeare fleißig schrieb
An seinen Königsdramen,
Ward er fast niemals heimgesucht
Vom »Bund Belesner Damen«.

Wenn Siegfried seine Lanze zog,
Don Carlos seinen Degen,
Erging nur selten an ihn der Ruf,
Den Säugling trockenzulegen.

Petrarcas Seele, weltentrückt,
Ging ans Sonette-Stutzen
Ganz unbeschwert von Pflichten, wie
Etwa Gemüseputzen.
Doch schlug es Mittag, kam auch er,
Um seinen Kohl zu essen,
Beziehungsweise das Äquivalent
In römischen Delikatessen.

Gerne schriebe ich weiter
In dieser Manier.
Doch muß ich, wie stets,
Unterbrechen.
Mich ruft mein Gemahl.
Er wünscht, mit mir
Sein nächstes Konzert
Zu besprechen.

KURT TUCHOLSKY
Die arme Frau

Mein Mann? mein dicker Mann, der Dichter?
Du lieber Gott, da seid mir still!
Ein Don Juan? Ein braver, schlichter
Bourgeois – wie Gott ihn haben will.

Da steht in seinen schmalen Büchern,
wieviele Frauen er geküßt;
von seidenen Haaren, seidenen Tüchern,
Begehren, Kitzel, Brunst, Gelüst…

Liebwerte Schwestern, laßt die Briefe,
den anonymen Veilchenstrauß!
Es könnt ihn stören, wenn er schliefe.
Denn meist ruht sich der Dicke aus.

Und faul und fett und so gefräßig
ist er und immer indigniert.
Und dabei gluckert er unmäßig
vom Rotwein, den er temperiert.

Ich sah euch wilder und erpichter
von Tag zu Tag – ach! laßt das sein!
Mein Mann? mein dicker Mann, der Dichter?
In Büchern: ja.
     Im Leben: nein.

JOHANN HEINRICH VOSS
Der gewesene Dichter

   Mit dickem Lorbeerkranz geschmückt,
Wird Matz im Brustbild hier erblickt.
Sein alter Koch betheu'rt indessen,
Matz habe seinen Lorbeerkranz,
Seitdem er bei ihm diene, ganz
An Brühn und Braten aufgefressen.

GOTTFRIED KELLER

Den Dichter seht, der immerdar erzählt von Lerchensang,
Wie er nun bald ein Dutzend schon gebratner Lerchen
   schlang!
Bei Sonnenaufgang, als der Tag in Blau und Gold erglüht,
Da war es, daß sein Morgenlied vom Lob der Lerchen
   klang;
Und nun bei Sonnenuntergang mit seinem Gabelspieß
Er sehnend in die Liederbrust gebratner Lerchen drang!
Das heiß ich die Natur verstehn, allseitig tief und kühn,
Wenn also auf und nieder sich sein Tag mit Lerchen
   schwang!

REINHARD LETTAU
Erlebnis und Dichtung

Wer
kommt nach Hause mit einem Schweinekopf,
den er neben die Staffelei legt, vor die er sich stellt,
um ihn zu malen,
trägt ihn dann in die Küche, kocht und
ißt ihn später im Wohnzimmer, nachdem er
am Schreibtisch ein Gedicht über ihn gemacht hat, wer
erhebt sich mit dem Skelett und
malt es im gleichen Format?

Ein Kollege mitten in seiner
klassischen Periode.

Aus dieser einfachen Überlegung: daß
alles gelingt, d. h.
alles fertig wird, d. h.
alles verwendbar ist,
entsteht Klassik.

Dies
ist ein klassisches Gedicht.

DETLEV VON LILIENCRON
Dichterlos in Kamtschatka

Geduld, Poet, und nicht gemuckst!
So heißt die Pille, die du schluckst.

Entsagung, in der Ecke stehn,
Von jedem Laffen falsch gesehn.

Dein Volk, wenn dich Diät geplagt,
Hat dir, wie stets, das Brot versagt.

Verzweiflung, und noch obendrein
Verlacht, verhöhnt, verspottet sein.

»Das Publikum, das Publikum!«
Ja, hat sich was mit Publikum.

»Der Kritikus, der Kritikus!«
Na, das ist erst der Hochgenuß.

»Der Nachruhm bringt dir manchen Toast!«
Nun wahrlich, auch ein schöner Trost.

»Der Dichter ist ein König traun.«
Er ist im Vaterland der Clown.

Vielleicht nach hundert Jahren Schicht
Zieht ein Professor dich ans Licht.

Und hin und her wird dann geredt,
Und du wirst um und um gedreht.

Viel Lärm, Bumbum, Radau, Juchhei:
Im Sarg ist alles einerlei.

Und ob die Welt dich dann zerreißt,
Ob die Nation als Gott dich preist:

Ganz gleich, der Wurm hat rund und rein
Dich längst poliert im schwarzen Schrein.

Wir fragen, wo dein Hügel steht;
Der ist versunken und verweht.

Was geht's dich an, was soll der Quark,
Fehlt dir des Lebens Milch und Mark.

Das sind des Dichters ewige Qualen
Im großen Reich der Kamtschatkalen.

KURT DRAWERT
klagelied (barock)

wir trafen uns wieder
bei karstadt (sonderposten),
er war schon im westen,
ich kam aus dem osten.
er schon mit lehen,
und ich noch im leide,
mein alter freund walther
von der vogelweide –

ich saß auf einem steine
und deckte bein mit beine;
den ellenbogen setzt ich auf
und schmiegte in die hand darauf
das kinn und eine wange.
so grübelte ich lange,
wie in der welt man könnte leben –

das hab ich aufgegeben.
    ich stehe im brockhaus
und lebe von stütze,
    versprochen war vieles,
geblieben ist grütze.
    die urkunden faulen,
der lorbeer vergilbt,
    erst auferstanden,
dann ausgetilgt.
    erst heiliggesprochen,
dann abserviert,
    die ewige liebe,
wie ausradiert.

die treuen freunde,
die großen verehrer,
die falschen münzen,
die oberlehrer. –

das glück ist im himmel,
du mußt dich gedulden –
und habe die ehre
wie andere schulden. –

so klagten wir beide
zum duft von holunder,
und kauften als seide
den billigsten plunder.

FRANZ GRILLPARZER
Abschied von der Hofbibliothek

Lebet wohl, ihr guten Musen,
ich verlaß euch bald,
denn an eurem welken Busen
ists verzweifelt kalt.

Für den Kopf, ich muß es sagen,
sorgtet ihr recht sehr,
doch ich hab auch einen Magen,
und den ließt ihr leer.

»Sieh den Lorbeer! Was lohnt höher?«
Ach, ich hab ihn satt,
scheid ich nicht, so braucht ich eher
noch ein Feigenblatt;

denn hienieden ist man leider
nur auf Geld erpicht,
Geld verlangt der harte Schneider,
ach, und kein Gedicht.

Mit den Göttern nur im Bunde,
fremd im irdschen Land,
schüttelt Gold ihr aus dem Munde,
Kupfer aus der Hand.

Leder habt ihr an den Bänden,
keines für den Schuh,
Tische gnug an euren Wänden,
Tischtuch fehlt dazu.

Trotz der Handschrift, die für teuer
euer Schrein uns gibt,
dünkt ein Wechsel mir, beim Geyer!
beßres Manuskript,

und, am Schluß, statt längerm Fabeln,
Lieschens Auge brennt
nach ganz andern Inkunabeln,
als Herr Sensel kennt.

Drum lebt wohl, ihr guten Musen,
ihr seid mir zu kalt,
mich zieht an des Lebens Busen
stärkere Gewalt.

AUGUST WILHELM SCHLEGEL
Grillparzer

Wo Grillen mit den Parzen sich vereinen,
Da müßten grause Trauerspiel' erscheinen.

JOSEPH VIKTOR VON SCHEFFEL
Die letzte Hose

Letzte Hose, die mich schmückte,
Fahre wohl! dein Amt ist aus,
Ach auch dich, die mich entzückte,
Schleppt ein andrer nun nach Haus.

Selten hat an solchen Paares
Anblick sich ein Aug' erquickt;
Feinster Winterbuckskin war es,
Groß kariert – und nie geflickt!

Mit Gesang und vollen Flaschen
Grüßt' ich einst in dir die Welt;
Zum Hausschlüssel in der Taschen
Klang noch froh das bare Geld.

Aber längst kam das Verhängnis,
Die Sechsbätzner zogen fort,
Und das Brückentorgefängnis
Ist ein dunkler stiller Ort ...

Längst verschwand, was sonst versetzlich,
Frack- und Rock- und Mantels Pracht.
Nun auch du! es ist entsetzlich!...
Letzte Hose, gute Nacht!

Tag der Prüfung, o wie bänglich
Schlägt mein Herz und fühlt es hell:
Alles Irdische ist vergänglich
Und das Pfandrecht schreitet schnell!

Nirgend winkt uns ein Erlöser,
Letzte Hose!… es muß sein!…
Elkan Levi, dunkler, böser
Trödler, nimm sie!… Sie sei dein!

Stiefelfuchs, du alter treuer,
Komm und stütz' mein Dulderhaupt!
Noch ein einziger Schoppen Neuer
Sei dem Trauernden erlaubt.

Dann will ich zu Bett mich legen
Und nicht aufstehn, wenn's auch klopft,
Bis ein schwerer goldner Regen
Unverhofft durchs Dach mir tropft.

Zeuch denn hin, die ich beweine,
Grüß den Rock und 's Kamisol!
Weh! schon friert's mich an die Beine!…
Letzte Hose, fahre wohl!!

GÜNTER BRUNO FUCHS
Bei Ankunft des Gerichtsvollziehers

Willkommen, mein Herr, da sind Sie also! Sie, der mich
    auszieht, das Fürchten zu lernen. Haha, das ist
nur ein Witz! Bitte walten Sie Ihres Handwerks, ich
    bereite Kaffee. Die Schreibmaschine wollen Sie
möglichst verschonen, sie wird bergauf wandern mit mir.

Fein, daß Sie nicken! Mein letztes Stück Brot, – es gehört
    auf Ihren Teller, in Ihre Hand. Den Zipfel Wurst
teilen wir uns.

Vom Würfelzucker
    nehmen Sie bitte drei Stück, die andern heb ich auf
für ein Pferd, Pferde sind dankbar. Was wäre aus
    den Hunnen geworden, hätten sie ihre Pferde mit
Würfelzucker verwöhnt, diese kleinen stämmigen Biester!
    Wer weiß, ob man heute noch
Gerichtsvollzieher
    fruchtlos
pfänden könnte.

Nicht traurig sein. Greifen Sie zu. Trinken Sie
    kräftig. Vollstrecken Sie Ihren Zwang. Alles, was Sie
vor sich sehen, gehört Ihnen ganz.

KLABUND
Der geistige Arbeiter in der Inflation

Wer nur den lieben Gott läßt walten –
Ich arbeite an einer Monographie über die römischen Laren.
Am Tage liege ich im Bett, um Kohlen zu sparen.
Ich werde ein Honorar von drei Mark erhalten.
Drei Mark! Das schwellt meine Hühnerbrust wie ein Segel.
Ein kleines Vermögen. Ich werde es in einem Taschentuch
　　anlegen.
Wie ich es früher trug und wie die reichen Leute es heute
　　noch tragen.
Um vorwärts zu kommen, muß man eben mal leichtsinnig
　　sein und was wagen.

Ein Jahr schon schneuze ich mich in die Hände,
Nun führt der Allerbarmer noch alles zum guten Ende.
Abends, wenn die Sterne und elektrischen Lichter erwachen,
Da besteige ich des Glückes goldnen Nachen.

Ich stehe am Anhalter Bahnhof. Ergebenster Diener!
Ich biete Delikateßbockwurst feil und die ff. heißen Wiener.
Manchmal hab' ich einen Reingewinn von einer halben Mark.
Ich lege das Geld auf die hohe Kante. Ich spare für meinen
　　Sarg.

Ein eigener Sarg, das ist mein Stolz
Aus Eschen- oder Eichenholz,
Aus deutscher Eiche. Das Vaterland
Reichte mir hilfreich stets die Vaterhand.
Begrabt mich in deutschem Holz, in deutscher Erde, im
　　deutschen Wald.
Aber bald!

Wie schläft sich's sanft, wie ruht sich's gut,
Erlöst von Schwindsucht und Skorbut.
Herrgott im Himmel, erwache ich zu neuem Leben noch
    einmal auf Erden:
Laß mich Devisenhändler, Diamantenschleifer oder Kanal-
    reiniger werden!

HEINRICH HEINE

Gaben mir Rat und gute Lehren,
Überschütteten mich mit Ehren,
Sagten, daß ich nur warten sollt,
Haben mich protegieren gewollt.

Aber bei all ihrem Protegieren,
Hätte ich können vor Hunger krepieren,
Wär nicht gekommen ein braver Mann,
Wacker nahm er sich meiner an.

Braver Mann! Er schafft mir zu essen!
Will es ihm nie und nimmer vergessen!
Schade, daß ich ihn nicht küssen kann!
Denn ich bin selbst dieser brave Mann.

ARNO HOLZ
Die achte Todsünde

Ein Dichter darf mit seinen Sachen,
Uns wüthend, darf uns rasend machen,
Wir stecken's schliesslich ruhig ein,
Wer wird denn immer: »Kreuzigt!« schrein?
Nur Eins wird man ihm nie verknusen,
Und gäb's statt neun selbst neunzig Musen:
Wenn er in Reimen wässrig thränt,
Indess sein armer Leser gähnt.
Drum, wer uns langweilt oder ledert,
Verdient, dass man ihn theert und federt!

JOACHIM RINGELNATZ
Dichter und erster Anhörer

Sie trugen zwei Sardellen
Zu Grabe. – – »Wer?«
Die Wellen,
Sie trugen sie vor sich her.

»Wieso zu Grabe? Wohin denn?«
Zu Grabe, zur ewigen Ruh!
»Wohin?« – – Nun je nach den Winden,
Vielleicht nach Afrika zu.

Sie murmelten Weisen der Trauer
Wegweit, tagaus und tagein.
»Da werden sie auf die Dauer
Wohl heiser geworden sein.«

Schwarz winkte am fernen Gestade
Ein Grab – – – »und der Abend sinkt,
Und deine Sardellenballade,
(Ganz offen gesprochen) die stinkt.«

HEINRICH HEINE

Und als ich euch meine Schmerzen geklagt,
Da habt ihr gegähnt und nichts gesagt;
Doch als ich sie zierlich in Verse gebracht,
Da habt ihr mir große Elogen gemacht.

ERICH MÜHSAM
Rezept

Auf Schmerzenszeichen, Dichter, sei bedacht:
zum Beispiel in den Augen trübes Leuchten,
weil ja Betrübnisse den Blick befeuchten,
obwohl ringsum ein lichter Frühling lacht.
Die Haare hängen wirr um Stirn und Ohren, –
denn wer sich grämt, denkt selten an den Kamm.
Die Füße aber waten schmerzverloren
im Rinnstein durch den aufgekehrten Schlamm.
Die Finger, selbstverständlich schwarzumrändert,
sie ballen sich in herber Qual zur Faust.
Kein Sinn verrät, was um mich saust und braust
und wer etwan des gleichen Weges schlendert. –
So dicht' ich mich. Dann tupf ich auf das Bild
hier Sehnsuchtsschatten und da Liebeslicht, –
und meine Seele stimmt sich wieder mild.
Denn wohlgefügt ist dieses Schmerzgedicht.

HEINRICH HEINE

»Teurer Freund! Was soll es nützen,
Stets das alte Lied zu leiern?
Willst du ewig brütend sitzen
Auf den alten Liebes-Eiern?

Ach! das ist ein ewig Gattern,
Aus den Schalen kriechen Küchlein,
Und sie piepsen und sie flattern,
Und du sperrst sie in ein Büchlein.«

PAUL BOLDT
Lektüre

Schwer wird's zu lachen und nicht auszuspein,
Weil alle Herzen pökeln in den Brüsten.
Ah, ich will Galle haben! Ich will mich entrüsten!
Schmeißt doch die Dichterschädel ein!

Zech, Bab, Lissauer – macht doch ein Pogrom!
Schleift doch ein Messer für die fetten Gurgeln!
Gott schenke sie doch den Chirurgeln
Mit einem Kehlkopfkarzinom.

AUGUST WILHELM SCHLEGEL
Gespräche eines Autors mit seinen Lesern

1.
Autor
Viel dick' und dünne Bücher hab' ich geschrieben:
Sind euch die nicht im Gedächtniß geblieben?

Die Leser
Ach! so was vergißt man im Augenblick.
Wir fanden die dünnen schon viel zu dick.

2.
Autor
Was ich in vielen Büchern angerathen,
In dicken, dünnen auch: erwägt es meine Herrn!

Die Leser
Durch dick und dünn zu waten,
Entschließt sich niemand gern.

ERICH WEINERT
Autorenabend in Berlin W

Zuerst betritt ein Herr mit Doktorgrad,
Den Vorhang teilend, streng das Podium,
Und rührt ein bißchen im Gehirnsalat,
Und steht zwo Meter überm Publikum.
Und macht in Meinung zehn Minuten
In dialektischen Voluten.

Ein Drittel Publikum, zwo Drittel Saal,
Die machen Resonanz und schweigen mit.
Der Doktorgrad verstummt in seiner Qual;
Ihm gab kein Gott, zu sagen, was er litt.
Das Manuskript zusammenlegend,
Verläßt er würdevoll die Gegend.

Nun kommt ein Geist, ätherisch und verkannt,
Mit einem Motto, schmerzlich hingesummt:
»Hat man von je gekreuzigt und verbrannt«,
Der leider nicht in seiner Qual verstummt.
Er produziert Rebellenseele,
Sie rinnt ihm düster aus der Kehle.

Das Publikum schweigt untertönig mit;
Die Osrambirne bebt am Vortragspult.
Man kalkuliert am Daseinsdefizit:
Selbst das Reale dämmert leicht okkult.
Man wittert hier Zusammenhänge,
Trotz fünfundvierzig Seiten Länge.

Nun kommt ein Mann mit Manifest,
Mit Weltgefühl im Unterleib,
Der deutlich sich vernehmen läßt:

Die Hure sei das reine Weib!
Mißachtend bürgerliche Grenzen,
Brüllt er poetische Lizenzen.

Am Schlusse, frei nach Alfred Kerr,
Entlädt sein schwangres Manuskript
Ein bleicher Revoluzifer,
Der mit den Augenbrauen wippt. –
Nach dieser geist'gen Entbanausung
Verläßt man schauernd die Behausung.

LUDWIG ROBERT
Publikum

Das Publikum, das ist ein Mann,
Der alles weiß und gar nichts kann;
Das Publikum, das ist ein Weib,
Das nichts verlangt als Zeitvertreib;
Das Publikum, das ist ein Kind,
Heut so und morgen so gesinnt;
Das Publikum ist eine Magd,
Die stets ob ihrer Herrschaft klagt;
Das Publikum, das ist ein Knecht,
Der, was sein Herr thut, findet recht;
Das Publikum sind alle Leut',
Drum ist es dumm, und auch gescheut.
Ich hoffe, das nimmt Keiner krumm,
Denn Einer ist kein Publikum.

THEODOR FONTANE
Publikum

Das Publikum ist eine einfache Frau,
Bourgeoishaft, eitel und wichtig,
Und folgt man, wenn sie spricht, genau,
So spricht sie nicht mal richtig.

Eine einfache Frau, doch rosig und frisch,
Und ihre Juwelen blitzen,
Und sie lacht und führt einen guten Tisch,
Und es möchte sie jeder besitzen.

KLABUND
Epitaph als Epilog

Hier ruhen siebenundzwanzig Jungfrauen aus Stralsund,
Denen ward durch einen Interpreten des Dichters neueste
   Dichtung kund.
Die hat die empfindsamen Mädchenherzen so sehr begeistert,
Daß auch nicht eine mehr ihr Gefühl gemeistert.
Man hängte sich teils auf, teils ging man in die See.
Nur eine ging zum Dichter selbst. (Und zwar aufs Kanapee.)

HANS-ULRICH TREICHEL
Die Mütze des Poeten

So fein genäht die strenge Linie
um die Stirn
so elegant der harte Schirm
bedeckt auf kühne, kämpferische
Weise
das junge, wilde Dichterhirn.

Er weiß
um seinen größten Widersacher,
der wahre Künstler ist:

der Mützenmacher.

THEODOR FONTANE
Lebenswege

Fünfzig Jahre werden es ehstens sein,
Da trat ich in meinen ersten »Verein«.
Natürlich Dichter. Blutjunge Ware:
Studenten, Leutnants, Refrendare.
Rang gabs nicht, *den* verlieh das »Gedicht«,
    Und *ich* war ein kleines Kirchenlicht.

So stand es, als Anno 40 wir schrieben,
Aber ach, wo bist du Sonne geblieben,
Ich bin noch immer, was damals ich war,
Ein Lichtlein auf demselben Altar,
Aus Leutnants aber und Studenten
Wurden Genräle und Chefpräsidenten.

Und mitunter auf stillem Tiergartenpfade,
Bei »Kön'gin Luise« trifft man sich grade.

»Nun, lieber F., noch immer bei Wege?«
»Gott sei Dank, Exzellenz… trotz Nackenschläge…«

»Kenn ich, kenn ich. Das Leben ist flau…
Grüßen Sie Ihre liebe Frau…«

GOTTFRIED KELLER
Ein Goethe-Philister

Den mit trock'nen Erbsen angefüllten Schädel
Taucht er jauchzend in des klaren Meeres Wellen,
Das man Goethe nennt; nun schauet achtsam,
Wie die Nähte platzen, wenn die Erbsen schwellen!

KARL RIHA
wege zum späten goethe

über allen gipfeln ist ruh *nichtwahr*
in allen wipfeln spürest du *nichtwahr*
kaum einen hauch
die vöglein schweigen im walde *nichtwahr*
warte nur balde *nichtwahr* schweigest du auch

ERICH MÜHSAM

Paar Urnische Männlein,
paar lesbische Weiber,
paar Reimer, paar Zoter,
paar Schnüffler, paar Schreiber,
Kaffee, Zigaretten, Gefasel, Gegrein –
in summa: ein Literaturverein.

KARL IMMERMANN
Dilettanten

Haben sie kein Geld mehr zu Hunden und Pferden,
So wollen sie gleich Poeten werden.

PAUL BOLDT
Literaturcafé

Wortwarenladen, wo es gurrt und murrt:
Des Hauses Echo, das hier Ego schreit:
Der Literat oder die Eitelkeit:
Das fürbaß schwatzende Gehirn Hans Wurst.

Es redet stets und muß beisammen sitzen.
Ist hier einer, der Zorn empfand und schrie!
Ihr richtet lieber Worte ab zu Witzen
Und äfft die Hölle mit Analgesie.

MATTHIAS CLAUDIUS
Einem Rezensenten zu Ehren

Heil, Heil, dem Kritikaster!
   Zweimal zu lesen haßt er,
 Und läs er zehnmal; sein Gesicht
   Scheint schwach, er säh es doch wohl nicht.

AUGUST WILHELM SCHLEGEL
Bücher und Recensionen

Langweilig; formlos; breit; die Resultate Nieten;
Hierin kann Recensent den Autor überbieten.

ARNO HOLZ
Einem Kritiker

Das grösste Maul und das kleinste Hirn
Wohnen meist unter derselben Stirn.

JUSTINUS KERNER
Spindelmanns Rezension eines Buchs

's ist kein ganz schlechtes Lesen drum,
's ist aber noch nicht aufgeschnitten,
Wenn man die Nase reibt drauf 'rum,
So riecht's nach was – ich mein', nach Quitten.

EUGEN ROTH
Der Rezensent

Ein Mensch hat Bücher wo besprochen
Und liest sie nun im Lauf der Wochen.
Er freut sich wie ein kleines Kind,
Wenn sie ein bißchen auch so sind.

GÜNTER EICH
Verläßlicher Kritiker

Das Wichtige
läßt er aus.
So weiß man immer,
was wichtig ist.

Er bespricht
Fürze von gestern
und Fürze von heute.
Sein Entdeckerglück:
Ein Furz von morgen.

JOHANN WOLFGANG GOETHE
Rezensent

Da hatt ich einen Kerl zu Gast,
Er war mir eben nicht zur Last;
Ich hatt just mein gewöhnlich Essen,
Hat sich der Kerl pumpsatt gefressen,
Zum Nachtisch, was ich gespeichert hatt.
Und kaum ist mir der Kerl so satt,
Tut ihn der Teufel zum Nachbar führen,
Über mein Essen zu räsonieren:
»Die Supp hätt können gewürzter sein,
Der Braten brauner, firner der Wein.«
Der Tausendsackerment!
Schlagt ihn tot, den Hund! Er ist ein Rezensent.

NIKOLAUS LENAU
Ein offner Wald

Ein offner Wald am Straßensaume
Ist dein Gedicht, du mußts ertragen,
Reibt sich an seinem schönsten Baume
Ein Schwein mit grunzendem Behagen

MATTHIAS CLAUDIUS
Die Henne

Es war mal eine Henne fein,
Die legte fleißig Eier;
Und pflegte denn ganz ungemein
Wenn sie ein Ei gelegt zu schrein,
Als wär im Hause Feuer.
Ein alter Truthahn in dem Stall,
Der Fait vom Denken machte,
Ward bös darob, und Knall und Fall
Trat er zur Henn und sagte:
»Das Schrein, Frau Nachbarin, war eben nicht vonnöten;
Und weil es doch zum Ei nichts tut,
So legt das Ei, und damit gut!
Hört, seid darum gebeten!
Ihr wisset nicht, wie's durch den Kopf mir geht.«
»Hm!« sprach die Nachbarin, und tät
Mit einem Fuß vortreten,
»Ihr wißt wohl schön, was heuer
Die Mode mit sich bringt, Ihr ungezognes Vieh!
Erst leg ich meine Eier,
Denn *rezensier* ich sie.«

PETER HILLE
Aus: *Ansichtskarten-Verse*

Die Henne zeigt durch Gackern an,
wenn ihr ein Ei gelungen,
so ähnlich macht's der Dichtermann,
wenn er mal was gesungen.

WILHELM BUSCH

Sei ein braver Biedermann,
Fange tüchtig an zu loben!
Und du wirst von uns sodann
Gerne mit emporgehoben.

Wie, du ziehst ein schiefes Maul?
Willst nicht, daß dich andre adeln?
Na, denn sei mir nur nicht faul.
Und verlege dich aufs Tadeln.

Gelt, das ist ein Hochgenuß,
Schwebst du so mit Wohlgefallen
Als ein selger Kritikus
Hocherhaben über allen.

PETER HACKS
Der Dichter, einem Schwanze verglichen

Er wird die Gesetze
Der Welt nicht sprengen.
Erst muß er stehen,
Dann muß er hängen.

JOHANN HEINRICH VOSS
An Priap

Seht auf Athens erhab'nen Plätzen,
Melkt sich ein Schwanz der Zyniker;
Die Menge sieht ihn mit Ergötzen
Und steht mit Ehrfurcht um ihn her.
Es läßt sich Sturm und Donner hören,
Doch nichts kann unsern Weisen stören,
Obgleich der Himmel kracht und blitzt:
Er fähret fort mit langen Zügen.
Bis daß er taumelnd für Vergnügen
Den edlen Samen von sich sprützt.

WILHELM BUSCH
Rechthaber

Seine Meinung ist die rechte,
Wenn er spricht, müßt ihr verstummen,
Sonst erklärt er euch für Schlechte
Oder nennt euch gar die Dummen.

Leider sind dergleichen Strolche
Keine seltene Erscheinung.
Wer nicht taub, der meidet solche
Ritter von der eignen Meinung.

JOHANN WOLFGANG GOETHE
Spruch, Widerspruch

Ihr müßt mich nicht durch Widerspruch verwirren!
Sobald man spricht, beginnt man schon zu irren.

HORST TOMAYER
Intressant

Unlängst in Zeitungs Kulturteil
Las ich ein slowenischs Gedicht
Des Kollegen Slowo Wenja
(Alle beide kannte ich nicht)

Das Gedicht war keins über die Flora
Und auch die Fauna kam kaum drin vor
Und es paßte weder ins tragische
Noch ins Humorressort

Es entbehrte der Benörglung des Wetters
Und der Reflektion des Generationskonflikts
Der Hinterfragung der Pläne Gottes
Und des Beförderungerschleichungsdelikts

Es ignorierte auch die Frage
Ob Deckung erlaubt sei vor Sicht
Es war bei Lichte gelesen
Ein endogen slowenischs Gedicht

Es bezog sich praktisch auf niemand
Und auch jemand fand nicht statt
Und unerwähnt blieben Währung
Und Fluß und Land und Stadt

Nie werde ich vergessen
Slowo Wenjas slowenischs Gedicht
Und sein massives Verzichten
Auf Bedeutungsübergewicht

LOTHAR THIEL
gans wi du wilsd

ales is abgenuttsd!
du gugs gegwält.
hass mir den gobf gebudsd
und mir des maul geschdudsd,
damit ichs halden sol, des da erdsäld:

grise der sahgbarkaid!
huhre des bildz!
scheise im wörterglaid!
schvaveln auss eidelkaid! —
sack, was du dengsd, aber one gesilz!

ales is abgenuttsd!
du hass brovil.
hass mir den gobf gebudsd
und mir des maul geschdudsd,
damit ichs halden sol. jeds bin ich stil.

DIRK VON PETERSDORFF
Es ist aus,

er warf die Lineale fort,
er ging zum Friseur,
die Friseuse war mandeläugig.
Er war ein Strukturalist,

ruhmlos und einsam.
Er trug einen Dufflecoat.
Eine alte Geschichte,
jetzt denkt er prosodisch.

ACHIM VON ARNIM
Bibliothek

Da sitz ich nun so manchen Tag
Ganz müßig vor den Schränken,
Weil ich kein Buch mehr lesen mag,
Weil mich die Worte kränken.
Ich hör kein Wort von ihm und ihr,
Verschlossen ist die Kerkertür.

Ich sehe voll Bewundrung an
Dies schlechte Buch mit Schwänken
Wie einer sowas schreiben kann
Ich kanns nicht überdenken
Ich denk und schreib an ihn, an sie
Und beug zum Beten meine Knie.

Wie soll ich Ordnung bringen hier
In so viel tausend Bände,
Des Feuers Ungeduld in mir
Wirft Blicke hin wie Brände,
Es brennt in mir nach ihm nach ihr,
Verbrennen möcht ich alles hier!

Ich sprech wie jener Muselmann
Von den Bibliotheken,
Was gut, im Koran traf ich's an,
Das andre sind Scharteken:
Was ich nicht find in ihm, in ihr
Ist unwert das ich's registrier.

ERNST JANDL
bibliothek

die vielen buchstaben
die nicht aus ihren wörtern können

die vielen wörter
die nicht aus ihren sätzen können

die vielen sätze
die nicht aus ihren texten können

die vielen texte
die nicht aus ihren büchern können

die vielen bücher
mit dem vielen staub darauf

die gute putzfrau
mit dem staubwedel

ANNA REAL
Feierabend der Wörter

Totenstille. Vor Ungeduld
wellt sich das Papier.
Keine Silbe erbarmt sich.
Dienstschluss für heute.
Die Wörter sitzen beisammen,
haben's gemütlich und reißen
auf Kosten des Genitivs Witze.
Die Grammatik ist irritiert: Zu seicht, Anarchie.
Ihr macht es euch leicht, obwohl doch (das sind
die Konjunktionen, und zwar die adversen)
jemand leidet da draußen. Tragisch, so was,
seufzt die Empathie und blickt auf ihr Ührchen.
Wer hat heute Notdienst?
Gähnend erhebt sich das Futur,
ein Pleonasmus entleert sich geräuschvoll.
Ferkel, sagt das Niveau, der Soziolekt
hat ein Einsehn und trottet zur Tür:
Wat iss? Nix, sage ich, werde rot
und verstumme auf Hochdeutsch.

ERICH FRIED
Der Unge Not

Hei wies die Heiten
mit den Ismen trieben!
Dem Ge gefiel das nicht
das Ver verging vor Scham
und nur ein Un
ist unberührt geblieben
als man vom Ei den Schrei
»Barbarei!«
vernahm

Doch ein entsetztes Ent
von einem Be begleitet
sprach auf sie ein:
»Wir alle sind bedroht
Bedenkt
was ihr entfesselt
wenn ihr streitet:
Mord und Rache!
Denkt an der Unge Not«

AUGUST WILHELM SCHLEGEL
Des vers un peu plus longs que les Alexandrins

Deine Sanskritpoesiemetriknachahmungen
Sind voll von goldfunkelnagelneublanken Benahmungen
Du überflügelst in wortschwallphrasendurchschlängeltmo-
    nostrophischen Oden
Die Weilandheiligenrömischenreichsdeutschernations-
    perioden.
Deine mit Dank erkanntwerdenwollenden Bemühungen
    sind höchlich zu rühmen
So muß man die Himavatgangesvindhyaphilologiedorn-
    pfade beblümen.

HANS MAGNUS ENZENSBERGER
Sich selbst verschluckende Sätze

Ich sage gar nichts, sagt einer,
und zappelnd auf seinem Stuhl
fährt er fort: Ich bewege mich nicht.
Ich schweige, ruft er. Ich schlafe.
Ich verspreche mich nie. Das
verspreche ich. Meine Widerlegungen
widerlege ich spielend. Ich bin,
verkündet er, der Bescheidenste,
von jeder Eitelkeit frei. Deutsch,
beteuert er, spreche ich nicht.
Von mir selber würde ich nie
und nimmer reden. Ich habe Unrecht,
wenn ich behaupte, daß ich Unrecht habe,
usw. Daß ich je ins Stottern geriete,
ist ausgeschlossen. Glaubwürdig,
wie ich bin, und bewußtlos, darf ich,
glaube ich, von mir sagen: Ich
widerspreche mir nicht. Ich
bin nicht da. Ich f-f-f-fehle.

KURT SCHWITTERS
Kleines Gedicht für große Stotterer

Ein Fischge, Fisch, ein Fefefefefischgerippe
Lag auf der auf, lag auf der Klippe.
Wie kam es, kam, wie kam, wie kam es
Dahin, dahin, dahin?

Das Meer hat Meer, das Meer, das hat es
Dahin, dahin, dahingespület,
Da lllliegt es, liegt, da lllliegt, llliegt es
Sehr gut, sogar sehr gut!

Da kam ein Fisch, ein Fefefefefisch, ein Fefefefefefe-fefefe-
fefefe-
          (schriller Pfiff) feFe feFe feFe feFefischer,
Der frischte, fischte frische Fische.
Der nahm es, nahm, der nahm, der nahm es
Hinweg, der nahm es weg.

Nun lllliegt die, liegt, nun llliegt die Klippe
Ganz o o o ohne Fischge Fischgerippe
Im weiten, weit, im We Weltenmeere
So nackt, so fufu furchtbar nackt.

CHRISTIAN MORGENSTERN
Unter Zeiten

Das Perfekt und das Imperfekt
    tranken Sekt.
Sie stießen aufs Futurum an
(was man wohl gelten lassen kann).

Plusquamper und Exaktfutur
    blinzten nur.

ERNST MEISTER
Hundeasyl (oder: The Bell)

Bei Ankuft nachts
bitte nicht bellen
sondern, kurz,
1 x schellen

TILL R. LOHMEYER
Deutsch-englische Kinderverse

Weißt du, was ein *hedgehog* ist?
Ein *hedgehog* ist ein Igel!
Und weil er *stings* = Stacheln hat,
braucht er nicht *wings* = Flügel.

Ganz ähnlich hüllt das Stachelschwein –
es heißt auf Englisch *porcupine* –
sich in ein Kleid aus Stacheln ein
und wandert durch die Hügel.

Der Menschen Stacheln sieht man nicht,
mein Kind, *my child*, man hört sie.
Es ist der nadelspitze Klang
des Wortes, der betört sie.

Und *last not least* (ich komm zum Schluß
und mein's nicht nebensächlich):
Der Mensch, mein Kind, der sticht zwar nicht…
corrupt ist er, bestechlich.

URSULA KRECHEL
Mahlzeit

Es fraß ein Kamel
ein großes fettes K
danach ein kleines rundes a
als man ihm dann ein m anbot
da kam sein Magen schon ins Lot
ein Kringel e
dann zum Kaffee
bevor es in die Wüste schaukelt
gib ihm schnell
ein Fläschchen l
schon ist es weggegaukelt

ECKHARD HENSCHEID
So was!

Wenn das blöde
»v«
nicht wäre, stünden
in dem Wort
»Desavouierung«
alle 5 Vokale
hintereinander.
Ha!!

(So wie ja
»MPG«
auch nicht
»Maschinenpistolengewehr«
heißt; sondern vielmehr
»Max Planck Gesellschaft«.
He!)

CHRISTIAN MORGENSTERN
Der Lattenzaun

Es war einmal ein Lattenzaun,
mit Zwischenraum, hindurchzuschaun.

Ein Architekt, der dieses sah,
stand eines Abends plötzlich da –

und nahm den Zwischenraum heraus
und baute draus ein großes Haus.

Der Zaun indessen stand ganz dumm
mit Latten ohne was herum,

ein Anblick gräßlich und gemein.
Drum zog ihn der Senat auch ein.

Der Architekt jedoch entfloh
nach Afri – od – Ameriko.

PETER RÜHMKORF
Reimfibel

Liebe Kinder, hört mal zu.
Hier sind A – E – I – O – U
(rückwärts U – O – I – E – A):
Eine Lautharmonika:
RACK – RECK – RICK – ROCK – RUCK

Reck, Rock, Ruck sind sonnenklar.
Rack und Rick klingt sonderbar.
Hängt ihr noch zwei Lettern dran,
hört sich's wieder anders an:
RACKEN – RECKEN – RICKEN – ROCKEN – RUCKE

Nach den Ricken blickt der Bock.
Recken tragen selten Rock.
Rocker rackern nicht am Reck.
Mein Verlag druckt jeden Dreck:
DRACK – DRECK – DRICK – DROCK – DRUCK
(Seht ihr!)

Kinder, ist das noch zu fassen,
wie sich Wörter wenden lassen,
wenn man nur am Alphabet
etwas dreht?!
KACKEN – KECKEN – KICKEN – KOCKEN – KUCK
(Dreht ihr?)

Die Vokale, dreht sie, lauscht,
wie sich flugs der Sinn vertauscht.
Gleiches gilt für Konsonanten;
nur der Wechsel schafft Mutanten:
GUCKT – JUCKT – RUCKT – SCHLUCKT – SPUCKT

Könnt ihr wricken? Kennt ihr Wrucken?
Scheut euch nicht, mal nachzugucken.
Andre Länder – andre Wörter,
marsch, an eure Bücherbörter!
JACKEN – JECKEN – JICKEN – JOCKEN – JUCKEN

Oder sind wir selbst schon Jecken,
die mit bunten Bällen kicken,
um bei Leuten anzuecken,
(sie zu schocken,
sie zu necken,
sie in den April zu schicken)
die sich, ohne aufzublicken,
unentwegt vor Zwecken ducken –
MACKEN – MECKEN – MICKEN – MOCKEN – MUCKEN

JOHANN WOLFGANG GOETHE

Gib mir statt »Der Sch….« ein ander Wort, o Priapus,
   Denn ich Deutscher, ich bin übel als Dichter geplagt.
Griechisch nennt ich dich φαλλος, das klänge doch prächtig
   den Ohren,
     Und lateinisch ist auch *mentula* leidlich ein Wort.
Mentula käme von *mens*, der Sch… ist etwas von hinten,
     Und nach hinten war mir niemals ein froher Genuß.

BEAT ZWICKY
Irgendetwas holpert in meinem Vers

Irgendetwas holpert in meinem Vers,
es läuft heute einfach nicht glatt.
Irgendetwas läuft heute völlig verkehrt,
mein Vers kommt mir vor wie ein rasendes Pferd,
das einen Nagel im Huf hat.

Irgendetwas holpert in meinem Vers.
Er kommt mir heute gar nicht in Schwung.
Irgendwie spielt er den ganz falschen Ton.
Wär er eine Platte für das Grammophon,
dann hätte die Platte einen Sprung.

Irgendetwas holpert in meinem Vers.
Irgendwas stört seinen Lauf.
Irgendwas hat mich total irritiert.
Irgendwie bin ich heut nicht inspiriert.
Ich glaub, ich gebe es vielleicht doch besser für heute auf.

PAUL SCHEERBART
Manches Gedicht

Manches Gedicht mit viel Genie
Ist nur Verhöhnung der Poesie.

AXEL MARQUARDT
Probleme beim Reimen
und ihre Überwindung

Des Morgens, wenn ich früh aufsteh,
dann tut mir meine Birne weh.
Das liegt am Alkohol, am Bier,
das ich gesoffen bis halb vier,
das liegt am Tabaksdunst, am Qualm.
Jetzt fehlt mir schon der Reim auf Qualm.
Warum hab ich das Wort benutzt,
warum hab ich nicht gleich gestutzt,
als dieses Wort mir in den Sinn
gekommen war, nein: wird, nein: bin,
nein: ist, muß es wohl heißen.
Auf heißen reimt sich beißen,
auch gleißen, kreißen, scheißen
sowie das Städtchen Meißen.
Wenn alle Stricke reißen,
reim ich so munter fort
und reihe Wort an Wort,
doch fehlt mir der Zusammenhang
bei dem, was ich zusammensang,
drum will ich lieber schweigen
und statt zu singen geigen.
Der Reim paßt gut, der gibt auch Sinn,
wenn ich auch zwar kein Geiger bin,
so weiß das keiner außer mir
und ausgerechnet jenem Tier,
das da auf einem Kiesel
inmitten Bachgeriesel
sanft schläft in seinem Bettchen.
Der Reim beweist's: Ein Hermelin!
Äh – Frettchen!

CHRISTIAN MORGENSTERN
Das æsthetische Wiesel

Ein Wiesel
saß auf einem Kiesel
inmitten Bachgeriesel.

Wißt ihr
weshalb?

Das Mondkalb
verriet es mir
im Stillen:

Das raffinier-
te Tier
tat's um des Reimes willen.

CHRISTIAN WERNICKE
Auf Lysanders deutsche Gedichte

Lysander hat gelernt an mehr als einem Ort,
Ein unverständlich Nichts durch aufgeblasne Wort,
In wollgezehlte Reim' zu bringen;
In jedem Abschnitt hört man klingen
Schnee, Marmor, Alabast, Musick, Biesam und Ziebeth,
Seid', Pupur, Perlen, Gold, Stern, Sonn und Morgenröth,
Die sich im Unverstand verschantzen,
Und in geschlossner Reihe tantzen:
Zwar lehs ich's selten biß zum End'
Doch klopff' ich lachend in die Händ',
Und denck, Es sind nicht schlechte Sachen,
Aus Schelln ein Glocken Spiel zu machen.

FRIEDRICH VON LOGAU
Von meinen Reimen

Wären meine Reime Jungfern, ey, sie würden alte Mägde,
Lebten aber keusch und stille, mieden freches Buhl-Gejägde
Biß sich gleich zu gleiche fünde, daß vielleicht ein Grauer
    käme,
Der zu ihrem guten Wandel ausser Schönheit willen neme.

STEFFEN JACOBS
Über Vergeblichkeit

Der Blick umfaßt die Hand,
die Hand umkrampft den Stift,
doch wer führt den Verstand?

Das Blatt strahlt weiß wie Gift:
»Der Dichter ist ein Ringer…«
Ob das die Sache trifft?

»Papier ist sein Bezwinger…«
Allmählich läufst du warm.
Vers drei juckt schon im Finger,

mit Schwung führst du den Arm:
»Die Sprache seine Wunde…«
Das hat doch wirklich Charme.

Der Blick fällt in die Runde –
jetzt schnell ein Vers, der prunkt:
»Das Schweigen seine Kunde…«

Das bringt es auf den Punkt.
Den Punkt setzt nun die Hand –
so ist das, wenn es funkt:

Der Reim führt den Verstand
zu Ruhm und Glanz und Licht,
er gibt dem Wort Bestand,

und manchmal tut er's nicht.

KARL OTTO CONRADY
Lockere Lyrik

Ach Gott, das Dichten schreibt sich so dahin.
Der Flecken Rotwein leuchtet fast frivol,
Schnee im Büro, ein Seufzer im Advent,
Die laue Sommerliebe in Tirol,
Ein Rendezvous am schalen Thekenrand,
Rhetorisches Gestöber dicht und hohl,
Poröser Glanz im Schutt vom Abendland
Wozu noch Sinn verdoppeln im Symbol?
Im Fernsehn tanzen Völker mit dem Tod,
Die Dirne Hoffnung lügt als Sprecherin,
Reklame simuliert den Lebenssinn,
Romantik täuscht in spätem Abendrot,
Ein Mond hängt trostlos hinter Regenschleim,
Am Dom verstecken Männer ihre Scham,
Und Bürger sehnen sich nach ihrem Heim.
Ein Philosoph sortiert den Zettelkram,
Denkt mal wie Hegel, Marx und mal wie Kant,
Schwitzt, wenn er nachsinnt, und erkennt doch nicht
Das Menetekel in der Bücherwand,
So spärlich leuchtet ihm sein Dämmerlicht.
Der Lyriker bestellt das letzte Bier,
Notiert sich, was er hörte, was er sah,
Holt in Gedanken sich die Wörter nah
Und schlendert selig labernd in sein Schlafquartier.

ERICH MÜHSAM
Der Ästhet

Er war einst ein ganz netter Junge,
den sein Papa auch wohl ertappte
auf manchem kühnen Seitensprunge.
Das war, bevor er überschnappte.
Doch eins war damals schon bedenklich:
man konnte schon sehr frühe spüren,
zwar ohne daß er sonstwie kränklich,
höchst literarische Allüren.
Stets späht' er, ob ein Buch er borge,
doch als einst seine Blicke sahn
diverse Verse von George,
befiel ihn der Ästhetenwahn.
Nun raucht' er Damenzigaretten,
er sog Chadeau und trank Absinth
und schielt' nach Knaben, die mit netten
Gesäßen ausgestattet sind.
Er selbst ward zierlich, schämig, reinlich
Und sprach ganz leise und gewählt.
Sprach man von Weibern, wars ihm peinlich,
ward man frivol, hats ihn gequält.
Er wählte sorglich die Bekannten,
wem seinen Umgang er vergönnt'; –
es kam drauf an, wie sie ihn nannten:
meschugge oder dekadent.

ARNO HOLZ
Selbstporträt

Nur Wenigen bin ich sympathisch,
Denn ach, mein Blut rollt demokratisch
Und meine Flagge wallt und weht:
Ich bin nur ein Tendenzpoet!

Auf Reime bin ich wie versessen,
Drum lob ich plötzlich die Tscherkessen
Und wüst durch mein Gehirn scherwenzen
Verrückt gewordene Sentenzen.

Mein Blut rollt schwarz, mein Herz schlägt matt,
Mein Hirn hat noch nicht ausgegoren,
Denn meine gute Mutter hat
Mich hundert Jahr zu früh geboren!

GEORG HERWEGH
Bestiale Poesie

Was erlebt man doch Geschichten!
Tolle Zeiten, tolle Moden!
Denkt doch: deutsche Hasen dichten
Jetzund auf die Löwen Oden.

ROBERT WALSER
Literatur

Heute sei die Lit'ratur,
wie ich so bisweilen meine,
eine nur noch wie zum Scheine
pünktlich weitergehnde Uhr.

Gute Bücher gibt's in Menge,
Lebenswerke wachsen an,
doch ist leider beim Gedränge
scheinbar nicht viel drum und dran.

»Ist es etwas, ist es nichts,
wird sich's, sie zu lesen, lohnen?«
sagt man bangen Angesichts
zu gar manchen Editionen.

Und man findet in der Regel,
oberflächlich und bequem,
gegenüber dem und dem
Buchautor, er sei ein Flegel.

Ja, die gute Lit'ratur,
zwar mag's niemand gern bekennen,
mag sie noch so emsig rennen,
humpelt heut' im Grunde nur.

FRIEDRICH SCHILLER
Bittschrift

Dumm ist mein Kopf und schwer wie Blei,
    Der Tobaksdose ledig,
Mein Magen leer – der Himmel sei
    Dem Trauerspiele gnädig.

Ich kratze mit dem Federkiel
    Auf den gewalkten Lumpen;
Wer kann Empfindung und Gefühl
    Aus hohlem Herzen pumpen?

Feur soll ich gießen aufs Papier
    Mit *angefrornem* Finger? –
O Phöbus, hassest du Geschmier,
    So wärm auch deine Sänger.

Die Wäsche klatscht vor meiner Tür
    Es scharrt die Küchenzofe –
Und mich – mich ruft das Flügeltier
    Nach König Philipps Hofe.

Ich steige mutig auf das Roß;
    In wenigen Sekunden
Seh ich Madrid – am Königsschloß
    Hab ich es angebunden.

Ich eile durch die Galerie
    Und – siehe da! – belausche
Die junge Fürstin Eboli
    In süßem Liebesrausche.

Jetzt sinkt sie an des Prinzen Brust,
    Mit wonnevollem Schauer,
In *ihren* Augen Götterlust,
    Doch in den *seinen* Trauer.

Schon ruft das schöne Weib Triumph,
    Schon hör ich – Tod und Hölle!
Was hör ich? – einen nassen Strumpf
    Geworfen in die Welle.

Und weg ist Traum und Feerei,
    Prinzessin, Gott befohlen!
Der Teufel soll die Dichterei
    Beim Hemdenwaschen holen.

AUGUST WILHELM SCHLEGEL
Schillers Lob der Frauen

Ehret die Frauen! Sie stricken die Strümpfe,
Wollig und warm, zu durchwaten die Sümpfe,
Flicken zerrissene Pantalons aus;
Kochen dem Manne die kräftigen Suppen,
Putzen den Kindern die niedlichen Puppen,
halten mit mäßigem Wochengeld Haus.

Doch der Mann, der tölpelhafte
Find't am Zarten nicht Geschmack.
Zum gegornen Gerstensafte
Raucht er immerfort Tabak;
Brummt, wie Bären an der Kette,
Knufft die Kinder spat und früh;
Und dem Weibchen, nachts im Bette,
Kehrt er gleich den Rücken zu. usw.

SITA STEEN
Ein Glied von Schillers Locke

Und drinnen waltet die putzsüchtge Hausfrau:
Sie füttert im Stalle die hochfrüchtge Haussau,
die Mutter der Vierpfünder,
mit Futter für vier Münder,
und lebet weise
und webet leise
und lehret die Mädchen
und mehret die Lädchen
und strickelt und webet
und wickelt und strebet,
Gewinne zu mehren,
der Minne zu wehren,
und müht sich ohn Ende, mit Fleiße zu sticken,
die Strümpfe zu stopfen, die Steiße zu flicken,
und füllet mit Schätzen und hehren Laken
die Schreine, die Truhen, die leeren Haken
und spinnet zum Faden die schimmernde Wolle
und findet zum Spaten die wimmernde Scholle
und nutzet die Kräfte und ganze Glut
und zeigt sich im festlichen Glanze gut –
trotz scheußlichem Harm –
mit häuslichem Charme!

»Wer einsam ist, der hat es gut,
Weil keiner da, der ihm was tut«

ICH & ANDERE

WILHELM BUSCH
Der Kobold

In einem Häuschen, sozusagen –
(Den ersten Stock bewohnt der Magen)
In einem Häuschen war's nicht richtig.
Darinnen spukt und tobte tüchtig
Ein Kobold, wie ein wildes Bübchen,
Vom Keller bis zum Oberstübchen.
Fürwahr, es war ein bös Getös.
Der Hausherr wird zuletzt nervös,
Und als ein desperater Mann
Steckt er kurzweg sein Häuschen an
Und baut ein Haus sich anderswo
Und meint, da ging es ihm nicht so.
Allein, da sieht er sich betrogen.
Der Kobold ist mit umgezogen
Und macht Spektakel und Rumor
Viel ärger noch als wie zuvor.
Ha, rief der Mann, wer bist du, sprich.
Der Kobold lacht: Ich bin dein Ich.

JOHANN WOLFGANG GOETHE

Vom Vater hab ich die Statur,
Des Lebens ernstes Führen,
Vom Mütterchen die Frohnatur
Und Lust zu fabulieren.
Urahnherr war der Schönsten hold,
Das spukt so hin und wieder;
Urahnfrau liebte Schmuck und Gold,
Das zuckt wohl durch die Glieder.
Sind nun die Elemente nicht
Aus dem Komplex zu trennen,
Was ist denn an dem ganzen Wicht
Original zu nennen?

JUSTINUS KERNER
Unter ein lithographiertes Bild von mir

Es treibt Natur mit nichts so viel
Als mit dem Menschenbild ihr Spiel;
Wenn man ein Laub, ein Brot zerbricht,
Entsteht ein Menschenangesicht,
Und manche Kürbispflanze trug
Auch mein Gesicht schon Zug für Zug.

FRANK WEDEKIND
Der Gefangene

Oftmals hab ich nachts im Bette
Schon gegrübelt hin und her,
Was es denn geschadet hätte,
Wenn mein Ich ein andrer wär.

Höhnisch raunten meine Zweifel
Mir die tolle Antwort zu:
Nichts geschadet, dummer Teufel,
Denn der andre wärest du!

Hilflos wälzt ich mich im Bette
Und entrang mir dies Gedicht,
Rasselnd mit der Sklavenkette,
Die kein Denker je zerbricht.

ADELBERT VON CHAMISSO
Tragische Geschichte

's war einer, dem's zu Herzen ging,
Daß ihm der Zopf so hinten hing,
　　Er wollt es anders haben.

So denkt er denn: wie fang ich's an?
Ich dreh mich um, so ist's getan –
　　Der Zopf, der hängt ihm hinten.

Da hat er flink sich umgedreht,
Und wie es stund, es annoch steht –
  Der Zopf, der hängt ihm hinten.

Da dreht er schnell sich anders 'rum,
's wird aber noch nicht besser drum –
  Der Zopf, der hängt ihm hinten.

Er dreht sich links, er dreht sich rechts,
Es tut nichts Guts, es tut nichts Schlechts –
  Der Zopf, der hängt ihm hinten.

Er dreht sich wie ein Kreisel fort,
Es hilft zu nichts, in einem Wort –
  Der Zopf, der hängt ihm hinten.

Und seht, er dreht sich immer noch,
Und denkt: es hilft am Ende doch –
  Der Zopf, der hängt ihm hinten.

EMANUEL GEIBEL

Loszuwerden den alten Zopf
Ist ein vernünftig Begehren,
Aber wer wird darum den Kopf
Gleich rattenkahl sich scheren!

MASCHA KALÉKO
Qualverwandtschaft

Neben mir geht eine feine Dame
unsichtbar tagein, tagaus spazieren.
Hat die wohlerzogensten Manieren.
Fräulein *Alter ego* ist ihr Name.
Sie erfüllt, was ich bisher versäumte
und was die Familie sich erträumte.

Während ich die Finger mir verbrenne,
faßt sie alles nur mit Handschuhn an.
Klug und weise folgt sie einem Plan,
wo ich Törin mir den Kopf einrenne.
Dem Als-ob konventioneller Sitten
untertan, ist sie stets wohlgelitten.

Mein Daheim ist bei den Heimatlosen.
Stürme rütteln oft an meinem Zelt,
Aber dornenfrei ist ihre Welt –
allerdings auch völlig frei von Rosen.
Und ich gönne meiner Qualverwandtschaft
ihre sanitäre Lebenslandschaft.

Lieber noch mit dornzerkratzten Händen
als mit manikürter Seele enden!

PAUL HEYSE
Aus: *Persönliches*

Ich hab' erst spät mich emanzipiert
Und von mir selbst Besitz genommen.
Nur wer die Pietät verliert,
Kann zu sich selber kommen.

PETER PAUL ALTHAUS

Dr. Enzian hat kürzlich ausprobiert
(denn er zweifelt ernstlich und in stillen Stunden)
ob er wirklich existiert.
(Und er glaubt in stillen Stunden,
daß ihn irgend jemand hat erfunden.)

Alles, was er sagt und denkt und treibt
(was Gazetten über ihn berichten und Journale)
scheint ihm (wenn er liest, wie man ihn schildert und be-
    schreibt
in Gazetten und Berichten der Journale)
hinzudeuten auf das Surreale.

Die Versuche, die er (ob to be or not to be)
Unternommen, blieben in den Kinderschuhen
Stecken, trotz subtilster Akribie.
(Auf den Ratschlag seines Freundes Dr. Eau de Vie
läßt seit gestern er die Sache ganz auf sich beruhen.)

RAINER MALKOWSKI
Staubsaugen

Ein Druck auf die Taste
beendet die Hamlet-Situation.
Auch dieser kräftige Summton
ist ein Lebensgeräusch.
Rette sich wer kann
ins Überschaubare.
Keine toten Fliegen mehr.
Tatkraft
von Scheuerleiste
zu Scheuerleiste.

PETER HACKS
Tagtraum

Ich möchte gern ein Holperstein
In einer Pflasterstraße sein.

Ich stell mir vor, ich läge dort
Jahrhunderte am selben Ort,
Und einer von den Kunsteunuchen
Aus Medien und Kritik
Käm beispielsweise Hacks besuchen
Und bräch sich das Genick.

EUGEN ROTH
Bescheidenheit

Ein Mensch möchte erste Geige spielen –
Jedoch das ist der Wunsch von vielen,
So daß sie gar nicht jedermann,
Selbst wenn ers könnte, spielen kann:
Auch Bratsche ist für den, ders kennt,
Ein wunderschönes Instrument.

GOTTHOLD EPHRAIM LESSING

Groß willst du, und auch artig sein?
Marull, was artig ist, ist klein.

ERICH KÄSTNER
Der Sanftmütige

Ich mag nicht länger drüber schweigen,
weil ihr es immer noch nicht wißt:
Es hat keinen Sinn mir die Zähne zu zeigen.
Ich bin gar kein Dentist!

JOHANN WOLFGANG GOETHE
Breit wie lang

Wer bescheiden ist, muß dulden,
Und wer frech ist, der muß leiden;
Also wirst du gleich verschulden,
Ob du frech seist, ob bescheiden.

KARL KRAUS
Der Widerspruch

Was fiel mir ein,
mir altem Hasser?
Ich predigte Wein,
und trank dazu Wasser!
Um noch besser den Widerspruch zu bemerken,
gehn sie hin, sich an meinen Weinen zu stärken.

PAUL SCHEERBART
Maßlied

Liebe, labe, lobe mich!
Aber nicht so fürchterlich!
Denn die großen Freuden
Sind mir viel zu viel ...
Lebe, liebe dich nur aus –!
Doch mit Laben, Loben halte Haus!

GEORG PHILIP HARSDÖRFFER
Freude des Geizes

Ich halte, daß der Geiz ein' solche Freude bringt,
Als wann der Durstige viel Salz mit Wasser trinkt.

MARTIN OPITZ
Traum eines Geizigen

Dem Hermon träumte nur er hätte viel verschencket,
Doch hat er darumb sich als er erwacht gehencket.

CARL FRIEDRICH DROLLINGER
Grabschrift eines Geitzigen

Hier liegt in seiner Ruhestatt
Ein Mann von listigem Geschlechte,
Der sich zu Tod gehungert hat,
Damit er nicht verarmen möchte.

GERHARD RÜHM

wer in der sahara
miete bezahlt
beweist mut

doch wer mit tomaten
tennis spielt
beschwört sodom

HERBERT ROSENDORFER
Lyrische Lebensregeln

Immer schön die Stange fassen,
Damen stets den Vortritt lassen,
in Gesellschaft fromm und still,
niemals vorlaut oder schrill,
stets auf ältre Weise hören,
keine falschen Eide schwören,
Fisch nicht mit dem Messer essen,
auch das Papstwort nicht vergessen:
»Nicht zu oft die Weiber bügeln!«
deshalb Fleischeslust bezügeln,
die Penunze nicht verprassen,
nichts so wie die Sünde hassen,
niemals nackt in Spiegel schauen,
keinem Atheisten trauen.
Trink nicht aus der Untertasse
und entwende keine Kasse,
führe stets ein saubres Leben,
Tugend sei dein Hauptbestreben,
nach dem Scheußen wasch die Hände,
schmiere nichts an fremde Wände,
kurzum: sei zuinnerst gut,
denn wer gut ist, auch gut ruht.
Das ist altbewährter Brauch.

Aber anders geht es auch.

CHRISTIAN MORGENSTERN
Das Fest des Wüstlings

Was stört so schrill die stille Nacht?
Was sprüht der Lichter Lüstrepracht?
      Das ist das Fest des Wüstlings!

Was huscht und hascht und weint und lacht?
Was cymbelt gell? Was flüstert sacht?
      Das ist das Fest des Wüstlings!

Die Pracht der Nacht ist jach entfacht!
Die Tugend stirbt, das Laster lacht!
      Das ist das Fest des Wüstlings!

(zu flüstern)

FRITZ GRASSHOFF
Halunkenlied

Mein Gaul ist alt und will nicht mehr,
ich geb ihn für drei Pesos her
und ein paar alte Socken.
Die Pesos, die versaufe ich,
die Socken, die zerlaufe ich.
Vertrunken und gehunken –
ich geh zu den Halunken.

Und lasse mich vom Winde wehn,
mein Topf, der soll am Feuer stehn,
am Feuer der Ganoven.
Da hol ich mir den letzten Schliff,
studier den Pfiff, den Killergriff,
die Zinken und die Riten.
Ich geh zu den Banditen.

Ich such mir eine Unterkunft
bei Damen von der flotten Zunft,
die achten mein Gewerbe.
Durch dunkle Gassen strolche ich,
den Speckbauch, den erdolche ich
und fülle mir mein Bündel.
Ich geh zu dem Gesindel.

Doch habe ich mein Geld im Sack,
dann pfeiff ich auf das Lumpenpack
und fliege in die Fremde.
Muß auf der langen Schiene sein,
bevor mich sperrt der Grüne ein.
Vor dem hab ich Manschetten.
Der Hund legt mich in Ketten.

VOLKER VON TÖRNE
Schnorrerlied, durch die Hintertür zu singen

Seid gegrüßt, ihr Mademoisellchen
Pfarrerstöchter, Kaltmamsellchen,
kocht mir Pudding und Ragout
und steckt mir ein Pfläumchen zu.
    Schließt die Augen, seufzt von Liebe,
    bis ich mit Euch Kegeln schiebe,
    bis die Diele ächzt und kracht:
    Das ist eine Himmelsmacht!
Weil ich ungern was verwehre,
wird die Lust mir zur Galeere,
und ich werde müd und faul,
wie ein Oldenburger Gaul.
    Wie soll ich mich vor Euch retten,
    Euren hausgemachten Betten,
    Eurem Hi und Ha und Hu,
    Eurem Pudding und Ragout?
Sucht Euch einen andern Macker!
Ich bin kein Dukatenkacker,
saufe Schnaps und schmök Tabak,
trag ins Leihhaus meinen Frack,
    bring zum Trödler den Zylinder,
    ach, was bin ich für ein Sünder:
    stell mich stumm und stell mich taub,
    mach mich schleunigst aus dem Staub.

GÜNTER BRUNO FUCHS
Veteranenlied

Ach, sehn'se, das war so: Ich hab vorhin den Tag getroffen,
der nahm mich untern Arm und ließ ma nich mehr los,
und weil er keenen Sechser hatte, ich zehn Groschen bloß,
da hab ich die Medallje abgelegt, die ham wa denn versoffen.

O ja, das Ding aus Silber brachte Bier und Fusel ein,
so langsam fiel der Tag aus allen Wolken in die Knie.
Und als der Abend kam, da reckte er sich hoch und schrie:
Nee, ich bleib hier! die Nacht soll uns gestohlen sein!

Sie ahnen schon, das ging natürlich schief,
denn ganz auf einmal war der Mond zu sehn.
Der warf den Tag sich übers Kreuz und ließ mich stehn,
und was vorhin noch Tag gewesen, schnarchte nur und schlie

Jetzt reit ich um die Nacht auf Müllers Kuh.
Ein Kerl (wie Müllers Esel) hat mich überrannt:
Wo die Medallje sei? Und hat mich einen Schuft genannt.
Das wär's! (Der Himmel raucht und wirft mir seine Kippen zu

THEODOR STORM
Der Lump

Und bin ich auch ein rechter Lump,
So bin ich dessen unverlegen;
Ein frech Gemüt, ein fromm Gesicht,
Herzbruder, sind ein wahrer Segen!

Links nehm von Christi Mantel ich
Ein Zipfelchen, daß es mir diene,
Und rechts – du glaubst nicht, wie das deckt –,
Rechts von des Königs Hermeline.

HANS ARP
Opus Null

1
Ich bin der große Derdiedas
das rigorose Regiment
der Ozonstengel prima Qua
der anonyme Einprozent.

Das P. P. Tit. und auch die Po
Posaune ohne Mund und Loch
das große Herkulesgeschirr
der linke Fuß vom rechten Koch.

Ich bin der lange Lebenslang
der zwölfte Sinn im Eierstock
der insgesamte Augustin
im lichten Zelluloserock.

2
Er zieht aus seinem schwarzen Sarg
um Sarg um Sarg um Sarg hervor.
Er weint mit seinem Vorderteil
und wickelt sich in Trauerflor

Halb Zauberer halb Dirigent
taktiert er ohne Alpenstock
sein grünes Zifferblatt am Hut
und fällt von seinem Kutscherbock.

Dabei stößt er den Ghettofisch
von der möblierten Staffelei.
Sein langer Würfelstrumpf zerreißt
zweimal entzwei dreimal entdrei.

3
Er sitzt mit sich in einem Kreis.
Der Kreis sitzt mit dem eignen Leib.
Ein Sack mit einem Kamm der steht
dient ihm als Sofa und als Weib.

Der eigne Leib der eigne Sack.
Der Vonvon und die linke Haut.
Und tick und tack und tipp und topp
der eigne Leib fällt aus der Braut.

Er schwingt als Pfund aus seinem Stein
die eigne Braut im eignen Sack.
Der eigne Leib im eignen Kreis
fällt nackt als Sofa aus dem Frack.

4
Mit seiner Dampfmaschine treibt
er Hut um Hut aus seinem Hut
und stellt sie auf in Ringelreihn
wie man es mit Soldaten tut.

Dann grüßt er sie mit seinem Hut
der dreimal grüßt mit einem du.
Das traute sie vom Kakasie
ersetzt er durch das Kakadu.

Er sieht sie nicht und grüßt sie doch
er sie mit sich und läuft um sich.
Die Hüte inbegriffen sind
und deckt den Deckel ab vom Ich.

KURT TUCHOLSKY
Glück im Unglück

Ich bin kein Mann, nach dem man in den Kissen schluchzt –
               ich weiß es wohl;
da nützt kein Ödipus-Komplex, kein Fluchts-
               versuch in das Symbol.
      Seit Jahren sagen alle Frauen,
      wenn sie mir in die Augen schauen,
      sie sagen, seit ich majorenn:
»Schön bist du nicht – klug bist du nicht –
reich bist du nicht – lieb bist du nicht –
      was bist du denn?«

Das kränkte auf die Dauer jeden Mann
               des Okzidents.
Was folgt daraus? Ich zieh schon lange an
               der Konsequenz.
      Man muß nur sehn, mit wem ichs treibe:
      am Geist vermiekert, Fett am Leibe –
      ich frage mich verdüstert, wenn…:
»Schön sind sie nicht – reich sind sie nicht –
klug sind sie nicht – lieb sind sie nicht –
      was sind sie denn?«

Man hat mich dünn wie Makkaroni,
               den man in Mailand zieht.
Ich bin ja schließlich kein Adoni –
               wie heb ich meinen Sexualkredit?
Ich seh mir die an, wo uns so regieren.
      Da darf man wohl die Frage formulieren,
      betrachtet man die Gentlemen:

»Schön sind sie nicht – klug sind sie nicht –
lieb sind sie nicht – 'tellijent sind sie nicht –
was sind sie denn –
          Ja, was sind sie denn –?«

Schlau. Im Skatverein. Und immer vorhanden.
Das befähigt zur Führung in deutschen Landen.

HANS MAGNUS ENZENSBERGER
Scherzo

Du hast einen Spatzen in der Hand
aber die Hand ist kein Flügel
Du hast eine Taube auf dem Dach
aber das Dach hat kein Haus
Was frommen die Vögel?
Mir nichts dir nichts
Der Himmel blickt sprachlos
auf Rache Vermählung Hunger und Licht
(Nur der Spatz schweigt nicht)

HELLMUTH OPITZ
Weißglut

Und dann kam der Januar. Ein riesiger
Kerl. Jesus! Ein Kreuz
wie ein Kühlschrank.

In einem Mantel
aus zertrampeltem Schnee kam er,
stellte Prost Neujahr stocknüchtern den Fuß

in die Tür, wollte Geld und sah uns ernst an.
Mit einem Schlag waren wir still.
Irgendetwas trommelte mit harten Knöcheln

gegen unsere Wände und Einwände. Etwas
wie Weißglut wischte durch die Nacht eines
anderen Himmels und ließ uns kalt

zurück. Ich
war ein schlechter Vorname in diesen Tagen:
Zu groß. Hallte wie ein Treppenhaus, wenn man ihn
rief.

Auf den Stufen kam Ich
ins Stolpern. Im Fallen zog mein
ganzes Leben an meinen Augen vorbei.

Bruchteile
von Sekunden, aber selbst die
verdammt uninteressant.

GOTTFRIED BENN
Menschen getroffen

Ich habe Menschen getroffen, die,
wenn man sie nach ihrem Namen fragte,
schüchtern – als ob sie garnicht beanspruchen könnten,
auch noch eine Benennung zu haben –
»Fräulein Christian« antworteten und dann:
»wie der Vorname«, sie wollten einem die Erfassung er-
    leichtern,
kein schwieriger Name wie »Popiol« oder »Babendererde« –
»wie der Vorname« – bitte belasten Sie Ihr Erinnerungsver-
    mögen nicht!

Ich habe Menschen getroffen, die
mit Eltern und vier Geschwistern in einer Stube
aufwuchsen, nachts, die Finger in den Ohren,
am Küchenherde lernten,
hochkamen, äußerlich schön und ladylike wie Gräfinnen –
und innerlich sanft und fleißig wie Nausikaa,
die reine Stirn der Engel trugen.

Ich habe mich oft gefragt und keine Antwort gefunden,
woher das Sanfte und Gute kommt,
weiß es auch heute nicht und muß nun gehn.

ERNST JANDL
rilkes name

rilke
sagte er
nach seinem namen gefragt

rilke
sagte man
nach seinem namen gefragt
oder
kenn ich nicht

JAN FAKTOR

? bist Jandl
ja bin Jandl
? und du auch Jandl
nein nicht Jandl Jandl nicht
? und möchtest du Jandl sein
nein
Jandl sein will ich nicht sein
will ich nicht
will ich nicht
du Jandl sein willst du nicht
du aber doch
doch Jandl
du doch Jandl Jandl
du zwar nicht Jandl gewesen
wirst jetzt aber Jandl sein für immer

EUGEN ROTH
Das Zauberwort

Ein Mensch sitzt in der Eisenbahn
Und schaut sein Gegenüber an,
Ein Mädchen, das ihm, scheinbar kühl,
Verbietet jegliches Gefühl.
So schweigend fahren, das ist bitter –
Da steigt ganz plötzlich zu ein Dritter,
Kennt alle beide gut und stellt
Gewandt sie vor, als Mann von Welt.
Gleich bricht der lang gestaute Schwall,
Sie reden wie ein Wasserfall,
Auch, als sich jener längst entfernt,
Durch den sie kennen sich gelernt.
Den fremden Herrn, die fremde Dame,
Erlöst ein Zauberwort: Der Name!
Der Sitte Fesseln jäh zerreißen
Wenn beide wissen, wie sie *heißen*.
Vertrauen fassen sie geschwind
Und fragen kaum noch, wie sie *sind*.

ERICH WEINERT
Nichtöffentliche Ärgernisse

Wir armen psychoanalytischen Kälber
Betreiben zwar leidenschaftlich Omphaloskopie
Und praktische Seelenanatomie;
Doch über den *Ärger* über uns selber
Schreiben wir eigentlich *nie*.
Wir reißen das letzte Hemd von unserm Charakter
Und denken uns: Nun geht's nicht mehr nackter!
Doch selbst in der reinsten Apotheose
Tragen wir noch die euphemistische Badehose.
Mit wissenschaftlich bloßgelegtem Seelengekröse
Publizieren wir unsre Genie-Anamnese.
Doch unseren *kleinen, gemeinen Ärger,*
Den wollen wir nun einmal nicht haben
Und bleiben tiefehrliche Drückeberger.
Aber *da* liegt eben der Schweinehund begraben.
Denn hinter jedem Selbstmordgedankenstrich
Steht nicht etwa das *Liebe-* und *Haß*verbrannte,
Sondern der *Ärger über andre und sich.*
Er ist nämlich keine *Tangente* am Ich,
Er ist eine unangenehme – *Sekante.* –

Warum soll man sich eigentlich schämen,
Mal *kein* Feigenblatt vor den Mund zu nehmen? –
Ich ärgere mich z. B. über jedes Wesen,
Das angeblich von mir noch nichts gelesen.
Da können wir zwar beide nichts dafür,
Aber, wie gesagt: *Ich ärgere mir.* –
Ich ärgere mich, wenn ich diskutiere
Über Sachen, die ich nicht mal *kapiere.* –
Ich ärgere mich, wenn ein lyrischer Schlauch
Von obenher fragt: Sie schriftstellern auch?

Und dann über *mich,* wenn ich aus Noblesse
Das übliche *süffisante Lächeln* vergesse. –
Ich ärgere mich, wenn man mich dabei ertappt,
Daß ich einen guten Gedanken *von Heine* gehabt. –
Ich ärgere mich, wenn ich in besserm Vereine
Originell ohne Frack oder Smoking erscheine,
Und trotz des Prinzips: Etikette ist piepe!
Mir *doch* vorkomme als entwertete Type. –
Ich ärgere mich, wenn ich in Idealismus mache,
Und *das Honorar* wird dadurch Nebensache. –

Ich ärgere mich, wenn ich ehrlich sein soll,
Sogar über dieses Selbstprotokoll.
Denn nun betonen die größern Kollegen laut:
Da sind *wir* doch innerlich anders gebaut!

WILHELM BUSCH

Die Selbstkritik hat viel für sich.
Gesetzt den Fall, ich tadle mich,
So hab ich erstens den Gewinn,
Daß ich so hübsch bescheiden bin;
Zum zweiten denken sich die Leut,
Der Mann ist lauter Redlichkeit;
Auch schnapp ich drittens diesen Bissen
Vorweg den andern Kritiküssen;
Und viertens hoff ich außerdem
Auf Widerspruch, der mir genehm.
So kommt es denn zuletzt heraus,
Daß ich ein ganz famoses Haus.

CHRISTIAN FÜRCHTEGOTT GELLERT
Der Kuckuck

Der Kuckuck sprach mit einem Star,
Der aus der Stadt entflohen war.
»Was spricht man«, fing er an zu schreien,
»Was spricht man in der Stadt von unsern Melodeien?
Was spricht man von der Nachtigall?« –
»Die ganze Stadt lobt ihre Lieder.« –
»Und von der Lerche?« rief er wieder. –
»Die halbe Stadt lobt ihrer Stimme Schall.« –
»Und von der Amsel?« fuhr er fort. –
»Auch diese lobt man hier und dort.« –
»Ich muß dich doch noch etwas fragen:
Was«, rief er, »spricht man denn von mir?« –
»Das«, sprach der Star, »das weiß ich nicht zu sagen;
Denn keine Seele red't von dir.« –
»So will ich«, fuhr er fort, »mich an dem Undank rächen
Und ewig von mir selber sprechen.«

THEODOR FONTANE
Aus: *Sprüche*

Die Menschen lassen vieles gelten:
Vor allem lieben sie dich stumm;
Doch willst du klagen, willst du schelten, –
Auch das, man kümmert sich nicht drum.

Nur, willst du rasch die Gunst verscherzen,
So zeig ein Fünkchen Seligkeit, –
Man wünscht dir Glück »von ganzem Herzen«
Und birst vor rückgestautem Neid.

NIKOLAUS LENAU
Der falsche Freund

»O sei mein Freund!« so schallts vom Heuchelmunde
Dem Falschen, der mit heimlichem Behagen
Den Vorteil überzählt von solchem Bunde;
Du traust ihm, und – schon hast du eingeschlagen,
Ein edler Tor! Naht einst die Wetterstunde,
So siehst den Schurken du mit bleichem Zagen
In seines Ichs bequeme Hütte springen,
Hinausgesperrt magst mit dem Sturm du ringen.

WOLF WONDRATSCHEK
Angenehm diese Wohnung

Einer schreit Hilfe,
doch niemand hört.
Ich sage, angenehm diese Wohnung,
wo einer schreien kann
und nicht stört.

OTTO JULIUS BIERBAUM
Meinen werten Feinden

Die Feinde haben mich weise gemacht,
– Die guten Feinde!
Erst hab ich gebrummt, dann hab ich gelacht
Der grimmen Gemeinde.

Sie haben mir, was ich bin, gezeigt,
– Die lieben Leute!
Nun weiß ich, wie man lächelt und schweigt.
Wer haßt mich heute?

PETER HACKS
Im Zwiebelbeet

Man hört so vieles Häßliche erwähnen.
Mal schlägt es diesen, und mal trifft es jenen.
Wer leugnets denn? Es kann auch uns erwischen.
Der Tätige beschäftigt sich inzwischen.

Doch ward es Brauch, mit Greinen und mit Keifen
Dem ungewissen Unheil vorzugreifen.
Verwünschter Zeitgeschmack. Ich seh sie dauernd,
Als ob die Welt nicht schlimm genug wär, trauernd.

Das gibt sich lustvoll auf und gern verloren.
Das hält nur Aussichtsloses für wahr.
Das wär am allerliebsten nicht geboren.
Ich mags nicht einsehn. Schon im dritten Jahr
Sitz ich in meinem Garten mit Behagen
Im Zwiebelbeet. Und sollte mich beklagen?

KONRAD BAYER
glaubst i bin bleed

glaubst i bin bleed, das i waas, wi schbeeds is?
glaubst i bin bleed, das i hea, wos du sogst?
glaubst i bin bleed, das i siich, wi du ausschaust?
glaubst i bin bleed, das i waas, wiri haas?

glaubst i bin bleed, das i gschbia, wos i augreif?
glaubst i bin bleed, das i schmeck, wos i friiss?
glaubst i bin bleed, das i riach, wias do schdingt?
glaubst i bin bleed, das i waas, was i wüü?

WOLF WONDRATSCHEK

Uns trennen Welten,
tut mir leid.
Ich wäre gern dumm,
und du wärst gern gescheit.

MASCHA KALÉKO
Apropos »Krach«

Wenn zwei sich zanken,
– Mit oder ohne Grund –
Gleich ist ihr Mund
Voll kalter Worte,
Ihr Kopf voll böser Gedanken.

Wenn zwei sich zanken,
Heißen die Schlanken:
»Magere Knochen«,
»Verfettet« – die Runden,
»Derb« die Gesunden,
Die Großen: »lang!«

Streitsucht kennt keine Schranken.
Zank ist Gefecht.
Man kann sich zanken
Über Schiller, Liebe oder Kaffeeflecke.
– Feindlich sitzt jeder in seiner Ecke
Und hat recht...

JOACHIM RINGELNATZ
…Als eine Reihe von guten Tagen

Wir wollen uns wieder mal zanken,
Auf etwas hacken wie Raben,
Daß unsre zufriednen Gedanken
Eine Ablenkung haben.

Wir wollen irgendein harmloses Wort
Entstellen,
Dann uns verleumden und zum Tort
Etwas tun; das schlägt dann Wellen.

Wir wollen dritte aufzuhetzen
Versuchen,
Dann unsere Freundschaft verfluchen,
Einmal sogar ein Messer wetzen,
Dann aber uns – in Blickweite –
Auseinander zusammensetzen;
Um superior jedem weiteren Streite
Auszuweichen;
Mit dem Schwur beiseite:
Uns nimmermehr zu vergleichen.

Dann wollen wir, jeder mit Ungeduld,
Ein paar Nächte schlecht träumen,
Dann heimlich eine gewisse Schuld –
Dem anderen einräumen,
Dann lächeln, dann seufzen, dann stöhnen,
Dann plötzlich uns gründlich bezechen,
Dann von dem vergänglichen, wunderschönen
Leben sprechen.

Und dann uns wieder einmal versöhnen.

HEINZ KAHLAU
Drei Arten von Trost

Erstens:
Nicht nur du,
mein Freund,
nicht nur du.

Zweitens:
Komm,
ich zeig dir mal,
wie ich es
gemacht habe.

Drittens:
Probieren
wir es trotzdem,
aber diesmal
zusammen!

PETER RÜHMKORF
Rennst du gegen Wände…

Rennst du gegen Wände,
Mann, was soll der Stuß?!
Irgendwann ist Ende,
irgendwann ist Schluß.

Gestern noch paar Lieder,
allemann zusamm;
und schon seid ihr wieder
raus aus dem Programm.

Kommt'n Interviewer,
fragt nach'm Lebenssinn,
hau dem Wichtigtuer
Portion Hackfleisch hin!

Denkt er dann, er hätt was
– sagnwermal Substanz –
Du und ein zartes Etwas
fliehen außer Lands.

Bon voyage, euch beiden
rund um Welt und Uhr –
Liebe geht mit Leiden
um wie von Natur.

KARL IMMERMANN
Allegorie

Ein Tropf, ein Gauch, ein schlimmer Gast
Lag mir drei Stunden schwer zur Last,
Er schwatzte ohne Ende.
Ich gähnte, rieb die Hände,
Und endlich brach' ich trostlos aus:
»Das schlimmste Ding, der ärgste Graus
Ist doch ein tücht'ger Ennui!«
    Da lacht, da ruft das wüste Vieh:
    »Allegorie! Allegorie!«

Und immer schwatzt der freche Wicht,
Die Zeit geht hin, abbrennt das Licht,
Es wachsen meine Plagen.
»Gott!« hub ich an zu klagen,
»Für welche Sünde strafst du mich
Denn heute so elendiglich?
O sieh doch meine Qualen, sieh!«
    Da lacht, da ruft das wüste Vieh:
    »Allegorie! Allegorie!«

Weil ich nun keine Bess'rung spür',
Werf' ich den Kerl hinaus zur Tür',
Da schimpft er über die Maßen!
Ich aber sprach gelassen:
»Sie halten mich für unwirtbar,
Ich warf sie 'naus, das ist wohl klar;
Doch sehn Sie's an mit Poesie,
    So war's nur, ich versichre Sie:
    Allegorie! Allegorie!«

EDUARD MÖRIKE
Die Visite

Philister kommen angezogen:
Man sucht im Garten mich und Haus;
Doch war der Vogel ausgeflogen,
Zu dem geliebten Wald hinaus.
Sie kommen, mich auch da zu stören;
Es ruft, und ruft im Widerhall –
Gleich laß ich mich als Kukuk hören,
Bin nirgends und bin überall.

So führt' ich sie, nur wie im Traume,
Als Puck im ganzen Wald herum;
Ich pfiff und sang von jedem Baume,
Sie sahn sich fast die Hälse krumm.
Nun schalten sie: Verfluchte Possen!
Der Sonderling! der Grobian!
Da komm' ich grunzend angeschossen,
Ein Eber, mit gefletschtem Zahn.

Mit Schrei'n, als wenn der Boden brennte,
Zerstob ein Teil im wilden Lauf,
Die andern kletterten behende
Den nächsten besten Baum hinauf;
Sie krochen weislich bis zum Gipfel,
Und sahen nicht einmal zurück,
Doch ich als Eichhorn saß im Wipfel,
Ich grüße sie und wünsche Glück.

»Ei, welch ein allerliebstes Späßchen!
Gott grüß' Sie, schöne Frau'n und Herrn!
Sie kommen, hoff' ich, auf ein Täßchen
Eichelkaffee? Von Herzen gern!«

– Allein sie fanden's nicht gemütlich
In dieser ungewohnten Höh'.
So schieden wir für heute gütlich;
Doch wehe meiner Renommée!

PETER HÄRTLING
Kein Purzelbaum für Ledig

Was soll mein Purzelbaum denn schon bezeugen?
frag ich mich, aufgefordert und bedrängt,
und fange an, mich rund um meinen Wanst zu beugen –
die Masse rollt und kugelt ungelenk.

Du schlägst ihn, lieber Ledig, ohne Makel,
Du hast ihn vor-geschlagen und Du schlägst ihn nach;
schlüg ich ihn (selbst für Dich!): Was für ein albernes
    Spektakel
bekämest du zu sehn – erst krümmte ich mich und dann läg
    ich flach.

So laß mich, Freund, Dir ungepurzelt gratulieren
und wünschen Dir, was haltbar ist: Vom Glück den Saum.
Und ich will – unbeschädigt – auseinander dividieren,
was Du im Flug zusammenbringst: Vom Purzel den Baum.

CHRISTIAN MORGENSTERN
Der Purzelbaum

Ein Purzelbaum trat vor mich hin
und sagte: »Du nur siehst mich
und weißt, was für ein Baum ich bin:
Ich schieße nicht, man schießt mich.

Und trag ich Frucht? Ich glaube kaum;
auch bin ich nicht verwurzelt.
Ich bin nur noch ein Purzeltraum,
sobald ich hingepurzelt.«

Jenun, so sprach ich, bester Schatz,
du bist doch klug und siehst uns: –
nun, auch für uns besteht der Satz:
Wir schießen nicht, es schießt uns.

Auch Wurzeln treibt man nicht so bald,
und Früchte nun erst recht nicht.
Geh heim in deinen Purzelwald,
und lästre dein Geschlecht nicht.

ROR WOLF
vier herren

vier herren stehen im kreise herum
der erste ist groß der zweite ist krumm
der dritte ist dick der vierte ist klein
vier herren stehen im lampenschein

der erste ist stumm der zweite ist still
der dritte sagte nichts und der vierte nicht viel
sie stehen im kreise und haben sich jetzt
die hüte auf ihren kopf gesetzt.

JOHANNES TROJAN
Die greulichen Kerle

Wir saßen einmal unser fünf beim Glas
Und redeten dies und redeten das,
Als einer stand von uns fünfen auf
Und sprach: »Ich muß fortgehn!« und ging darauf.
Und als er eben das Haus verließ,
Da sprachen wir vier zueinander dies,
Was uns erschien als erlösendes Wort:
»Gottlob, der greuliche Kerl ist fort!«

So saßen wir noch zu vieren da,
Als einer von uns nach der Wanduhr sah.
Auf stand er und sagte: »Ich muß jetzt gehn,
Sonst schilt meine Hausfrau – es geht auf zehn.«

Und als er eben war aus der Tür,
Da sprachen vergnügt zueinander wir,
Was er natürlich nicht hören sollt':
»Gottlob, daß der greuliche Kerl sich trollt!«

Vergangen war eine kurze Zeit,
Da sprach der dritte: »Es tut mir leid,
Daß ich die Gesellschaft verlassen muß,
Doch muß ich eilen, vor Toresschluß
Noch heimzukommen.« Und von der Wand
Nahm Hut und Mantel er und verschwand.
Da sagten wir zwei zu uns beglückt:
»Gottlob, daß der greuliche Kerl sich drückt!«

Ein Weilchen noch zechten zusammen wir zwei,
Da sprach mein Genosse zu mir: »Verzeih,
Ich muß jetzt nach Hause!« Alsbald ging er fort;
Da wollt' ich im stillen schon sagen ein Wort
Vom greulichen Kerl, doch ich dachte bei mir:
»Was sagt wohl, der eben jetzt fortging von dir?«
Unzweifelhaft wird ja doch dieses es sein:
»Da sitzt der greuliche Kerl nun allein!«

JOHANN WOLFGANG GOETHE
Gesellschaft

Aus einer großen Gesellschaft heraus
Ging einst ein stiller Gelehrter zu Haus.
Man fragte: »Wie seid Ihr zufrieden gewesen?«
»Wären's Bücher«, sagt' er, »ich würd sie nicht lesen.«

HEINRICH SEIDEL
Die schlimme Sorte

Eine Sorte von Menschen macht mich gleich verstummen,
Das sind die superklugen Dummen.
Da hilft nur das: Sie schweigend zu tragen
Oder sie einfach niederzuschlagen.

ADOLF GLASSBRENNER
Zwei Wünsche

Ach, zwei Wünsche wünscht' ich immer,
Leider immer noch vergebens.
Und doch sind's die innig-frommsten,
Schönsten meines ganzen Lebens!

Daß ich alle, alle Menschen
Könnt' mit gleicher Lieb' umfassen
Und daß ein'ge ich von ihnen
Morgen dürfte hängen lassen.

MASCHA KALÉKO
Verse für kein Gästebuch

Nein, Madame, ich spiele nicht Bridge,
Sie müssen vergeben.
Ich vertreibe mir das Leben
Mit anderen Übeln.
Zum Beispiel mit Grübeln
Über das Dasein.
Gewinnchancen: keine.
Auch ist es ein ungeselliges Spiel.
Man spielt es alleine.

HEINZ KAHLAU
Neid

Dich
werden sie nicht einladen
zum großen Festessen.
Dir
Werden sie keinen Orden anheften
und keine Reden halten.
Dir
wird die Hand nicht geschüttelt,
die Schulter
nicht geklopft werden.
Du hast es,
so höre ich allenthalben
wahrscheinlich
besser gemacht.

THEODOR FONTANE
Würd' es mir fehlen, würd' ich's vermissen?

Heute früh, nach gut durchschlafener Nacht,
Bin ich wieder aufgewacht.
Ich setzte mich an den Frühstückstisch,
Der Kaffee war warm, die Semmel war frisch,
Ich habe die Morgenzeitung gelesen,
(Es sind wieder Avancements gewesen).
Ich trat ans Fenster, ich sah hinunter,
Es trabte wieder, es klingelte munter,
Eine Schürze (beim Schlächter) hing über dem Stuhle,
Kleine Mädchen gingen nach der Schule, –
Alles war freundlich, alles war nett,
Aber wenn ich weiter geschlafen hätt'
Und tät' von alledem nichts wissen,
Würd' es mir fehlen, würd' ich's vermissen?

GOTTHOLD EPHRAIM LESSING
Der größte Mann

Laßt uns den Priester Orgon fragen:
Wer ist der größte Mann?
Mit stolzen Mienen wird er sagen:
Wer sich zum kleinsten machen kann.

Laßt uns den Dichter Kriton hören:
Wer ist der größte Mann?
Er wird es uns in Versen schwören:
Wer ohne Mühe reimen kann.

Laßt uns den Hofmann Damis fragen:
Wer ist der größte Mann?
Er bückt sich lächelnd; das will sagen:
Wer lächeln und sich bücken kann.

Wollt ihr vom Philosophen wissen,
Wer ist der größte Mann?
Aus dunkeln Reden müßt ihr schließen:
Wer ihn verstehn und grübeln kann.

Was darf ich jeden Toren fragen:
Wer ist der größte Mann?
Ihr seht, die Toren alle sagen:
Wer mir am nächsten kommen kann.

Wollt ihr den klügsten Toren fragen:
Wer ist der größte Mann?
So fraget mich; ich will euch sagen:
Wer trunken sie verlachen kann.

FRIEDRICH RÜCKERT
Das Lachen

O nehmt es mir nicht übel,
Wenn über euch ich lache,
Weil ich einmal muß lachen!
Ich lach', um nur zu lachen,
Selbst über mich nicht minder
Als über euch ich lache;
Und nehm' es euch nicht übel,
Daß über mich ihr lachet,
Wenn ihr nicht seid im Stande,
Selbst über euch zu lachen.

JOHANN WOLFGANG GOETHE
Meine Wahl

Ich liebe mir den heitern Mann
Am meisten unter meinen Gästen;
Wer sich nicht selbst zum besten haben kann,
Der ist gewiß nicht von den Besten.

ADELBERT VON CHAMISSO
Pech

Wahrlich aus mir hätte vieles
  Werden können in der Welt,
Hätte tückisch nicht mein Schicksal
  Sich mir in den Weg gestellt.

Hoher Ruhm war zu erwerben,
  Wenn die Waffen ich erkor;
Mich den Kugeln preis zu geben,
  War ich aber nicht der Tor.

Um der Musen Gunst zu buhlen
  War ich minder schon entfernt;
Ein Gelehrter wär ich worden,
  Hätt ich lesen nur gelernt.

Bei den Frauen, sonder Zweifel,
  Hätt ich noch mein Glück gemacht,
Hätten sie mich aller Orten
  Nicht unmenschlich ausgelacht.

Wie zum reichen Mann geboren,
  Hätt ich diesen Stand erwählt,
Hätte nicht vor allen Dingen
  Immer mir das Geld gefehlt.

Über einen Staat zu herrschen,
  War vor allen ich der Mann,
Meine Gaben und Talente
  Wiesen diesen Platz mir an.

König hätt ich werden sollen,
    Wo man über Fürsten klagt.
Doch mein Vater war ein Bürger,
    Und das ist genug gesagt.

Wahrlich aus mir hätte vieles
    Werden können in der Welt,
Hätte tückisch nicht mein Schicksal
    Sich mir in den Weg gestellt.

THEODOR FONTANE
Dreihundertmal

Dreihundertmal hab' ich gedacht:
Heute hast du's gut gemacht,
Dreihundertmal durchfuhr mich das Hoffen:
Heute hast du ins Schwarze getroffen,
Und dreihundertmal vernahm ich den Schrei
Des Scheibenwärters: »Es ging vorbei.«
Schmerzlich war mir's dreihundertmal –
Heute ist es mir egal.

GOTTFRIED BENN
Teils – teils

In meinem Elternhaus hingen keine Gainsboroughs
wurde auch kein Chopin gespielt
ganz amusisches Gedankenleben
mein Vater war einmal im Theater gewesen
Anfang des Jahrhunderts
Wildenbruchs »Haubenlerche«
davon zehrten wir
das war alles.

Nun längst zu Ende
graue Herzen, graue Haare
der Garten in polnischem Besitz
die Gräber teils-teils
aber alle slawisch,
Oder-Neißelinie
für Sarginhalte ohne Belang
die Kinder denken an sie
die Gatten auch noch eine Weile
teils-teils
bis sie weiter müssen
Sela, Psalmenende.

Heute noch in einer Großstadtnacht
Caféterrasse
Sommersterne,
vom Nebentisch
Hotelqualitäten in Frankfurt
Vergleiche,
die Damen unbefriedigt
wenn ihre Sehnsucht Gewicht hätte
wöge jede drei Zentner.

Aber ein Fluidum! Heiße Nacht
à la Reiseprospekt und
die Ladies treten aus ihren Bildern:
unwahrscheinliche Beauties
langbeinig, hoher Wasserfall
über ihre Hingabe kann man sich gar nicht erlauben
nachzudenken.

Ehepaare fallen demgegenüber ab,
kommen nicht an, Bälle gehen ins Netz,
er raucht, sie dreht ihre Ringe
überhaupt nachdenkenswert
Verhältnis von Ehe und Mannesschaffen
Lähmung oder Hochtrieb.
Fragen, Fragen! Erinnerungen in einer Sommernacht
hingeblinzelt, hingestrichen,
in meinem Elternhaus hingen keine Gainsboroughs
nun alles abgesunken
teils-teils das Ganze
Sela, Psalmenende.

ERNST JANDL
das läuten

jetzt wird es bald läuten, was bedeutet
daß jemand hereinwill. ich weiß auch wer.
ich weiß auch warum. darum soll jetzt
noch rasch ein gedicht entstehen.
das müßte eigentlich heißen: das läuten –
es heißt aber: das bersten.

JUSTINUS KERNER
Lust stürmischen Wetters

»Ha! wie's jetzt stürmet und schneit!
Das ist ein Graus!«
Rufet dort einer zum Fenster heraus.
Kein Graus! nein! nein!
Das ist mir Sonnenschein!
Denn nun bleibt jeder zu Haus,
Und ich allein.

HARUN DOLFS
Verschrobenheit

Wer in einem dunkeln Schachte
Ganz vergnügt an Schunkeln dachte,
Und, ans Licht gehoben, schreit,
Leidet an Verschrobenheit.

JOHANN WOLFGANG GOETHE
Probatum est

A

Man sagt: Sie sind ein Misanthrop!

B

Die Menschen haß ich nicht, gottlob!
Doch Menschenhaß, er blies mich an,
Da hab ich gleich dazu getan.

A

Wie hat sich's denn so bald gegeben?

B

Als Einsiedler beschloß ich zu leben.

GISBERT HAEFS
Der Eremit im Pfälzer Wald

Als mir die Stadt zum Hals heraushing,
wie's schon mal kommt, wie's manchem geht,
war's mir zum Sterben noch zu früh,
zum Nicht-geboren-Sein zu spät.
Es gab kein Vorwärts, kein Zurück,
doch fand ich einen Ausweg bald:
jetzt bin ich glücklich und zufrieden
als Eremit im Pfälzer Wald.

Jetzt blüh ich auf in der Natur,
zieh vor dem Wildschwein meinen Hut,
ich stell den Hirschen Wechsel aus
und mach den Trauerweiden Mut.
Ich hab Beton und Chrom vergessen,
wie alles, was mir einst viel galt,
und ich bin glücklich und zufrieden
als Eremit im Pfälzer Wald.

Ich hätt was andres werden können,
ein Lustmolch oder Ölmagnat,
morbider Deichgraf oder Melker,
ein Modeschöpfer oder Schrat,
vielleicht Beschneider oder Clown,
oder gar weise, reich und alt,
doch ich bin glücklich und zufrieden
als Eremit im Pfälzer Wald.

Beginnen mich Natur und Schönheit
durch ihren Überfluß zu quälen,
geh ich manchmal nach Kaiserslautern,
um die Kasernen dort zu zählen.

Hat mich die Häßlichkeit geheilt,
kriech ich zurück in meinen Spalt,
dort bin ich glücklich und zufrieden,
als Eremit im Pfälzer Wald.

Ich kann am Langholz mich erbauen,
so hoch, so roh, so monoton.
Sing mit den Wieseln oft Choräle,
legt für die Füchse Telefon.
Auch hab ich mich, mit viel Erfolg,
in eine Waldfee jüngst verknallt,
und ich bin glücklich und zufrieden
als Eremit im Pfälzer Wald.

Spiel manchmal Schach mit einem Biber,
der sich 'ne zweite Dame nagt,
stink mit dem Iltis um die Wette
und scheuche Eulen, bis es tagt.
Und wisset: wenn zur Dämmerung
mein Lied durch Berg und Tal erschallt,
dann bin ich glücklich und zufrieden
als Eremit im Pfälzer Wald.

THEODOR FONTANE
Aber wir lassen es andere machen

Ein Chinese ('s sind schon an 200 Jahr)
In Frankreich auf einem Hofball war.
Und die einen frugen ihn: ob er das kenne?
Und die andern frugen ihn: wie man es nenne?
»Wir nennen es tanzen«, sprach er mit Lachen,
»Aber wir lassen es andere machen.«

Und dieses Wort seit langer Frist,
Mir immer in Erinnerung ist.
Ich seh' das Rennen, ich seh' das Jagen,
Und wenn mich die Menschen umdrängen und fragen:
»Was tust du nicht mit? Warum stehst du beiseit'?«
So sag ich: »Alles hat seine Zeit.
Auch die Jagd nach dem Glück. All derlei Sachen,
Ich lasse sie längst durch andere machen.«

WILHELM BUSCH
Der Einsame

Wer einsam ist, der hat es gut,
Weil keiner da, der ihm was tut.

Ihn stört in seinem Lustrevier
Kein Tier, kein Mensch und kein Klavier,
Und niemand gibt ihm weise Lehren,
Die gut gemeint und bös zu hören.

Der Welt entronnen, geht er still
In Filzpantoffeln, wann er will.

Sogar im Schlafrock wandelt er
Bequem den ganzen Tag umher.

Er kennt kein weibliches Verbot,
Drum raucht und dampft er wie ein Schlot.

Geschützt vor fremden Späherblicken,
Kann er sich selbst die Hose flicken.

Liebt er Musik, so darf er flöten,
Um angenehm die Zeit zu töten,
Und laut und kräftig darf er prusten,
Und ohne Rücksicht darf er husten,
Und allgemach vergißt man seiner.
Nur allerhöchstens fragt mal einer:
Was, lebt er noch? Ei schwerenot,
Ich dachte längst, er wäre tot.

Kurz, abgesehn vom Steuerzahlen,
Läßt sich das Glück nicht schöner malen.

Worauf denn auch der Satz beruht:
Wer einsam ist, der hat es gut.

CHRISTIAN MORGENSTERN
Das Warenhaus

Palmström kann nicht ohne Post
    leben:
Sie ist seiner Tage Kost.

Täglich dreimal ist er ganz
    Spannung,
Täglich ist's der gleiche Tanz:

Selten hört er einen Brief
    plumpen
in den Kasten breit und tief.

Düster schilt er auf den Mann,
    welcher,
wie man weiß, nichts dafür kann.

Endlich kommt er drauf zurück,
    auf das
»Warenhaus für Kleines Glück«.

Und bestellt dort, frisch vom Rost,
   (quasi):
ein Quartal – »Gemischte Post«!

Und nun kommt von früh bis spät
   Post von
aller Art und Qualität.

Jedermann teilt sich ihm mit,
   brieflich,
denkt an ihn auf Schritt und Tritt.

Palmström sieht sich in die Welt
   plötzlich
überall hineingestellt…

Und ihm wird schon wirr und weh…
   Doch es
ist ja nur das – »W.K.G.«

THEODOR FONTANE
Großes Kind

Ich bin, trotz manchem Unterfangen,
Ein großes Kind durchs Leben gegangen.

Ich las das Tollste, die Hauptgeschicht',
Immer nur im Polizeibericht.

Und dieses Tollste – von ihm zu lesen,
Ist eigentlich auch schon zuviel gewesen.

»Noch aus der dürftigsten Grundierung
kommts wie Figur und Inkarnat«

BILDER *&* GESTALTEN

WILHELM BUSCH

Sahst du das wunderbare Bild von Brouwer?
Es zieht dich an, wie ein Magnet.
Du lächelst wohl, derweil ein Schreckensschauer
Durch deine Wirbelsäule geht.

Ein kühler Dokter öffnet einem Manne
Die Schwäre hinten im Genick;
Daneben steht ein Weib mit einer Kanne,
Vertieft in dieses Mißgeschick.

Ja, alter Freund, wir haben unsre Schwäre
Meist hinten. Und voll Seelenruh
Drückt sie ein andrer auf. Es rinnt die Zähre,
Und fremde Leute sehen zu.

JOHANN WOLFGANG GOETHE

Was im Leben uns verdrießt,
Man im Bilde gern genießt.

PETER HACKS
Vanitas

Habichtschatten überm Hühnerstalle.
Das Gemälde ist von Hondecoeter.
Ja, so schweben sie, die Sterbegötter,
Unerraten bis zum Niederfalle.

Manchmal vor durchsonntem Blau
Ahnt man ihre bösen Silhouetten.
Eines Tags dann sieht man sie genau.
Aber dann ist wenig mehr zu retten.

Eitel, spricht die Weisheit im Barocke,
Ist das Leben und vom Tod gerändert.
Auch bei uns hat sich das kaum geändert.
Nur wir hängens nicht mehr an die Glocke.

FRIEDRICH HEBBEL
Niederländische Schule

Siehst du den Meister? Er spukt! Nun hat er, was ihn
    begeistert,
Wenn er den Auswurf copirt, thut er der Schule genug.
Greift dann gar der Beschauer mit einem Pfui! zum
    Schnupftuch,
Weil er für wirklichen Schmutz diesen artistischen hält:
O, dann feiert die Richtung den höchsten ihrer Triumphe,
Und der Künstler verlangt, daß man, wie Zeuxis, ihn ehrt.

PETER GAN
Preislied auf einen modernen Maler

Anfangs tat er, was die Dinge wollten,
und gab gerne ihrem Anschein Recht.
Doch die freigebornen Farben grollten,
und der Pinsel fühlte sich als Knecht

statt als Szepter in des Meisters Händen.
Und der Meister sah die Sache ein,
kündigte beherzt den Gegenständen,
um fortan sein eigner Herr zu sein.

Dieses Apfels lebensrote Wangen
(oder jener Bürgermeisterin)
hatten früher ihren unbefangen
froh in Öl zur Schau gestellten Sinn.

Heute aber schlägt die Schicksalsstunde
allem kläglichen Kopistenruhm.
Dafür tritt das Rote und das Runde
endlich in sein eignes Eigentum!

Wie Zäzilie im Reich der Töne
frei die Form zum Selbstgehalt ernennt,
appelliert Apelles an die Schöne
barer Schau, die nabelschnurgetrennt

von der bösen Unterwelt der Dinge,
wo es Äpfel, wo es Even gibt,
künftig nur aus ihm zur Welt sich bringe,
parthenogenetisch – selbstverliebt!

War er früher hinzunehmen willig,
was ihm harmlos sein »Willkommen« bot:
jetzt verwandelt er das allzu billig
Aufgedrängte, dieses runde Rot

jener Äpfel oder jener Wangen
fatamorganatisch – ja, in was?
Ist es nur das vage Flimmerprangen
einer Qualle? oder ein Topas?

oder, herrlich, ein Hybrid aus beiden?
oder das genaue Konterfei
einer Ahnung? oder Trauerweiden?
oder ist's am Ende einerlei,

was es ist? Genügt es, daß wir ahnen?
(aber leistet's nicht ein Teppich auch?) –
Pinsel, laß die altgewohnten Bahnen
hinter dir und lern' den neuen Brauch!

Mach' dich leicht und, statt lymphatisch-ledern,
kaleidoskopernikanisch frei!
Wieviel leichter wiegt ein Kilo Federn
(fühl' es selber!) als ein Kilo Blei!

KARL VALENTIN
Das futuristische Couplet
Ein Gegenstück zu der modernen Malerei

In Nürnberg kam das Ganze,
Es sind ja mal erst recht,
Doch als es mir ganz falsch war,
Ist es ohnedies zu schlecht.
Mit wessen ich grad dachte,
Von ohne sie berührt,
So sind sie denn von vorne rein
Ganz ohne diszipliert.

Wer allzulange sind ist,
Ob arm, geht sich bei dem,
Das einmal es oft lieber sein,
Drum wird ja ohnedem,
Mitsammen, ja denn so kann,
Bei deinen nicht schon sein,
Sobald man kann es bleiben soll,
Zusammen fein zu sein.

Wenn einmal in der Nase,
Hast manchmal du in Ruh,
Die Plattform in der Tasche hast,
Und treibst in allem zu,
So wittert aus den Mitteln,
In Spanien aus und ab,
Der Blumen Augenbrauen senkt,
Mit Asien und in Trapp.

PAUL CELAN
Großes Geburtstagsblaublau
mit Reimzeug und Assonanz

In der R-Mitage,
da hängt ein blauer Page.
Da hängt er, im Lasso:
er stammt von Pik-(As)so.
Wer hängt ihn ab?
Das Papperlapapp.
Wo tut es ihn hin?
Nach Neuruppin.
In den Kuchen.
Da könnt ihr ihn suchen.
Da könnt ihr ihn finden
bei den Korinthen
aus der époque bleue,
links von der Kö,
rechts von der Düssel,
in einer blauen Schüssel.
Er hockt auf der Kante
und schwört aufs Blümerante.

VOLKER KRIEGEL
Eines Abends in Aix-en-Provence

Seit Stunden träumt Monsieur Cézanne
schon leise seufzend vor sich hin.
Ein Traumbild will dem Malersmann
partout nicht aus dem Sin.

Er sieht die Farben, ahnt die Formen,
er spürt die Kraft der Utopie:
Das Kunstwerk jenseits aller Normen –
er muß es schaffen, irgendwie!

Ganz oben, in des Baumes Krone,
sitzt plötzlich noch ein lila Hund – –
Sinn? Ordnung? Schönheit? Nicht die Bohne!
Ein Scheißdreck ist das! Unfug! Schund!

HARALD HARTUNG

Im Louvre lieb ich die Kopisten
Verstreut im Saal als Eremiten
versuchen sie mit allen Listen
dem Heilgsten sich darzubieten

Sie rochen einmal wie sie selber
nach altem Mann nach junger Frau
jetzt ist ihr Innerstes kaum gelber
als Preußisch- und Pariser-Blau

Ein Kinderspiel: der Kreis als Vierung
das Göttliche: ein Implantat
Noch aus der dürftigsten Grundierung
kommts wie Figur und Inkarnat

Wir schauen hoffend wie die Siechen
und scheinen wie befreit vom Fluch
und statt zu vögeln wie die Griechen
fellationieren wir das Tuch

Zu spät dies Handwerk zu erlernen
zu spät für jede andre Kunst
Das Leben lauert in den Sternen
auf daß man es verkennt verhunzt

LUDWIG THOMA
Erziehung zur Kunst

Welch ein Leben, welch ein reges Treiben
Herrscht doch in Florenzens Galerien!
Weil hieher ja alle bessern Klassen
Aus dem nördlichen Europa ziehen.

Männer, die daheim in dem Berufe
Keine Zeit und keine Muße haben,
Müssen hier an ungewohnten Schätzen
Ihre ungewohnte Bildung laben.

Mütter, die der Häuslichkeit sich widmen
Und die Strümpfe ihrer Söhne stopfen,
Sind verpflichtet, ihr Gehirn mit Dingen,
Die sie bald vergessen, vollzupfropfen.

Seht die Guten mit erhitzten Wangen
Durch die lange Flucht der Säle eilen!
Länger nicht, als höchstens zwei Sekunden
Dürfen sie vor einem Bilde weilen.

»Halt! Das müssen wir genau betrachten«,
Spricht der Vater, »denn bedenkt, wir stehen
Offenbar vor einem Meisterwerke,
Mit zwei Kreuzen ist's im Buch versehen.«

Leere Augen glotzen, es ertönen
Ah! Und Oh!'s vermischt mit Prädikaten,
Und sie stürzen fort in andre Säle
Von dem treuen Baedeker beraten.

Müde kehren wieder sie zur Heimat,
Wo sie die Erinnerung genießen.
Und wir sehen überall die Früchte
Der erworb'nen Bildung reichlich sprießen.

OTTO JULIUS BIERBAUM
Der Kunstmäcen

»Sieh den kunstergebenen Herrn,
Fortgeschritten und modern!
An den Wänden: Thoma, Klinger,
Stuck, Rops, Goya, Stauffer-Bern,
Und die neuesten Meister-Singer
Kennt er, kauft er, liest er gern!«

»Gut, gut, gut. Ich weiß es schon.
Leider – spricht er auch davon.«

HEINZ ERHARDT
Stiche

Von Dürers Meisterhand ein Stich
betrachtet, wirkt mehr »äußerlich«,
dagegen dringt, wenn sie verzeihn,
der Mückenstich weit »tiefer« ein.

Man sieht hieraus, daß ein Insekt
noch mehr kann als der Intellekt.

KLAUS MODICK
Kurze Hymne auf Donald

Herrlich ist, Schöpfer Carl Barks, Deiner Erfindung Pracht:
Bürzelbewehrt breitlappig fußender Enterich,
matrosenanzugs-gewandetes
Genie der cholerischen Wut!

Den trefflichen Neffen, den Tick, Trick und Track
bist Du Onkel, Tyrann und Hausfrau in einem.
O Du kleinstwagenfahrender
Neffe des knausrigsten Krösos!

Des listenreichen Dagoberts Faktotum bist Du
auf ewigen Jagden nach Talern, nach Gold.
Hilfreich bist Du, Dämling,
dabei doch leider nur selten!

O Du charmeversprühender Einfaltspinsel,
der Du nachstellst der angebeteten Ente:
Daisy, Deiner Herzdame,
die dauernd verkennt Dein Genie!

O fettnäpfchentretendes Schoßkind des Pechs!
Wie haßt Du des glückhaften Vetters
geschniegelte Miene, wie
Gustavs, des Gimpels, Gamaschen!

Du aber, Donald, watschelst stur Deiner Wege.
Denn Deiner dauernden Dummheit trotzest Du
mit glückhaften Siegen
der tobenden Unvernunft!

GOTTFRIED BENN
Radio

1
»– die Wissenschaft als solche« –
wenn ich Derartiges am Radio höre,
bin ich immer ganz erschlagen.
Gibt es auch eine Wissenschaft nicht als solche?
Ich sehe nicht viel Natur, komme selten an Seen,
Gärten nur sporadisch, mit Gittern vor,
oder Laubenkolonien, das ist alles,
ich bin auf Surrogate angewiesen:
Radio, Zeitung, Illustrierte –
wie kann man mir da so was bieten?

Da muß man doch Zweifel hegen,
ob das ein Ersatz ist für Levkojen,
für warmes Leben, Zungenkuß, Seitensprünge,
alles, was das Dasein ein bißchen üppiger macht
und es soll doch alles zusammengehören!

Nein, diese vielen Denkprozesse sind nichts für mich,
aber es gibt volle Stunden,
wo man auf keinem Sender (Mittel-, Kurz-, Lang- und
     Ultrawelle)
eine Damenstimme hört (»erst sagt man nein, dann viel-
     leicht, dann ja«),
immer nur diese pädagogischen Sentenzen,
eigentlich ist alles im männlichen Sitzen produziert,
was das Abendland sein Höheres nennt –
ich aber bin, wie gesagt, für Seitensprünge!

11

»— würden alte Kulturbestände völlig verschwunden sein —«
(nun, wenn schon)
»— klingende Vergangenheit —«
(von mir aus)
»— in den Orten Neu-Mexikos
segnen die Farmer ihre Tiere und Felder
mit diesen Liedern —«
(angenehm,
aber ich meinerseits komme aus Brandenburg kaum heraus).

Wir hören Professor Salem Aleikum,
der Reporter beliebäugelt ihn noch:
»der Professor liegt auf der Terrasse seines Hauses
die Laute im Arm
und singt die alten Balladen« —
wahrscheinlich auf einer Ottomane,
Eiswasser neben sich,
widerlegt Hypothesen, stößt neue aus —

die größten Ströme der Welt
Nil, Brahmaputra oder was weiß ich,
wären zu klein, alle diese Professoren zu ersäufen —

ich habe kein Feld, ich habe kein Tier,
mich segnet nichts, es ist reiner Unsegen,
aber diese Professoren
sie lehren in Saus und Braus
sie lehren aus allen Poren
und machen Kulturkreis draus.

JOACHIM RINGELNATZ
Reklame

Ich wollte von gar nichts wissen.
Da habe ich eine Reklame erblickt,
Die hat mich in die Augen gezwickt
Und ins Gedächtnis gebissen.

Sie predigte mir von früh bis spät
Laut öffentlich wie im stillen
Von der vorzüglichen Qualität
Gewisser Bettnässer-Pillen.

Ich sagte: »Mag sein! Doch für mich nicht! Nein, nein!
Mein Bett und mein Gewissen sind rein!«

Doch sie lief weiter hinter mir her.
Sie folgte mir bis an die Brille.
Sie kam mir aus jedem Journal in die Quer
Und säuselte: »Bettnässer-Pille.«

Sie war bald rosa, bald lieblich grün.
Sie sprach in Reimen von Dichtern.
Sie fuhr in der Trambahn und kletterte kühn
Nachts auf die Dächer mit Lichtern.

Und weil sie so zähe und künstlerisch
Blieb, war ich ihr endlich zu Willen.
Es liegen auf meinem Frühstückstisch
Nun täglich zwei Bettnässer-Pillen.

Die ißt meine Frau als »Entfettungsbonbon«.
Ich habe die Frau belogen.
Ein holder Frieden ist in den Salon
Meiner Seele eingezogen.

ERICH KÄSTNER
Kleine Wochenschau

Körnig im Endlauf wieder nur Dritter.
Thyphus in Wien. Jack Smith in Berlin.
Kellogg bereut seinen Vorschlag bitter.
In Lodz explodiert eine Menge Benzin.
Der Flieger Courtney treibt auf dem Meer
hin und her.

Hauptmann schreibt eben sein nächstes Stück.
Ein neuer Fahrkartenschwindel en gros.
In Bayern schon wieder ein Zugunglück.
Auf der Pressa in Köln spricht Herriot.
Eine ganze Schule in Gladbeck schwul.
Wer ist der Mörder der Pussy Uhl?
Peltzer verliert schon im Zwischenlauf
und gibt auf.

In Warschau trifft vierzig Personen der Blitz.
Amundsen lebt? Auf Franz-Josef-Land?
Wie steht's mit dem Anleihe-Altbesitz?
In der Potsdamer Straße ein Dachstuhlbrand.
Taifun in Japan. Die Ander gesund.
Frauenrekord auf der Aschenbahn.

Präsidentenwechsel im Reichslandbund.
Im Faltboot über den Ozean.
Fernsehn Methode Karolus.
Bald Schluß?

Tunney als Heidelberger Student.
Rom begeht Nobiles Ehrentag.
Tauber als Sommerdirigent.
Zugunglück in der Nähe von Prag.
Mich trifft der Schlag.

Zum Frühstück Schinken und zwanzig Tote.
Zu Mittag Schnitzel mit Revolution.
Aufschnitt und Lustmord zum Abendbrote.
Wer von den Lesern verträgt das schon?

Ich bemerke ergänzend:
Sie vertragen es glänzend!

KURT TUCHOLSKY
Gefilmt mußt du sein –!

Hier steht Herr Eastman (Winnipeg)
auf einem grünen Gartenfleck.
Zwei Knickebeine hat er auch,
der Kneifer baumelt auf dem Bauch –
　　　Er ist nicht mehr ganz neu. Indessen
　　　man darf das eine nicht vergessen:
»Herr Eastman, Vater des Erfinders der Kunstbutter.«

Er lächelt da im Gartenhof
(auf einer Backe etwas doof);
der Fotograf dreht heiter-mild:
Die Firma braucht ein neues Bild!
　　　Die Kinos wird er amüsieren;
　　　die Sesselreihen buchstabieren:
»Herr Eastman, Vater des Erfinders der Kunstbutter.«

O Mensch!
　　　　　　　Alleine bist du nichts,
fehlt dir der Ruhm des Kinolichts.

　　　Du kannst den Nordpol ganz erklettern,
　　　du kannst die Mädchen lebensrettern,
　　　du kannst den Wassersekt erfinden
　　　den Stehbauch ohne Gummibinden –
Was nützt dir aber alles das –?
Dich gibt es nicht. Dir fehlt noch was.

Erst wenn vor dir ein Filmkerl steht,
dann bist du richtig durchgedreht.

Das ist des Ruhmes Sonnenschein:
Noch gestern klein
ein Knickebein –
Und heute prägt die Welt sich ein:
»Herr Eastman, Vater des Erfinders der Kunstbutter.«

ALFRED LICHTENSTEIN
Kientoppbildchen

Ein Städtchen liegt da wo im Land,
Wie üblich: altertümlich.
Und Bäume stehn am Straßenrand,
Die wackeln manchmal ziemlich.

Und Kinder laufen ungekämmt.
Sie haben nackte Beine.
Zufrieden schaut ein schmutzges Hemd
Von einer Wäscheleine.

Der Abend bringt den Zeitvertreib,
Laternen, Mond, Gespenster.
Recht häufig hängt ein altes Weib
In einem kleinen Fenster.

FRANK WEDEKIND
Das Lied vom armen Kind oder
Wer zuletzt lacht, lacht am besten

Es war einmal ein armes Kind,
Das war auf beiden Augen blind,
Auf beiden Augen blind;
Da kam ein alter Mann daher,
Der hört auf keinem Ohre mehr,
Auf keinem Ohre mehr.
Sie zogen miteinander dann,
Das blinde Kind, der taube Mann,
Der arme, alte, taube Mann.

So zogen sie vor eine Tür,
Da kroch ein lahmes Weib herfür,
Ein lahmes Weib herfür.
Bei einem Automobilunglück
Ließ sie ihr linkes Bein zurück,
Das ganze Bein zurück.
Nun zogen weiter alle drei,
Das Kind, der Mann, das Weib dabei,
Das arme, lahme Weib dabei.

Ein Mägdlein zählte vierzig Jahr,
Derweil sie stets noch Jungfrau war.
Noch keusche Jungfrau war.
Um sie dafür zu strafen hart,
Schuf Gott ihr einen Knebelbart,
Ihr einen Knebelbart.
Sie flehte: Laßt mich mit euch gehn,
Ihr Lieben, laßt mich mit euch gehn,
So wird noch Heil an mir geschehn!

Am Wege lag ein räudiger Hund,
Der hatte keinen Zahn im Mund,
Nicht einen Zahn im Mund;
Fand er mal einen Knochen auch,
Er bracht ihn nicht in seinen Bauch.
Ihn nicht in seinen Bauch.
Nun trabte hinter den anderen vier,
Wiewohl es am Verenden schier,
Das alte, räudige Hundetier.

Ein Dichter lebt' in tiefster Not,
Er starb den ewigen Hungertod,
Den ewigen Hungertod.
Mit Herzblut schrieb er sein Gedicht,
Man druckt es nicht, man liest es nicht,
Und niemand kennt es nicht.
Sein Leib war krank, sein Geist war wund,
Drum schloß er mit dem räudigen Hund
Der Freundschaft heiligen Seelenbund.

Und dann schrieb er zu aller Glück
Ein wundervolles Theaterstück,
Ein wundervolles Stück,
In welchem die Personen sind
Der taube Mann, das blinde Kind,
Das arme, blinde Kind,
Das lahme Weib, die Jungfrau zart
Mit ihrem langen Knebelbart,
Die Jungfrau mit dem Knebelbart.

Und eh die nächste Stund entflohn,
Konnt jeder seine Rolle schon,
Die ganze Rolle schon.
Verständnisvoll führt die Regie
Das alte, räudige Hundevieh,
Das räudige Hundevieh.
Drauf ward das Schauspiel zensuriert
Und einstudiert und aufgeführt
Und ward ganz prachtvoll kritisiert.

Die Künstler fanden viel Applaus,
Man spannt dem Hund die Pferde aus
Und zieht ihn selbst nach Haus.
Da gab's nun auch Tantiemen viel
Und hohe Gagen für das Spiel,
Das ungemein gefiel. –
Nachdem sie ganz Europa sah,
Da reisten sie nach Amerika,
Nach Nord- und Südamerika.

Nun hört zum Schluß noch die Moral:
Gebrechen sind oft sehr fatal,
Sind manchmal eine Qual;
Frau Poesie schafft ohne Graus
Beneidenswertes Glück daraus,
Sie schafft das Glück daraus.
Dann schwillt der Mut, dann schwillt der Bauch,
Und sei's bei einer Jungfrau auch. –
So ist's der Menschheit guter Brauch.

HEINZ ERHARDT
Querschnitt durch Verdi

Othello war schwarz wie ein Mohr
und ziemlich klug – obwohl Tenor –
und lebte nicht ganz ledig
in Venedig.

Doch eines Tags sah er *Aida*
und sprach zu sich: »Wer ist denn die da?
Die ist mein Typ – die wär mein Fall so!«
Na also!

Doch hatte Pappa *Rigoletto*
für sie 'nen andern Mann in petto:
Don Carlos hieß der Mann in spe.
Olé!

Sie aber liebte einen Dritten.
Den brauchte sie nicht lang zu bitten,
den *Rhadames;* denn der war nur
Troubadour!

Doch der sang seine Serenatas
viel lieber vor dem Haus *Traviatas!*
Sie lauschte ihm auf dem Balkone
mit »ohne«.

Vielleicht hat er zu oft gesungen –
egal, sie kriegte kalte Lungen;
und, von dem Nachtwind angepustet,
hat sie dem Rhadi was gehustet.
Da sagte sich der Liebessänger:

»Die steckt mich an! Ich sing nicht länger!«
Und er verließ die Kranke.
Na danke! –

Aida aber und Othello
entleibten sich – das ging ganz schnell, oh! –
in Verona:
Aida wegen Rhadames,
Othello wegen Madame *Des-*
demona…

GOTTHOLD EPHRAIM LESSING
Auf die Europa

Als Zeus Europen lieb gewann,
Nahm er, die Schöne zu besiegen,
Verschiedene Gestalten an,
Verschieden ihr verschiedlich anzuliegen.
Als Gott zuerst erschien er ihr;
Dann als ein Mann, und endlich als ein Tier.
Umsonst legt er, als Gott, den Himmel ihr zu Füßen:
Stolz fliehet sie vor seinen Küssen.
Umsonst fleht er, als Mann, in schmeichelhaftem Ton:
Verachtung war der Liebe Lohn.
Zuletzt – mein schön Geschlecht, gesagt zu deinen Ehren! –
Ließ sie – von wem? – vom Bullen sich betören.

HEINZ ERHARDT
Zeus

Im Himmel machte er die Blitze,
auf Erden aber lieber Witze,
so hatte er, als Tier verwandelt,
sehr oft mit Damen angebandelt!

Einst näherte er sich – als Stier! –
Europa und sprach keck zu ihr:
»Ich bin der Zeus! Macht keine Zicken
und setzt euch hier auf meinen Rücken!
Halt't euch am Horne fest und flieht
mit mir dorthin, wo's keiner sieht!«
Erst zierte sich das Mädchen sehr – – –
dann weniger – dann wieder mehr – –
da wurde es selbst Zeus ganz klar,
wie *uneinig* Europa war!
Und es ist gar nicht übertrieben,
zu sagen, es sei so geblieben! –

Durch alte Schriften ist belegt,
daß Vater Zeus fast unentwegt
nach unten kam, sich abzulenken –
statt oben ans Regiern zu denken,
bis seine Frau, die Hera hieß,
ihn einfach nicht mehr 'runterließ.
Im Himmel aber, da verlor
er jeden Sinn für den Humor –

drum hört man auch vom alten Zeus
nichts Neus!

PETER MAIWALD
In Ordnung

Es ist alles in Ordnung:

Nessos Hemd ist von Lacoste.
Kain sitzt im Resozialisierungskurs römisch vier.
Prokrustes ist eine Hotelkette.
Keine Erinnye darf wegen ihres Geschlechts
oder ihres Motivs benachteiligt oder verfolgt werden.
Die Trompeten von Jericho sind das Erkennungszeichen
von Abbruchunternehmern.
Midas ist ein Bankangestellter
Medea Kindergärtnerin.
Prometheus besitzt alle Versicherungen.
Herakles leitet den örtlichen Judoclub.
Achilles ist ein Strumpffabrikant und
Siegfried ein Rückenmasseur.
Der Minotaurus ist unser Haustier
und über Zerberus
wacht der örtliche Tierschutzverein.

So sind hier die Leute.

JAMES KRÜSS
Jung Siegfried

Jung Siegfried gilt auf dieser Welt
Als kühner Mann und stolzer Held.

Doch frag ich, klingts auch sonderbar:
Ob er ein Held wahrhaftig war?

Er hatte doch als Königssohn
Die beste Ausgangposition.

Die Ahnen waren ehrenwert,
Und er besaß das beste Schwert.

Und ritt er auf den Gegner ein:
Das beste Pferd der Welt war sein.

Spion war ihm ein jeder Spatz;
Denn er verstand ihn, Satz für Satz,

Weil er – wie keiner sonst im Land –
Hirsch, Hase, Reh und Spatz verstand.

Die Tarnungskappe machte ihn
Unsichtbar, wenn es nötig schien.

Auch unverwundbar war der Wicht.
(Ein Schulterstück nur war es nicht.)

Ein Bad in rotem Lindwurmblut
Schuf ihm die Rüstung fest und gut.

Kurzum: Jung Siegfried war als Held
In allen Dingen gutgestellt.

Er lernte Heldsein nach und nach
Wie andre Tennis oder Schach.

Doch frage ich: Ist Fachmannschaft
Gleich Heldenmut und Heldenkraft?

Ich glaube fast, es irrt die Welt:
Er war ein Fachmann, doch kein Held!

ADOLF ENDLER
Abenteuerbuch

Grün, wie ich dich liebe, Grün.
(F. G. Lorca)

Die einsame Spur der endlos grünen Savanne
Das Grün auf das wir dann endlich wie wahnsinnig schossen
Im Herzen der grünen Hölle die Lastwagenpanne
Der Pfefferminzlikör als Letztes runtergegossen
Das seltsame Grün von dem Konsul Meyer berichtet
Das Diamantengrün das Graugrün der Elefanten
Der grüne Mantel auf dem Amazonas gesichtet
Ein alter Lodenmantel wie wir deutlich erkannten
Die schwarze Mamba die grün aus dem Grünen herzüngelt
Das Gelbgrün des Boys von der Schwarzen Mamba gebissen
Lianengrün das sich um die Totenstadt ringelt
Das grüne Tropenhemd rot von Kakteen zerrissen
Ein grünes Klaviertuch drei Schädel die Silbermine
Der Grünspan an alten Löffeln und alten Gefäßen
Die grün überwucherte rostige Eisenbahnschiene
Spinat ach mit Spiegelei den wir jetzt gerne äßen
Das grüne Etwas das zuweilen ums Lager huschte
Im grünen Rucksack das Bändchen der Klopstockschen Oden
Der Koch der Gottweißwas ins elende Grünzeug pfuschte
Ein Mantel auf dem Amazonas aus grünem Loden

ROR WOLF
vorstellung der beteiligten

waldmann tritt heraus aus dem kontor
und er stellt uns die personen vor.

rechts, am rande, sehen wir den scheich.
seine hand ist weich, der scheich ist reich.

neben ihm, die hand am telefon,
nummer zwei: wir sehen den baron.

nummer drei, der graf, bei dem man sieht,
daß er schläft, der graf, er rührt kein glied.

neben ihm, direkt an dem klavier,
der direktor, spielend, nummer vier.

links die gräfin, fünftens, lang und schlank,
sechstens die baronin, und im schrank

steht der fremde, siebtens, schwarz maskiert.
waldmann hat das alles arrangiert.

waldmann stellt sich nun noch in die mitte.
das sind die personen, sagt er: bitte.

LUDWIG HARIG
Um Kopf und Kragen

Heute abend ist mir nicht geheuer,
denn ich lese Waldmanns Abenteuer.

Herzen knacken, Hirne bersten, Hände
rauchen wie Elektrowiderstände.

Und in jedem dieser Augenblicke
tritt ein Herr hervor aus einer Clique,

löscht mit Grazie seine Zigarette.
Eine Dame wälzt sich schon im Bette.

Kaum hat sich der Leser unterrichtet,
hat Herr Wolf sein Epos fortgedichtet.

Und bei weiterlaufender Lektüre
langt er an das Ende der Broschüre.

Doch in diesen hitzigen Momenten
überkommt ein Rausch den Rezensenten,

und erregt von Lust- und Mordgeschichten
fängt er fleißig an zu dichten,

dichtet schließlich sich um Kopf und Kragen,
und du hörst ihn, braver Leser, sagen:

Willst du die Natur des Menschs erraten,
lies Ror Wolfs gesamte Moritaten.

ROR WOLF
ungefähr fünf versunkene figuren

als der scheich versinkt im roten moor,
tritt hans waldmann aus dem wald hervor.

der direktor sinkt in den morast.
waldmann sagt: darauf war ich gefaßt.

auch der graf steckt tief im dunklen schlamm.
waldmann macht ihn darauf aufmerksam.

der baron ist bis an das genick
eingehüllt in einen grünen schlick.

doch der fremde, schwarz und elegant,
steht mit seinem stock am waldesrand.

waldmann sagt: das ist ein guter grund
und nimmt die zigarre aus dem mund.

darauf liegt der fremde mit dem frack
schon im sumpf und fertig ist der lack.

nur der kopf ragt etwas aus dem graben
mit dem hut, und darauf hocken raben.

kurz und gut, die sache ist getan.
waldmann steigt in eine straßenbahn.

KLABUND
Bauz

Bauz schwingt zierlich den Zylinder,
Bauz entstellt sich hiermit vor.
Bauz hat 45 Kinder
Und nen Bruch im Wasserrohr.

Bauz ist ohne alle Frage,
Bauz ist geradezu direkt,
Bauz macht jede Nacht zum Tage,
Bauz hat einen Schlauchdefekt.

Bauz ist jeder Krone Gipfel,
Bauz ist jedes Ärmels Loch,
Bauz ist auf dem I das Tipfel,
Bauz kroch, wo noch keiner kroch.

Bauz ist wiederum hingegen,
Bauz ist zwecks zu dem behuf,
Bauz ist andernteils deswegen,
Bauz ist ohne Widerruf!

CHRISTIAN MORGENSTERN
Die Fingur

Es lacht die Nachtalp-Henne,
es weint die Windhorn-Gans,
es bläst der schwarze Senne
zum Tanz.

Ein Uhu-Tauber turtelt
nach seiner Uhuin.
Ein kleiner Sechs-Elf hurtelt
von Busch zu Busch dahin...

Und Wiedergänger gehen,
und Raben rufen kolk,
und aus den Teichen sehen
die Fingur und ihr Volk...

LUDWIG RUBINER,
FRIEDRICH EISENLOHR,
LIVINGSTONE HAHN
Die Texasbahn

Auf Mitteltexas dämmert letzte Helle.
FRED, der die Bahnzeit nach den Sternen schätzt,
Entfernt die Schrauben aus der Schienenschwelle.
Schon kommt erdonnernd roter Schein gehetzt.

Der Zug, der in die losen Schienen fetzt,
Springt hoch wie die getroffene Gazelle.
Fred trägt aus Leichenhaufen unverletzt
Miss Madderson. An einer nahen Quelle

Schlummert sie sorglos wie ein kleines Kind.
Blaß liegt der Mond. Der Kürbisklopfer flötet,
Bis daß der Tag durch die Agave rinnt.

Und sie wacht auf und nestelt an den Haaren:
»Hast du auch meinen Vater gut getötet? –
Dann laß uns, bitte, nach Venedig fahren!«

H. C. ARTMANN

ein django der muß haben
zween stiebel um zu traben,
ein fäustlein um zu schlagen,
ein särglein ums zu tragen,
zween sporen an den fertzen,
die nie ein rößlein schmerzen,
ein feindlein ums zu schießen
und gold zum kugeln gießen,
dazu noch grund zur rache,
denn das gehört zur sache,
so eilt er texas auf
und ab in tollem lauf.
Drum, kindlein, gib fein acht,
wies unser django macht,
willst sein nit feig und schwach,
so tus ihm fleißig nach!

DIRK VON PETERSDORFF
Bert telefoniert mit einer Banane

Da Bert in die Banane spricht
– Hallo! Hallo! Hier! –,
lehnt Ernie, dieses Mondgesicht,
kichernd, schnarrend in der Tür.

Nun wird das Bild erklärt:
Der alte Glaube, das ist Bert,
ruft und redet, niemand hört.
Im Rücken das Lachen.

H. C. ARTMANN

batman und robin
die liegen im bett,
batman ist garstig
und robin ist nett.

batman tatüü
und robin tataa,
raus aus den federn,
der morgen ist da!

LUDWIG RUBINER,
FRIEDRICH EISENLOHR,
LIVINGSTONE HAHN
Das Kriminal-Sonett

Auf steilen Dächern rennt ein Herr im Frack,
Ein Polizeihelm stieg aus dunklem Schachte.
In Höfen ward es laut. Ein Browning krachte.
Man prügelt Fremde. Einen rührt der Schlag.

Im Haus der Gräfin tanzte man und lachte;
Die Kenner freuten sich am Japan-Lack.
FRED nebenan schob Erb-Schmuck in den Sack,
indes DER FREUND die offne Tür bewachte.

Der Spürhund wedelt eifrig durch die Stadt;
Ein Kommissar führt wichtig seine Liste.
Die Zeugensprüche füllen manches Blatt.

Zu Haus greift Fred in die Importenkiste.
Der Freund am Spiegel streicht den Scheitel glatt.
Dann führt man Tagebuch als Belletriste.

GÜNTER EICH
Ich kenne die Detektive

Ich kenne die Detektive,
wäre ein besserer Mörder
als bei Ullstein und Goldmann,
bin aber falsch erzogen,
mit zuviel Sinn für Anarchie.
Das setzt
Freundlichkeit voraus.

ULRICH HOLBEIN
Zwei Kriminalsonette:
Die schlimme Tat

So gegen Eins. Kein Guy mehr auf der Street.
Vor einem Flipperhimmel in Manhatten
geschieht zunächst fast überhaupt nix – – wetten?
Doch da! Ein Blackman namens Power zieht

'ne Knarre. Filmreif! Und mit grauenhaftem »Aah!!«
– gepaart mit Knall und Qualm – fällt Havels zuckend
(sowie im Tod viel Bubble Gum ausspuckend)
quer über's Trottoir. – – Fast ging's mit nah.

Denn da, wo Power Führerschein und Porno
in seiner Pocket trug, trug Havels Paperbacks
von Dante, Hesse, Eich, sogar Adorno.

Die einen kennen Faust und Marx, die andern Mord und Sex.
Im Gegensatz zu Havels, kannte Power
nicht mal im Ansatz Kant und Schopenhauer.

Die gute Tat

Soeben ward Mike Havels bös von Power
durchsiebt. Der Krimiautor Thomas Kunz befahl
den Quark. Sofort fühlt Havels Todesqual.
Und ich? Ich spür Verdruß statt Leseschauer.

Sobald ich selbst den Krimi weitermach',
erwacht die Leiche in durchknalltem Krach.
Und wer, dank Kunz, sich blut- und kotverklebt
durch Müll auf Gullygittern wälzte – lebt!!!

Sooft ich weggguck', muß Mike Havels fallen.
Doch wenn ich dran bin, lauern tausend Täter
umsonst, die Mäuler voller Turkish cigarettes.

Ich zwing das Kunz-Inferno zum Verhallen.
Ich dichte Blaulicht in den Äther –
und prompt erschlafft der Nervenkitzel des Sonetts.

GÜNTER EICH
Beitrag zum Dantejahr

Chandler ist tot
und Dashiell Hammett.
Mir liegts nicht,
mich an das Böse schlechthin
zu halten und
Dante zu lesen.

JOACHIM RINGELNATZ
Fußball
(nebst Abart und Ausartung)

Der Fußballwahn ist eine Krank-
Heit, aber selten, Gott sei Dank.
Ich kenne wen, der litt akut
An Fußballwahn und Fußballwut.
Sowie er einen Gegenstand
In Kugelform und ähnlich fand,
So trat er zu und stieß mit Kraft
Ihn in die bunte Nachbarschaft.
Ob es ein Schwalbennest, ein Tiegel,
Ein Käse, Globus oder Igel,
Ein Krug, ein Schmuckwerk am Altar,
Ein Kegelball, ein Kissen war,
Und wem der Gegenstand gehörte,
Das war etwas, was ihn nicht störte.
Bald trieb er eine Schweineblase,
Bald steife Hüte durch die Straße.
Dann wieder mit geübtem Schwung
Stieß er den Fuß in Pferdedung.
Mit Schwamm und Seife trieb er Sport.
Die Lampenkuppel brach sofort.
Das Nachtgeschirr flog zielbewußt
Der Tante Berta an die Brust.
Kein Abwehrmittel wollte nützen,
Nicht Stacheldraht in Stiefelspitzen,
Noch Puffer außen angebracht.
Er siegte immer, o zu 8.
Und übte weiter frisch, fromm, frei
Mit Totenkopf und Straußenei.
Erschreckt durch seine wilden Stöße,
Gab man ihm nie Kartoffelklöße.

Selbst vor dem Podex und den Brüsten
Der Frau ergriff ihn ein Gelüsten,
Was er jedoch als Mann von Stand
Aus Höflichkeit meist überwand.
Dagegen gab ein Schwartenmagen
Dem Fleischer Anlaß zum Verklagen.
Was beim Gemüsemarkt geschah,
Kommt einer Schlacht bei Leipzig nah.
Da schwirrten Äpfel, Apfelsinen
Durch Publikum wie wilde Bienen.
Da sah man Blutorangen, Zwetschen
An blassen Wangen sich zerquetschen.
Das Eigelb überzog die Leiber,
Ein Fischkorb platzte zwischen Weiber.
Kartoffeln spritzten und Zitronen.
Man duckte sich vor den Melonen.
Dem Krautkopf folgten Kürbisschüsse.
Dann donnerten die Kokosnüsse.
Genug! Als alles dies getan,
Griff unser Held zum Größenwahn.
Schon schäkernd mit der U-Bootsmine
Besann er sich auf die Lawine.
Doch als pompöser Fußballstößer
Fand er die Erde noch viel größer.
Er rang mit mancherlei Problemen.
Zunächst: Wie soll man Anlauf nehmen?
Dann schiffte er von dem Balkon
Sich ein in einem Luftballon.
Und blieb von da an in der Luft.
Verschollen. Hat sich selbst verpufft. –
Ich warne euch, ihr Brüder Jahns,
Vor dem Gebrauch des Fußballwahns.

ROR WOLF
Aus: *Fußball-Sonette*

DER MEISTER wirbelt hungrig übers Feld
Und füttert seine Spitzen sehr geschickt.
Er tanzt durch alle Sperren, quirlt und zwickt.
Vom Flutlicht ist der Rasen jetzt erhellt.

Der Rammer zugedeckt und kaltgestellt.
Der Brecher auf der Linie, ganz geknickt.
Das Leder hängt im Netz, hineingenickt.
Im halben Lande stöhnt die Fußballwelt.

Der Trainer auf der Bank, man sieht ihn fluchen.
Sein Kopf sitzt locker und eventuell
Beißt man im Herbst schon in den Abstiegskuchen.

Der Rammer steht herum und ganz speziell
Den Brecher muß man mit der Lupe suchen.
Da muß sich vieles ändern und zwar schnell.

NUN BRICHT der Brecher durch, er explodierte
Im Mittelfeld, der Rammer steht ganz frei.
Von den Tribünen hört man das Geschrei.
Und wieder schreit es, als der blutverschmierte

Genähte Rammer jetzt vorbeispazierte,
Ganz elegant am letzten Mann vorbei.
Im Sprung erwischt er mit dem Kopf das Ei,
Das ihm der Brecher seidenweich servierte.

Das war ein Pfund, das war ein kalter Schlag.
Der Meister wankt. So ändern sich die Zeiten.
Die Prämie steigt, das steht in dem Vertrag.

Der Vorstand sagt: das sind doch Kleinigkeiten.
Das wars. Und einen schönen guten Tag.
Noch mehr vom Fußball auf den nächsten Seiten.

WIE LANGE noch? Vielleicht noch zehn Minuten.
Der Sturm hängt in der Luft, das ist beschissen.
Und wie es ausgeht, das kann keiner wissen,
Das weiß man nicht, das kann man nur vermuten.

Der Rammer rechts betastet den beschuhten
Geknickten Fuß, wir springen von den Kissen.
Der Brecher hat sich bis zum Schluß zerrissen.
Der Regen rauscht, die Schienbeinschützer bluten.

Ganz ausgepumpt und das Trikot zerfetzt
Und umgesenst. Da schweigen alle Lieder.
Der Stopper hat ihm wirklich zugesetzt.

Er geht in ihn hinein und sägt ihn nieder.
Die Pfeife schweigt. Kein Pfiff. Soviel für jetzt.
Am nächsten Sonntag sehen wir uns wieder.

THOMAS GSELLA
Im Stadion

Torabstoß. Der Torwart schießt –
nein, er tritt haarscharf daneben.
Laut sein Fluch: »Verdammter Mist!«
Aber Gott, das soll es geben.

Wieder läuft er an, doch wieder
bleibt der Ball da, wo er ist.
Torwart hockt sich langsam nieder
und flucht wieder: »So ein Mist!«

Dritter Anlauf. Und vor Schreck
wird das Publikum ganz stumm:
Kurz vorm Abstoß rutscht er weg
und fällt lauthals fluchend um.

Vierter Anlauf. Von dem Flutlicht
hell erleuchtet rennt er los,
und er trifft… er trifft den Ball nicht!
Imposant sein Fluchausstoß.

Aber Torwart gibt nicht auf,
denn er will's nochmal versuchen.
Fünfter Anlauf – und kurz drauf
hört man ihn sehr lauthals fluchen.

Später rennt er mit Gezeter
auf den Ball zu und verfehlt
ihn um achtzig Zentimeter.
Folgen Flüche ungezählt –

dann der Anlauf Nummer sieben:
Jener Ball ist, wo er war,
auch in diesem Fall geblieben.
Torwart flucht mit Haut und Haar,

flucht mit Macht und nimmt, o Graus,
nun den Ball in beide Hände
zum Ballabwurf und – rutscht aus.
Seine Flüche füllen Bände

auch bei Abwurf acht, neun, zehn.
Mit Verlaub, das ist zuviel.
Nein, ich werd's wohl nie verstehn,
so ein Frauenfußballspiel.

FRIEDRICH CHRISTIAN DELIUS
Aufstiegsrunde

Hertha steigt auf. Steigt Hertha auf
steigt die ganze Hauptstadt auf
steigt aus dem Tal die Wirtschaft auf
(weil ich dann mehr Schultheiß sauf)
steigt die Macht der Presse auf
(steigert sonntags den Verkauf)
steigt die Stadtautobahn mit auf
(hoch über die Zone nach Helmstedt hinauf)
steigt der Senator für Inneres auf
(haut bundesweit sehr feste drauf)
steigt das ganze Rathaus auf
(rennt nach Bonn im Dauerlauf)
steigt auch der Bürgermeister auf
der freie Westen auch noch AUF!

Steigen wir Absteiger fürs erste ab
Und sägen denen das Treppchen ab.
Denn die so mühsam aufgestiegen sind
vergessen wie spielstark die Absteiger sind.

LUDWIG HARIG
Auftakt
Deutschland-USA: Paris, Prinzenparkstadion

Und Berti fragte sich: Was ist nun rationeller?
Am Ende wählte er die Dreierabwehrriege,
mit Heinrich rechts davor und links davor mit Ziege
zum starken Mittelfeld mit Häßler und mit Möller.

Ein Kopfballtor zuerst, ihm folgten keine Böller.
Ein klug geschlenzter Ball genügte zu dem Siege.
Die Elf versagte sich die taktische Intrige,
die Bomben Schlag auf Schlag, wie einst von Rudi Völler.

Ich will, daß sich das Team als Mannschaft präsentiert.
Gesagt, doch nicht getan. Vernehmlich war seit Wochen
das Wort von Berti Vogts in Gottes Ohr gesprochen.

Die Spieler blieben taub. Vergeblich einstudiert,
vollführten kopflos sie das Tagwerk ihrer Knochen.
Die Ordnung war dahin, die Strategie zerbrochen.

LUDWIG HARIG
Ins Nichts

Der Kanzler hatte sein Vertrauen investiert.
Womöglich wollte er – in raffinierter Peilung –
der ehrenhaften Elf und seine eigne Heilung.
Bei beidem ist er, ach, so gründlich abgeschmiert.

Was zu befürchten war, nun ist es auch passiert.
Wo blieb das Stellungsspiel? Wo blieb die Raumaufteilung?
In blindem Tugendwahn, in sturer Übereilung
sind sie durch dick und dünn ins Nichts hineinmarschiert.

Der Joker, eingetauscht, muß Joker sein, kein Jokus,
sonst bleibt die Strategie ein platter Hokuspokus.
Was nun? Für Biederkeit ist leider nichts zu haben.

Für uns ist es vorbei. Ganz Deutschland fällt in Trance.
Doch, Freunde, aufgewacht! Jetzt kommt die Tour de France:
Jan Ullrich siegt, es sei, er landet auch im Graben.

BERNHARD LASSAHN
Ode an Boris

Boris, komm erneut zu Kräften!
Los! Du kriegst das wieder hin;
denn bei Sport und bei Geschäften
zählt alleine der Gewinn.

Boris Becker, unser! Becker,
tu dem Volksempfinden Gutes.
Wegbereiter und Vollstrecker
neuerwachten Heldenmutes.

Daß für diese unsere Jugend
sich die Worte wieder reimen
– Jugend reimt sich nun auf Tugend –
dafür Dank Dir, Mann aus Leimen.

Musterbild dem edlen Sporte!
Boris, deutscher Hoffnungsträger,
fehlen manchmal Dir die Worte,
sag es, Boris, – mit dem Schläger.

Schluß mit lauem Ballgetändel.
Recke Du, mit schnellem Balle!
Los, besiege Ivan Lendl!
Mach den Ivan – Bum Bum – alle.

Spurte weiter – flink zum Netze,
werfe – niemals Dich zu schonen –
Deinen Leib auf Tennisplätze.
Leistung muß sich wieder lohnen.

Boris! Wie mit Göttergabe
schlugest scharf Du manches As.
Wo Du hintrittst, Wunderknabe,
wächst die Hoffnung und das Gras.

Wie der Aufschlag Dir gelingt,
dafür, Boris, doppelt Dank!
Aufschlag fast wie Aufschwung klingt.
Dank sei Dir, und Deutscher Bank.

Held, mit rötlichblonden Haaren,
Dir allein gebührt der Lohn,
daß wir – was wir lang nicht waren –
erst durch Dich sind: Volk, Nation.

LUDWIG HARIG
Komm, Boris

Finale, fünfter Satz. Die deutsche Ecke lärmt.
Er wechselt das Trikot und richtet einen Strumpf.
Dann schlägt er auf: ein As. Der Aufschlag ist sein Trumpf,
von dem selbst Günter Bosch seit Jahr und Tagen schwärmt.

Sein Spiel entfacht die Glut, die alle Welt erwärmt.
Er ist der wahre Held: euphorisch im Triumph,
im Untergang zerknirscht. Dann beugt er seinen Rumpf,
ein blonder Nibelung, der sich zerquält und härmt.

Wie er auch immer spielt, ob Longline oder Cross,
der Schläger, hart bespannt, entsendet ein Geschoß:
wer immer treffen will, denkt er in Trance, trifft keinmal,

und nimmt den Volley an, im Fluge und riskant,
setzt seinen hohen Lob und ballt zur Faust die Hand.
Der Schrei. Punkt, Satz und Match. Komm, Boris, spiels
     noch einmal.

*»Nach einem Schulausflug wurde
ein Lied vergessen im Wald«*

NATUR & KULTUR

OSCAR BLUMENTHAL
Zur Physiognomik

Der weise Schopenhauer spricht –
Und gern betret' ich seine Spur:
»Ein jedes Menschen Angesicht
Ist ein Gedanke der Natur.«

Es folgt daraus das Eine nur,
Wenn man dem Worte Glauben schenkt:
Daß auch die ewige Natur
Mehr Dummes als Gescheidtes denkt.

ARNO HOLZ
Ganz recht!

Ganz recht! Zum Beispiel die Kultur!
Das heisst, nun ja, ich meine nur!
Denn schliesslich, wie sie sich auch stellt,
Bleibt doch das Endziel ihrer Reife
Die Ueberschwemmung dieser Welt
Mit Branntwein, Christenthum und Seife!

ERICH KÄSTNER
Die Zunge der Kultur reicht weit

Die Zunge der Kultur reicht weit!
Wohin sie sich erstreckt,
da wird der Mensch nebst seiner Zeit
so lang wie hoch wie breit
von der Kultur beleckt.

Oh, daß sie tausend Zungen hätte!
Noch gibt es Neger ohne Uhr,
und Dörfer ohne Operette,
und Eskimos ohne – Pardon! – Klosette.
Die Zunge raus, Kultur!

Noch gibt es Frauen, die den Nabel zeigen
Und ohne Kleid und Scham spazieren gehn.
Noch gibt es Männer, die im Dunkeln geigen,
und Leute, die, selbst wenn sie dumm sind, schweigen.
Man kann das kaum verstehn...

Denn wir stelln unsre Kinder künstlich her
und unsre Nahrung in Tablettenform.
Das Altern kennen wir nicht mehr.
Bouillon mit Ei gewinnen wir aus Teer.
Kurzum: Es ist enorm!

Der Straßenkehrer braucht das Abitur
und muß belesen sein in Schund und Schmutz.
Da denkt man manchmal: Die Kultur,
sie kann uns am –! Sie soll uns nur –!
Sie ist dazu imstand und tut's.

ARNO HOLZ
An Neunundneunzig von Hundert

Ihr schwatzt befrackt hoch vom Katheder
Von alter und von neuer Kunst,
Von Fleischgenuss und Sinnenbrunst,
Und gerbt nur Leder, altes Leder!

Ihr lasst um jede Attitüde
Ein weissgewaschnes Hemdchen wehn,
Denn um die Schönheit nackt zu sehn,
Sind eure Seelen viel zu prüde!

OTTO JULIUS BIERBAUM
Zwei Sprüche für Prüde

1.
Die Sittlinge müssen sich immer genieren,
Wenn Einer recht herzhaft von Liebe spricht.
Sie denken halt immer ans »Amüsieren«,
An des Rätsels Heiligkeit denken sie nicht.

2.
Natur, mein Freund, ist immer sittlich.
Der Staatsanwalt freilich ist unerbittlich.
Jüngst hat er ein Andachtsbuch konfisziert,
Weil sich zwei Fliegen drauf kopuliert.

JOACHIM RINGELNATZ
Zwei Schweinekarbonaden

Es waren zwei Schweinekarbonaden,
Die kehrten zurück in den Fleischerladen
Und sagten, so ganz von oben hin:
»Menèh tékel ûpharsin.«

HEINRICH HEINE
Der tugendhafte Hund

Ein Pudel, der mit gutem Fug
Den schönen Namen Brutus trug,
War viel berühmt im ganzen Land
Ob seiner Tugend und seinem Verstand.
Er war ein Muster der Sittlichkeit,
Der Langmut und Bescheidenheit.
Man hörte ihn loben, man hörte ihn preisen
Als einen vierfüßigen Nathan den Weisen.
Er war ein wahres Hundejuwel!
So ehrlich und treu! eine schöne Seel'!
Auch schenkte sein Herr in allen Stücken
Ihm volles Vertrauen, er konnte ihn schicken
Sogar zum Fleischer. Der edle Hund
Trug dann einen Hängekorb im Mund,
Worin der Fleischer das schön gehackte
Rindfleisch, Schaffleisch, Schweinefleisch packte. –
Wie lieblich und lockend das Fett gerochen,
Der Brutus berührte keinen Knochen,
Und ruhig und sicher, mit stoischer Würde,
Trug er nach Hause die kostbare Bürde.

Doch unter den Hunden wird gefunden
Auch eine Menge von Lumpenhunden –
Wie unter uns, – gemeine Köter,
Tagdiebe, Neidharde, Schwerenöter,
Die ohne Sinn für sittliche Freuden
Im Sinnenrausch ihr Leben vergeuden!
Verschworen hatten sich solche Racker
Gegen den Brutus, der treu und wacker,
Mit seinem Korb im Maule, nicht
Gewichen vom Pfad der Pflicht. –
Und eines Tages, als er kam
Vom Fleischer und seinen Rückweg nahm
Nach Hause, da ward er plötzlich von allen
Verschworenen Bestien überfallen;
Da ward ihm der Korb mit dem Fleisch entrissen,
Da fielen zu Boden die leckersten Bissen,
Und fraßbegierig über die Beute
Warf sich die ganze hungrige Meute. –
Brutus sah anfangs dem Schauspiel zu
Mit philosophischer Seelenruh';
Doch als er sah, daß solchermaßen
Sämtliche Hunde schmausten und fraßen,
Da nahm er auch an der Mahlzeit teil
Und speiste selbst ein Schöpsenkeul'.

Moral
Auch du, mein Brutus, auch du, du frißt?
So ruft wehmütig der Moralist.
Ja, böses Beispiel kann verführen;
Und, ach! gleich allen Säugetieren,
Nicht ganz und gar vollkommen ist
Der tugendhafte Hund – er frißt!

JOHANN GOTTLIEB WILLAMOV
Der Fuchs und die Gans

»Komm, Fuchs, wir wollen Frieden schließen,
Was nützt die Feindschaft mir und dir?
Ich muß mein Gras in steter Furcht genießen,
Und du wirst auch die Raubbegier
Gewiß einst mit dem Tode büßen.
Drum laß uns lieber Freunde sein!«

»Vortrefflich, kluge Gans, ich geh' den Antrag ein:
Die Feindschaft bringt uns freilich nicht Gewinn.
Wohlan! Der Friede sei geschlossen!«
»Er sei, ich schwör's, auf ewig fest geschlossen!«
»Ja! – bis ich wieder hungrig bin!«

WILHELM BUSCH

Es saß ein Fuchs im Walde tief.
Da schrieb ihm der Bauer einen Brief:

So und so, und er sollte nur kommen,
's wär alles verziehn, was übelgenommen.
Der Hahn, die Hühner und Gänse ließen
Ihn alle zusammen auch vielmals grüßen.
Und wann ihn denn erwarten sollte
Sein guter, treuer Krischan Bolte.

Drauf schrieb der Fuchs mit Gänseblut:
Kann nicht gut.
Meine Alte mal wieder
Gekommen nieder!
Im übrigen von ganzer Seele
Dein Fuchs in der Höhle.

HEINZ ERHARDT
Tatü, tatü

Die Jagd beginnt! – Tatü, tatü!
ertönt es aus dem Horne.
Der Jäger tutet hinten rein,
dann kommt's Tatü von vorne.

Der Jäger nimmt zwei Gläser mit:
am einen kann er drehen,
dann kann er das, was weiter weg,
ganz nah und deutlich sehen.
Das andre Glas ist dazu da,
den Schnaps daraus zu trinken –
die Flasche ist im Rucksack drin
gleich neben Brot und Schinken.

Auch eine Flinte hat er mit,
gefüllt mit feinstem Schrote,
und wenn er schießt und gar noch trifft,
gibt's bei den Hasen Tote.
Erlegt er aber einen *Hirsch*,
so hängt er als Trophäe
gleich das Geweih ins Wohngemach,
damit es jeder sähe.

Die Jagd ist aus! – Tatü! so tönt
das Horn aus blankem Bleche.
Der Jäger zieht ins Stammlokal –
der Hirsch bezahlt die Zeche.

DURS GRÜNBEIN

Ein Mann in Belgien ist von seinem treuen Hund
Erschossen worden auf der Fahrt zur Jagd
Wie eine Zeitung unter *Kuriose Welt* vermeldet.

Der Mann aus Belgien saß zuletzt in seinem Jeep
Am Steuer ahnungslos und auf der Rücksitzbank
Die Flinte neben sich, saß ahnungslos der Hund.

Wie immer schauten beide in dieselbe Richtung
Wo sich der Wald hinzog, – schweigsam der Mann,
Sein Jagdhund hechelnd, weil es schwül war, Sommer.

Es war der letzte Sommer für den Mann. Verschreckt
Vom holprigen Gelände sprang der Hund vom Sitz
Und löste einen Schuß aus, der sein Herrchen tötete.

Ach, beide Belgier könnten heut noch unterwegs sein,
Das ideale Paar, wenn nicht ein Schlagloch
Die Freundschaft dumpf zerrissen hätte. Schade.

CHRISTIAN MORGENSTERN
Himmel und Erde

Der Nachtwindhund weint wie ein Kind,
dieweil sein Fell von Regen rinnt.

Jetzt jagt er wild das Neumondweib,
das hinflieht mit gebognem Leib.

Tief unten geht, ein dunkler Punkt,
querüberfeld ein Forstadjunkt.

ERNST JANDL
ottos mops

ottos mops trotzt
otto: fort mops fort
ottos mops hopst fort
otto: soso

otto holt koks
otto holt obst
otto horcht
otto: mops mops
otto hofft

ottos mops klopft
otto: komm mops komm
ottos mops kommt
ottos mops kotzt
otto: ogottogott

BARTHOLD HEINRICH BROCKES
Hans und Mops

Hans stund des Morgens auf, und Mops, sein Hund, zugleich:
Hans zog die Kleider an, reckt' seinen Arm, und gähnte;
Mops reckte, schüttelt' sich, und dehnte
Nicht minder alle vier': Geback'nen weissen Teig
Aß Hans; da Mops nur bloß vom schwartzen Brodte fraß.
Mops tranck das Wasser roh, und Hans gekochtes Naß.
Hans gieng darauf ins Feld; Mops gleichfalls. Hans beschritte
Ein Pferd; Mops aber nicht: Er lief, und jener ritte,
Bis daß der Mittag sie nach Hause wieder rief.
Hans aß; Mops ebenfalls. Wie Hans ein wenig schlief,
Schlief Mops nicht weniger. Das schöne Sonnen-Licht
Ward nicht von Hans beschaut, von Mops imgleichen nicht.
Daß in der Frühlings-Zeit die Creatur so schön,
Hat weder Hans noch Mops bemerckt und angesehn.
Sie machten sich daraus nicht die geringste Freude.
Durch wenig viel gesagt: *Sie schlief- und wachten beyde;*
Sie trancken beyde Naß; Sie assen beyde Brodt;
Es lebten Hans und Mops; Jetzt sind sie beyde todt.

HEINRICH HEINE

Daß ich dich liebe, o Möpschen,
Das ist dir wohlbekannt.
Wenn ich mit Zucker dich füttre,
So leckst du mir die Hand.

Du willst auch nur ein Hund sein,
Und willst nicht scheinen mehr;
All meine übrigen Freunde
Verstellen sich zu sehr.

MAX HERRMANN-NEISSE
Einsamer Dichter mit einsamem Katertier

Wir zwei Kreaturen
sind ganz unbeweibt.
Hab' kein Geld, zu huren;
Bier und Buch nur bleibt,
sanft mich zu zerstreuen.
Doch du armes Tier,
was kann dich erfreuen,
liest nicht, trinkst kein Bier?
Nächtlich umgetrieben,
mir sehr zum Verdruß,
suchst du was zum Lieben.
Auch mir fehlt ein Kuß,
ein vertrautes Schmeicheln,
Zärtlichkeit und mehr.
Kater, dich zu streicheln,
hilft dir wohl nicht sehr?
Selbst die besten Bissen
sagen dir nicht zu,
und dein Ruhekissen
bringt dir keine Ruh,
kannst nicht wohlig lesen,
machst vergrämt »miau«.
Wir zwei armen Wesen
haben keine Frau.

CHRISTIAN MORGENSTERN
Möwenlied

Die Möwen sehen alle aus,
als ob sie Emma hießen.
Sie tragen einen weißen Flaus
und sind mit Schrot zu schießen.

Ich schieße keine Möwe tot,
ich laß sie lieber leben –
und füttre sie mit Roggenbrot
und rötlichen Zibeben.

O Mensch, du wirst nie nebenbei
der Möwe Flug erreichen.
Wofern du Emma heißest, sei
zufrieden, ihr zu gleichen.

ERNST JANDL
der wahre vogel

fang eine liebe amsel ein
nimm eine schere zart und fein
schneid ab der amsel beide bein
amsel darf immer fliegend sein
steigt höher auf und höher
bis ich sie nicht mehr sehe
und fast vor lust vergehe
das müßt ein wahrer vogel sein
dem niemals fiel das landen ein

WILHELM BUSCH
Fink und Frosch

Im Apfelbaume pfeift der Fink
Sein: pinkepink!
Ein Laubfrosch klettert mühsam nach
Bis auf des Baumes Blätterdach
Und bläht sich auf und quackt: »Ja ja!
Herr Nachbar, ick bin och noch da!«

Und wie der Vogel frisch und süß
Sein Frühlingslied erklingen ließ,
Gleich muß der Frosch in rauhen Tönen
Den Schusterbaß dazwischen dröhnen.

»Juchheija heija!« spricht der Fink.
»Fort flieg ich flink!«
Und schwingt sich in die Lüfte hoch.

»Wat!« ruft der Frosch, »Dat kann ick och!«
Macht einen ungeschickten Satz,
Fällt auf den harten Gartenplatz,
Ist platt, wie man die Kuchen backt,
Und hat für ewig ausgequackt.

Wenn einer, der mit Mühe kaum
Geklettert ist auf einen Baum,
Schon meint, daß er ein Vogel wär,
So irrt sich der.

MATTHIAS CLAUDIUS
Der Esel

Hab nichts, mich dran zu freuen,
   Bin dumm und ungestalt,
   Ohn Mut und ohn Gewalt;
Mein spotten, und mich scheuen
   Die Menschen, jung und alt;
   Bin weder warm noch kalt;

Hab nichts, mich dran zu freuen,
   Bin dumm und ungestalt;
   Muß Stroh und Disteln käuen;
Werd unter Säcken alt –

Ah, die Natur schuf mich im Grimme!
Sie gab mir nichts, als eine schöne Stimme.

JOHANN WOLFGANG GOETHE
Die Frösche

Ein großer Teich war zugefroren;
Die Fröschlein, in der Tiefe verloren,
Durften nicht ferner quaken noch springen,
Versprachen sich aber, im halben Traum,
Fänden sie nur da oben Raum,
Wie Nachtigallen wollten sie singen.
Der Tauwind kam, das Eis zerschmolz,
Nun ruderten sie und landeten stolz
Und saßen am Ufer weit und breit
Und quakten wie vor alter Zeit.

ADOLF ENDLER
Resumé

Bis heute kein einziger *Seepapagei* in meinen vielen Gedichten
(Stattdessen schon wieder 'n Dutzend grüne Fadennudeln
   im Bart);
Auch dem *Sabberlatz* nicht das ärmste Denkmal gesetzt in
   Vers oder Prosa,
So wenig wie der *Elbe-Schiffahrt* oder der *Karpfenernte* bei Peitz.

Geschiebemergel dagegen ja!, fast zu häufig die Rede von diesem
(Und meistens mit Fadennudeln im verwahrlosten Bart)!
Nicht vergessen die *Gelbhalsmaus,* nicht fehlt die sogenannte
   Naschmarktfassade!
Selbst *Sägeblätter*, selbst *Kühlhaus-Eier* weiß ich irgendwo
   untergebracht.

Indessen nicht der kleinste *Seepapagei* in meinem Scheiße-
   Gesamtwerk!
Um ehrlich zu sein: Das Gleiche gilt für den *Hüfthalter* oder
   den *Kronenverschluß.*
Und wie konnte ich fünfzig Jahre lang das Wörtchen
   »Wadenwickel« verfehlen?
Es gibt keine ausreichend lichte Erklärung für das und für
   dies und für das.

»Darf ich dir die Fadennudeln aus dem Bart nehmen?«
   (Sagt Georg Maurer).

CHRISTIAN MORGENSTERN
Das Nasobēm

Auf seinen Nasen schreitet
einher das Nasobēm,
von seinem Kind begleitet.
Es steht noch nicht im Brehm.

Es steht noch nicht im Meyer.
Und auch im Brockhaus nicht.
Es trat aus meiner Leyer
zum ersten Mal ans Licht.

Auf seinen Nasen schreitet
(wie schon gesagt) seitdem,
von seinem Kind begleitet,
einher das Nasobēm.

BERND PFARR
Das Nashorn

Alleine saß das Nashorn da
In einer gottverlass'nen Bar
Dort hat es jahrelang gesessen
Und konnte Gabi nicht vergessen.

HARRY ROWOHLT
Gebet des Nashorns

Lieber Gott, Du bist der Boss.
Amen. Dein Rhinozeros

HARRY ROWOHLT

Auf wacht das Nashorn und hat plötzlich
Zwei Hörner; nein, wie unergötzlich:
»Man fühlt sich nämlich mit den Dingern wie so'n …
… Bison!«

WILHELM BUSCH

Es sitzt ein Vogel auf dem Leim,
Er flattert sehr und kann nicht heim.
Ein schwarzer Kater schleicht herzu,
Die Krallen scharf, die Augen gluh,
Am Baum hinauf und immer höher
Kommt er dem armen Vogel näher.

Der Vogel denkt: Weil das so ist
Und weil mich doch der Kater frißt,
So will ich keine Zeit verlieren,
Will noch ein wenig quinquilieren
Und lustig pfeifen wie zuvor.
Der Vogel, scheint mir, hat Humor.

PETER GAN
Das Schmerzenskind

Die arme Mutter »Angst«! aus lauter Herzeleid
bringt sie (aus Angst) zur Welt das Kindlein »Heiterkeit«;
weint an der Wiege sich (aus Angst) die Augen blind:
»Schlafe, schlaf' wieder ein, mein Schmerzenskind!«

CHRISTIAN MORGENSTERN
Das Mondschaf

Das Mondschaf steht auf weiter Flur.
Es harrt und harrt der großen Schur.
        Das Mondschaf.

Das Mondschaf rupft sich einen Halm
und geht dann heim auf seine Alm.
        Das Mondschaf.

Das Mondschaf spricht zu sich im Traum:
»Ich bin des Weltalls dunkler Raum.«
        Das Mondschaf.

Das Mondschaf liegt am Morgen tot.
Sein Leib ist weiß, die Sonn ist rot.
        Das Mondschaf.

BEAT ZWICKY
Geheimnis

Vielleicht sind Fliegen heimlich klug
und senden ihre Zeichen.
Vielleicht soll jeder Fliegenflug
bei uns etwas erreichen.

Ist jede Kurve ein Signal?
Steckt hinter ihren Schleifen
wohl eine Botschaft jedesmal,
die wir nur nicht begreifen?

Und jene Punkte, welche sie
auf Dingen hinterlassen –
sind's Punkte einer Theorie,
die Menschen bloß nicht fassen?

Sind Fliegen wohl wie ich und du
vernunftbegabte Wesen?
Es könnte sein. Doch ich geb's zu:
Ich kann das Zeug nicht lesen.

HEINZ ERHARDT
Den Unverstandenen

Stumm ist der Fisch, doch nicht nur er:
auch einen Wurm verstehst du schwer.

Selbst deines treuen Hunds Gebell
entzifferst du nicht immer schnell.

Auch bei den Rindern, Hühnern, Schweinen
kannst du nur raten, was sie meinen.

Drum spreche ich als Anwalt hier
für jedes unverstandne Tier.

(Für'n Papagei brauch ich das nicht,
weil er ja für sich selber spricht!)

MASCHA KALÉKO
Die Fische

Wenn Fische reden könnten! Na, ich danke:
Man hörte von der Donau bis zur Panke
Statt Meeresstille und statt Wellenrauschen
Nur Muscheln tuscheln und Karauschen plauschen…

Jedoch (welch weise Fügung!), sie sind stumm.
– Was die Natur betrifft: die weiß, warum.

MICHAEL STEIN
Rein kommen sie immer

dicker Brummbrumm
Scheibenklopf
Pochpoch Klatschpoch
dreister Brocken!

bssst klatsch poch bssst!
kreuz und querlines
Brummerflotte
Scheißhaus-Airlines
jetzt schon zwei von dieser Sorte

Summ Brumm zickzack
Summbrumm Brummsumm
Luftverdrängungslärm im Zimmer
summ poch krach brumm … Summ
plötzlich Ruhe?…

Flügelsausend Fliegenfick
bssst-ekstatisch bsst und bssst
schwarz behaarter
… Interruptus…

Flatschfleck fetter
Fliegenklatsche

THOMAS ROSENLÖCHER
An die Zahnbürste

Wer hat dich so zugerichtet, Mundbesen. Welch ein Orkan,
widerborstig, die Borsten nach allen Seiten gesträubt?
Wer dich bekäut an den Rändern, was für ein entsetzlicher
     Käuer?
Ich wars. Denn täglich hast du mir, und kennst meines
     Mundes Geheimnis,
mich von des brüllenden Ochsen Fäserchen zu befrein,
zwischen den Klüften ein kleines, purpurnes Meer aufgerührt
eh ich aufs neue davonging, der Menschheit die Zähne zu
     zeigen,
duftende Küsse verbergend im wieder erfreulichen Mund.
Aber auch ich werde alt. Schon bröckelt die Zahl meiner
     Zähne.
Fäulnis verfinstert mein Lächeln. Doch einst, wenn einstürzt
     mein Mund,
sollst du nicht fremd unter fremden Bürsten der Nachwelt
     verbleiben,
sondern, in schalldichter Erde, schlafen mit mir meinen Schlaf
da deine borstige Seele schräg durch die stockdunkle Nacht
über die Häupter der Menschen und tagenden Ärztekongresse
auffährt, hochoben zu leuchten einer hygienischen Welt.

ERNST JANDL
Franz Hochedlinger-Gasse

wo gehen ich
liegen spucken
wursten von hunden
saufenkotz

ich denken müssen
in mund nehmen
aufschlecken schlucken
denken müssen nicht wollen

KARL MICKEL
Ode nach Horaz 11/13

Scheißkerl, der du mein scheiß Haus bautest
Verflucht bist du mit deinen Voreltern!
Den kleinsten Raum der Wohnung mir herrichten
Daß der mich hinrichtet! der Blitz
Soll dich beim Scheißen erschlagen, du Kackarsch!
Wer bestach dich und mit wie Viel
Mich, den Dichter, zu weglagern?

Auf mich stürzt die Scheißhausdecke
Wenn ich gesessen
Hätte! als sie herabbrach, von außen
Warf ich die Tür zu: zärtlich. Ätzende Nebel!
Donner! als wüte der Abgrund, in dem ich
Läge jetzt, kalkbeworfen, wenn lautarsch
Ich erschüttert hätte das Bauwerk rechtzeitig.

Der dich bezahlte, der wußte, daß ich
Schallend furze: aufs Heilgste, bei dem Beruf!
Ein Leiseschiß und ich bin gerettet!
Der Erfinder des Schiffs ist der Erfinder des Schiffbruchs
Damoklesdecken von VEB Volksbau
Niedrigste Kosten äußerster Nutzeffekt
Maurer meucheln Maurer, Klempner Klempner
Soldaten Soldaten, die Arschficker!

Wie soll die Nachwelt aus vollen Latrinen
Rekonstruieren die Hälfte der Menschheit
Wenn ich nicht dichte? Achgehtmirwegihr!

GÜNTER GRASS
Kot gereimt

Dampft, wird beschaut.
Riecht nicht fremd, will gesehen werden,
namentlich sein.
Exkremente. Der Stoffwechsel oder Stuhlgang.
Die Kacke: was sich ringförmig legt.

Mach Würstchen! Mach Würstchen! rufen die Mütter.
Frühe Knetmasse, Schamknoten
und Angstbleibsel: was in die Hose ging.

Erkennen wir wieder: unverdaut Erbsen, Kirschkerne
und den verschluckten Zahn.
Wir staunen uns an.
Wir haben uns was zu sagen.
Mein Abfall, mir näher als Gott oder du oder du.

Warum trennen wir uns hinter verriegelter Tür
und lassen Gäste nicht zu,
mit denen wir vortags an einem Tisch lärmend
Bohnen und Speck vorbestimmt haben?

Wir wollen jetzt (laut Beschluß) jeder vereinzelt essen
und in Gesellschaft scheißen;
steinzeitlich wird Erkenntnis möglich sein.

Alle Gedichte, die wahrsagen und den Tod reimen,
sind Kot, der aus hartem Leib fiel,
in dem Blut rinnselt, Gewürm überlebt:
so sah Opitz, der Dichter,
den sich die Pest als Allegorie verschrieb,
seinen letzten Dünnpfiff.

MATTHIAS POLITYCKI
Klofrau, das Ende der Sanftmut verkündend

He, ihr Schlappschwänze da drin, hört alle her:
ihr brunzenden Brezelbäcker und sonstigen Helden des
   Hosenstalls
      , die ihr in schönster Regelmäßigkeit und mit Absicht
      eure Kippen auf meinen Pinkelsieben vERteilt
      und so breitbeinig euch dann gebärdet,
        daß euren Strahl ihr ins Pißbecken nicht lenken mehr
        könnt!

Und auch ihr seid gemeint, ihr krächzenden Krümelkacker,
ihr feisten Furzer und stillen Genießer
      , die ihr so wichtig euch nehmt, daß ihr eure
        zum Himmel wild stinkenden Werke nicht runter-
        sPül'n wollt,
        auf daß man – nach euch die Sintflut! –
        lang noch Respekt euch zollt!

Und ihr schäbigen ScheiSSkerle allemal,
ihr Dünnpfifferlinge: die ihr mit größtem Gestöhn
euer Markenzeichen versprenkelt auf Deckel wie Brille wie
   Kacheln,
als hättet ihr durch einen VenTIlator gekotzt
      , und dann noch nicht mal zerknirscht einen Blick
      auf meine Untertasse werft!

Vor allem ihr aber, habt acht, ihr lüsternen Handlanger
      , die ihr mal schnell ein GejapseE euch gönnt
      und euch verschwiemelte Botschaften
      auf jede Wand hier hinschmiert,
      um auch den letzten saUberen Fleck dieser Welt
      in einen Schweinestall zu verwandeln! He

: Hört her, denn es wird allerhöchste Zeit,
daß ihr mir länger hier niCHt mehr!
all meine Duftsteinchen klaut.

GÜNTER BRUNO FUCHS
Nationalhymne der deutschen Toilettenfrau

Des bin ich
eingedenk
und darfis
tägloch
fühlen:
Im deutschen
Manne
wohnt ein
Kind,
das möchte immer
spülen.

MATTHIAS KOEPPEL
Stullwegganck

Oppacht, Oppacht, wann de karrckst,
dis de röchtgezoitig marckst,
dis de Kleuparpüren-Rullen
nücht gelöört is, sundarn vullen.
Lickt se örstmall dar, de Kackn,
hüllft koin Weynen ond koin Klaggn –
dar hüllft nur dis Stöck Parpür,
Gutt pevaare düch darfür,
dis de disses dönn nich host,
tarumb hoiszt is: Uffgeposst!

THOMAS ROSENLÖCHER
An die Klopapierrolle

Da dir Gesang nicht gegeben und deine bedeutende Rolle
häufig verschwiegen wird, sing ich, Bescheidne, dich nun.
Täglich wird an dir gerissen, stückweise spült dich, und
    rauschend,
zu den Schatten hinab Acheron unter die Stadt.
Aber die Stunden des Menschen, der dich erdacht hat,
    Hygienische,
rollen wie du dich, sich ab; siehe, er krallt seine Hand
dir ins Papier, als gälte es, eine Schlacht zu gewinnen
in dieser Stellung! Und blickt finsteren Auges dich an,
hat auf den Lippen kein Liedlein, ist mit Elise zerstritten –
Trost wird ihm niemals, doch du reinigst, ich singe dich, ihn.

HANS MAGNUS ENZENSBERGER
Die Scheiße

Immerzu höre ich von ihr reden
als wäre sie an allem schuld.
Seht nur, wie sanft und bescheiden
sie unter uns Platz nimmt!
Warum besudeln wir denn
ihren guten Namen
und leihen ihn
dem Präsidenten der USA,
den Bullen, dem Krieg
und dem Kapitalismus?

Wie vergänglich sie ist,
und das was wir nach ihr nennen
wie dauerhaft!
Sie, die Nachgiebige,
führen wir auf der Zunge
und meinen die Ausbeuter.
Sie, die wir ausgedrückt haben,
soll nun auch noch ausdrücken
unsere Wut?

Hat sie uns nicht erleichtert?
Von weicher Beschaffenheit
und eigentümlich gewaltlos
ist sie von allen Werken des Menschen
vermutlich das friedlichste.
Was hat sie uns nur getan?

BERTOLT BRECHT
Orges Gesang

Der liebste Ort, den er auf Erden hab
Sei nicht die Rasenbank am Elterngrab.

Sei nicht ein Beichstuhl, sei kein Hurenbett
Und nicht ein Schoß, weich, weiß und warm und fett.

Orge sagte mir: der liebst Ort
Auf Erden war ihm immer der Abort.

Dies sei ein Ort, wo man zufrieden ist
Daß drüber Sterne sind und drunter Mist.

Ein Ort sei einfach wundervoll, wo man
Selbst in der Hochzeitnacht allein sein kann.

Ein Ort der Demut, dort erkennst du scharf:
Daß du ein Mensch nur bist, der nichts behalten darf.

Ein Ort der Weisheit, wo du deinen Wanst
Für neue Lüste präparieren kannst.

Wo man, indem man leiblich lieblich ruht
Sanft, doch mit Nachdruck etwas für sich tut.

Und doch erkennst du dorten, was du bist:
Ein Bursche, der auf dem Aborte – frißt!

PETER RÜHMKORF
Dreisprung – 3 X vertreten

Alles, was was ist,
schmeiß ich auf den Mist.

Alles, was was war,
spül ich ins Pissoir.

Nur was gar nichts werden kann,
fang ich gleich noch heute an.

THOMAS ROSENLÖCHER
An die Seife

Seife, an dich mich verschwendend schwindest du an mir.
   Verschwistert
sind meine Poren dem Schweiß täglicher Feigheit. Ich rieche.
Neu wirst du mich nie gebären, Schäumende, aus deinem
   Schaume
tritt nur der alte und trällert, ja, ja, die Gedanken sind frei.

JOACHIM RINGELNATZ
Einer meiner Bürsten

Deine Borsten wurden weiche Haare,
Meine drohen auszugehn.
Zweimal im Verlauf der dreißig Jahre
Hab ich dich bewundernd angesehn.

Einmal, als du ganz neu warst,
Und jetzt, da mein Zufall sich besinnt,
Daß die Zeit verrinnt und das Gefühl gerinnt.
Drei Jahrzehnt, in denen du mir treu warst.

Gibt sich Treue uns so zum Bequemen,
Daß wir sie als selbstverständlich nehmen,
Dann steht's schlimm.

Schäme ich mich, einen Bart zu küssen,
Der jahrzehntelang meinen Dreck hat küssen müssen?

Alte Kleiderbürste, Küßchen! Nimm!

GOTTFRIED BENN
Stadtarzt

Stadtarzt, Muskelpresse,
schaffensfroher Hort,
auch Hygienemesse
großes Aufbauwort,
wunderbare Waltung,
was der Hochtrieb schuf,
täglich Ausgestaltung,
Schwerpunkt im Beruf.

Normung selbst der Gase,
amtlich deputiert,
ob die Säuglingsblase
luftdicht funktioniert,
vorne Prophylaxe,
hinten Testogan,
und die Mittelachse
schraubt sich himmelan.

Zuchttyp: Faustkaliber,
strebend Buhnen baun,
Pol- und Packeisschieber,
Luftverdrängungsclown,
Rundfunk und Refraktor,
Wort verkommne Zahl,
Wort als Ausdrucksfaktor
gänzlich anormal.

wunderbares Walten,
dort der Affensteiß,
hier der Hochgestalten
Licht- und Höhenreiß,

und als Edelmesse,
Gottes Gnadensproß,
züchtet Muskelpresse
Pitecanthropos.

ROBERT NEUMANN
Schleim
Nach Gottfried Benn

Haussee in chaotisch Verschwitzten,
bluffende Mimikry,
großer Run der Gewitzten
auf die Popoesie.
Ruchlos vom Kopf zu den Zehen,
lachhaft und sodomit –
aber bei Lichte besehen
bleibt es das alte Lied.

Denn gonorrhoische Kränke
macht noch kein Weltgericht.
Jeder hält seine Gestänke
gerne für ein Gedicht.
Fraß, Suff, Gifte und Gase –
ihrer Bemühungen Ziel
paßt vor den Ausgang der Blase! –
Aber erectil –?!

Impotente Zersprenger
mittels Gehirnprinzip –
bleiben sie Sänger
über die Lerchen lieb.
Sentimental oder witzig,
öffentlich oder geheim,
heißt er Teut oder Itzig –
Schleim bleibt Schleim!

WOLFGANG HILDESHEIMER
Anatomie

Regio sacralis
mündet in die
regio analis.
Man darf wohl sagen:
ein unverdient jäher
Übergang.

PETER RÜHMKORF
Lied der Benn-Epigonen

Die schönsten Verse der Menschen
– nun finden sie schon einen Reim! –
sind die Gottfried Bennschen:
Hirn, lernäischer Leim –
Selbst in der Sowjetzone
Rosen, Rinde und Stamm.
Gleite, Epigone,
ins süße Benn-Engramm.

Wenn es einst der Sänger
mit dem Cro-Magnon trieb,
heute ist er Verdränger
mittels Lustprinzip.
Wieder in Schattenreichen
den Moiren unter den Rock;
nicht mehr mit Rattenscheichen
zum völkischen Doppelbock.

Tränen und Flieder-Möven –
die Muschel zu, das Tor!
Schwer aus dem Achtersteven
spielt sich die Tiefe hervor.
Philosophia per anum,
in die Reseden zum Schluß –:
So gefällt dein Arcanum
Restauratoribus.

EDUARD MÖRIKE
Restauration
nach Durchlesung eines Manuskripts mit Gedichten

Das süße Zeug ohn Saft und Kraft!
Es hat mir all mein Gedärm erschlafft.
Es roch, ich will des Henkers sein,
Wie lauter welke Rosen und Kamilleblümlein.
Mir ward ganz übel, mauserig, dumm,
Ich sah mich schnell nach was Tüchtigem um,
Lief in den Garten hinterm Haus,
Zog einen herzhaften Rettich aus,
Fraß ihn auch auf bis auf den Schwanz,
Da war ich wieder frisch und genesen ganz.

PETER RÜHMKORF
Lied der Naturlyriker

Anmut dürftiger Gebilde:
Kraut und Rüben gleich Gedicht,
wenn die Bundes-Schäfergilde
Spargel sticht und Kränze flicht.

Abendland hat eingeladen,
Suppengrün und Fieberklee –
auf die Quendelbarrikaden:
Engagee! Engagee!

Wenn die Abendglocken läuten,
wenn der weiße Flieder blüht,
Lattich den Geworfenheiten,
Pfefferminze fürs Gemüt.

Grille neckt mich, Molch erschreckt mich,
mürber Apfel fällt so dumpf....
Welche Grund-Lemure leckt mich
nesselscharf am Perlonstrumpf?

Ach, daß erst im durchgepausten
Ahornblatt die Angst verblasse,
und der Gram der Unbehausten
sich in Bütten pressen lasse.

Daß dem bunten Hühnerhofe
das zerstäubte Nichts entfahre,
und die Stroh-, die Stroh-, die Strophe
ein verschnittnes Glück bewahre.

Heitres Spiel gezinkter Karten:
Preisgewächs aus Wachspapier –
Höchstes Heil im Schrebergarten:
Heu und heute, hiii und hier.

GÜNTER KUNERT
Hymnik
(Den neuen Optimisten ins Stammbuch)

Der Harzgeruch ist schon nicht wenig,
und der von Heu und Kraut bereits genug.
Wie leicht ist die Natur gepriesen,
weil sie uns nicht mit Knüppeln schlug.

Gespriesen sei der Himmel und das Blaue,
das über uns sich kostenlos erstreckt;
vor allem ist die Rose hoch zu preisen,
die uns durch ihre Farbe nicht erschreckt.

Die Zwiebel lobt, die Schweinskopfsülze,
den Weiberhintern, den Matratzentanz,
Planeten, Polizisten und Patronen:
gefeiert jedes laut und gar und ganz.

Durch Lob verdaut man alles besser,
und selbst ein skelettiertes Menschenbein
von des Jahrhunderts Leichenbergen
wird hymnisch erst genießbar sein.

Vor allem feiern wir uns kräftig selber
durch das, was unser Lob erfährt:
Und schaffen die Kassandra hin,
wo sie schon lange hingehört.

KARL VALENTIN
Die vier Jahreszeiten
Blödsinniger Gesang

Wie herrlich ist's doch im Frühling,
Im Frühling, da ist mir so wohl.
O! wäre es immer nur Frühling,
Im Frühling, da fühl ich mich wohl.
Der Frühling, der hat so was Eig'nes,
Der Frühling besitzet die Kraft.
O! bliebe es immer nur Frühling,
Der Frühling gibt Mut uns und Kraft.

Wie herrlich ist's doch im Sommer,
Im Sommer, da ist mir so wohl.
O! wäre es immer nur Sommer,
Im Sommer, da fühl ich mich wohl.
Der Sommer, der hat so was Eig'nes,
Der Sommer besitzet die Kraft.
O! bliebe es immer nur Sommer,
Der Sommer gibt Mut uns und Kraft.

Wie herrlich ist's doch im Herbst,
Im Herbst, da ist mir so wohl.
O! wäre es immer nur Herbst,
Im Herbst, da fühl ich mich wohl.
Der Herbst, der hat so was Eig'nes,
Der Herbst besitzet die Kraft.
O! bliebe es immer nur Herbst,
Der Herbst gibt Mut uns und Kraft.

Wie herrlich ist's doch im Winter,
Im Winter, da ist mir so wohl.
O! wäre es immer nur Winter,
Im Winter, da fühl ich mich wohl.
Der Winter, der hat so was Eig'nes,
Der Winter besitzet die Kraft.
O! bliebe es immer nur Winter,
Der Winter gibt Mut uns und Kraft.

THOMAS GSELLA
Verzeihlich

»Zuerst kommt Sommer,
Herbst, dann Winter«,
schrieb der noch junge
Harold Pinter.

ROR WOLF
wetterverhältnisse

es schneit, dann fällt der regen nieder,
dann schneit es, regnet es und schneit,
dann regnet es die ganze zeit,
es regnet und dann schneit es wieder.

REINHARD PRIESSNITZ
mund

– lage?
– nebel!
– leben?
– egal!

LUDWIG THOMA
Erster Mai

Ja, das war ein erster Mai!
Dreckig waren alle Straßen,
Auch der Wind hat kalt geblasen,
So, als wenn es Winter sei.

Unsre junge Mädchenschar
Trug verstärkte Unterhosen
Und es konnte wohl erbosen,
Wem es etwa lästig war.

Nichts von Spitzen oder Mull!
Und von den Naturgenüssen
Hat man sich enthalten müssen,
Denn es war fast unter Null.

Alle haben sich geschont,
Die sonst gerne unterliegen,
Um nicht den Katarrh zu kriegen.
Und das heißt man Wonnemond!

MAX HERRMANN-NEISSE
Neues Mailied (zum Mitsingen)

1

Der Mai ist zum Kotzen,
am Tag ist er zu heiß:
als wollte er protzen,
bringt er uns in Schweiß.
Sinkt der Abend hernieder,
friert man in seinem dünnen Rock
und sehnt sich schon wieder
nach Heizung und Grog.

2

Der Mai ist zum Speien,
die Bowlen schlagen aus.
Du latschest im Freien
und kehrst kaputt nach Haus,
hast zerrissene Sohlen,
im Bauche eine Wut
und was man sonst noch holen
sich im Mailüfterl tut.

3

Der Mai ist für Narren
ein Bluff und ein Trick,
die Dummen erharren
im Mai sich das Glück.
Der Geizhals spielt Genießer,
die Pärchen werden wild.
Die ältesten Spießer
stelln ein kitschiges Bild.

4
Der Mai macht sich mausig,
ein richtiger Ramschbasar.
Es tut, ach, herztausig
das dümmste Dromedar.
Das Maiblumengelbe,
der Stempel weißer Saft:
's ist jedes Jahr dasselbe
und nicht sehr dauerhaft.

5
Das ist noch das Beste,
daß bald zerplatzt die Poesie;
die schäbigen Reste
verbraucht die Ansichtskarten-Industrie.
Die Pärchen dort glotzen
noch fort mit koloriertem Angesicht.
Der Mai ist zum Kotzen!
Doch was, was ist es nicht?

GÜNTER EICH
Vorsicht

Die Kastanien blühn.
Ich nehme es zur Kenntnis,
äußere mich aber nicht dazu.

KURT TUCHOLSKY
Frühling

Lenz! Dich hätten wir beinah vergessen!
       Frisch und kühn
sprießt inmitten dem Randal indessen
       junges Grün.

Blätter stecken ihre zarten Spitzen
       hastend aus.
Wie sie schmuck auf ihren Ästen sitzen!
       Feucht und kraus!

Und sie sehen: Bunte Tumultanten!
       Militär!
Sehen wildgewordene Adjutanten –
       Welch ein Heer!

Und sie sehen: Grad die falschen Leute
       packts Gericht.
Doch die großen Diebe… Heute?
       Heute nicht.

Und die jungen Blätter blitzen
Und sie denken sich: Was mag das sein?
       Könnten sie, sie zögen ihre Spitzen
       schleunigst wieder ein –!

KARL IMMERMANN
Die säuselnden Lüfte

Die säuselnden Lüfte, die murmelnden Wellen,
Die grünenden Plätze, beblümeten Stellen,
Die hüpfenden Lämmer, die gleitenden Schwingen
Der Schwalben, das zärtliche Nachtigallsingen,
Die Hirtin, die schöne! ... »Halt ein, o du Narr!
Du singst, was zum Ekel besungen schon war.« –
Ich kann ja nicht anders! Der Frühling, der Wicht,
Bringt immer aufs neue die alte Geschicht',
Er macht mich betrunken, das muß nur so sein,
Und immer und immer im nämlichen Wein!

ALFRED LICHTENSTEIN
Frühling

Ein gewisser Rudolf rief:

Ich hab' viel zu viel gegessen.
Ob's bekömmlich ist sehr fraglich.
Nach so fettem Mittagessen
Fühl' ich mich recht unbehaglich.

Doch ich rülpse hübsch und rauche
Zigaretten hin und wieder.
Liegend auf dem schweren Bauche
Pieps ich lauter Frühlingslieder.

Sehnsuchtsvoll wie auf der Rampe
Quietscht die Stimme aus der Kehle.
Und wie eine alte Lampe
Blakt der Wind die saure Seele.

FRANZ HESSEL
Der Frühlingsdichter

Manchem Dichter ist's gegeben,
Bei dem angenehmen Wetter
In dem Schatten grüner Blätter
Ganz allein sich auszuleben.

Aber ich verlorner Knabe
Fluche zu dem holden Lenze,
Wenn ich niemand bei mir habe,
Der entsprechend mich ergänze.

Und ich pflege nur zu reimen
Auf verwandte Animalien,
Statt enthaltsam hinzuträumen
An beliebten Vegetalien.

Auch die Traum-Adelaiden
Können mich nicht mehr erlösen,
Und ich finde meinen Frieden
Nur bei Miezen, Rosen, Resen.

Eines braven Mädchens Hüfte
Müssen meine Hände streicheln,
Wenn die sanften Frühlingslüfte
Meinen Künstlerhut umschmeicheln.

Dann erst fühl ich den bezweckten
Dichterdrang auf grüner Flur,
Und mit Faltern und Insekten
Werde ich ein Stück Natur.

SIMON BOROWIAK
Sommer-Melancholie

Sanft richtet sich das Abendrot zugrunde,
kein Vogel tschilpt im Nest.
Der alte Fuchs dreht seine Runde
und wünscht dem Wienerwald die Pest.

Der Fliegenpilz behandelt seine Akne
und stäubt sich Puder unter die Lamellen.
Der alte Bock sitzt still auf seinem Bänkchen
und checkt von Weitem die Gazellen.

Auch ich geh jetzt von hinnen
im letzten Tagesscheine
dem Abendrot entrinnen.
Und du, o Leser, weine.

FRIEDRICH CHRISTIAN DELIUS
Schulreform

Nach einem Schulausflug wurde
ein Lied vergessen im Wald.

Nun singt es im Urtext
unter dem Beifall der Förster:
Alle Vögel sind
Amsel, Drossel, Fink.

Bis es im nächsten Frühjahr
abgeholt und
samt dem Tenor des Lehrers
wieder eingestellt wird in den Schuldienst.

CARL FRIEDRICH DROLLINGER
Auf den Rimificus

Rimificus will Verse machen,
Und bringt in alle seine Sachen
Fast nichts, als Sonn und Sternen, ein.
Wie kömmt es, hocherleüchter Dichter!
Es hat kein Werk so viele Lichter,
Und sihet doch so dunkel drein.

OSCAR BLUMENTHAL
Der Mond an gewisse Sänger

Hört auf, ihr Dichter! Stellt es ein,
Dies aberwitz'ge Verse-Lallen!
Denn fahrt ihr fort mit euren Reimerei'n –
Ich schwör es euch bei meinem Schein! –
So werd' ich schließlich aus den Wolken fallen.

GÜNTER BRUNO FUCHS
Kolportage

Stummen Herzens
begab sich der Mond
ins Asyl für Obdachlose. Ein Paket mit zweihundert
selbstverfaßten Gedichten (auf seinen Lektor
und Gönner, Herrn Claudius weiland zu Wandsbek)
ließ er
per Luftpost frankieren.

Nach Mitternacht
(die Bürgermeister
schnarchten wie die meisten Bürger) sah man ihn
lange vertieft
in den Jahresbericht
einer freischaffenden
Laterne.

KARL IMMERMANN
Philisters Begeistrung

Der Abend schickt die goldne Schar der Sterne,
Als Wächter seine Erde zu behüten,
Sie schaun vom Himmel, zu des Himmels Ferne
Schaun kindlich auf die nachterschloßnen Blüten.
  Der Herr Burgemeister tritt aus dem Haus hervor,
  Und setzt sich auf die Bank vor seinem Tor.

Es schwärmt und flattert durch die Lindenbäume,
Und tausend Leben wimmeln durch die Äste,
Ein jedes tummelt, daß es nichts versäume,
Sich auf dem kurzen schönen Maienfeste.
  Der Herr Burgemeister find't an der Sache Geschmack,
  Und nimmt aus der Dos' eine Prise Tabak.

O, wie so hold der Mai zur Erde lächelt,
Und durch die Nacht sein lieblich Antlitz weiset!
Wie er mit Lüften küßt, mit Düften fächelt,
Und alle Gäst' als güt'ger Wirt umkreiset!
  Der Herr Burgemeister findet den Abend was warm,
  Auch stört ihn der Käfer und Falter Schwarm,
  Der Herr Burgemeister klappt seine Dose zu,
  Steh auf, schließt's Tor ab, und legt sich zur Ruh.

JOHANN PETER HEBEL
Der allzeit vergnügte Tabakraucher

Im Frühling

' s Bäumli blüeiht, und 's Brünnli springt.
Potz tausig los, wie 's Vögeli singt!
Me het si Freud und frohe Muet,
und 's Pfifli, nei, wie schmeckt's so guet!

Im Sommer

Volli Ähri, wo me goht,
Bäum voll Öpfel, wo me stoht!
Und es isch e Hitz und Gluet.
Eineweg schmeckt 's Pfifli guet.

Im Herbst

Chönnt denn d'Welt no besser si?
Mit sim Trübel, mit sim Wi
stärcht der Herbst mi lustig Bluet,
und mi Pfifli schmeckt so guet.

Im Winter

Winterzit, schöni Zit!
Schnee uf alle Berge lit,
uffem Dach und uffem Huet.
Justement schmeckt 's Pfifli guet.

RUDI STRAHL
Einer jungen und hübschen
Lyrikerin ins Poesie-Album

Wenn ich –
lauschend deinem Wortgebimmel –
nachts mit dir
auf einer Parkbank hocke,
wird mir selbst
der schönste Sternenhimmel
zur fatalsten Seelenkäseglocke.

PETER HILLE
Für höhere Töchter

Ein zierliches Talentchen
Schrieb sie mit ihrem Händchen
Ein allerliebstes Büchlein
In perlengrauen Bändchen;
Das lesen dann die Küchlein,
Das liest dann auch die Glucke
Mit einem Kaffeeschlucke
In allen Pensionen,
Die Kanne zu zehn Bohnen;
Denn für das junge Blut
Ist Hitze niemals gut.

AXEL MARQUARDT
Romantik und so

Ach, wie scheint der Mond so schön,
ach, wie singt die Nachtigall so süß,
ach, wie rauscht das Bächlein mild und traut,
ach, wie weht der Wind so lind.

Ach, wie ist das Herze mir so schwer,
ach, wie dringt der Seufzer mir hervor,
ach, welch' Sehnsucht ist in mir entbrannt,
ach, wie süß durchzieht es mein Gemüt.

Ach, wie ist das Leben schal und leer,
ach, wie quälen mich die dumpfen Sorgen.
Wer heut kein Haus kauft, kauft sich keines mehr,
das verschiebe nicht auf morgen.

HEINRICH HEINE
Wahrhaftig

Wenn der Frühling kommt mit dem Sonnenschein,
Dann knospen und blühen die Blümlein auf;
Wenn der Mond beginnt seinen Strahlenlauf,
Dann schwimmen die Sternlein hintendrein;
Wenn der Sänger zwei süße Äuglein sieht,
Dann quellen ihm Lieder aus tiefem Gemüt; -
Doch Lieder, Sterne und Blümelein,
Und Äuglein und Mondglanz und Sonnenschein,
Wie sehr das Zeug auch gefällt,
So machts doch noch lang keine Welt.

ROBERT NEUMANN
Die Wunderstunde
Nach Stefan George

ich forschte blinden sinnes nach der pforte
der alten parks die sich im zwielicht ziehn
und fand sie nicht doch kreiste drüberhin
von dohlen eine drohende cohorte.

da eingebettet lag in halbverdorrte
waldnacht das tor das sich mir nie verliehn
ich trat hindurch dumpf duftete yasmin
und moder lohte auf besonntem orte.

auf einem plane in gerader zahl
saß streng die ausgewählte schar der gäste
ein page reichte stumm das karge mahl:

dann sprach ich meine schweren anapäste
und jeder schwieg und jeder auf dem feste
war von der bürde der gedanken fahl.

ERNST LEHMANN
Der Epigon
(Nach Rilke und George dichtend)

Wenn wir in die Weiten schreiten,
Heimatwärts,
Möchte ich im Schreiten weiten
Unser Herz…
Und von allen Dingen schlich
Sich ein Abglanz in die Seele,
Und ich muß umschlingen dich
Wie antike Marmorstele.
Unter heißen Zähren beugen
Betend wir die Knie' selbander,
Und ich muß gebären, zeugen
Geistgeschwoll'nes Durcheinander!

KURT TUCHOLSKY
Schöner Herbst

Das ist ein sündhaft blauer Tag!
Die Luft ist klar und kalt und windig,
weiß Gott: ein Vormittag, so find ich,
wie man ihn oft erleben mag.

Das ist ein sündhaft blauer Tag!
Jetzt schlägt das Meer mit voller Welle
gewiß an eben diese Stelle,
wo dunnemals der Kurgast lag.

Ich hocke in der großen Stadt:
und siehe: durchs Mansardenfenster
bedräuen mich die Luftgespenster...
Und ich bin müde, satt und matt.

Dumpf stöhnend lieg ich auf dem Bett.
Am Strand wär es im Herbst viel schöner...
Ein Stimmungsbild, zwei Fölljetöner
und eine alte Operett!

Wenn ich nun aber nicht mehr mag!
Schon kratzt die Feder auf dem Bogen –
das Geld hat manches schon verbogen...
Das ist ein sündhaft blauer Tag!

KLABUND
Winterschlaf

Indem man sich nunmehr zum Winter wendet,
Hat es der Dichter schwer,
Der Sommer ist geendet,
Und eine Blume wächst nicht mehr.

Was soll man da besingen?
Die meisten Requisiten sind vereist.
Man muß schon in die eigene Seele dringen
– Jedoch, da haperts meist.

Man sitzt besorgt auf seinen Hintern,
Man sinnt und sitzt sich seine Hose durch,
– Da hilft das eben nichts, da muß man eben überwintern
Wie Frosch und Lurch.

JUSTINUS KERNER
Spindelmanns Rezension der Gegend

Näher muß ich jetzt betrachten
Diese Gegend durch das Glas,
Sie ist nicht ganz zu verachten,
Nur die Fern' ist allzu blaß.

Jene Burg auf steiler Höhe
Nenn' ich abgeschmackt und dumm,
Meinem Auge tut sie wehe,
Wie der Fluß, der gänzlich krumm.

Jene Mühl' in wüsten Klüften
Gibt mir gar zu rohen Schall,
Aber ein gesundes Düften
Weht aus ihrem Eselsstall.

Daß hier Schlüsselblumen stehen,
Hätt' ich das nur eh' gewußt!
Muß sie schnell zu pflücken gehen:
Denn sie dienen meiner Brust.

Kräuter, die zwar farbig blühen,
Doch zu Tee nicht dienlich sind,
Doch nicht brauchbar sind zu Brühen,
Überlass' ich gern dem Wind.

OTTO JULIUS BIERBAUM
Ach so!

Wohin denn, wohin denn so schnelle,
Du Mann mit der Elle?
Siehst nicht den schönen Regenbogen?

Frivoler Geselle!
Den eben will ich messen gehn.
Wär mir eine Art, so dazustehn
Und bloß die Farben anzusehn.
Ich bin gründlich!

CHRISTIAN MORGENSTERN
Palmström

Palmström steht an einem Teiche
und entfaltet groß ein rotes Taschentuch:
Auf dem Tuch ist eine Eiche
dargestellt, sowie ein Mensch mit einem Buch.

Palmström wagt nicht sich hineinzuschneuzen –
er gehört zu jenen Käuzen,
die oft unvermittelt-nackt
Ehrfurcht vor dem Schönen packt.

Zärtlich faltet er zusammen,
was er eben erst entbreitet.
Und kein Fühlender wird ihn verdammen,
weil er ungeschneuzt entschreitet.

KLABUND
Spaziergang

Über uns will es sich in den Zweigen regen,
Und ein hübscher Vogel macht sich plüsternd breit.
Wird er jetzt wohl Eier legen
Oder was ist seine Tätigkeit?

Plötzlich hat's auf der erhobenen Stirne
Irgendwie und irgendwo geklext,
Und von einem Stoff, der – hm – in keines Menschen Hirne,
Sondern (vorher) auf den Feldern wächst.

War das eines Geistes mahnend ernste Stimme?
Oder war's ein leises Scherzo nur?
Zwiegeteilt in bodenlosem Grimme
Flieht man die ungastliche Natur.

Und man fragt sich, während man so wandelt:
Ist denn das gerecht,
Daß die Kreatur derartig unanständig handelt,
Wenn verehren man und preisen möcht'?

KARL VALENTIN
Die Loreley

Grüß Gott, und ich habe die Ehre,
das heißt, ich bin halt so frei,
Sie werden mich alle wohl kennen,
man heißt mich die Loreley.
Was wurd über mich schon gesungen,
und offen muß ich es gestehn,
und niemand hat mich noch gesehn,
und ich bin doch so fabelhaft schön!

Vieltausend Jahr hock' ich hier oben,
bei Sonnenschein, Regen und Schnee,
auf diesem steinigen Felsblock,
mir tut schon mein Rückgebäud weh.
Ich singe und zupfe die Harfe,
ich wüßt ja net, was i sonst tat,
ich weiß nicht, was soll es bedeuten,
das Lied wird mir jetzt schon bald fad!

Wenn morgens vom Schlaf ich erwache,
dann kämm ich mein goldenes Haar,
das ist ja mein einziger Reichtum
denn 's Gold is gegenwärtig rar.
Ich gäb zwar Gold her für Eisen,
da mach ich mir schließlich nix draus,
doch eiserne Haar –! 's wär a Blödsinn,
des haltet mei Kampe net aus.

Ich hab keine menschliche Seele,
ich leb nur als Märchen dahin,
drum ist es auch ganz leicht erklärlich,
daß vieltausend Jahr alt ich bin.
Wär ich eine menschliche Jungfrau,
ich sage es offen heraus,
hielt ich es so vieltausend Jahre
allein da heroben net aus!

Ein Schiffer, ein bildschöner Jüngling,
fährt oft mit dem Kahn hier vorbei,
er liebt nur ein einziges Wesen,
er liebt nur mich, die Loreley.
Da kommt er schon wieder gefahren,
was willst denn, du närrischer Tropf,
wenn du dich net glei aus dem Staub machst,
dann wirf i dir'd Musik an den Kopf!

Nun haben d' Loreley Sie gesehen,
vergessen Sie nie diese Pracht,
und nun werd ich wieder verschwinden,
es dunkelt schon heimlich die Nacht,
's wird finster und immer finsterer,
und langsam geh ich zur Ruh,
und daß S' wissen, daß's aus is,
dreh ma das Mikrofon zu.

ALFRED BRENDEL

Als Mozart ermordet worden war
ahnte niemand
nicht einmal Haydn
daß kein Geringerer als Beethoven
die ruchlose Tat begangen hatte
Während einer Landpartie
da Mozart
vom Bockspringen ermüdet
im Grase ruhte
näherte sich Beethoven
als Salieri verkleidet
mit der Geräuschlosigkeit einer Katze
und träufelte dem Schöpfer der Kleinen Nachtmusik
Gift ins Ohr

An dieser Stelle wäre einzuflechten
daß es im Leben Beethovens
ein gut gehütetes Geheimnis gab
Beethoven WAR EIN NEGER
und Mozart HATTE ES BEMERKT
Nach einem von Beethovens berühmten Fortepiano-Vorträg
hörte man Mozart halblaut zu Süßmayr sagen
Für an Nega spülta netamoi schlecht
Nun lag er da
und das Gift gluckste in ihm

Grimmig in sich hineinlachend
schlich der junge Übeltäter davon
im festen Besitz der Tonart c-moll
die ihm von dieser Stunde an
keiner mehr streitig machen würde

LUDWIG TIECK
Die Geige
Sonate

O weh! o weh!
Wie mir das durch die ganze Seele reißt!
In's Henkers Nahmen, ich bin keine Flöte!
Wie kann man mich so quälen,
Alle meine Töne unterdrücken,
Und kneifen und schaben und kratzen,
Bis ein fremdes quinkelirendes Geschrey herausschnarrt?
Ich kenne meine eigene Stimme nicht wieder,
Ich erschrecke vor mir selber
In diesen unwohlthätigen Passagen.
Ei! ei! daß ein andrer Geist
Doch auch einmal so mit dir umspringen möchte,
Damit du alle Menschlichkeit verläugnen müßtest
Und dich dem Thiere gleich gebehrden.
Innerlich schmerzt mich die Musik
Die da unten wohnt und von wilden Klängen vernichtet wird,
Eine Kolik ängstigt mich durch und durch,
Der Resonanzboden wird von Gicht befallen,
Der Steg winselt und wimmert.
Wie ein Clarinett soll ich mich gebehrden,
Jetzt dem Basson verglichen werden,
Er reißt mir noch die melodische Zunge aus,
Lange werd' ich liegen müssen und mich besinnen,
Eh' ich diesen Schrecken verwinden kann.
Ei so kneif, du kneifender Satan!
Es wird ihm selber sauer,
Es neigt zu Ende mit der verfluchten Sonate,
Ach weh! o weh! o! welche Gefühle!
Die Ribben, die Seiten, der Rücken,
Alles wie zerschlagen! – –

CHRISTIAN FRIEDRICH DANIEL SCHUBART
An Dudeldum

Ei Dudeldum! so greif
In dein Klavier so steif!
  Zwar sind die Finger brav,
  Nie fehlt's in der Octav',
Noch in der Quint' und Terz;
Nur Eines fehlt – das Herz!

WILHELM BUSCH
Gemartert

Ein gutes Tier
Ist das Klavier,
Still, friedlich und bescheiden,
Und muß dabei
Doch vielerlei
Erdulden und erleiden.

Der Virtuos
Stürzt darauf los
Mit hochgesträubter Mähne.
Er öffnet ihm
Voll Ungestüm
Den Leib, gleich der Hyäne.

Und rasend wild,
Das Herz erfüllt
Von mörderischer Freude,
Durchwühlt er dann,

Soweit er kann,
Des Opfers Eingeweide.

Wie es da schrie,
Das arme Vieh,
Und unter Angstgewimmer
Bald hoch, bald tief
Um Hilfe rief,
Vergeß ich nie und nimmer.

MASCHA KALÉKO
Klavia-Tiere, Spezies: Pianisten

Pianisten sind oft *große Tiere,*
Zum Lärm dressiert auf dem Klaviere.
Mit Löwenmähne, Tigerpfoten
Mißhandelt mancher es nach Noten.
Ein Pi-a-nist, wenn malträtiert,
Ist selten nur wohltemperiert.
Wenn sich die Damen auch verlieben,
– Weit wichtiger ist ihm das Üben!

(Zur Zeit, als Hans zur Liese ging,
Da übte brav der Gieseking…)

KURT TUCHOLSKY
Die Musik kommt

Nun zwängt, die sonst Musik die Töchter lehrte,
sich ins Schwarzseidene mit dem Krachkorsett;
und daß man Haydn, Bach und Koschat ehrte,
beweist man durch Gesang und am Spinett.

Nun schlagen wieder löwenmähnige Meister
mit ihren Pranken auf die Flügel ein,
und fiedelt jemand Violin, dann heißt er
Mischka und soll erst sieben Jahre sein.

Du siehst mich lächelnd an, Eleonore –
auch du, Geliebte, seist ein Singtalent?
Doch jach entfleucht durch meinem rechten Ohre,
was dein Sopran mir in das linke flennt.

Ach ja, der Herbst! Die Blätter werden gelber,
und jedes Mädchen kriegt ein hohes C,
und auch der Muhsikpädagoge selber
stund auf und tremolieretee…

Du Stadt der Lieder, bist du nicht verwundert?
So jedes Jahr hast du um den Advent
Musikkonzerte Stücker achtzehnhundert –
doch mit Gewinn: nur sechseinhalb Prozent.

FRANZ WERFEL
Konzert einer Klavierlehrerin

Die dicke Dame mit den Sommersprossen,
Die tief sich in die Dekolletage wagen
– Ich wünsche Bluse ihr und steifen Kragen, –
Sitzt schon am Flügel, fett und hingegossen.

Die Noten ziehn gleich Pompefunèbre-Rossen.
Chopin, der Trauermarsch ... und so getragen ...
Ich fühle nur ein leeres Mißbehagen,
Von dieses Weibes Übermaß verdrossen.

Die Schülerinnen sitzen in der Runde
Und tun entzückt und hassen sie im stillen.
Zehn Rosenkörbe glühn wie milde Fackeln

Aufleuchtend lieblich aus dem Hintergrunde,
Und schauen aus geängstigten Pupillen
Auf ihre Brüste, die im Takte wackeln.

CHRISTIAN MORGENSTERN
Der heroische Pudel

Ein schwarzer Pudel, dessen Haar
des Abends noch wie Kohle war,
betrübte sich so höllenheiß,
weil seine Dame Flügel spielte,
trotzdem er heulte: daß (o Preis
dem Schmerz, der solchen Sieg erzielte!)
er beim Gekräh der Morgenhähne
aufstand als wie ein hoher Greis –
mit einer silberweißen Mähne.

FRIEDRICH SCHLEGEL
Das tragische Schicksal

Alles redet in Sentenzen,
Auch die Helden werden Zwerge
In der tragischen Latwerge,
Müssen idealisch glänzen.
Daß die Szenen sich ergänzen,
Und das Nichts erhaben prahle,
Alles dankt man dem Schicksale.

Wie die jungen Katzen pflegen
Nach dem eignen Schweif zu gehen,
Muß sich hier im ew'gen Drehen,
Zufall und Vernunft bewegen.
Und das Herz von kleinen Schlägen,
Ganz empfindlich dem Schicksale,
Fühlt die Quentchen in der Schale.

Zwischen Pflicht und dem Gefühle
Muß der Mensch verlegen stehn,
Oder schlau durch beide gehn
In der Tugend Zwickemühle.
Wahrlich hart auf trag'schem Pfühle,
Ruht, wer im Theatersaale
Dichten muß von dem Schicksale.

ABRAHAM GOTTHELF KÄSTNER
Tragische Todesarten

Eh' noch der Held den Dolch, die Heldin Gift erkor,
Starb schon das Drama selbst den sanftern Tod: Erfror.

WENDELIN ÜBERZWERCH
Der Mime

Wie er einzog seine Lidfalte!
Wie er grausam und perfid lallte!

KURT TUCHOLSKY
Parkett

Das Stück hat Weltanschauung. Neben mir Ottilchen
hat weit die grauen Augen aufgemacht:
Der, nach dem Spiel, erhofft ein Kartenspielchen,
der eine Nacht…

Der Diener meldet die Kommerzienräte,
die Gnädige empfängt, ein Sektglas klirrt.
Ich streichle ihre Hand, die sonst die Hüte nähte…
Ob das was wird?

Da oben gibt es Liebe und Entsetzen,
doch so gemäßigt, wie sichs eben schickt.
»Ottilie«, flüstre ich, »vermagst du mich zu schätzen?!«
Sieh da: sie nickt.

Nun läßt mich alles kalt: die ganze Tragik
ist jetzt für mich verhältnismäßig gleich.
Und nimmt Madameken ihr Gift, dann sag ick:
»Ich bin so reich…«

Was kümmern mich die blöden Bühnenränke!
Nu sieh mal, wie sie um die Leiche stehn!
Genug –
        … »Ottilie«, spreche ich, »ich denke –
wir wollen gehen…«

»Der Gott, der Eisen wachsen ließ,
war wohl ein Arsch mit Ohren«

WISSEN & GLAUBE

ERICH FRIED
Ballade von der
Himmelfahrt des treuen Dieners

Der Caesar sprach zum Priester:
»Nimm Sklaven oder Biester«
Der Haruspex sprach: »Nein,
das tu allein!

Lies du dir selber Zeichen
aus Vieh- und Sklavenleichen!
Der Himmel ists der winkt –
Dein Opfer stinkt.«

»Doch die Uns kritisieren«
sprach Caesar »die krepieren.«
Der Priester schnitt sich drauf
das Bauchfell auf

Der Greis war zu beneiden
in seinen Eingeweiden
begann er ohne Grauen
sich selbst zu schauen

Ob dieser seltnen Chance
geriet er gleich in Trance
in der er sich verhieß
das Paradies

Das lohnt schon manche Schmerzen
Er griff sich nach dem Herzen
Er fands am rechten Fleck –
dann war er weg

Sein Caesar gab die Leiche
den Fischlein in dem Teiche
doch blickt er aufwärts oft
und hofft und hofft

FRANZ HODJAK
mythos

die füchse stehn schlange um hasen
die hasen stehn schlange um krautfelder
die krautfelder stehn schlange um regen
der regen steht schlange um wolken
die wolken stehn schlange um einen himmel
der himmel steht schlange um einen gott
der gott weiß noch nicht soll er sein oder nicht sein

EDUARD MÖRIKE
Pastoralerfahrung

Meine guten Bauern freuen mich sehr;
Eine »scharfe Predigt« ist ihr Begehr.
Und wenn man es mir nicht verdenkt,
Sag' ich, wie das zusammenhängt.
Sonnabend, wohl nach elfe spat,
Im Garten stehlen sie mir den Salat.
In der Morgenkirch' mit guter Ruh'
Erwarten sie den Essig dazu;
Der Predigt Schluß fein linde sei:
Sie wollen gern auch Öl dabei.

AUGUST FRIEDRICH ERNST LANGBEIN
Die lange Predigt

Ein Pfarrer kanzelte drei Stunden,
Und hatte noch den Schluß der Predigt nicht gefunden.
Die Kirche wurde leer; denn Jung' und Alte trieb
Der Hunger fort, daß nur der Küster blieb.
Doch Lüsternheit nach seiner Mittagsschüssel
Ließ dem nun auch nicht länger Ruh;
Er ging und rief: »Herr Pfarr, hier liegt der Schlüssel!
Ist eure Predigt aus, dann schließt die Kirche zu!«

MATTHIAS CLAUDIUS
Hinz und Kunz

Hinz:

Mein Junge da, das ist ein Junge, der!
Kein Kuchen ist so rund wie er,
Und hat dir, hör, vor hunderttausend Knaben,
Ganz sonderbare Gaben.
Was meinst du wohl, er buchstabiert schon frisch;
Und sähst du ihn beim Abendsegen,
Da sieht er aus, als wär ihm groß daran gelegen,
Und kneipt indes die andern unterm Tisch!
Nun, Kunz, was hältst du ihn?

Kunz:

Bei meiner Seel, es steckt ein Pfarrer drin!

CHRISTIAN HOFFMANN
VON HOFFMANNSWALDAU
Auff eine Nonne

Man nahm mir meinen schmuck / und ließ nur fleisch
und blut /
Man schnitt die haare weg / und ließ mir meine glut.
Im beten hat mir stets der glaube sehr behaget /
Weil er von aufferstehn des fleisches etwas saget.

JOHANN BURCHARD MENCKE
Epitaphium einer dürren Nonne

Erforsche nicht,
Ob diese, die hier liegt,
Lieb und Begierde hat besiegt:
Wie sie gestallt gewesen:
Und wie ihr Nahme heist.
Du solst allhier nichts anders lesen,
Als, was man ehemals von ihr gesprochen:
Es lüstete dem Fleische
Nicht wider ihren Geist;
Nein, sondern denen Knochen.

CHRISTIAN WERNICKE
Auf einen Exemplarischen Thum-Herrn

Obgleich Cratinus nie als wenn er voll ist singt,
Nie beth, als wenn er will an seine Taffel tretten;
So ist es dennoch wahr, daß er die Zeit verbringt
Der Geistligkeit gemäß, mit Singen und mit Bethen.

LUDWIG UHLAND
Bitte

Ich bitt euch, teure Sänger,
Die ihr so geistlich singt,
Führt diesen Ton nicht länger,
So fromm er euch gelingt!
Will einer merken lassen,
Daß er mit Gott es hält,
So muß er keck erfassen
Die arge, böse Welt.

GEORG HERWEGH
Dauer im Wechsel

Da ist nichts unten, ist nichts oben,
Die Pfaffen haben es längst verschoben,
Mit Augenverdrehn, mit Phrasenschwalle –
Krummacher sind und bleiben sie alle!

GÜNTER BRUNO FUCHS
Nationalhymne der deutschen Kirchenmaus

Ich bin Rhein.
Mein Herz
kann Latein.
Soll kein Kätzchen
drin wohnen
als der
Herr Bischof
allein.
Fiep.

WILHELM WOLFF
In der Bearbeitung durch Thomas Mann

Ich bin ein rechtes Rabenaas,
Ein wahrer Sündenkrüppel,
Der seine Sünden in sich fraß,
Als wie der Rost den Zwippel.
Ach Herr, so nimm mich Hund beim Ohr,
Wirf mir den Gnadenknochen vor
Und nimm mich Sündenlümmel
In deinen Gnadenhimmel!

JOACHIM RINGELNATZ
Die Geburtenzahl

Die Geburtenzahl
Ging herunter,
Traf den Pfarrer im Tal
Nachts noch munter.

Heidel da diedel dum
Wie war das schön im Tal!
Aufwärts steigt wiederum
Bald die Geburtenzahl.

Und dann lächelt alles froh
Im statistischen Büro.

ABRAHAM GOTTHELF KÄSTNER
Soll man ihnen Weiber geben

    Von Weibern, ob man sie den Mönchen geben soll,
Schreibt ihr so manchen Bogen voll,
In Chronologen und Merkur.
Befragt denn Keiner die Natur?
Die spricht: Ihr solltet euch des langen Zankens schämen!
Gebt ihnen nicht; sie werden selbst wohl nehmen.

JOHANN WOLFGANG GOETHE

Niemand soll ins Kloster gehn,
Als er sei denn wohl versehn
Mit gehörigem Sündenvorrat,
Damit es ihn so früh als spat
Nicht mög an Vergnügen fehlen,
Sich mit Reue durchzuquälen.

NORBERT C. KASER
zeitwandel

einstens kroch
der papst ins
ehebett
(eigenhaendig)
und sorgte
selbst dafuer
heute kriecht
der papst ins
ehebett
(mit seiner
theorie)
und sorgt daß
jeder fuer
gewissen
nachwuchs sorgt

GERHARD RÜHM
seelsorge
ein häufiges gelegenheitsgedicht

es spricht der priester weihevoll:
»des knaben hose macht mich toll!
ein junger mensch soll offen sein,
sonst kommt man nicht in ihn hinein!
die sorge um das seelenheil
bekümmert sich auch ums detail.
ich bin der hirte, du das schaf,
drum halte dich entsprechend brav,
wenn ich dich weihend nun besprenge
in des beichtstuhls schummriger enge.«

und zitternd streckt die hand sich aus
und gleitet in das kleiderhaus,
die seele wohnt ja in dem leib.

er tuts nicht nur zum zeitvertreib,
der priester, sorgenvoll und fromm:
der griff nach unten
ist tief empfunden –
»damit der knab' in den himmel komm'!«

GOTTLIEB CONRAD PFEFFEL
Der Abt und der Noviz

Das heiß ich einen Hecht, der soll uns baß behagen!
Rief am Charfreytag jüngst ein Abt am vollen Tisch.
Herr Abt, ich muß als Augenzeuge sagen,
Sprach ein Noviz, daß Bruder Koch den Fisch
Mit Speck bereitet hat. Oh, rief der Abt, des Laffen!
Was hattest du beym Bruder Koch zu schaffen?

THEODOR STORM
Gesegnete Mahlzeit

Sie haben wundervoll diniert;
Warm und behaglich rollt ihr Blut,
Voll Menschenliebe ist ihr Herz,
Sie sind der ganzen Welt so gut.

Sie schütteln zärtlich sich die Hand,
Umwandelnd den geleerten Tisch,
Und wünschen, daß gesegnet sei
Der Wein, der Braten und der Fisch.

Die Geistlichkeit, die Weltlichkeit,
Wie sie so ganz verstehen sich!
Ich glaube, Gott verzeihe mir,
Sie lieben sich herzinniglich.

LUDWIG THOMA
Neujahr bei Pastors

Mama schöpft aus dem Punschgefäße,
Der Vater lüftet das Gesäße
Und spricht: »Jetzt sind es vier Minuten
Nur mehr bis Zwölfe, meine Guten.

Ich weiß, daß ihr mit mir empfindet,
Wie dieses alte Jahr entschwindet,
Und daß ihr Gott in seinen Werken
– Mama, den Punsch noch was verstärken! –

Und daß ihr Gott von Herzen danket,
Auch in der Liebe nimmer wanket,
Weil alles, was uns widerfahren
– Mama, nicht mit dem Arrak sparen! –

Weil, was geschah und was geschehen,
Ob wir es freilich nicht verstehen,
Doch weise war, durch seine Gnade
– Mama, er schmeckt noch immer fade! –

In diesem Sinne meine Guten,
Es sind jetzt bloß mehr zwei Minuten,
In diesem gläubig frommen Sinne
– Gieß noch mal Rum in die Terrine! –

Wir bitten Gott, daß er uns helfe
Auch ferner – Wie? Es schlägt schon zwölfe?
Dann prosit! Prost an allen Tischen!
– Ich will den Punsch mal selber mischen.«

ARTHUR SCHOPENHAUER
Gebet eines Skeptikers

Gott, – wenn Du bist, – errette aus dem Grabe
Meine Seele, – wenn ich eine habe.

HEINRICH HEINE
Stoßseufzer

Unbequemer neuer Glauben!
Wenn sie uns den Herrgott rauben,
Hat das Fluchen auch ein End' –
Himmel-Herrgott-Sakrament!

Wir entbehren leicht das Beten,
Doch das Fluchen ist vonnöten,
Wenn man gegen Feinde rennt –
Himmel-Herrgott-Sakrament!

Nicht zum Lieben, nein, zum Hassen
Sollt ihr uns den Herrgott lassen,
Weil man sonst nicht fluchen könnt –
Himmel-Herrgott-Sakrament!

AUGUST KOPISCH
Das verbotene Fluchen

Zur Landsknechtzeit nahm hier zu Land
Das Fluchen und Wettern so überhand,
Daß man's bei schwerer Strafe verbot:
Da gerieth manch braver Flucher in Noth! –
Ein Amtmann sprach: Ohne Fluchen auf Erden,
Was will da noch Gescheidtes werden?
Wenn ich nicht donnern und wettern kann,
Ziehn Knecht' und Ochsen niemals an.
Es ist kein Hören und kein Pariren;
Ich muß ein Gepolter im Munde führen!
Es ist nur wegen des Getöses;
Ich denk' mir dabei ja weiter nichts Böses!
Und soll nun auf einmal entweder verstummen, –
Oder bei Ratten im Loche brummen!
– Indem er so über die Straße schlendert
Und denkt, wie die ganze Welt sich ändert,
Begegnen ihm zwei muntre Studenten,
Die fragt er: ob sie nicht helfen könnten? –
Der eine war Juris und sprach: O wohl,
Ich erfind' Euch ein Rummeln ganz leer und hohl,
Weshalb Euch keiner verklagen kann,
Und hört sich doch wie Fluchen an. –
Da nahm der Mann die Studenten nach Haus
Und richtete her einen fröhlichen Schmaus.
Die Studenten fanden das angenehm;
Der Juris sprach: Wollt Ihr's bequem
Zum memoriren, so sagt mir auch,
Was Ihr für Flüche zumeist im Gebrauch?
Die setz' ich Euch flugs in's Straflose um! –
Da blieb der gute Wirth nicht stumm
Und sagte flink eine Mandel her:

Die fand der Student durchaus nicht schwer.
Er übersetzte frisch und froh
Die allerschlimmsten etwa so:
Hol mich der Teufel! mit: hol mir das Pfeiffel!
Blitz alle Hagel! mit: sitz alter Nagel!
Kreuzdonnerwetter! mit: Reitrumherrvetter!
Stockschwerenoth! mit: Back schwere Brodt'!
Dem guten Herrn Wirth war Alles recht;
Indeß ward immer fortgezecht,
Das Übersetzte ward notirt,
Dann instruirt und memorirt
Und, konnt' er's, wurde pokulirt.
So ging es fort die halbe Nacht,
Bis sie ihm Alles beigebracht.
Da rief er fröhlich: Ich lach' dem Gericht,
Hol mir das Pfeiffel, nun in's Gesicht!
Sitz alter Nagel! Stießen sie an:
Back schwere Brodt', es lebe der Mann,
Der in schlimmen Zeiten sich helfen kann!

KLABUND
Die heiligen drei Könige
(Bettelsingen)

Wir sind die drei Weisen aus dem Morgenland,
Die Sonne, die hat uns so schwarz gebrannt.
Unsere Haut ist schwarz, unsere Seel ist klar,
Doch unser Hemd ist besch… ganz und gar.
Kyrieeleis.

Der erste, der trägt eine lederne Hos',
Der zweite ist gar am A… bloß,
Der dritte hat einen spitzigen Hut,
Auf dem ein Stern sich drehen tut.
Kyrieeleis.

Der erste, der hat den Kopf voll Grind,
Der zweite ist ein unehlich' Kind.
Der dritte nicht Vater, nicht Mutter preist,
Ihn zeugte höchstselbst der heilige Geist.
Kyrieeleis.

Der erste hat einen Pfennig gespart,
Der zweite hat Läuse in seinem Bart,
Der dritte hat noch weniger als nichts,
Er steht im Strahl des göttlichen Lichts.
Kyrieeleis.

Wir sind die heiligen drei Könige,
Wir haben Wünsche nicht wenige.
Den ersten hungert, den zweiten dürst',
Der dritte wünscht sich gebratene Würst.
Kyrieeleis.

Ach, schenkt den armen drei Königen was.
Ein Schöpflöffel aus dem Heringsfaß
Verschimmelt Brot, verfaulter Fisch,
Da setzen sie sich noch fröhlich zu Tisch.
Kyrieeleis.

Wir singen einen süßen Gesang
Den Weibern auf der Ofenbank.
Wir lassen an einem jeglichen Ort
Einen kleinen heiligen König zum Andenken dort.
Kyrieeleis.

Wir geben euch unseren Segen drein,
Gemischt aus Kuhdreck und Rosmarein.
Wir danken für Schnaps, wir danken für Bier.
Anders Jahr um die Zeit sind wir wieder hier.
Kyrieeleis.

HEINRICH HEINE

Ich rief den Teufel, und er kam,
Und ich sah ihn mit Verwundrung an.
Er ist nicht häßlich und ist nicht lahm,
Er ist ein lieber, scharmanter Mann,
Ein Mann in seinen besten Jahren,
Verbindlich und höflich und welterfahren.
Er ist ein gescheuter Diplomat,
Und spricht recht schön über Kirch' und Staat
Blaß ist er etwas, doch ist es kein Wunder,
Sanskrit und Hegel studiert er jetzunder.
Sein Lieblingspoet ist noch immer Fouqué.
Doch will er nicht mehr mit Kritik sich befassen,
Die hat er jetzt gänzlich überlassen
Der teuren Großmutter Hekate.
Er lobte mein juristisches Streben,
Hat früher sich auch damit abgegeben.
Er sagte, meine Freundschaft sei
Ihm nicht zu teuer, und nickte dabei,
Und frug: ob wir uns früher nicht
Schon einmal gesehn beim span'schen Gesandten?
Und als ich recht besah sein Gesicht,
Fand ich in ihm einen alten Bekannten.

THEODOR STORM
Stoßseufzer

Am Weihnachtsonntag kam er zu mir,
In Jack' und Schurzfell, und roch nach Bier
Und sprach zwei Stunden zu meiner Qual
Von Zinsen und von Kapital;
Ein Kerl, vor dem mich Gott bewahr!
Hat keinen Festtag im ganzen Jahr.

JOHANN WOLFGANG GOETHE

Die Engel stritten für uns Gerechte,
Zogen den kürzern in jedem Gefechte;
Da stürzte denn alles drüber und drunter,
Dem Teufel gehörte der ganze Plunder.
Nun ging es an ein Beten und Flehen!
Gott ward bewegt, herein zu sehen.
Spricht Logos, dem die Sache klar
Von Ewigkeit her gewesen war:
Sie sollten sich keineswegs genieren,
Sich auch einmal als Teufel gerieren,
Auf jede Weise den Sieg erringen
Und hierauf das Tedeum singen.
Das ließen sie sich nicht zweimal sagen,
Und siehe! die Teufel waren geschlagen.
Natürlich fanden sie hinterdrein,
Es sei recht hübsch, ein Teufel zu sein.

HANS MAGNUS ENZENSBERGER
Die Visite

Als ich aufsah von meinem leeren Blatt,
stand der Engel im Zimmer.

Ein ganz gemeiner Engel,
vermutlich unterste Charge.

Sie können sich gar nicht vorstellen,
sagte er, wie entbehrlich Sie sind.

Eine einzige unter fünfzehntausend Schattierungen
der Farbe Blau, sagte er,

fällt mehr ins Gewicht der Welt
als alles, was Sie tun oder lassen,

gar nicht zu reden vom Feldspat
und von der Großen Magellanschen Wolke.

Sogar der gemeine Froschlöffel, unscheinbar wie er ist,
hinterließe eine Lücke, Sie nicht.

Ich sah es an seinen hellen Augen, er hoffte
auf Widerspruch, auf ein langes Ringen.

Ich rührte mich nicht. Ich wartete,
bis er verschwunden war, schweigend.

HERBERT ROSENDORFER

Der Gott, der Eisen wachsen ließ,
war wohl ein Arsch mit Ohren,
der hat im Kopf nur feinen Grieß,
das Hirn schon längst verloren.

Wie lieb dagegen ist der Gott,
der einst schuf Gummibären,
der könnte, Himmelsapperlott,
den andern manches lehren.

HEINRICH HEINE
Rationalistische Exegese

Nicht *von* Raben, nein *mit* Raben
Wurde Elias ernähret –
Also ohne Wunder haben
Wir die Stelle uns erkläret.

Ja, anstatt gebratner Tauben,
Gab man ihm gebratne Raben,
Wie wir deren selbst mit Glauben
Zu Berlin gespeiset haben.

JOHANN WOLFGANG GOETHE
(Auf Lavaters »Lied eines Christen an Christus«)

Du bist! du bist! sagt Lavater. Du bist!!
Du bist!!! du bist!!!! du bist Herr Jesus Christ!!!!!
Er wiederholte nicht so heftig Wort und Lehre,
Wenn es ganz just mit dieser Sache wäre.

ARNO HOLZ
Religionsphilosophie

> Und Ich will einen Bund mit dir machen!
> *Jehova*

O Herr, aus tiefer Noth
Schrei ich zu Dir hinauf:
Gieb mir mein täglich Brod
Und etwas Butter drauf!
Ein Stückchen Leberwurst
Wär schliesslich auch nicht ohne;
Du weisst, mein Teufelsdurst
Ist Deiner Schöpfung Krone!

Wär nur mein alter Hut
Nicht so entsetzlich schief;
Du weisst nicht, wie das thut,
Doch hier, hier brennt es tief!
Mein Flaus hält nur soso,
Ich wollt, er wäre wärmer;
Ein Winterpaletot
Macht Dich doch auch nicht ärmer!

Du siehst, mir fehlt noch viel,
Und meine Seele schreit,
Ich finde keinen Stil
Vor lauter Frömmigkeit!
Doch sei's. Ich bin ein Mann
Und will mich nicht erdreisten,
Nur musst Du dann und wann
Mir auch was Extra's leisten!

Für Klärchen einen Zopf,
Ein Cul für meine Frau
Und Sonntags in den Topf
Womöglich eine Sau!
Und lässt Du einmal, geht's,
Mich Calculator werden,
Dann will ich Dir auch stets
Erkenntlich sein auf Erden!

Dann halt ich hübsch den Mund
Bei andrer Spott und Hohn
Und gründe einen Bund
Für innere Mission.
Mein Fritz muss fürchterlich
Theologie studiren
Und schliesslich lass ich mich
Zum Kirchenrath creiren!

Doch, wenn Du filzig bist,
Dann dank ich für die Kur;
Dann werd ich Atheist
Und wähle bebel'sch nur!
Dann mag Altar und Thron
Nur dreist zusammenbrechen,
Dann werd ich Deinen Lohn
In Gold und Blut Dir blechen!

Doch, wie man's treibt, so geht's.
Mein Loos wägt Deine Hand,
Und eine wäscht ja stets
Die andre hier zu Land.
So nimm mein Herz denn hin,
Ich will's Dir ja nicht schenken;

Dass ich Geschäftsmann bin,
Wirst Du mir nicht verdenken!

Drum, Herr, aus tiefer Noth
Schrei ich zu Dir hinauf:
Gieb mir mein täglich Brod
Und etwas Butter drauf!
Ein Stückchen Leberwurst
Wär schliesslich auch nicht ohne,
Du weisst, mein Teufelsdurst
Ist Deiner Schöpfung Krone!

FRIEDRICH SCHLEGEL
Verschiedene Gesinnung

1. Der christliche Philosoph

Ich bin nicht Ich, noch Du; Du bist wohl Ich in mir!
    Drum geb' ich Gott allein, nicht mir die Ehrgebühr.

Angelus

2. Der heutige Weisheitslehrer

Ich bin das Ich und Er, bin auch das Du in Dir;
    Drum geb' ich mir allein, nicht Gott die Ehrgebühr.

ABRAHAM GOTTHELF KÄSTNER
Altes und Neues

    Bardenton, Knittelvers, Minneklingklang,
Both'ng'stamm'l, Mordgeschicht, Hexengesang,
Hat man in jetzigen Zeiten so gern:
Bibel und Glauben verlangt man modern.

OSCAR BLUMENTHAL
Der neue Glaube

Es bildet sich der Glaubenssatz allmählich:
Der liebe Gott ist todt – Gott hab' ihn selig!

ERICH MÜHSAM
Disput

Es kräht der Hahn auf seinem Mist.
Als Kanzelredner wirkt der Christ.
Auch äußert sich der Atheist.

Der Prediger betet früh und spät.
Der andre glaubt ihm nicht und schmäht.
Der Hahn steht auf dem Mist und kräht.

Der fromme Christ führt Gott im Mund,
der Atheist den Schweinehund.
Vom Mist der Hahn kräht Stund um Stund.

Der Christ hat einen Fluch getan.
Der Atheist denkt: Zahn um Zahn! …
Ich halt es mit dem Gockelhahn.

GOTTFRIED KELLER
Aus: *Gaselen*

O Mädchen! gestern quälte mich ein eitler Christ, ein Esel,
Heut' schreckte mich *par excellence* ein Atheist, ein Esel!
Dort naht mit worteschwangerm Nichts, mit ungeheurem
   Unsinn,
Mit tönender Salbaderei ein Pantheist, ein Esel –
Birg mich an deiner jungen Brust und rette meine Menschheit,
Mein Kind! sonst werd' ich selber noch zu dieser Frist ein Esel!

JOHANN WOLFGANG GOETHE
Beruf des Storches

Der Storch, der sich von Frosch und Wurm
Aus unserm Teiche nähret,
Was nistet er auf dem Kirchenturm,
Wo er nicht hingehöret?

Dort klappt und klappert er genung,
Verdrießlich anzuhören;
Doch wagt es weder alt noch jung,
Ihm in das Nest zu stören.

Wodurch – gesagt mit Reverenz –
Kann er sein Recht beweisen,
Als durch die löbliche Tendenz,
Aufs Kirchendach zu ....?

FRIEDRICH SCHILLER
Buchhändler Anzeige

Nichts ist der Menschheit so wichtig als ihre Bestimmung
    zu kennen;
Um zwölf Groschen Courant wird sie bey mir jetzt verkauft.

KURT TUCHOLSKY
Psychoanalyse

Drei Irre gingen in den Garten
und wollten auf die Antwort warten.

Der erste Irre sprach:
                »O Freud!
Hat dich noch niemals nicht gereut,
daß du Schüler hast? Und was für welche –?
Sie gehen an keinem vorüber, die Kelche.
Ich kenne ja wirklich allerhand
als Mitglied vom Deutschen Reichsirrenverband –
aber die alten Doktoren sind mir beinah lieber
als das Getue dieser
                Ja.«

Der zweite Irre sprach:
                »Schmecks.
Ich habe hinten einen Komplex.
Den hab ich nicht richtig abreagiert,
jetzt ist mir die Unterhose fixiert.
Und ich verspüre mit großer Beklemmung
rechts eine Hemmung und links eine Hemmung.
Vorn hängt meine ältere Schwester und
in der Mitte bin ich ziemlich gesund.
                Ja.«

Der dritte Irre sprach:
                »Wenn
heut einer mal muß, dann sagt ers nicht, denn
er umwickelt sich mit düstern Neurosen,
mit Analfunktionen und Stumpfdiagnosen –«

(»Ha! – Stumpf!« riefen die beiden andern Irren,
konnten den dritten aber nicht verwirren.
Der fuhr fort:)
»Vorlust, Nachlust und nächtliches Zaudern –
es macht so viel Spaß, darüber zu plaudern!
Die Fachdebatte – welch ein Genuß! –
ist beinah so schön wie ein

Ja.«

Die drei Irren sangen nun im Verein:
»Wir wollen keine Freudisten sein!
Die jungen Leute, die davon kohlen,
denen sollte man kräftig das Fell versohlen.
Erreichen sie jemals das Genie?

O na nie –!

Jeder Jüngling von etwas guten Manieren
geht heute mal Muttern deflorieren.
Jede Frau, die in die Epoche paßt,
hat schon mal ihren Vater gehaßt.

Und die ganze Geschichte stammt aus Wien,
und darum ist sie besonders schien –!

Wir drei Irre sehen, wie Liebespaare
sich gegenseitig die schönsten Haare
spalten – und rufen jetzt rund und nett:
Rein ins Bett oder raus aus dem Bett!

Keine Tischkante ohne Symbol und kein Loch…
Wie lange noch –? Wie lange noch –?«

Drei Irre standen in dem Garten
und täten auf die Antwort warten.

ULI BECKER
Aus: *Das blaue Wunder*

Leute,
die sich weiterentwickeln wollen
auf diesen gestalttherapeutischen Seminaren
im finstersten Schwarzwald unten:
Da kannst du dich noch so doll
anstrengen, ein Kuschelkissen zu sein,
immer ist da einer in der Gruppe,
der sich durch die Art, wie du daliegst,
spontan an seinen Vater erinnert fühlt
und darüber sprechen möchte, als erster

EUGEN ROTH
Angstträume

Wen hätt nicht schon der Traum gepackt,
Daß er dahinläuft, splitternackt,
Sich furchtbar schämt – und doch so tut,
Als liefe er recht frohgemut,
Ganz ohne Angst vor all den Leuten,
Die schon mit Fingern auf ihn deuten.
Wer reicht ihm einen Lendenschurz?
Wer gräbt ihm frei des Traumes Wurz?
Hats einen Sinn, nach dem Erwachen
Der Welt den Traum bekanntzumachen?
Wird seine Frau ihn recht verstehn?
Soll er zum Therapeuten gehn?
Soll er bei Freud und Adler schürfen,
Ob wir dergleichen träumen dürfen?
Vielleicht verrät der Mensch, als nackter,
Den baren Mangel an Charakter?
Eh dies entschieden, sinkt zum Glück
Der böse Traum ins Nichts zurück.
Beim ersten Blick auf Hemd und Hosen
Verschäumt er leicht im Wesenlosen.

FERDINAND HARDEKOPF
Zwiegespräch

Doctor Schein und Doctor Sinn
Gingen ins Café;
Schein bestellte Doppel-Gin,
Sinn bestellte Tee.

Seitlich von dem Plauderzweck
Nahmen sie dabei:
Schein – verlognes Schaumgebäck;
Sinn – verlornes Ei.

Dialog ward Zaubertext,
Nekromantenspiel;
Zwieseits wurde hingehext,
Was dem Geist gefiel,

Was dem Sinn Erscheinung schien,
Was der Schein ersann.
Schein gab Sinn, und dieser ihn,
Und die Zeit verrann.

Und die Stunde kam herein
Leis' des Dämmerlichts.
Sein verging zu Lampenschein,
Sinn verging zu nichts.

NIKOLAUS LENAU
Der Indifferentist

Ob du, ein Sokrates, den Schierlingsbecher
Aufs Wohl des Vaterlandes lächelnd trinkst;
Ob du, ein schnöder, teuflischer Verbrecher,
Vom Henkerbeil getroffen, fluchend sinkst;

Ob dein Genie sein Werk den raschen Zeiten
Geschleudert, ein Gebirg, in ihre Bahn,
Daß sie an seinem Fuß vorüberschreiten
Und grauend seine Gipfel starren an;

Ob nichts dein langes Leben war hienieden
Als fürs Gewürm des Grabes eine Mast;
Ob du, der Menschheit Fesseln anzuschmieden,
Ein toller Held, die bange Welt durchrast:

Ist just so wichtig als: ob nur im Kreise
Einförmig stets das Aufgußtierchen schwimmt,
Ob es vielleicht nach *rechts* die große Reise,
Vielleicht nach *links* im Tropfen unternimmt.

CHRISTIAN MORGENSTERN
Die Korfsche Uhr

Korf erfindet eine Uhr,
die mit zwei Paar Zeigern kreist
und damit nach vorn nicht nur,
sondern auch nach rückwärts weist.

Zeigt sie zwei, somit auch zehn;
zeigt sie drei, somit auch neun;
und man braucht nur hinzusehn,
um die Zeit nicht mehr zu scheun.

Denn auf dieser Uhr von Korfen,
mit dem janushaften Lauf,
(dazu ward sie so entworfen):
hebt die Zeit sich selber auf.

ERICH KÄSTNER
Eine Spitzenleistung
Oder *L'éducation fatale*

»Es war nicht leicht!«
sagte die Uhr
zu dem Interviewer.
»Und ich hab es nur
im zähen Kampf gegen meine Natur
schließlich erreicht:
Sie sehen in mir, wenn's beliebt,
die schnellste Uhr, die es gibt!«

CHRISTIAN MORGENSTERN
Palmströms Uhr

Palmströms Uhr ist andrer Art,
reagiert mimosisch zart.

Wer sie bittet, wird empfangen.
Oft schon ist sie so gegangen,

wie man herzlich sie gebeten,
ist zurück- und vorgetreten,

eine Stunde, zwei, drei Stunden,
je nachdem sie mitempfunden.

Selbst als Uhr, mit ihren Zeiten,
will sie nicht Prinzipien reiten:

Zwar ein Werk, wie allerwärts,
doch zugleich ein Werk – mit Herz.

HEINRICH HEINE

Zu fragmentarisch ist Welt und Leben!
Ich will mich zum deutschen Professor begeben.
Der weiß das Leben zusammenzusetzen,
Und er macht ein verständlich System daraus;
Mit seinen Nachtmützen und Schlafrockfetzen
Stopft er die Lücken des Weltenbaus.

GEORG HEYM
Die Professoren

Zu vieren sitzen sie am grünen Tische,
Verschanzt in seines Daches hohe Kanten.
Kahlköpfig hocken sie in den Folianten,
Wie auf dem Aas die alten Tintenfische.

Manchmal erscheinen Hände, die bedreckten
Mit Tintenschwärze. Ihre Lippen fliegen
Oft lautlos auf. Und ihre Zungen wiegen
Wie rote Rüssel über den Pandekten.

Sie scheinen manchmal ferne zu verschwimmen,
Wie Schatten in der weißgetünchten Wand.
Dann klingen wie von weitem ihre Stimmen.

Doch plötzlich wächst ihr Maul. Ein weißer Sturm
Von Geifer. Stille dann. Und auf dem Rand
Wiegt sich der Paragraph, ein grüner Wurm.

ABRAHAM GOTTHELF KÄSTNER
Als sich viel Gelehrte in einem Zimmer
versammeln mußten

Für's Corpus Academicum
Ist dieses Zimmer viel zu klein;
Wir hätten müssen Geister seyn,
So wär's ein Pandämonium.

JOHANN WOLFGANG GOETHE
Den Originalen

Ein Quidam sagt: »Ich bin von keiner Schule;
Kein Meister lebt, mit dem ich buhle;
Auch bin ich weit davon entfernt,
Daß ich von Toten was gelernt.«
Das heißt, wenn ich ihn recht verstand:
Ich bin ein Narr auf eigne Hand.

KARL KRAUS
Ehrendoktorate

Er wurde Doktor der Philosophie.
»Wie?
Ei, da hat er wohl während der Schlacht
Ein Philosophem gar ausgedacht?
So sagt doch, welches Werk er schuf!
Oder wollte er just durch Schweigen
Der Welt sich als Philosophen zeigen?«
Er sprach, und zwar das Wort: »Nur feste druff!«

NIKOLAUS LENAU
Auf einen Professor Philosophiae

Seht ihr den Mann mit stäubender Perücke?
Wie sprudelt ihm die hochgelahrte Kehle!
Seht, an der morschen Syllogismenkrücke
Hinkt Gott in seine Welt; die Menschenseele
Ist ewig, denn sie ist aus einem Stücke!
Und daß der Argumente keines fehle,
Hat er ein weises *ergo* noch gesprochen:
Der Mensch ist frei, die Fesseln sind gebrochen!

KARL IMMERMANN
Philosophisches Ständchen

Von den Büchern hab' ich mich
Noch Glock eilfe losgerissen,
Da ich einmal liebe dich,
Sollst du nicht des Ständchens missen.
Zärtlich steht dein Philosoph,
O Laurentia, hier im Hof.

Du ein Weib, und ich ein Mann,
Sind wir beiderlei Geschlechte,
Und in solchem Falle kann
Lieb' entstehn nach Fug und Rechte.
Was natürlich, ziemet sich,
Ergo *darf* ich lieben dich.

Von dem Wirbel bis zum Zeh
Bist du, Schatz, schlechthin vollkommen!
Das Vollkommne hat von je
Herz und Sinne eingenommen.
Ist denn nicht stringent der Schluß:
Daß ich drum dich lieben *muß*?

Im Begriff der Liebe sitzt
Torheit fest, gleich einem Keile.
Torheit ist es, daß ich itzt
Klimpernd, singend hier verweile.
Wär' ich aber nicht ein Tor,
Trät' ein Widerspruch hervor.

Sieh, so hab' ich Satz für Satz
Unsre Liebe demonstrieret,

Und zugleich am selben Platz
Dir ein Ständchen konstruieret.
Schlafe wohl, Laurentia,
Denn des Schlafes Stund' ist da.

KLABUND
Philosophie

Ein Philosoph schlug einen Kreis.
Wer weiß,
Was er damit bedachte.

Und siehe da – wie hingeschnellt
Hat sich ein zweiter zugesellt.
Da war es eine Achte.

So gehts den Philosophen meist,
Daß sie zwei nackte Nullen dreist
Zu einer Acht erheben.

Doch sehn sie das Exempel ein?
Nein!
Wo bliebe sonst ihr Leben?

FRIEDRICH SCHILLER
Auction

Da die Metaphysik vor kurzem unbeerbt abgieng,
    Werden die Dinge an sich morgen sub hasta verkauft.

AUGUST WILHELM SCHLEGEL
Wechsel der Dynastie in der Philosophenschule

    Erst stand im höchsten Rang das Ich,
Litt Du und Er kaum neben sich,
Und jedes Nicht-Ich schien ihm nichtig;
Das Ich macht' alle Dinge richtig.
So schlug es manchen Purzelbaum
Im metaphysisch leeren Raum.
Nachdem es lang von sich gesprochen,
Ward ihm zuletzt der Hals gebrochen.
Der unbarmherzige Begriff
Erdroßelt' es mit hartem Griff.
Der lehrt: was wirklich, sei vernünftig;
Das macht ihn bei Philistern zünftig. –
Wer sagt uns, welcher neue Kniff
Vom Thron wird stoßen den Begriff?

ARNO HOLZ
Einem Fortschrittsleugner

Dein Hypothesenungeheuer
Hat mich noch niemals recht erbaut.
Der Weltgeist ist ein Wiederkäuer,
Der ewig frisst und nie verdaut?
Still, still, mein Lieber; also spricht
Nur Einer, den der Haber sticht,
Denn könnt' ich, hoch im Himmel hausend,
Nur um ein lumpiges Zehnjahrtausend
Dein Hirn nach rückwärtshin verrenken,
Du würdest anders drüber denken!

HEINZ KAHLAU
Harte Nuß

Dieser mächtige Baum
mit seinen unzähligen Nüssen
ist nur dazu da,
daß Bäume mit Nüssen entstehn
für Bäume mit Nüssen?

AUGUST WILHELM SCHLEGEL
Friedrich Schlegel und Hegel

Schlegel predigt gegen Hegel,
Für den Teufel schieb' er Kegel.

Hegel spottet über Schlegel,
Sagt, er schwatzt' ohn' alle Regel.

Schlegel spannt der Mystik Segel;
Hegel faßt der Logik Flegel.

Kommt, Ihr Deutschen, Kind und Kegel,
Von der Saar bis an den Pregel!

Schaut, wie Schlegel kämpft mit Hegel!
Schaut, wie Hegel kämpft mit Schlegel!

ECKHARD HENSCHEID
Für E. Bloch

Soll das Leben
vermodern?
O nein, das Leben fängt ja
erst an!
Heute ist es ja erst bloß
vormodern...

REINHARD UMBACH
Tod eines Bücherwurms

In einen Philosophenturm
verschlug es einen Bücherwurm.
Er hieß Conmartre, war recht schlau
und hatte eine nette Frau.

Ihr Haus stand auf dem Bücherbrett,
samt einem Foliantenbett;
das Laken war aus Cicero
und im Sallust ihr Wasserklo.

Am liebsten fraß der Wurm aus Kant,
verspeiste mählich Band für Band,
vermeinte bald, er sei ein Aal,
mit einem Wort: transzendental.

Doch das bekam dem Wurme nicht.
Zu groß war jetzt sein Seinsgewicht
verglichen mit dem Seinsbestand,
um nicht zu sagen: allerhand!

Und nicht nur das: proportional
stieg auf den Tag von Mahl zu Mahl
die Menge des Verzehrten
mit jener des Begehrten.

Verklärt vom Qualitätenwahn
brach sich die reine Fettsucht Bahn,
und seine Frau, die nette,
verwies ihn aus dem Bette.

Verstoßen so zur Einsamkeit,
war er zum letzten bald bereit,
erreichte die Jahrhundertwende
und fraß die sieben Nietzsche-Bände.

Er fühlte sich beim Fressen wohl,
er fraß das Sein wie frischen Kohl,
und war es gar gewürzt mit Zeit,
vergaß er selbst die Einsamkeit.

Nur wuchs mit seinem Appetit
auch noch der Drang zum Wissen mit;
ihn dünkte das Kolumbusei,
was hinter allem Sein noch sei…

… verschlang erhitzt die Monatshefte
und sammelte die letzten Kräfte,
sah schon den Schimmer weißer Wände
und wähnte sich am Ziel, am Ende,
schwamm kurz vergnügt im Meer des Lichts,
erschreckte und sah ein: das Nichts!

HARALD HARTUNG
Satura

Der Puls ist noch palpabel
das Hirn noch sporogen
Doch zwischen Kalb und Kabel
will uns kein Gott erstehn

Schon leichtes Magendrücken
verändert den Diskurs
Wir sehen in den Lücken
den Schatten des Komturs

Vom Ein- zum Appenzeller
da war wohl ein Moment
als würde alles heller

Nun lesen wir die Daten
die uns an uns verraten
als unser Testament

NIKOLAUS LENAU
An die Biologen

Die Wahrheit hat die Kunde
Vom tiefen Lebensgrunde
Als winzgen Zettel
In eine Nuß getan
Und warf den Bettel
In den Ozean.
Das Meer ist groß, die Nuß ist klein;
Hat wohl am kleinen Wunderschrein
Schon ein Pilot vorbeigeflucht?
Sucht! sucht! –
Die Wahrheit schrieb die Kunde
Vom tiefen Lebensgrunde
Wohl einem Voglern auf den Kopf,
Untern Schopf,
Auf des Hirnes glatte Schale;
Das Vöglein flog in alle Welt,
Ihm ward durch Berg' und Tale
Bis jetzt vergeblich nachgestellt.
Nur zugeforscht! wer weiß denn auch,
Ob nicht der Vogel euren Strauch
Zu seinem Sitze auserkiest
Und, frohgelaunt, bei Frühlingswettern
Von seinen schopfgeborgnen Lettern
Euch singend was herunterliest!

EDUARD MÖRIKE
Auf ein Ei geschrieben

Ostern ist zwar schon vorbei,
Also dies kein Osterei;
Doch wer sagt, es sei kein Segen,
Wenn im Mai die Hasen legen?
Aus der Pfanne, aus dem Schmalz
Schmeckt ein Eilein jedenfalls,
Und kurzum, mich tät's gaudieren,
Dir dies Ei zu präsentieren,
Und zugleich tät es mich kitzeln,
Dir ein Rätsel draufzukritzeln.

Die Sophisten und die Pfaffen
Stritten sich mit viel Geschrei:
Was hat Gott zuerst erschaffen,
Wohl die Henne? wohl das Ei?

Wäre das so schwer zu lösen?
Erstlich ward ein Ei erdacht:
Doch weil noch kein Huhn gewesen,
Schatz, so hat's der Has' gebracht.

HEINZ ERHARDT
Hirngespinst

Eine runde weiche Sache
ist das Hirn bei Frau und Mann,
und es ist nicht auszudenken,
was man damit denken kann.
Aber leider kennen viele
nicht den Wert dieser Substanz:
Hilflos gehen sie durchs Leben
wie 'ne Katze ohne Schwanz.

ERICH KÄSTNER
Folgenschwere Verwechslung

Der Hinz und der Kunz
sind rechte Toren:
Lauschen offenen Munds,
statt mit offenen Ohren!

MATTHIAS CLAUDIUS
Den Pythagoras betreffend

Hinz.

    Sie machen vom Pythagoras viel Wesen,
Als wär ein solcher Mensch noch nie gewesen.
Er ist vielleicht ein Lumen bey den Alten;
Doch sollt' er uns die Stange halten?
Was meinst du, Kunz, auf deine Ehr?

Kunz.

Das thät er schwerlich, Herr Compeer!

WILHELM BUSCH

Sie stritten sich beim Wein herum,
Was das nun wieder wäre;
Das mit dem Darwin wär gar zu dumm
Und wider die menschliche Ehre.

Sie tranken manchen Humpen aus,
Sie stolperten aus den Türen,
Sie grunzten vernehmlich und kamen zu Haus
Gekrochen auf allen vieren.

JOSEPH VIKTOR VON SCHEFFEL
Der Ichthyosaurus
Nach der Melodie »Ich weiß nicht, was soll es bedeuten«

Es rauscht in den Schachtelhalmen,
Verdächtig leuchtet das Meer,
Da schwimmt mit Tränen im Auge
Ein Ichthyosaurus daher.

Ihn jammert der Zeiten Verderbnis,
Denn ein sehr bedenklicher Ton
War neuerlich eingerissen
In der Liasformation.

»Der Plesiosaurus, der Alte,
Er jubelt in Saus und Braus,
Der Pterodaktylus selber
Flog neulich betrunken nach Haus.

Der Iguanodon, der Lümmel,
Wird frecher zu jeglicher Frist,
Schon hat er am hellen Tage
Die Ichthyosaura geküßt.

Mir ahnt eine Weltkatastrophe,
So kann es ja länger nicht gehn;
Was soll aus dem Lias noch werden,
Wenn solche Dinge geschehn?«

So klagte der Ichthyosaurus,
Da ward es ihm kreidig zumut',
Sein letzter Seufzer verhallte
Im Qualmen und Zischen der Flut.

Es starb zu derselbigen Stunde
Die ganze Saurierei,
Sie kamen zu tief in die Kreide,
Da war es natürlich vorbei.

Und der uns hat gesungen
Dies petrefaktische Lied,
Der fand's als fossiles Albumblatt
Auf einem Koprolith.

»Das Alter ist ein höflich Mann:
Einmal über's andre klopft er an«

LEBEN & STERBEN

HERMANN HESSE
Zu Johannes dem Täufer
sprach Hermann der Säufer:

Alles ist mir ganz willkommen,
Laß uns weiter schlendern!
So hat's seinen Lauf genommen,
Nichts ist mehr zu ändern.
Schau ich bin ein leeres Haus,
Tür und Fenster offen,
Geister taumeln ein und aus,
Alle sind besoffen.
Du hingegen hast noch Geld,
Zahl mir was zu trinken,
Voller Freuden ist die Welt,
Schade daß sie stinken!

Andre Dichter trinken auch,
Dichten aber nüchtern,
Umgekehrt hab ich's im Brauch,
Nüchtern bin ich schüchtern.
Aber so beim zehnten Glas
Geht die Logik flöten,
Dann macht mir das Dichten Spaß.
Ohne zu erröten,
Preise ich des Daseins Frist,
Lobe aus dem Vollen,
Bin Bejahungsspezialist,
Wie's die Bürger wollen.

Wer des Lebens Wonne kennt,
Mag das Maul sich lecken,
Außerdem ist uns vergönnt
Morgen zu verrecken.

THOMAS ROSENLÖCHER
Dreißigstes Jahr

Da kommt ein Mensch im Schmuck der langen Haare
und führt sein Lächeln, das berühmte, mit,
Fontänen springen auf vor seinem Schritt,
der Asphalt schwingt – er hat noch viele Jahre.

So weit so gut. Doch über ihm, zur Linken,
klirrt was, die Zeit. Er schüttelt seine Locken
und schwenkt den Arm, denn ein geheimes Stocken
befällt den Fuß. Ein unmerkliches Hinken

geht mit ihm mit. – Sieh an, der kommt nicht weit,
denk ich, da ich ihm lässig winke
und, so vergessend, daß ich selber hinke,

auf ihn zugeh mit großer Leichtigkeit,
als ließ' ich hinter mir den, der ich bin,
und bin doch er. Hinkfüßig geh ich hin.

GOTTFRIED BENN
Restaurant

Der Herr drüben bestellt sich noch ein Bier,
das ist mir angenehm, dann brauche ich mir keinen Vor-
    wurf zu machen
daß ich auch gelegentlich einen zische.
Man denkt immer gleich, man ist süchtig,
in einer amerikanischen Zeitschrift las ich sogar,
jede Zigarette verkürze das Leben um sechsunddreißig Minuten,
das glaube ich nicht, vermutlich steht die Coca-Cola-Industrie
oder eine Kaugummifabrik hinter dem Artikel.

Ein normales Leben, ein normaler Tod
das ist auch nichts. Auch ein normales Leben
führt zu einem kranken Tod. Überhaupt hat der Tod
mit Gesundheit und Krankheit nichts zu tun,
er bedient sich ihrer zu seinem Zwecke.

Wie meinen Sie das: der Tod hat mit Krankheit nichts zu tun?
Ich meine das so: viele erkranken, ohne zu sterben,
also liegt hier noch etwas anderes vor,
ein Fragwürdigkeitsfragment,
ein Unsicherheitsfaktor,
er ist nicht so klar umrissen,
hat auch keine Hippe,
beobachtet, sieht um die Ecke, hält sich sogar zurück
und ist musikalisch in einer anderen Melodie.

CARL FRIEDRICH DROLLINGER
Der wider die Gesätze der Arzneykunst
genesene Bauer

Ein Bauer machte sich vom Fieber
Mit Wein und Pfeffer glücklich frey.
Ein junger Doctor lachte drüber,
Und sprach, daß das unmöglich sey.
Ja sagte Jener, der genesen,
An diesem liegt mir nicht ein Haar,
Obs möglich oder nicht gewesen;
Genug für mich: Es ist doch wahr.

HERMANN LÖNS
Der Wundermann

In Völksen wohnt ein Wundermann,
Der jede Krankheit heilen kann:
Zahnweh und Friesel und den Mumps,
Die Schwindsucht und den Fuß des Klumps.

Er hat nicht Medizin studiert,
Hat nicht zum Doktor promoviert,
Mit einer Flasche Fliedertee
Kuriert er jedes Ach und Weh.

Kolik und Infaulentia,
Die Wassersucht, das Podagra,
Für Gallenstein, für Hüfteweh,
Für alles hilft der Fliedertee.

Das heißt, dem Wundermann hilft er,
Bisher war seine Börse leer,
Jetzt ist stets voll sein Portemonnaie,
So sehr hilft dieser Fliedertee.

Für kalten Brand und dickes Blut
Ist Fliedertee vorzüglich gut,
Für Krätze, Krebs und auch für Gicht,
Bloß gegen Dummheit hilft er nicht.

ERICH KÄSTNER
Tagebuch eines Herzkranken

Der erste Doktor sagte:
»Ihr Herz ist nach links erweitert.«
Der zweite Doktor klagte:
»Ihr Herz ist nach rechts verbreitert.«
Der dritte machte ein ernstes Gesicht
und sprach: »Herzerweiterung haben Sie nicht.«
Na ja.

Der vierte Doktor klagte:
»Die Herzklappen sind auf dem Hund.«
Der fünfte Doktor sagte:
»Die Klappen sind völlig gesund.«
Der sechste machte die Augen groß
und sprach: »Sie leiden an Herzspitzenstoß.«
Na ja.

Der siebente Doktor klagte:
»Die Herzkonfiguration ist mitral.«
Der achte Doktor sagte:
»Ihr Röntgenbild ist durchaus normal.«
Der neunte Doktor staunte und sprach:
»Ihr Herz geht dreiviertel Stunden nach.«
Na ja.

Was nun der zehnte Doktor spricht,
das kann ich leider nicht sagen,
denn bei dem zehnten, da war ich noch nicht.
Ich werde ihn nächstens fragen.
Neun Diagnosen sind vielleicht schlecht,
aber die zehnte hat sicher recht.
Na ja.

MICHAEL RICHEY
Auf einen ungeschickten Arzt

Purgander macht die Gräber voll.
Womit entschuldigt sich der Mann?
Er spricht: Ich thue, was ich kann;
Allein er kann nicht, was er soll.

GEORG CHRISTOPH LICHTENBERG
Der Seelenarzt zu N. an seine Gemeinde

Den ganzen Tag, hör' ich, sei unter Euch die Frage:
Ob Ich auch Selbst das tue, was ich sage?
Nein! – Ich als Seelenarzt treib's, wie's ein Doktor treibt:
Kein Doktor in der Welt verschluckt, was er verschreibt.

JOHANN WILHELM LUDWIG GLEIM
Gerechte Furcht

A.
Mach' auf den Arzt ein Sinngedicht,
Das ihn mit scharfem Stachel sticht!

B.
Ei, Lieber, das laß ich wol bleiben.
Er soll mir ja die Gicht vertreiben,
Und könnte mir die Gicht – *verschreiben*!

FRIEDRICH VON LOGAU
Der Hencker und die Gicht

Der Hencker und die Gicht verschaffen gleiche Pein;
Nur er macht kleine lang, sie lange Leute klein.

ERNST JANDL
von medizinen

manchen einen der nie haben denken studieren medizinen
später in leben seien wollen ein arzten, damit haben
zuentritten zu denen diversen medizinen, den fröhlichern
machenen psikkofarmaken, auch den des schlafenen machenen
barberturatten, und von denen dann haben ein dosen letaligen
für nämlich den selber sich wegputzen aus denen schmutzenen
augen vom beschissenen welt. Aber nicht bevor haben haben
allen spaßen nur möglichen mit opiaten wie morfiummen.

EUGEN ROTH
Heilschlaf

Die meisten Menschen harren still,
Was wohl das Leben weiter will.
Nur, wer nicht willens, abzuwarten,
Erwägt verschiedne Todesarten:
Doch laß er raten sich in Güte,
Daß er vor raschem Schritt sich hüte!
Zum Sterben braucht der Mensch nur wenig,
Zum Beispiel kaum ein Gramm Arsenik.
Jedoch, wenn dann der Grund nicht triftig,
Blieb das Arsenik trotzdem giftig.
Was nützt es, wenn er meint, ihn reuts,
Und hängt dann schon am Fensterkreuz?
Was, wenn er anders sich entschlossen
Und liegt schon da und ist erschossen?
Was, wenn er mitten im Ertrinken
Doch plötzlich säh noch Hoffnung winken?
Was, wenn er unterwegs zur Tiefe,
Den raschen Vorsatz widerriefe?
Rezept: Hat wer dergleichen vor,
Leg er sich nochmals erst aufs Ohr:
Es braucht nicht jeder Menschenkummer
Zur Heilung gleich den *ewigen* Schlummer.

MYNONA

Das Leben hatte mich arg durchgewalkt,
Und ich entschloß mich, lieber zu versterben.
Schrieb Abschiedsbriefe; und mit müden, herben
Gesten war schon der Strick gut durchgetalgt.

Fast baumle ich – da! 's Fenster bricht in Scherben,
Ein Geist dringt ein, das Antlitz wie verkalkt:
Wie wir nunmehr zusammen und gebalgt,
Bis er mich loslöst', mögen meine Erben

Ausplaudern. Ich bin's gar nicht mehr imstande.
Ich leb' auf einem anderen Planeten.
Die Erde ist mir jetzt vollkommen Essig.

Hier bin ich selig, wohne Wand an Wande
Mit jenem Geist, mein Säckchen voll Moneten.
Wie wir uns irdisch plagten, das vergeß ich.

DURS GRÜNBEIN

Mit einer roten Zipfelmütze auf dem Kopf starb in Rheinhessen
Auf seinem Weingut (Schiefer, Südhang, Müller-Thurgau)
Ein deutscher Winzer, wie sich bald ergab, durch Selbstmord.

Des Nachbars Schäferhund fand ihn nach Tagen beim
    Durchstöbern
Des Kellers zwischen Traubenmühlen, Tresterpressen, Körben
Erstickt in einem Holzfaß hockend, in fötaler Stellung,
Ein somnambuler Gartenzwerg mit Schaum vorm Mund.

Für sein Verschwinden keinen Grund sah seine Frau,
Die ihn im regionalen Fernsehn rufen ließ, zur besten Sendezeit:
»Mein lieber Mann, komm bald nach Hause, auf dich wartet
Dein Leibgericht, die Rebenernte und dein Weib.«

Der Mann, zur Zeit des Hilferufs schon tot, galt als zurück-
    gezogen.
Die einen hielten ihn für melancholisch, einem Schulfreund
Erschien er als Phlegmatiker. Cholerisch

Nannten die Herren vom Finanzamt ihn. Ein Sanguiniker
Sei er gewesen, beteuerte die Mutter bis zuletzt.
Von seinen Schulden wußte nicht einmal die Frau.

ERNST JANDL
nach der reise

was hast du gemacht heute?
ich habe mein medizintäschchen ausgeräumt heute
du weißt, von der reise.
den ganzen tag lang?
du mußt denken, die reise
hat zwei tage gedauert, mit zwei
flügen – da kann man sehr krank werden.
du bist doch schon krank.
siehst du, das kommt noch dazu.

FRIEDRICH HEBBEL
Parabel

Jüngst traf ich einen alten Mann
Und hub ihm vorzusingen an,
Doch an den Mienen des Gesichts
Bemerkt' ich bald, er höre Nichts.
Da dachte ich: der Greis ist taub,
Drum wird dein Lied des Windes Raub,
So thu ihm denn, nicht durch den Mund,
Durch Zeichen Dieß und Jenes kund.
Ich that's, doch ward mir leider klar,
Daß er auch schon erblindet war,
Denn, wie der Frosch aus seinem Sumpf,
Hervor glotzt, sah er dumpf und stumpf,
Und ungestört in seiner Ruh',
Der Sprache meiner Finger zu.
Ich rief: mit dem steht's schlimm genug,
Doch mögt' ich ihm den letzten Zug
Noch gönnen aus dem Lebensquell!
Da reicht' ich ihm die Rose schnell,
Die ich für meine Braut gepflückt,
Allein auch das ist schlecht geglückt,
Ihm schien der Duft nicht mehr zu sein,
Wie einem Gartengott von Stein.
Nunmehr verlor ich die Geduld,
Ich dacht' an meines Mädchens Huld,
Die mir so schmählig jetzt entging,
Da sie die Rose nicht empfing,
Und jagte ihm im ersten Zorn
In's dicke Fell den scharfen Dorn;
Doch bracht' auch dieß ihm wenig Noth,
Er zuckte nicht, er – war wohl todt!

HANS MAGNUS ENZENSBERGER
Schöner Sonntag

Der alte Herr mit dem Backenbart,
mit den zerbrechlichen Knochen,
wie er da auf dem Bänkchen sitzt
vor dem Bunker,
vor seinem eigenen Bunker.

Wie er dasitzt in der Morgensonne
und strickt und murmelt.
Was hat er gesagt?
Was hat er gesagt?
Schöner Sonntag heute.
Schöner Sonntag heute.

Wie er das Strickzeug sinken läßt,
wie er wittert,
wie er lauscht,
wie er aufpaßt,
ob einer um die Ecke kommt,
ihn totzuschlagen.

Wie er weiterstrickt,
wie er vor sich hinträllert:
Niemand da.
Niemand da.
Schöner Sonntag heute.

ARNFRID ASTEL
Weisheit

Der alte Herr
klopft sich die Eichel
von seiner Zigarre.

MYNONA

Der heitre Greis trinkt gern Kamillentee,
Er sitzt im blum'gen Schlafrock, weich gebettet,
Am Stuhlbein ist sein Hündchen angekettet,
Und vor dem Fenster liegt der reinste Schnee.

Herein tritt (leicht verrunzelt) eine Fee.
Sie hat auf seinen Tod mit Max gewettet
Und hätte ihn, wär's möglich, nicht gerettet!
Schon läg' die Leiche auf dem Kanapee.

Wie stirbt sich's schön, wo treue Hüter walten!
Der Alte schneuzt sich froh ins Taschentuch,
Er hört die Turmuhr und entschlummert schnarchend.

Die Wärterin erhofft sein rasch Erkalten,
Notiert sich seine Habe treu ins Buch
Und wirft sich ärgerlich ins rote Parchent.

JOHANN WOLFGANG GOETHE
Das Alter

Das Alter ist ein höflich Mann:
Einmal über's andre klopft er an,
Aber nun sagt Niemand: Herein!
Und vor der Türe will er nicht sein.
Da klinkt er auf, tritt ein so schnell,
Und nun heißt's er sei ein grober Gesell.

FRIEDRICH VON LOGAU
Das Alter

Für Zeiten stunden Junge den Alten höflich auff;
Ietzt heist es: Junger, sitze! und: alter Greiner, lauff!

OSCAR BLUMENTHAL
Den Altersstolzen

»Ergraut sind wir – und du noch jung« –
So sprecht Ihr voller Würde
Und heischt von mir Bewunderung
Ob Eurer Altersbürde:
Doch sollt' vor jedem grauen Haar
Ich ehrfurchtsvoll erbangen,
So dürft' am End' der Esel gar
Respekt von mir verlangen.

EUGEN ROTH
Einbildung

Wir sehn mit Grausen ringsherum:
Die Leute werden alt und dumm.
Nur wir allein im weiten Kreise,
Wir bleiben jung und werden weise.

BARTHOLD HEINRICH BROCKES
Der Geitz-Hals

Thrax, dem die Jahre schon das Haar mit Schnee bestreuen,
Baut Häuser, leget Gärten an;
Kauft, was er nur erdencken kann;
Kauft Haus-Raht, Spiegel, Schildereyen.
Was soll dieß alles ihm für Freude geben,
Da er bereits mit einem Fuss' im Grabe?
Nichts, als daß, beym Verlust von seinem Leben,
Er desto mehr nur zu verliehren habe.

THEODOR FONTANE
Schlaf

Nun trifft es mich, wie's jeden traf,
Ich liege wach, es meidet mich der Schlaf,
Nur im Vorbeigehn flüstert er mir zu:
»Sei nicht in Sorg', ich sammle deine Ruh',
Und tret' ich ehstens wieder in dein Haus,
So zahl' ich alles dir auf einmal aus.«

KLABUND
Unglücksfall

Es stehen vor dem Hebekran
Ein kleines Kind, ein Hund, ein Mann.
Die Eisenkette rollt und rinnt,
Es staunen Mann und Hund und Kind.
Da saust sie nieder auf den Grund,
Zerschmettert Mann und Kind und Hund.
Gemäßigt naht die Polizei,
Ein Chemiker ist auch dabei,
Bis er den Totbestand befund:
Ein kleines Kind, ein Mann, ein Hund.

FRED ENDRIKAT
Pessimismus

Es starb E.T.A. Hoffmann und Napoleon,
es starb der junge Mozart und der alte Blücher,
es starb der Große Kurfürst und Pipin des Kleinen Sohn,
kurzum: man ist sich seines Lebens nicht mehr sicher.

CARL FRIEDRICH DROLLINGER
Der Bettelmann und der Tod

Ein Bettelmann warf seine Krücke
Voll Unmuths in den tiefen Rhein,
Und sprach, erzörnt auf sein Geschicke,
O Tod, verkürze meine Pein!
Der Tod erschien ihm aus Erbarmen.
Ey, sprach der Bettler, bist du hier.
Mein Trost und Stab entfiel mir Armen,
Ach schwimm ihm nach, und hohl ihn mir.

GOTTHOLD EPHRAIM LESSING
Der Tod

Gestern, Brüder könnt ihrs glauben?
Gestern, bei dem Saft der Trauben,
(Stellt euch mein Erschrecken für!)
Gestern kam der Tod zu mir.

Drohend schwung er seine Hippe,
Drohend sprach das Furchtgerippe:
»Fort, du teurer Bacchusknecht!
Fort, du hast genug gezecht!«

»Lieber Tod«, sprach ich mit Tränen,
»Solltest du nach mir dich sehnen?
Sieh, da stehet Wein für dich!
Lieber Tod, verschone mich!«

Lächelnd greift er nach dem Glase;
Lächelnd macht ers auf der Base,
Auf der Pest, Gesundheit leer;
Lächelnd setzt ers wieder her.

Fröhlich glaubt ich mich befreiet
Als er schnell sein Drohn erneuet.
»Narre für dein Gläschen Wein
Denkst du«, sprach er, »los zu sein?«

»Tod«, bat ich, »ich möchte auf Erden
Gern ein Mediziner werden.
Laß mich, ich versprech dafür
Meine Patienten dir!«

»Gut! wenn das ist, magst du leben«,
Sprach er; »nur sei mir ergeben.
Lebe! bis du satt geküßt
Und des Trinkens müde bist.«

O wie schön klingt dies den Ohren!
Tod! du hast mich neu geboren.
Dieses Glas voll Rebensaft,
Tod, auf gute Brüderschaft!

Ewig muß ich also leben.
Ewig! denn beim Gott der Reben!
Ewig soll mich Lieb und Wein
Ewig Wein und Lieb erfreun!

AXEL MARQUARDT
Rede an den altbösen Feind

Warum starrst du mich so an?
Was hast du mit mir vor,
Gevatter?
Du willst mich holen?
Ach, ich bin doch noch so jung,
was sind schon vierundvierzig Jahr?

Wie – jeder ist mal dran?
Komm mir nicht so, die Frage ist doch,
wann.
Ich fühl mich gut, bin kerngesund,
der letzte Check war super. – Nun ja;
die Leberwerte,
doch wenn ich mit dem Saufen etwas kürzer trete,
und wenn ich nicht mehr so viel rauche,
dann ist der Blutdruck bald o.k.,
bestimmt, bestimmt, ich schaff das schon.
Wär
nur nicht dieses verdammte Stechen
hier hinten rechts, ich weiß,
die Nieren,
und dieses Brennen kommt vom Magen.
Ich mach demnächst die Rollkur, und dann geht es wieder
für zwei, drei Monde oder länger,
ich bin da Optimist.

Weißt du, was ich vor kurzem
an meinem linken Bein entdeckte? Rätst du nie!
Verdickte Adern, vulgo Krampfbein,
und Hämorrhoiden hab ich ohnehin
seit meiner Schulzeit.

Was heißt denn hier: Na bitte? Das sind
doch wirklich nur Lappalien.
Bevor du mich holst, hol Frau Körner
oder Herrn Lapke, den von nebenan,
der liegt schon sieben Jahr darnieder,
querschnittsgelähmt, kann weder sprechen, lesen, vögeln,
so wie ich. Ich frag dich jetzt mal – Hand aufs Herz:
Was hat denn der vom Leben? Also:
Den Gnadenschuß im Austausch gegen mich.
Ich les so gern, ich spreche gern,
und vögeln könnt' ich Tag und Nacht,
wenn ich gut drauf bin, laß es dir bestätigen
von Birgit, Astrid und Marie.
(Marie vielleicht doch lieber nicht.)

Die Sache liegt doch so: Vor mir
sind tausend andre dran,
ich will hier keine Namen nennen.
Ich brauch noch so viel Zeit,
ich hab noch so viel vor,
der Sparvertrag ist lange noch nicht reif.
Ich war noch nie auf Ibiza,
und nächstes Jahr kommt Onkel Kurt
aus Dresden, um mich zu besuchen.
Wenn's soweit ist, dann sag ich dir Bescheid.

Bis dann, Gevatter.

HANS-ULRICH TREICHEL
Kopf hoch

Kopf hoch, sagte der Henker
Und Schluß mit der Schwarzmalerei
Immer nur Heulen und Jammern
Und niemals ein richtiger Schrei

CHRISTIAN MORGENSTERN
Nein!

Pfeift der Sturm?
Keift ein Wurm?
Heulen
Eulen
hoch vom Turm?

    Nein!

Es ist des Galgenstrickes
dickes
Ende, welches ächzte,
gleich als ob
im Galopp
eine müdgehetzte Mähre
nach dem nächsten Brunnen lechzte
(der vielleicht noch ferne wäre).

FRITZ GRASSHOFF
Der Henker von Paris

Ist wer zu henken in Paris
so macht das Jean Plumecoque.
Der trägt den scharlachroten Rock
und von Seide ein weißes Chemise.
Erscheint er auf dem Blutgerüst,
dann seufzen die Frauen:
Wie schön er ist!

Und wenn er zuschlägt, schwingt er stolz
das Beil und trifft präzis,
genau zwei Finger über der Chemise,
und der Kopf rollt herunter vom Holz.
Zweihundert köpfte er schon und mehr.
Und die Frauen seufzen:
Wie stark ist er!

Und spritzt das Blut ihm auf die Hand,
dann wischt er's in ein weißes Tuch
und wirft's mit einem leisen Fluch
in die Menge hinunter vom Stand.
Da wird's zerrissen und geküßt.
Und die Frauen seufzen:
Wie süß er ist!

JOHANN CHRISTIAN GÜNTHER
Auf ein Weibesbild,
als einer gehenket wurde

Mein Engel, fluche nicht der starken Grausamkeit,
Womit des Henkers Hand dem guten Kerlen dräut;
Er handelt gegen dich in Wahrheit viel gelinder:
Er straft ja nur allein, du machest arme Sünder.

JOACHIM RINGELATZ
Hinrichtungen

Köpfe und Rümpfe trennen sich
Überall im Blut.
Überall bekennen sich
Leute zum Henkersmut.

Überall wird die Rache satt.
Überall tut sich ein Recht,
Birgt sich, wenn es Ängste hat,
Hinter einem beschränkten Knecht.

Ferne Unwetter grollen.
Es gruselt dumpf:
Was werden die Köpfe wollen,
Wenn sie wieder hupfen auf ihren Rumpf?

ERICH MÜHSAM
Idyll

Ein alter, kalter Leichnam hängt
an einem Telegraphenmast.
Nach seinen Schlenkerbeinen faßt
– ob er sie fängt? –
ein ausgespreizter Eichenast.
Lautkeuchend um den Leichman pfeift
und um den Ast ein Windsgebrüll. –
Da bammeln beide wütend wild;
ich seh' im Schatten nur das Bild,
wie oft der Ast die Beine streift –
und zufaßt – und daneben greift…
Oh, welch fröhliches Idyll!

HEINZ ERHARDT
Der König Erl
(Frei nach Johann Wolfgang von Frankfurt)

Wer reitet so spät durch Wind und Nacht?
Es ist der Vater. Es ist gleich acht.
Im Arm den Knaben er wohl hält,
er hält ihn warm, denn der ist erkält'.
Halb drei, halb fünf. Es wird schon hell.
Noch immer reitet der Vater schnell.
Erreicht den Hof mit Müh und Not – – –
der Knabe lebt, das Pferd ist tot!

JOHANN WOLFGANG GOETHE
Freuden des jungen Werthers

Ein junger Mensch, ich weiß nicht, wie,
Starb einst an der Hypochondrie
Und ward denn auch begraben.
Da kam ein schöner Geist herbei,
Der hatte seinen Stuhlgang frei,
Wie's denn so Leute haben.
Der setzt' notdürftig sich aufs Grab
Und legte da sein Häuflein ab,
Beschaute freundlich seinen Dreck,
Ging wohl eratmet wieder weg
Und sprach zu sich bedächtiglich:
»Der gute Mensch, wie hat er sich verdorben!
Hätt er geschissen so wie ich,
Er wäre nicht gestorben!«

WOLFGANG HILDESHEIMER
Mary Stuart

Sterben lernen?
Was man nur einmal
zu absolvieren hat,
lernt man nicht. Es hat aber
solche gegeben, die haben es dennoch
gekonnt.

HELLMUTH OPITZ
Hut ab

Was führst du nur für
ein seltsames Leben?

Das ist noch gar nichts,
du solltest mich erst mal
sterben sehen.

KURT SCHWITTERS
Der Zigarette Ende

Die Zigarette lag im Gras,
Zertreten und zu Tode wund
Der Wind war kalt, der Boden naß
Doch brennend heiß ihr roter Mund.

Ein Leuchtwurm kam herangeflogen
Und fühlte stark sich angezogen
Er dachte sich, ein schöner Stern
wär' abgerutscht vom Himmelszelt

Zu loben unsern güt'gen Herrn
in dieser bösen Sündenwelt
Jedoch im letzten Todeskampfe
Verglühte sie im eig'nen Dampfe.

Da sagte er: »Dem Herrn zum Gruß,
ich schätze schöne Dinge sehr
Nimm meinen heißen Glühwurm-Kuß«,
doch sie, sie setzte sich zur Wehr.

Und er verbrannte ohn' Erbarmen
In ihren heißen Liebesarmen.

PETER PAUL ALTHAUS

Sie war Tänzerin gewesen in den Zeiten
vor, während und nach Wilhelm dem Zweiten.
U. a. hatte die den »Sterbenden Schwan«
in ihrem Repertoire gehabt,
aber sie tanzte ihn wie der Turnvater Jahn;
sie war für sterbende Schwäne nicht genug begabt.

Der liebe Gott, der alles sieht,
blickte mitleidig in ihr Künstlergemüt.

Und als sie zum letztenmal für die Nacht
ihre dritten Zähne in das Wasserglas getan,
ist sie am anderen Morgen trotzdem erwacht.
In Afrika als Pelikan.

FRITZ GRASSHOFF
Interview

Gestern wurde der hundertjährige
Opa Knacke interviewt.
Er saß am Ofen
Und roch nicht mehr gut.
Auch hört er nichts mehr.
Altes gesundes Bauernblut,
notierte der Redakteur.
Diente seinerzeit in Belvern
bei den berühmten Hundert-elfern.

Wurde Heilgehilfe
(beritten)
und hat als gelernter Frisör
Hindenburg oft
die Haare geschnitten.
Rasierte Wrangel und Blücher
– um nur diese zu nennen –
und will sich ganz sicher
auch des Alten Fritzen
entsinnen können.
Er trug die Fahne bei Hohenmoor,
wo er sämtliche Zähne verlor.
Herr Knacke hatte fünf Frauen.
Die ersten vier
zum Verhauen.
Die letzte
nur noch zum Kauen.
Jetzt bei jüngster Tochter in Pflege.
(Achtundsechzig.
Kriegt heute noch Schläge.)
Redlich, treu, von alter Art.
Siebzehn Orden unterm Bart.
Kennt weder Schlaf-
noch Stuhlbeschwerden.
Knacke will jetzt Politiker werden.

CHRISTIAN FÜRCHTEGOTT GELLERT
Der Polyhistor

An jenem Fluß, zu dem wir alle müssen,
Es mag uns noch so sehr verdrießen,
An jenem Fluß kam einst ein hochgelehrter Mann,
Bestäubt von seinen Büchern, an
Und eilte zu des Charons Kahn.
»Willkommen!« fing der Fährmann an,
Indem er sich aufs Ruder lehnte,
Und bei dem Wort »Willkommen!« herzlich gähnte.
»Wer seid Ihr denn, mein lieber Mann?« –
»Ein Polyhistor«, sprach der Schatten,
»Für den die Schulen Ehrfurcht hatten.« –

Indem er noch vor Charons Kahn
Von seinen Sprachen sprach, von nichts als Stümpern red'te
Und von Quartanten schrie, die er geschrieben hätte,
Kam noch ein andrer Schatten an,
Mit einer demutsvollen Miene.
»Und wer seid Ihr, auch ein gelehrter Mann?« –
»Ich zweifle sehr«, sprach er, »ob ich den Ruhm verdiene?
Ich habe nichts als mich studiert,
Nichts als mein Herz, das mich so oft verführt,
Des Tiefe sucht' ich zu ergründen,
Um meine Ruh' und andrer Ruh' zufinden;
Allein so viel ich immer nachgedacht,
Und so bekannt ich mich mit der Vernunft gemacht,
So hab' ich's doch nicht weit gebracht,
Wie mich viel Fehler überzeugen!«

Der Polyhistor hört's und lacht
Und eilt, um in den Kahn zu allererst zu steigen.

»Zurück!« rief Charon ziemlich hart,
»Ich muß zuerst den Klugen überfahren,
Kaum einer kömmt in hundert Jahren;
Allein an Leuten Eurer Art,
Die stolze Polyhistors waren,
Hab' ich mich schon bald lahm gefahren.«

GOTTFRIED BENN
Fürst Krafft

Fürst Krafft ist – liest man – gestorben.
Latifundien weit,
ererbte hat er erworben,
eine Nachrufpersönlichkeit:
»übte unerschrocken Kontrolle,
ob jeder rechtens tat,
Aktiengesellschaft Wolle,
Aufsichtsrat«.

So starb er in den Sielen.
Doch wandt' er in Stunden der Ruh
höchsten sportlichen Zielen
sein Interesse zu;
immer wird man ihn nennen,
den delikaten Greis,
Schöpfer des Stutenrennen:
Kiszaconypreis.

Und niemals müde zu reisen!
Genug ist nicht genug!
Oft hörte man ihn preisen
den Rast-ich-so-rost-ich-Zug,
er stieg mit festen Schritten
in seinen sleeping car
und schon war er inmitten
von Rom und Sansibar.

So schuf er für das Ganze.
Und hat noch hochbetagt
im Bergrevier der Tatra
die flinke Gemse gejagt.
Drum ruft ihm über die Bahre
neben der Industrie
alles Schöne, Gute, Wahre
ein letztes Halali.

HEINZ ERHARDT
Der Brummer

Der Brummer, der mich so geplagt
und den ich hundertmal gejagt,
und den ich niemals kriegen konnte,
weil er ja leider fliegen konnte,
und der mir manchen Schlaf verdorben,
der Brummer ist, gottlob, verstorben.
Er starb an Bauchweh und Migräne –
De mortuis nil nisi bene!

WILHELM BUSCH
Mein Lebenslauf

Mein Lebenslauf ist bald erzählt.
In stiller Ewigkeit verloren
Schlief ich, und nichts hat mir gefehlt,
Bis daß ich sichtbar ward geboren.
Was aber nun? – Auf schwachen Krücken,
Ein leichtes Bündel auf dem Rücken,
Bin ich getrost dahingeholpert,
Mitunter grad, mitunter krumm,
Und schließlich mußt ich mich verschnaufen.
Bedenklich rieb ich meine Glatze
Und sah mich in der Gegend um.
O weh! Ich war im Kreis gelaufen,
Stand wiederum am alten Platze,
Und vor mir dehnt sich lang und breit,
Wie ehedem, die Ewigkeit.

ERICH KÄSTNER
Das Verhängnis

Das ist das Verhängnis:
Zwischen Empfängnis
und Leichenbegängnis
nichts als Bedrängnis.

KARL RIHA
katastrophenheini

der vater stirbt bei seiner zeugung
die mutter stirbt bei seiner geburt

er selbst ersäuft im taufwasser

HEINRICH VON KLEIST
Das frühreife Genie

Nun, das nenn' ich ein frühgereiftes Talent doch, bei seiner
 Eltern Hochzeit bereits hat er den Carmen gemacht.

GEORG RODOLF WECKHERLIN
Alters eigenschaften

Wer, wan er zweinzig jahr nun alt,
hat noch nicht schöne leibsgestalt,
und keine stärke, wan er dreißig,
und vierzig kein hirn und verstand,
und fünfzigjährig ist nicht fleißig
und reich an geld, gut oder land,
der wird sehr schwerlich hie auf erden
schön, stark, weis oder häbig werden.

MATTHIAS CLAUDIUS
Der Mensch

Empfangen und genähret
   Vom Weibe wunderbar
Kömmt er und sieht und höret,
   Und nimmt des Trugs nicht wahr;
Gelüstet und begehret,
   Und bringt sein Tränlein dar;
Verachtet, und verehret;
   Hat Freude, und Gefahr;
Glaubt, zweifelt, wähnt und lehret,
   Hält nichts, und alles wahr;
Erbauet, und zerstöret;
   Und quält sich immerdar;
Schläft, wachet, wächst, und zehret;
   Trägt braun und graues Haar;
Und alles dieses währet,
   Wenn's hoch kommt, achtzig Jahr.

Denn legt er sich zu seinen Vätern nieder,
Und er kömmt nimmer wieder.

ADOLF ENDLER
Das Kreuzchen

Immer, wenn ich jetzt ein Manuskript zur Veröffentlichung
    herausgebe, ach,
Denke ich: Sofern es erscheint, dann mit einem Kreuzchen
    hinter meinem Namen
Eventuell. – Soll ich greinen deswegen, soll ich lächeln, soll
    ich grinsen?:
Mh, daß auch der Tod eines Atheisten mit 'nem Kreuzchen
    markiert wird!
Aus dem Herbst vor dem Haus grüßt die Reklame: »Dank
    den Ehrenamtlichen im Sport!«;
Paßt ganz gut, was?

HEINZ ERHARDT
Ganz zuletzt

O wär ich
der Kästner Erich!
Auch wäre ich gern
Christian Morgenstern!
Und hätte ich nur *einen* Satz
vom Ringelnatz!
Doch nichts davon! – Zu aller Not
hab ich auch nichts von Busch und Roth!
Drum bleib ich, wenn es mir auch schwer ward,
nur der Heinz Erhardt…

PETER RÜHMKORF
Frommer Wunsch

Wünsch mir im Himmel einen Platz
(auch wenn die Balken brächen)
bei Bellman, Benn und Ringelnatz
und wünschte, daß sie e i n en Satz
in e i n e m Atem sprächen:
nimm Platz!

WOLFGANG HILDESHEIMER
Absage

Günter Eich hat
abgesagt. Er sei leider
tot, lasse zwar grüßen,
doch lege er Wert auf
die Feststellung:
das Zeitliche habe er
nicht gesegnet.

KURT TUCHOLSKY
Letzte Fahrt

An meinem Todestag – ich werd ihn nicht erleben –
da soll es mittags Rote Grütze geben,
mit einer fetten, weißen Sahneschicht…
Von wegen: Leibgericht.

Mein Kind, der Ludolf, bohrt sich kleine Dinger
aus seiner Nase – niemand haut ihm auf die Finger.
Er strahlt, als einziger im Trauerhaus.
Und ich lieg da und denk: »Ach, polk dich aus!«

Dann tragen Männer mich vors Haus hinunter.
Nun faßt der Karlchen die Blondine unter,
die mir zuletzt noch dies und jenes lieh…
Sie findet: Trauer kleidet sie.

Der Zug ruckt an. Und alle Damen,
die jemals, wenn was fehlte, zu mir kamen:
vollzählig sind sie heut noch einmal da…
Und vorne rollt Papa.

Da fährt die erste, die ich damals ohne
die leiseste Erfahrung küßte – die Matrone
sitzt schlicht im Fond, mit kleinem Trauerhut.
Altmodisch war sie – aber sie war gut.

Und Lotte! Lottchen mit dem kleinen Jungen!
Briefträger jetzt! Wie ist mir der gelungen?
Ich sah ihn nie. Doch wo er immer schritt:
mein Postscheck ging durch sechzehn Jahre mit.

Auf rotem samtnen Kissen, im Spaliere,
da tragen feierlich zwei Reichswehroffiziere
die Orden durch die ganze Stadt
die mir mein Kaiser einst verliehen hat.

Und hinterm Sarg mit seinen Silberputten,
da schreiten zwoundzwanzig Nutten –
sie schluchzen innig und mit viel System.
Ich war zuletzt als Kunde sehr bequem.

Das Ganze halt! Jetzt wird es dionysisch!
Nun singt ein Chor: Ich lächle metaphysisch.
Wie wird die schwarzgestrichne Kiste groß!
Ich schweige tief.

Und bin mich endlich los.

HEINRICH HEINE
Leib und Seele

Die arme Seele spricht zum Leibe:
»Ich laß nicht ab von dir, ich bleibe
Bei dir – ich will mit dir versinken
In Tod und Nacht, Vernichtung trinken!
Du warst ja stets mein zweites Ich,
Das liebevoll umschlungen mich,
Als wie ein Festkleid von Satin,
Gefüttert weich mit Hermelin –
Weh mir! jetzt soll ich gleichsam nackt,
Ganz ohne Körper, ganz abstrakt,
Hinlungern als ein sel'ges Nichts
Dort oben in dem Reich des Lichts,
In jenen kalten Himmelshallen,
Wo schweigend die Ewigkeiten wallen
Und mich angähnen – sie klappern dabei
Langweilig mit ihren Pantoffeln von Blei.
Oh, das ist grauenhaft; o bleib,
Bleib bei mir, du geliebter Leib!«

Der Leib zur armen Seele spricht:
»O tröste dich und gräm dich nicht!
Ertragen müssen wir in Frieden,
Was uns vom Schicksal ward beschieden.
Ich war der Lampe Docht, ich muß
Verbrennen, du, der Spiritus,
Wirst droben auserlesen sein,
Zu leuchten als ein Sternelein
Vom reinsten Glanz – Ich bin nur Plunder,
Materie nur, wie morscher Zunder,

Zusammensinkend, und ich werde,
Was ich gewesen, eitel Erde.
Nun lebe wohl und tröste dich!

Vielleicht auch amüsiert man sich
Im Himmel besser, als du meinst.
Siehst du den großen Bären einst
(Nicht Meyer-Bär) im Sternensaal,
Grüß ihn von mir vieltausendmal!«

HEINZ ERHARDT
Beethovens Totenmaske

Durch die Glastür zum Alkoven
scheint der Mond mit weißem Licht.
Ausgerechnet dem Beethoven
scheint er mitten ins Gesicht.
Nicht einmal sein Aug beschatten
kann der große Komponist.

Hilflos ist man und verraten,
wenn man mal gestorben ist.

KLABUND
Aus: *Grabinschriften*

Der Pferdedieb

Hier ruht der ehrenwerte General Don Ferdinando D'Or.
(Er bekleidete nämlich diese Charge im Staate Ecuador.)
Seine Brust war bedeckt mit Ehrenzeichen und Symbolen.
(Die er auf zahlreichen Fahrten sich zusammengestohlen.)
Erschüttert steht ganz Ecuador an seiner Bahre.
Er starb glorreich im dreiundfünfzigsten Jahre.
In offener Feldschlacht (infolge eines Rückenschusses) mußt
     er ins Jenseits wandern,
(Weil er sein eigenes Pferd verwechselte mit einem andern.)

Die Jungfrau

Hier ruht die Jungfrau Emma Puck aus Hinterstallupeinen,
Eine Mutter hatte sie eine, einen Vater hatte sie keinen.
In Unschuld erwuchs sie auf dem Land wie eine Lilie.
Da kam sie in die Stadt zu einer Rechnungsratsfamilie.
Hier hat sich erst ihr wahres Herz gezeigt,
Indem sie gar nicht mehr zur Jungfrau hingeneigt.
Bald kam das erste Kind. Was half da alles Greinen!
Männer hatte sie viel, aber einen Mann hatte sie keinen.

GOTTHOLD EPHRAIM LESSING
Grabschrift des Nitulus

Hier modert Nitulus, jungfräulichen Gesichts,
Der durch den Tod gewann: er wurde Staub aus Nichts.

ADOLF ENDLER
Dorotheenstädtischer Friedhof

I

> »… Und wie lange schon lag Curd begraben
> auf dem Alten Friedhof, auf dem eine Grabstätte
> zu erhalten eine Auszeichnung war, wegen der er,
> Hans Collin, unter Hinweis auf seine Verdienste
> und Orden höheren Ortes bereits vorgesprochen
> hatte…«   *(Stefan Heym: Collin)*

Hier anzukommen, nach wie vor gilt es der Geisteswelt
  (auch mir) als lohnendes Lebensziel!
Der ist für alle Zeiten aus dem Schneider raus!, der hats erreicht,
  der hier ein Grab gewonnen!
Für einen Platz in dieser Nekropole gab es schon so
  manches hoch riskante Spiel;
Ein einziges Exempel: Nicht zu weit von Bertolt Brecht
  liegt doch noch – ehrlich! – Arnold Bronnen.
Hier anzukommen, ja, bedenk auch ich mal den, mal jenen
  idiotensichren Plan,
Wenn ich am Dorotheenstädtischen vorbeifahr… (Stets
  vorausgesetzt: *Ich bin im Tran!*)

II

1
Der Autor Friedrich Eisenlohr
Lauschte in die Zeit mit straffem Ohr,
Schrieb aber wenig und schwach;
Anbetrachts des blicklos', stumm' und tauben Steins
Lauscht jetzt meins.

2
Ich höre den Politbürokrach,
Hör die Risse in dem und dem Dach,
Neue Lieder rings, *relativ flach*,
(Der ich dutzendfach bessere mach!),
Ich höre mein eigenes Ach.

3
Beschlossen vor diesem Erinnerungsmal:
Das Leben vernünftig zu nutzen,
Wie meine Mutter es mir befahl,
Und meinen Restzahn zu putzen...
       Dir, Eisenlohr (Friedrich), zur Ehr'
       Dem Zahnverfall Gegenwehr!

III

Ein fahler Grabstein, Teer, der spröde Spruch:
– *Verzeihn Sie, bitte, diesen Pestgeruch!*

Ja, E. war hauptberuflich Lyriker!

     (Sie sind wohl Redakteur?)

Wie kränkelt über seinem Grab die junge Föhr'!

HANS MAGNUS ENZENSBERGER
Die Grablegung

Eine sterbliche Hülle,
so heißt es,
aber was war drin?
Die Psyche,
sagen die Psychologen,
die Seele,
die Seelsorger,
die Persönlichkeit,
sagen die Personalchefs.

Dazu noch die Anima,
die Imago, der Dämon,
die Identität, das Ich,
das Es und das Überich.
Der Schmetterling,
der sich aus diesem Gedrängel
erheben soll,
gehört einer Art an,
von der wir nichts wissen.

ANHANG

NACHWORT

I

Wer nur ein bißchen zu Verschwörungstheorien neigt, könnte leicht zu dem Schluß gelangen, gegen die komische Poesie deutscher Sprache sei seit geraumer Zeit ein finsteres Komplott im Gange. Wie anders wäre zu erklären, daß ausgerechnet die Sachwalter des lyrisch-literarischen Erbes das komische Gedicht wie ein Stiefkind der Poesie behandeln? Gemeint sind jene Herren (nur selten sind es Frauen), die es sich zur Aufgabe gemacht haben, die poetischen Bestände zu sichten und zu sieben: die Anthologisten. Wie es kommt, daß gerade sie, die doch eigentlich zu väterlicher Objektivität verpflichtet sind, das Heitere, Gewitzte, scharfsinnig Pointierte eifrig marginalisieren, ist ein scheinbar unlösbares Rätsel. Wenn dabei keine Verschwörung am Werk ist, dann zumindest Ignoranz in erstaunlichem Ausmaß und von geradezu erschütternder Hartnäckigkeit.

Vor mehr als hundertfünfzig Jahren gab der Publizist und Literarhistoriker Theodor Echtermeyer erstmals seine »Auswahl deutscher Gedichte von den Anfängen bis zur Gegenwart« heraus. Der Band war, wie der Untertitel vermerkt, »für den Gebrauch an höheren Schulen« bestimmt. Genau dort wirkt »der Echtermeyer« seitdem in hunderttausendfacher Verbreitung sowie in den Bearbeitungen diverser Neugestalter, die Echtermeyers Auswahl aktualisiert und dem jeweiligen Zeitgeschmack angepaßt haben. Die entnazifizierte Nachkriegsfassung erschien im Jahr 1955 unter Federführung Benno von Wieses und wird bis heute mit leichten Veränderungen nachgedruckt. Wie ist es darin um die komische Dichtung bestellt? Wählen wir probehalber drei Dichter, die der (absichtsvollen) Komik in hohem Maße unverdächtig sind, und stellen ihnen drei Kollegen gegenüber, die ebenso unumstritten als Klassiker der (beabsichtigten) komischen Poesie gelten können. Nehmen wir also Stefan George, Rainer Maria Rilke und Hugo von Hofmannsthal einerseits (Team A) sowie Wilhelm Busch, Christian Morgenstern und Joachim Ringelnatz andererseits (Team B). Das Ergebnis im Echtermeyer/von Wiese läßt an Klarheit nichts zu wünschen übrig: Während Team A mit dreiunddreißig teils seitenlangen Gedichten vertreten ist, kommt Team B in gerade mal sieben Gedichten zum Zug. Einzig Wilhelm Busch wird aus dem Trio der Komiker mehr als eine Druckseite eingeräumt – sechsmal weniger als Stefan George, der sieben angefangene Druckseiten zum Echtermeyer/von Wiese beisteuert und damit in Team A den dritten Platz hinter Hofmannsthal (neun Seiten) und Rilke (elf Seiten) belegt.

Da Anthologien ihrem Wesen nach durch Auswahl und Gewichtung wirken, könnte man schlußfolgern, daß laut Echtermeyer/von Wiese die ernste Dichtung den Deutschen etwa fünfmal wichtiger sei als ihr Bestand an komischer Poesie. So jedenfalls hat es der Band seit 1955 ungezählten Schülerinnen und Schülern höherer Schulen vermittelt. Richtig? Falsch, es kommt noch schlimmer. Denn zur Lyrik einer Sprache, eines Landes tragen ja nicht nur Leitfiguren wie die sechs Genannten bei. Auch weniger populäre (und weniger leicht einzuordnende) Dichter spielen mit.

Ein Blick in die zweite Liga erhärtet und verschärft den betrüblichen Befund. So sind Hans Carossa, Oskar Loerke und Theodor Däubler als vorwiegend im ernsten Fach arbeitende Kräfte samt und sonders mit kleineren Werkproben vertreten. Weniger schön ist, daß man ihre gern und regelmäßig im komischen Fach arbeitenden Kollegen Frank Wedekind, Otto Julius Bierbaum und Erich Mühsam im Echtermeyer/von Wiese völlig vergeblich sucht.

Und nicht nur dort. Als Karl Krolow im Jahr 1982 seine zweibändige Sammlung »Deutsche Gedichte« bei Insel herausbrachte, signalisierte schon der Titel den hochgemuten Anspruch auf die Nachfolge Echtermeyers. Doch was die Ignoranz gegenüber komischer Poesie angeht, konnte Krolow den Vorgänger sogar noch übertreffen. So hatte der Herausgeber kein einziges Gedicht des komischen Klassikers Joachim Ringelnatz aufgenommen. Während sich Rilke in Krolows »Deutschen Gedichten« über 17 Seiten erstreckte, war der gewichtige Wilhelm Busch auf gerade mal eine halbe Seite zusammengeschnurrt. In der zweiten Liga bot sich das gleiche klägliche Bild wie beim Vorgänger: Carossa, Loerke, Däubler: jajaja. Wedekind, Bierbaum, Mühsam: neinneinnein.

Gottlob ist auch von anderen Herausgebern zu berichten. Von Ludwig Reiners etwa, dessen im Jahr 1955 erschienenes Hausbuch »Der ewige Brunnen« ganz ohne falsch verstandenen volksbildenden Ehrgeiz auftritt. Folglich räumt Reiners dem komischen Klassiker Busch genausoviel Platz ein wie dem klassischen Ernstmacher Hofmannsthal. Dennoch kennt »Der ewige Brunnen« weder Mühsam noch Wedekind und traut sich (mit einem Kapiteltitel zu sprechen) gerade mal, »Ein wenig Spott« zu verbreiten. Noch als Karl Otto Conradys »Großes Deutsches Gedichtbuch« im Jahr 1977 erstmals erschien, unterlag Team B. Immerhin waren hinsichtlich des Seitenumfanges mittlerweile deutliche Punktgewinne gegenüber Team A zu verzeichnen – 34:57; ein Ergebnis, das sich in späteren Neuausgaben des pluralistischen »Conrady« noch verbessern sollte.

Dennoch bleibt festzuhalten: Die komischen Dichter deutscher Sprache hatten und haben es schwer, sich gegenüber ihren Kollegen von der ernsten Abteilung zu behaupten. Komische Klassiker unterliegen den Klassikern des Ernstes. Weniger bekannte Komiker werden völlig igno-

riert. Nicht zuletzt wird die komische Seite als »ernst«
etikettierter Dichter verkannt. Im Fall Lessings oder
Goethes ist den einschlägigen Anthologien oft kaum zu ent-
nehmen, daß diese Schriftsteller die deutsche Dichtung um
bemerkenswert ausgelassene Verse bereichert haben. Einer
ähnlichen Einäugigkeit dürfte anzulasten sein, daß der
Naturalist Arno Holz stets mit Proben aus seinem nur
allzu ernst gemeinten »Phantasus« figuriert, jedoch fast
nie mit den komischen Glanzstücken seiner sonstigen
Produktion.

Das aber bringt uns zur Ursache der Misere: dem seltsa-
men Begriff, den sich deutsche Anthologisten, Volksbildner
und Pädagogen vom Wesen der Komik machen. Typisch
erscheint in dieser Hinsicht das Zitat eines früheren Heine-
Editors. In seiner Einleitung zur zehnbändigen Heine-Aus-
gabe im Insel Verlag schreibt Oskar Walzel im Jahr 1911:
»Die humoristische Form verdeckt oft den Gedankengehalt
in Heines Äußerungen.« Das ist freundlich gemeint und in
vermittelnder Absicht gesagt. Faktisch kommt es einem
Totalverriß der Stilmittel Heines gleich. Folgt man Walzels
Argumentation, besteht die Aufgabe des geneigten Heine-
Lesers darin, hinter den humoristischen Deckmantel zu
schauen, den der Autor über sein Werk gebreitet hat. Erst
dort werde er, laut Walzel, dessen ansichtig, was Heine
eigentlich zu sagen beabsichtigte. Der Schriftsteller figuriert
in diesem Porträt mit Deckmantel als rechter Tölpel. Er hat
zwar etwas mitzuteilen, weiß aber nicht, wie.

Unnötig zu sagen, daß es sich so nicht verhält. Tatsächlich
trifft genau das Gegenteil zu: Das, was hier unscharf als
»humoristische Form« bezeichnet wird, ist der passende
Ausdruck dessen, was Walzel den »Gedankengehalt« nennt.
Komik steht ernstzunehmender Erkenntnis und deren Ver-
mittlung ja nicht im Weg. Oft ist sie, im Gegenteil, deren
schärfstes und treffendstes Ausdrucksmittel. Gelacht wird

bekanntlich nicht nur über Harmlos-Heiteres. Weitaus schär-
fer lachen wir angesichts der pointierten Darstellung des
verdeckt Widersprüchlichen, der schamlosen Benennung
des verschämt Verschwiegenen, der hemmungslosen Auf-
deckung des von interessierter Seite Vertuschten.

Die mit komischen Mitteln arbeitende Form wird dem
Gegenstand eines Gedichtes also keineswegs übergestülpt.
Sie entsteht vielmehr aus der klaren Benennung genau
beobachteter Widersprüche. Sie »verdeckt« nicht »den Ge-
dankengehalt«, sie paßt sich ihm an wie ein gut gearbeiteter
Handschuh. Und sie deckt die Kluft auf zwischen dem, was
tatsächlich ist, und dem, was eigentlich oder angeblich sein
sollte. »Humor« und der von ihm abgeleitete »Humorismus«
sind dafür freilich nicht eben die glücklichsten Begriffe,
wie ein Blick in Wahrigs Wörterbuch zeigt. Dort wird mit
»Humor« eine »heitere seelische Grundhaltung« bezeichnet,
ferner die »Fähigkeit, auch die Schattenseiten des Lebens
mit heiterer Gelassenheit zu betrachten«.

Nichts gegen Gelassenheit. Zu beneiden sind all jene, die
sich ihrer dauerhaft erfreuen dürfen. Heinrich Heine zählte
bekanntlich nicht zu ihnen. Spöttische Polemik und beißende
Ironie spielen in seinem Werk eine weitaus größere Rolle als
die beruhigte Weltwahrnehmung des Humoristen. Letztlich
widerspricht die schöne Idee von der humoristischen Abge-
klärtheit einer grundlegenden Erfahrung mit der Produktion
von Poesie: Wer mit sich und der Welt ganz im reinen ist, der
schreibt schwerlich Gedichte (zumindest nicht solche, die
über die üblichen familiären Anlässe hinausgehen). So ge-
sehen, hatte Heine nur wenig Humor. Heine hatte Witz.

»Witz« zu haben, heißt, das Lächerliche im vorgeblich
Bedeutsamen erkennen zu können. Als »Witz« bezeichnen
wir außerdem die Fähigkeit, schnell und geistesgegenwärtig
zu antworten, ergänzt und sekundiert von der Gabe, von
den eigenen Lebensumständen und Befindlichkeiten zu ab-

strahieren. »Witz« im Sinne solch intellektueller Gewitztheit ist nichts Geringeres als die geistige Münze des aufgeklärten Weltbürgers. Diese aufklärerische Seite der Komik zeigt sich nicht zuletzt im Doppelsinn des Wortes, dessen Ausdrucksspanne keineswegs auf das Erzählen lustiger Begebenheiten in geselliger Runde beschränkt ist.

Das englische »wit« erfaßt die doppelte Bedeutung noch genauer: Im Singular benennt es den uns vertrauten »Witz« im Sinne der Schlagfertigkeit (der sich im Englischen praktischerweise nicht mit der lustigen Erzählung namens »joke« verwechseln läßt); im Plural heißt es »Verstand«. Ähnlich verhielt es sich einst im Deutschen. »Seine Rede sprüht von Geist und Witz« ist eine Wendung, die sich aus solch besseren Zeiten erhalten hat. Heute finden sich in Wahrigs Wörterbuch unter dem Eintrag »Witz« zwar noch Bedeutungsvorschläge wie »Gescheitheit, Findigkeit, Schlauheit«; doch davor steht jenes Kreuz, das auf Friedhöfen wie im Diktionär nach altem Brauch die letzte Ruhestätte markiert. Anders als die Engländer haben wir Deutsche in unserem Sprachgebrauch offenbar jenen Witz zu Grabe getragen, der aus Gescheitheit, Findigkeit, Schlauheit erwächst. Der Verdacht, wir hätten es dabei mit einem Akt von beachtlicher Grausamkeit zu tun, wird durch die Tatsache erhärtet, daß die etymologische Ahne von »Witz« genau das meint, was unserem heutigen Witz fehlt: Das Althochdeutsche »wizzi« bedeutet laut Wahrig »Wissen, Verstand, Klugheit, Weisheit«.

In einem noch nicht völlig ausgestorbenen Wort wie »Gewitztheit« hat der ungeliebte Geisteswitz einstweilen überlebt. Überlebt hat er zum Glück auch in einer Fülle komischer Gedichte. Es ist kein Zufall, daß komische Poesie den Bestrebungen der Pädagogen und Literaturapostel zum Trotz zu allen Zeiten geschrieben wurde und sich im Untergrund des kulturellen Bewußtseins hartnäckig am

Leben erhalten hat. Denn keine andere literarische Gattung
eignet sich so gut zur Vermittlung pointiert zugespitzter
Erkenntnis wie das Gedicht: Es ist kurz, es verfügt über ein
reichhaltiges Arsenal an sprachlichen Suggestivtechniken,
und es besitzt im Reim ein Stilmittel, dem von Haus aus eine
gewisse latente Komik anhaftet. Unter diesen Umständen
grenzt es an ein Wunder, daß die Komik in der Lyrik nicht
einen ähnlich hohen Stellenwert einnimmt wie etwa die
Komödie in der Dramatik.

Wache Verstandesschärfe und analytischer Durchblick
galten der Literaturwissenschaft jedoch spätestens seit der
Romantik als unpoetisch. In den Gattungspoetiken figuriert
das »Subjektive« meist als das eigentlich Lyrische. Das »Ob-
jektive« wird hingegen gern in den Zuständigkeitsbereich
des Dramas verwiesen. Lyriktheorie als Aufforderung zum
Abschalten des Verstandes beim Dichten? Gern wird in die-
ser Lesart übersehen, daß zwei namhafte Gattungspoetiker
wie Goethe und August Wilhelm Schlegel die Vermischung
der Gattungen durchaus befürwortet haben. Was doch wohl
heißen dürfte, daß auch beim Dichten ein bißchen um
Objektivität bemühtes Verstandeswalten erlaubt, zumindest
aber subjektives Denken nicht verboten sei.

Die Literaturwissenschaft hat solche Einsichten gern
ignoriert, und das mit einer Sturheit, die ihrerseits komische,
wenn nicht gar lachhafte Züge trägt. Ausgerechnet das
gewitzte Dichten wurde oft und gern in den Bereich der
verminderten Zurechnungsfähigkeit verwiesen. Einer, der
es wissen mußte, schrieb einmal an einen Redakteur: »Ich
habe nur eine Bitte: Sollte (was ja immerhin möglich wäre)
in Ihrem Aufsatz das Wort Blödsinn oder Stumpfsinn, wenn
auch noch so glänzend epithetiert, vorkommen, so ersetzen
sie es meinethalben durch Wahnwitz oder Tollheit oder
dergleichen; da Sie es wahrlich begreifen werden, daß es auf
die Dauer nicht angeht, einen Humor, dessen vielleicht ein-

ziger Vorzug gerade in einer gewissen Art von *Geistigkeit*, von Helligkeit und Schnelligkeit besteht, mit diesen zwei üblen deutschen Philister- und Bierbankausdrücken, in denen sich, wie Sie hieraus erraten, die Mehrzahl meiner ›Kritik‹ gefällt, abzustempeln. (...) Es kann von *Unsinn* nirgends die Rede sein (...). Jedes Gedicht hat Hand und Fuß, man muß sich nur die Mühe nehmen, sich in die Grundsituation zu versetzen.«

Christian Morgenstern war es, der im Jahr 1910 seinen Namenszug unter diese Zeilen setzte. Sie sind heute so wahr wie am Tag ihrer Niederschrift. Wie schwer es der Witz hat, der aus »einer gewissen Art von *Geistigkeit*« entsteht, zeigt ein Blick in die mit schöner Regelmäßigkeit erscheinenden Sammlungen als »komisch« deklarierter Gedichte. »Unsinnpoesie«, »Lyrische Scherzartikel« und »Nonsensverse« lauten die Titel beziehungsweise Untertitel einiger in den letzten Jahrzehnten erschienenen Anthologien. Sie zeigen Dichter am liebsten im Zustand weltentrückter Regression. Daneben blühen gleichermaßen schnell wie kenntnisarm zusammengestoppelte Abgreifprodukte des Literaturmarktes, deren Geleitworte um so blumiger tönen, je welker die Blütenlese des jeweiligen Pflückers ausgefallen ist.

Jüngst etwa behauptete der Herausgeber eines unfrischen Sträußleins lustiger Lyrik, der »epigrammatische ›Witz‹ klügelnder Galane des 17. und 18. Jahrhunderts« und der schopenhauerisch geprägte Humor des 19. Jahrhunderts »erreichen uns nicht mehr«. Wenn herausragende Epigrammatiker wie Logau, Lessing, August Wilhelm Schlegel und Goethe *en passant* zu »klügelnden Galanen« erklärt werden, wenn den an Schopenhauer geschulten Pointen eines Busch und Fontane beiläufig Lebewohl gewunken wird, dann ist in der Tat kein Platz für jenen Witz, der aus Geistesschärfe kommt. Dann bleibt wenig mehr als die infantile Häme, die sich an der angeblich unfreiwilligen Komik eines Barock-

gedichtes ergötzt und dabei doch nur – äußerst unfrei-
willig – die Enge des eigenen Horizonts vorführt.

Jedes gelungene komische Gedicht hat, mit Morgenstern
zu sprechen, »Hand und Fuß«. Anders als sein Kollege vom
ernsten Fach kann sich der mit komischen Mitteln arbei-
tende Lyriker nämlich keinen Rückzug ins »kaum Sagbare«
erlauben. Dort, wo er undeutlich spricht, verschwommen
salbadert und dunkel raunt, verpufft sein Witz im Nichts.
Komische Gedichte sind deshalb immer nachprüfbar. Das
Lachen (wahlweise Lächeln, Grinsen oder Kichern) ihrer
Leser und Hörer ist der Gradmesser ihres Gelingens. Kein
kühner Exeget wird mit unscharfen Begriffen wie »luzide
Dunkelheit« oder »sprechender Hermetismus« zur Ehren-
rettung eines komisch gemeinten Gedichtes antreten, das
niemandem ein Lächeln entlockt.

Doch komische Gedichte haben nicht nur »Hand und
Fuß«. Nicht selten haben sie auch ein reiches Innenleben, das
der Bildwelt dieses Rilkesonetts oder jener Hofmannsthal-
Terzinen an subtiler Facettierung in nichts nachsteht
Morgenstern ist dafür ein ausgezeichnetes Beispiel. Ähn-
liches gilt für den bisweilen verstörenden Witz eines
Joachim Ringelnatz, Paul Scheerbart, Erich Mühsam,
Günter Bruno Fuchs oder Ror Wolf. Überhaupt fällt auf,
daß viele der haltbarsten komischen Gedichte des zwanzig-
sten Jahrhunderts auf einem Untergrund aus Verzweiflung,
Schrecken und Gewalt gedeihen. In seinem Gedicht »Der
Komiker« hat Joachim Ringelnatz aus dieser Erkenntnis den
Ansatz zu einer irritierenden Poetik der Komik entwickelt.

Am stärksten wirkt das komische Gedicht also offenbar
dort, wo es einen unglücklichen Anlaß in das freudige Er-
eignis eines Lachens verwandelt. Das hat auch etwas mit
Taktgefühl zu tun. Wer andere nicht gern mit privatem
Elend behelligt, tut gut daran, sein Gedicht von den
Schlacken des Privaten zu befreien. Sowohl die Komik als

auch das Gedicht ermöglichen es, das schwer zu Sagende, weil allzu Persönliche, sagbar zu machen. Allerdings nicht, indem dieses Persönliche im Sinn einer über den »Gedankengehalt« gestülpten »humoristischen Form« kaschiert wird, sondern indem sein überpersönlicher, uns alle betreffender Gehalt freigelegt wird. Deshalb wohl gehen komische Dichter mit ihren depressiven und egomanischen Anwandlungen sehr viel schärfer ins Gericht als ihre Kollegen vom ernsten Fach. Deshalb auch beziehen sie ungleich klarer Stellung zu den Irrläufen ihrer Zeit. Weil es sich in weit höherem Maß als das subjektiv »leidende« Gedicht der Klarheit und Selbstklärung verpflichtet weiß, liefert das komische Gedicht im Idealfall die Mittel zur Überwindung der Misere, die es schildert.

II

Diese Anthologie versteht sich als umfassende Gegendarstellung zum lückenhaften Lyrik- und Komikbegriff landläufiger Anthologien. Ihr Schwerpunkt liegt auf der aufgeklärten Komik der überraschenden Erkenntnis, des gepfefferten Widerspruchs, der schwarzen Groteske, des beißenden Spottes, der lakonischen Einsicht, des weltläufigen Witzes. Erfrischende Drastik ist ihr im Zweifelsfall lieber als das umständliche Rumoren der Harmlosigkeit. Komischen Gedichten, die schnell und unmißverständlich zur Sache kommen, gibt sie den Vorzug vor breit ausgewalzten »lustigen Begebenheiten«. Ferner schätzt sie Gedichte, deren Handhabung der lyrischen Form der Komik des Einfalls ebenbürtig ist.

Ungefähr hunderttausend Seiten deutschsprachiger Lyrik wurden zu diesem Zweck gesichtet und auf komischen, heiteren oder gewitzten Gehalt überprüft. Das lyrische Werk von rund zweihundertfünfzig Dichterinnen und Dichtern wurde zumeist in Gänze, mindestens aber in repräsentativer Auswahl berücksichtigt. Zu suchen war auch an entlegener Stelle: in Werkausgaben des neunzehnten Jahrhunderts, in Faksimiles von Lesebüchern des achtzehnten und siebzehnten Jahrhunderts, in Nachlaßeditionen. Übrig blieben rund 880 Gedichte von mehr als 200 Autoren.

Wie nicht anders zu erwarten, erwies sich die Polarität von Ernst und Scherz als eine Schimäre, ein vermutlich von chronischen Ernstlingen ausgestreutes Gerücht. Meist stehen sich diese diffusen Größen nicht als unversöhnliche Kontrahenten gegenüber, sondern gehen Hand in Hand wie ein altes Ehepaar, das seine Streitigkeiten längst begraben hat. Keinesfalls will jedes der hier abgedruckten Gedichte brüllendes Gelächter hervorrufen: Der Witz der Weltläufigkeit kommt oft mit einem Lächeln aus. Es sollte auch niemanden verwundern, daß auf diesen Seiten Gedichte zu finden sind, in denen Wörter wie »Tod«, »Angst« oder »Krieg« eine wichtige Rolle spielen. Dahinter steht die Auffassung, daß Komik als Mittel der Weltwahrnehmung keine Zuständigkeitsgrenzen kennt.

Entscheidend für die Aufnahme eines Gedichtes war, daß es sich komischer Stilmittel bewußt und in prägendem Ausmaß bediente. Unfreiwillige Komik blieb folglich unberücksichtigt. Weil sie sich nicht primär aus dem Gedicht selbst, sondern aus dessen literaturwissenschaftlicher Interpretation speist, haftet ihr der Ruch der Fachidiotie, des Insider-Jokus an. Wo Bäcker- und Klempnerwitze außen vor bleiben mußten, ist nicht einzusehen, daß Germanistenwitze eine Ausnahme bilden. Wer einen Sinn für verrutschte Größe hat, findet ohnehin Dutzende von Beispielen in den eingangs erwähnten Anthologien.

Aus ähnlichen Erwägungen verbot sich eine Anordnung

der Gedichte nach Kategorien der literarischen Komik
(Literaturparodien, Satiren, Fabeln und so fort). Zum einen
widerspricht eine solche Anordnung der Rezeption von
Komik: Wer lacht, der lacht nicht nach Kategorien. Zum
anderen steht sie in Widerspruch zum Wesen komischer
Gedichte: Es liegt in ihrer Natur, daß sie Gewißheiten in
Frage stellen und der schönen Theorie die schnöde
Lebenspraxis entgegenhalten. Die schwankenden Gewiß-
heiten der Komiktheoretiker bilden da keine Ausnahme.

Ein vierhundert Jahre altes Gedicht kann uns heute so
frisch ansehen, als ob es gestern geschrieben worden wäre.
Umgekehrt kann der letzte Schrei von neulich heute nur
noch als mattes Röcheln vernehmbar sein. Diese Sammlung
enthält Gedichte, die unserer Meinung nach den Test der
Zeit bestanden haben und einen zeitgenössischen Leser
ohne größere Umwege erreichen – unabhängig vom Zeit-
punkt ihrer Entstehung. Lachen als historisches Phänomen
spielt in diesem Buch keine Rolle.

Die chronologische Anordnung scheidet damit als Struk-
turprinzip aus. Sie hat ihre unstrittigen Vorzüge dort, wo es
um die historische Verortung von Literatur geht. Da steht
nebeneinander, was zeitlich zusammengehört: Dichter-
schulen, Stilmerkmale verschiedener Epochen, auch die
Entwicklungslinien im Werk einzelner Dichter lassen sich in
diesem Schema gut darstellen. Oft steht aber auch bloß
nebeneinander, was außer dem zeitlichen keinerlei weite-
ren Zusammenhang aufweist. Wir glauben, daß Gedichte
Individualisten sind. Diejenigen, die sich bis heute frisch
erhalten haben, gehen niemals ganz in Zeitbezügen auf.

Gewiß kommunizieren Gedichte untereinander. Sie tun
dies jedoch nicht nach den Maßgaben literaturwissenschaft-
licher Epochenrechnung, sondern über alle historischen
und stilistischen Grenzen hinweg. Ähnliches gilt für ihre
Kommunikation mit dem Leser. Wenn ein Gedicht über ein

Thema handelt, das uns heute noch interessiert, und wenn es davon in einer Weise berichtet, die wir heute noch nachvollziehen können, dann kann es einen Bezug zu unserem Leben herstellen.

Ein thematisches Ordnungsprinzip ergab sich aus dieser Auffassung wie von selbst. Die Gedichte in diesem Band sind nach ihren Gegenständen angeordnet, und zwar so, daß die soziale Kompetenz der komischen Lyrik dabei voll zur Geltung kommt: Ein Gedicht kann dem vorangegangenen beipflichten, ihm widersprechen, ins Wort fallen, es ergänzen. Der Leser ist an eine Tafelrunde lebhaft disputierender Dichter eingeladen. Gleich ihnen ist er zu Widerspruch und Zuspruch aufgefordert. Die Etikette ist locker, politische Korrektheit spielt – wenn überhaupt – eine untergeordnete Rolle. Wenn die Tafelrunde bisweilen einem Gelage ähnelt – umso besser.

Wir hoffen, auf diese Weise ein Buch mit hohem Gebrauchswert vorzulegen. Zu fast jedem äußeren und inneren Anlaß finden sich auf diesen Seiten Gedichte von unterschiedlicher Gewichtung und Gesinnung. Wer saftige Beschimpfungen der Spezies »Rezensent« sucht, wird in reichem Maß fündig. Wer ihren naturwüchsigen Kontrahenten, den Schriftsteller, geschmäht sehen möchte, geht ebenfalls nicht leer aus. Ähnliches gilt für den, der einem leidenden Freund mit scharfem Gegengift statt mit milden Worten aufhelfen möchte. Und wem ein Liebesgedicht der offenherzigen Art zupaß kommt, bleibt auch nicht allein.

Der unübersehbaren Fülle an Lebenserscheinungen korrespondiert eine Vielzahl an Einzelwahrnehmungen und Eigenstimmen in den Gedichten. Allein das Großthema Liebe zerfällt bei näherem Hinsehen in ungezählte Varianten: Werbung, Vereinigung, Überdruß, körperliche Vorzüge und Nachteile des geliebten Menschen, die Rollen von Mann und Frau, homoerotisches Verlangen, unerfülltes

Begehren, platonische Liebe, verschmähte Liebe, Liebe aus der Distanz, Seitensprung, Eifersucht, Zärtlichkeit, Fühllosigkeit, Nötigung, erste Liebe, Liebe im Alter und so fort. Andere Themen wie Reisen, Sterben und Familie lassen sich ähnlich weit ausfächern.

Eines dürfte dabei klar werden: Die Themen der komischen Poesie unterscheiden sich kaum von denen der ernsten Lyrik. Fragen nach Liebe und Tod sind die Eckpfeiler auch ihres Interesses. Des Lebens rechte Führung, die Suche nach dem Sinn – alles Stoff ernster ebenso wie komischer Dichtung. Selbst vor poetologischen Fragestellungen scheut sie nicht zurück; an Gedichten über das Dichten herrscht in dieser Sammlung kein Mangel.

Auf dem handfesten Gebiet der politischen und sozialen Lebenspraxis hingegen zeigt sich die mit komischen Mitteln arbeitende Lyrik ungleich informierter und meinungsfreudiger als die ernste; nicht umsonst ist eine der ergiebigsten Abteilungen dieses Bandes »Geschichte und Gesellschaft« betitelt. Fast möchte man sagen: Die komischen Deutschen, das sind auch die kritischen Deutschen, die sich von hohltönenden Phrasen nicht imponieren lassen und die bei jeder selbsternannten Größe erst einmal die komische Fallhöhe abschätzen. Gerade in Deutschland hätte man nach dem letzten Weltkrieg eine stärkere Neigung zu aufklärerischer Komik vermuten dürfen.

III

Zwar verzichtet diese Anthologie auf die umfassende Darstellung literaturgeschichtlicher Zusammenhänge, um statt dessen einen unmittelbaren Bezug zwischen den Gedichten und der Lebenswelt heutiger Leser herzustellen. Damit soll jedoch nicht angedeutet werden, daß komische Lyrik unabhängig von den Umständen ihrer Entstehung existiere. Im Gegenteil: Gerade weil komische Gedichte nicht nach der Ewigkeit schielen, sondern im Hier und Jetzt wirken wollen, sind sie in hohem Maß zeitabhängig.

Dies gilt freilich mehr für ihren faktischen Gehalt als für ihre Stilmittel. Es fällt auf, wie wenig beeindruckt sich die komische Poesie des zwanzigsten Jahrhunderts von den formalen Experimenten der Moderne zeigte. Man sollte sich nicht dazu verleiten lassen, von dieser Resistenz gegenüber ästhetischen Moden auf einen gesteigerten Wunsch nach Unvergänglichkeit zu schließen. Wiederum trifft eher das Gegenteil zu: Weil das komische Gedicht bei seinen Lesern und Hörern unmittelbar wirken will, bedient es sich vorzugsweise erprobter Mittel wie Reim, Metrum, klarer Strophik.

Es haben sich jedoch im Verlauf der Jahrhunderte einige komisch dominierte Genres herausgebildet. Nachfolgend sei der Versuch eines kurzen, notgedrungen lückenhaften, zwangsläufig parteiischen Querschnitts durch die Geschichte der komischen deutschsprachigen Lyrik unternommen, so wie sie in dieser Sammlung vertreten ist. Man erwarte also bitte keine Erörterung von »Leberreimen«, »Klapphornversen« und anderen Perversitäten aus dem Fundus weltfremder Dichtung.

Wir beginnen unseren Streifzug mit dem Einzug des Neuhochdeutschen; mittelhochdeutsche Gedichte scheiden wegen der allgemein erschwerten Lesbarkeit für unsere Zwecke von vornherein aus. Doch auch die neuhochdeutsche Dichtung des sechzehnten Jahrhunderts macht es dem komikbewußten Leser nicht immer leicht. Die Gedichte eines Hans Sachs mögen zu ihrer Zeit die Massen bezaubert haben. Heute wirken sie langatmig, und die gesteigerte Mühe des Lesens wird nur durch eine karge komische Ausbeute belohnt.

Im Barock etablierten sich Sinngedichte, Epigramme und fiktive Grabinschriften als bevorzugte Formen komischer Dichtung und mit ihnen die Erkenntnis, daß in der Kürze des Gesagten eine besondere Würze für Schreiber wie Leser liegen könne: Gedichte von zwei bis acht Zeilen Länge gaben den komischen Ton an und forderten die Dichter zu intellektuell-artistischen Hochleistungen heraus. Bevorzugtes Thema war das Allgemein-Menschliche in unterschiedlichen Personifikationen. Dem spöttischen Scharfblick barocker Epigrammatik leuchtet bereits der Vorschein der Aufklärung. Ein gewitzter Höfling wie der Schlesier Friedrich von Logau entledigt sich in seinem epigrammatischen Mammutwerk aller vorgestanzten Denkhülsen des Zeitalters und zeigt unverkennbar eigenes, individuelles Format.

Das gilt um so mehr für die Anakreontik des achtzehnten Jahrhunderts, also jene durch Friedrich von Hagedorn begründete Dichterschule, die sich wie ihr antiker griechischer Patron Anakreon zu Wein, Weib und Gesang hingezogen fühlte und ganz allgemein das Leben und Epikur hochleben ließ. In ihrer Sinnenlust läßt sich die Anakreontik auch als Gegenbewegung zur Aufklärung mißverstehen. Dagegen spricht, daß mit Lessing und Goethe einige ihre besten Vertreter aufgeklärte Köpfe *par excellence* waren. Eher schon kommen wir hier mit T. S. Eliots Formel von der »dissociation of sensibility« weiter: Wie die von Eliot gemeinten englischen »metaphysical poets« des siebzehnten Jahrhunderts sind die Anakreontiker fähig, das Denken als sinnlich zu empfinden und die Sinnlichkeit zu denken.

Manches ist barocker Epigrammatik und der Rokoko-Lyrik der Anakreontiker gemein. Mögen die Namen der im Gedicht Verspotteten auch auf antike Vorbilder verweisen (Phyllis, Daphnis, Rimificus), gemeint sind allemal Zeitgenossen. Gerade die Neigung zur Typisierung (der Geizige, die Spröde) – die eine weitere Unterart in der Berufskritik ausbildete (Auf einen Arzt, Einem Priester) – hat beide Richtungen bemerkenswert frisch erhalten. Weil sich die Spezies Mensch in drei Jahrhunderten offenbar nur wenig geändert hat, erkennen wir das Personal dieser Gedichte in unserer Lebenswelt problemlos wieder. Auch in ihrem Komikverständnis wirken barocke Epigrammatiker und Anakreontiker überraschend zeitgemäß. Wie die *Comedians* unserer Tage nehmen sie mit wenigen (hoffentlich) wohlgewählten Worten eine menschliche Schwäche oder einen Typus aufs Korn, um sie oder ihn (bestenfalls) treffsicher abzuschießen.

Neben den Menschen traten zunehmend Tiere in Hauptrollen auf. Im achtzehnten Jahrhundert erreichte die Fabel als komische Gattung mit lehrhaftem, teils politischem Hintergrund ihren Höhepunkt. Die lang und breit zusammengereimte Gleichnishaftigkeit samt nachgereichter »Moral« macht das Genre jedoch aus heutiger Sicht zu einem schwerfälligen Komikvertreter. Man fühlt sich an einen Bilanzbuchhalter erinnert, der langatmig einen lahmen Witz erzählt, die Pointe verschleppt und sie dann auch noch umständlich erklärt. In »Die komischen Deutschen« wurden Fabeln daher vorzugsweise in Form der Fabelparodie aufgenommen. Brockes, Claudius und Heine haben sich auf diesem Gebiet hervorgetan. Von Buschs sprödem Viehzeug über Morgensterns Phantasietiere hat sich die hartnäckige Untergattung der Fabelparodie bis in unsere Zeit erhalten.

Überhaupt scheinen Tiere in der komischen Dichtung unter umfassendem Artenschutz zu stehen. Nachdem sie mit dem Rückzug der Fabel ihrer Gleichnishaftigkeit verlustig ging, gilt anthropomorph dargestellte Fauna offenbar *per se* als komisch. Die Comics und Animationsfilme des zwanzigsten Jahrhunderts mögen das Ihre zu dieser Ent-

wicklung beigetragen haben. Wo immer ein Schwein sich
menschlich gebärdet, wann immer ein Bär das Seine tut,
fungiert der Leser als wohlabgerichteter Pawlowscher
Hund: Jetzt bitte lachen! Oft kommen die possierlichen
Tierchen jedoch aus zweifelhaften Versuchslabors; ihre
Komik wird bisweilen mehr behauptet als erzeugt. Diese
Sammlung enthält Animalkomik nur dann, wenn deren
Witz sich nicht in wohlfeilem Anthropomorphismus er-
schöpft.

Formulierten die gewitzten Epigrammatiker des siebzehn-
ten Jahrhunderts ihre Attacken auf menschliche Schwächen
oft noch in Richtung pseudonymer Schattenrisse, so hatte
sich das spätestens im neunzehnten Jahrhundert nachhaltig
geändert: Wenn Romantiker überhaupt einmal den Drang
verspürten, komisch zu dichten, dann häufig aus Vergel-
tungslust; Parodien und Literatursatiren dominierten als
komische Genres. Da werden Roß und Reiter gern und un-
mißverständlich beim Namen genannt: Brentano lästert
über die Massenproduktion Freiligraths und August Wil-
helm Schlegel tritt Schiller ans Schienbein, dieweil sein
Bruder Friedrich sich über Volksliedtümelei in den eigenen
Reihen lustig macht. Daß es eine Romantik jenseits, nein:
diesseits der Blauen Blume gibt, auch das möchte dieser
Band seinen Lesern nahebringen.

Nicht alles, was das neunzehnte Jahrhundert an Komik zu
bieten hat, konnte sich so frisch erhalten wie die saftigen Be-
schimpfungen unter Dichtern. Die zu ihrer Zeit populären
Trink-, Soldaten-, Studenten- und Burschenschaftslieder
etwa eines Joseph Viktor von Scheffel oder Detlev von
Liliencron können weder mit scharfzüngiger Komik noch
mit unbefangener Spielfreude aufwarten, um so mehr aber
mit jener zwanghaften Hauruck-Fröhlichkeit, deren aller-
letzte Hirnschwund-Stufe sich heute in den Fernsehdar-
bietungen sogenannter Volksmusik besichtigen läßt. Wir

haben nicht mitgezählt, wie oft wir bei unserer Sichtung der Dichtungsbestände »funkelnde Becher« und »fröhliche Zecher« zusammenstoßen hörten. Klar war, daß solch klamme Lustbarkeiten zu den ärgsten Feinden guter Komik zählen und damit in dieser Sammlung nichts zu suchen haben. In Adelbert von Chamisso (»Mäßigung und Mäßigkeit«) hat das unerfreuliche Subgenre freilich ganz unverdient einen überragenden Parodisten gefunden.

Bleibt festzuhalten, daß komische Lyrik seit ihrer frühen Blüte etwa im epigrammatischen Mammutwerk eines Friedrich von Logau und in der Anakreontik ein jahrhundertelanges Nischen- und Schattendasein nicht nur in der öffentlichen Wahrnehmung, sondern auch im Verständnis vieler Dichter fristete. Lessing, Goethe, Heine und A. W. Schlegel seien als herausragende Ausnahmen genannt; selten wollten sie Witze reißen, oft waren sie aus schierer Klugheit witzig. Erst gegen Ende des neunzehnten Jahrhunderts gewann das Profil des von Berufs wegen komischen Dichters schärfere Konturen, wozu nach einer ersten Blüte witzig-satirischer Wochenblätter wie »Kladderadatsch« und »Simplicissimus« auch das aufkommende Kabarett seinen Beitrag leistete. Tucholsky, Kästner, Mehring und andere waren sich nicht zu schade, Auftragsarbeiten für die wachsende Zahl an Kleinkunstbühnen zu schreiben. Wedekind, Ringelnatz und Klabund feierten auch als Auftrittskünstler urbane Erfolge. Valentin trat den umgekehrten Weg an: vom Brettl in die Literaturgeschichte.

Diese Anthologie enthält nur solche Kabarettverse, die als Gedichte auch ohne mündlichen Vortrag und musikalische Begleitung standhalten. Eine umfassende oder auch nur ansatzweise repräsentative Darstellung würde einen eigenen Band füllen und war hier nicht zu leisten. Aus ähnlichen Erwägungen wurden Schlager der zwanziger und dreißiger Jahre des vergangenen Jahrhunderts gänzlich ausgenommen. Obwohl auch hier gelegentlich Gedichtähnliches entstanden ist, würde die Aufnahme einzelner Stücke unweigerlich den Hinweis auf andere, nicht minder gelungene nach sich ziehen. Gleiches gilt für die deutschsprachigen Chansonniers und Liedermacher der fünfziger bis achtziger Jahre des vergangenen Jahrhunderts. Auch das wollen wir nicht vergessen: Nicht alles, was sich reimt und lachen macht, ist schon ein komisches Gedicht.

Womit unser kurzer Streifzug durch die Geschichte der komischen Dichtung an seinem Ende angelangt wäre. Wie so oft läßt sich auch hier die Lage um so schlechter überblicken, je näher das Getümmel rückt. Wir hoffen jedoch zuversichtlich, daß auch aus unserer Zeit diejenigen komischen Gedichte überleben werden, die sich mit Witz und Scharfsinn auf die Realien des Lebens beziehen. Unsere Absicht war es, eine reichhaltige, repräsentative Sammlung gewitzter Gedichte aus fünf Jahrhunderten deutschsprachiger Literatur vorzulegen. Wir glauben, manchen Geheimtip abgeben zu können und einige fast vergessene Glanzstücke wieder ans Licht befördert zu haben. Vor allem wünschen wir, daß aus all den Einzelstücken im Kopf des Lesers ein zitables, memorables, alltagstaugliches Ganzes erstehe. Nichts Geringeres als die Wiederentdeckung einer oft für ausgestorben erklärten Spezies ist hier zu annoncieren: »Die komischen Deutschen«.

Berlin, im Oktober 2003
Steffen Jacobs

EDITORISCHE NOTIZ

1. Die meisten Gedichte folgen der Schreibweise ihres jeweiligen Autors. Wo Gedichte einer Ausgabe mit behutsam modernisierter Orthographie entstammen, wurde jedoch die Schreibweise der jeweiligen Quelle übernommen.

2. Die meisten Gedichte sind in sich abgeschlossene Werke. Wo eine Auswahl aus einem größeren Zusammenhang getroffen wurde, wird dies durch den Zusatz »Aus:« vor dem Titel gekennzeichnet (etwa »Aus: *Emma*«). Hierbei handelt es sich um in sich abgeschlossene Teilstücke eines Werkes, die vom Autor als solche gekennzeichnet wurden und auch ohne Kenntnis des Werkganzen verstanden werden können. In einigen Fällen wurde vom Herausgeber mehrere (titellose) Gedichte einer Form und eines Autors zusammengestellt und mit entsprechenden Überschriften versehen (etwa »Drei Haiku«, »Vier Distichen«).

3. Dieser Band sollte ursprünglich 12 Gedichte von F.W. Bernstein und 14 Gedichte von Robert Gernhardt enthalten. Leider haben die Autoren einem Abdruck ihrer Werke nicht zugestimmt. Der Herausgeber und der Verlag von »Die komischen Deutschen« bedauern diese Entscheidung und empfehlen allen Lesern die Lektüre von Gedichten Gernhardts und Bernsteins.

4. Herausgeber und Verlag danken allen Autoren, Verlagen, Agenturen, Editoren und sonstigen Rechtsinhabern für die Erteilung der Rechte. Leider konnten nicht in allen Fällen die Rechtsinhaber ermittelt werden. Berechtigte Ansprüche wenden sich bitte an den Verlag Zweitausendeins, Postfach, D-60381 Frankfurt am Main.

AUTOREN-VERZEICHNIS

HANNS ASSMANN FREIHERR VON ABSCHATZ (1646–1699)

Die schöne Zahnlückigte 102

H. A. F. v. A.: Poetische Übersetzungen und Gedichte. Faksimiledruck nach der Gesamt-Ausgabe von 1704. Hrsg. von Erika Alma Metzger. Herbert Lang & Cie, Bern 1970.

PETER PAUL ALTHAUS (1892–1965)

(1) Man muß schon lange gestripteased haben 53
(2) Dr. Enzian pflegt jungen Leuten 188
(3) Dr. Enzian hat kürzlich ausprobiert 516
(4) Sie war Tänzerin gewesen in den Zeiten 795

Peter Paul Althaus läßt grüßen. Die Traumstadtgedichte von P. P. A. © 2003 Pendragon Verlag, Bielefeld.

ALFRED ANDERSCH (1914–1980)

Ansprache an eine femme fatale 199

Erstveröffentlichung in: Der Rabe. Magazin für jede Art von Literatur. Hrsg. von Gerd Haffmans. Nr. 4, Zürich 1983.
A. A.: Gesammelte Werke, Band 6. © 2004 Diogenes Verlag, Zürich.

ACHIM VON ARNIM (1781–1831)

Bibliothek 480

A. v. A.: Werke in 6 Bänden. Hrsg. von Ulfert Ricklefs. Band 5: Gedichte. Deutscher Klassiker Verlag, Frankfurt am Main 1994.

HANS ARP (1887–1966)

Opus Null 528

H. A.: Gesammelte Gedichte. Band 1: Gedichte 1903–1939. Hrsg. von M. Arp-Hagenbach und P. Schifferli. © 1953, 1963 Limes Verlag in der F. A. Herbig Verlagsbuchhandlung, München.

HANS CARL ARTMANN (1921 – 2000)

    (1) wenn die herbstesnebel wallen 189
    (2) hänschen soll ein redner werden 232
    (3) ein django der muß haben 607
    (4) batman und robin 608

H. C. A.: Aus meiner Botanisiertrommel. © 1975, 2001 Residenz Verlag, Salzburg (1). Ders.: Das poetische Werk in 10 Bänden. Hrsg. von Klaus Reichert. Verlag Klaus G. Renner, München-Salzburg 1993–1994 © Jung & Jung Verlag, Wien und Salzburg (2 - 4).

ARNFRID ASTEL (*1933)

    (1) Höhlenbär 76
    (2) Deplaciert 249
    (3) Weisheit 779

A. A.: Neues (& altes) vom Rechtsstaat & von mir. Alle Epigramme. Zweitausendeins, Frankfurt am Main 1978 © Anfred Astel.

HUGO BALL (1886 – 1927)

    (1) Karawane 285
    (2) Der grüne König 334

H. B.: Gesammelte Gedichte. Hrsg. von Annemarie Schütt-Hennings. © 1963 Verlag der Arche, Zürich.

KONRAD BAYER (1932 – 1964)

    (1) dann bin ich gestorben 173
    (2) glaubst i bin bleed 541

K. B.: Sämtliche Werke. Hrsg. von Gerhard Rühm. Überarbeitete Neuausgabe. © 1996 Klett-Cotta, Stuttgart.

ULI BECKER (*1953)

    Drei Haiku:
        (1) Ewiges Feuer! 50
        (2) Ihr Optimismus 50
        (3) Brustwarzen groß wie 50

U. B.: Frollein Butterfly. 69 Haiku. Maro Verlag, Augsburg 1983 © Uli Becker (1 - 3).
Ders.: Das höchste der Gefühle. Erotische Gedichte. Maro Verlag, Augsburg 1987
© Uli Becker (4).
Ders.: Das blaue Wunder. Rowohlt Taschenbuch Verlag, Reinbek bei Hamburg
1985 © Uli Becker (5).

GOTTFRIED BENN (1886–1956)

G. B.: Gedichte in der Fassung der Erstdrucke. Hrsg. von Bruno Hillebrand.
S Fischer Verlag, Frankfurt am Main 1982.
Ders.: Gesammelte Werke in 3 Bänden. Hrsg. von Dieter Wellershoff. Band 1:
Gedichte. Zweitausendeins, Frankfurt am Main 2003.
Ders.: Sämtliche Gedichte 1998 © Klett-Cotta, Stuttgart.

OTTO JULIUS BIERBAUM (1865–1910)

O. J. B.: Irrgarten der Liebe. Verlag Insel bei Schuster & Loeffler, Leipzig 1911.

OSCAR BLUMENTHAL (1852–1917)

O. B.: Allerhand Ungezogenheiten. Verlag von Ernst Julius Günther, Leipzig 1877 (2 - 5).
Ders.: Vom Hundertsten in's Tausendste. Verlag von Ernst Julius Günther, Leipzig 1876 (1).

PAUL BOLDT (1885–1921)

P.B.: Junge Pferde! Junge Pferde! Das Gesamtwerk. Hrsg. von Wolfgang Minaty. Walter-Verlag, Olten und Freiburg im Breisgau 1979.

NICOLAS BORN (1937–1979)

N. B.: Gedichte. Hrsg. von Katharina Born © 2004 Wallenstein Verlag, Göttingen.

SIMON BOROWIAK (* 1964)

In: Der Raben-Kalender am 27. Juni 1992. Hrsg. von Joachim Kersten und Volker Kriegel. Haffmans Verlag, Zürich 1991 © Simon Borowiak (1).
In: Jahrbuch der Lyrik 9. Hrsg. von Christoph Buchwald und Robert Gernhardt. Luchterhand Literaturverlag, Hamburg und Zürich 1993 © Simon Borowiak (2).

VALENTIN BRAITENBERG (*1926)

Erstveröffentlichung 2004 © Valentin Braitenberg.

RAINER BRAMBACH (1917–1983)

Gesundheit 264

R. B.: Heiterkeit im Garten. Das gesamte Werk, Diogenes Verlag, Zürich 1989.
Jetzt in: Gesammelte Gedichte, 2003 © Diogenes Verlag, Zürich.

BEAT BRECHBÜHL (*1939)

Ehepaar beim Nachtessen 218

B. B.: Der geschlagene Hund pisst an die Säulen des Tempels. Alte und neue
Gedichte. Diogenes Verlag, Zürich 1972 © Beat Brechbühl

BERTOLT BRECHT (1898–1956)

(1) Die Ballade von der sexuellen Hörigkeit 30
(2) Liebesunterricht 71
(3) Wenn sie trinkt, fällt sie in jedes Bett 136
(4) Apfelböck oder Die Lilie auf dem Felde 175
(5) Das Hochzeitslied für ärmere Leute 187
(6) Historie vom verliebten Schwein Malchus 389
(7) Orges Gesang 658

B. B.: Die Gedichte von Bertolt Brecht in einem Band. Hrsg. vom Suhrkamp Verlag
in Zusammenarbeit mit Elisabeth Hauptmann. © 1981 Suhrkamp Verlag, Frankfurt
am Main (1, 2, 4 - 7).
Ders.: Gedichte über die Liebe. Ausgewählt von Werner Hecht. © 1982 Suhrkamp
Verlag, Frankfurt am Main (3).

ALFRED BRENDEL (*1931)

Als Mozart ermordet worden war 694

A. B.: Kleine Teufel. Neue Gedichte. © 1999 Carl Hanser Verlag, München und Wien.

CLEMENS BRENTANO (1778–1842)

Als Herr Künzel neulich bat 428

C. B.: Werke Band 1. Hrsg. von Wolfgang Frühwald, Bernhard Gajek, Friedhelm
Kemp. Carl Hanser Verlag, München 1968.

BARTHOLD HEINRICH BROCKES (1680–1747)

(1) Hans und Mops 637
(2) Der Geitz-Hals 781

B. H. B.: Auszug der vornehmsten Gedichte aus dem Irdischen Vergnügen in Gott.
Faksimiledruck nach der Ausgabe von 1738. J. B. Metzlersche Verlagsbuchhandlung
und Carl Ernst Poeschel Verlag, Stuttgart 1965.

ADELBERT VON CHAMISSO (1781–1838)

(1) Minnedienst 83

(2) Katzennatur 98

(3) Polterabend 106

(4) Hans Jürgen und sein Kind 121

(5) Mäßigung und Mäßigkeit 126

(6) Familienfest 167

(7) Es ist nur so der Lauf der Welt 184

(8) Recht empfindsam 235

(9) Don Quixote 308

(10) Tragische Geschichte 513

(11) Pech 557

A. v. C.: Sämtliche Werke in 2 Bänden. Hrsg. von Werner Feudel und Christel Laufer. 1. Band: Gedichte, Dramatisches. Carl Hanser Verlag, München und Wien 1982.

MATTHIAS CLAUDIUS (1740–1815)

(1) Das unschuldige Mädchen 12

(2) Fritze 172

(3) Urians Reise um die Welt 278

(4) Der große und der kleine Hund 306

(5) Das Distichon 422

(6) Einem Rezensenten zu Ehren 470

(7) Die Henne 473

(8) Der Esel 642

(9) Hinz und Kunz 709

(10) Den Pythagoras betreffend 759

(11) Der Mensch 802

M. C.: Sämtliche Werke. Winkler Verlag, München 1968.

KARL OTTO CONRADY (*1926)

Lockere Lyrik 500

K. O. C.: Wörtertreiben. Gedichte. Verlag Landpresse, Weilerswist 2002 © Karl Otto Conrady.

FRIEDRICH CHRISTIAN DELIUS (*1943)

    (1) Belohnung 386
    (2) Aufstiegsrunde 618
    (3) Schulreform 679

F. C. D.: Selbstporträt mit Luftbrücke. Ausgewählte Gedichte. Rowohlt Verlag, Reinbek bei Hamburg 1993 © F.C. Delius.

PAUL DIELS (1882–1963)

    Weisheit der Liebe 211

In: Aus dem Ärmel geschüttelt. Fast 1001 Schüttelreime. Hrsg. von Wendelin Überzwerch. J. Engelhorns Nachf. Adolf Spemann, Stuttgart 1935.

HARUN DOLFS
[d. i. Rudolf Skutsch (1871?–1929) & Hans Gradenwitz (1872?–1932)]

    (1) Ingeborg 97
    (2) Trunksucht 124
    (3) Verschrobenheit 561

H. D.: Schüttelgedichte. Steinitz, Berlin 1896.

KURT DRAWERT (*1956)

    klagelied (barock) 450

K. D.: Frühjahrskollektion. © 2002 Suhrkamp Verlag, Frankfurt am Main.

CARL FRIEDRICH DROLLINGER (1688–1742)

    (1) Grabschrift eines Geitzigen 520
    (2) Auf den Rimificus 679
    (3) Der wider die Gesätze der Arzneykunst 768
    (4) Der Bettelmann und der Tod 783

C. F. D.: Gedichte. Faksimiledruck nach der Ausgabe von 1743. Kommentiert von Uwe-K. Ketelsen. J. B. Metzlersche Verlagsbuchhandlung, Stuttgart 1972.

TANJA DÜCKERS (*1968)

    Die Androgynen 74

T. D.: Luftpost. Gedichte Berlin-Barcelona. © 2001 Tropen-Verlag, Köln, und Graf & Graf Literatur- und Medienagentur, Berlin.

F. E.: Sündenfallobst. Verse zum fröhlichen Genießen. © 1953 Lothar Blanvalet
Verlag, Berlin (1, 2).
Ders.: Höchst weltliche Sündenfibel. Moralische und »unmoralische« Verse. © 1949
Lothar Blanvalet Verlag, Berlin (3, 4). Der Blanvalet Verlag ist ein Unternehmen der
Verlagsgruppe Random House.

HANS MAGNUS ENZENSBERGER (*1929)

H. M. E.: Kiosk. Neue Gedichte. © 1995 Suhrkamp Verlag, Frankfurt am Main
(2, 3, 5, 9, 12 - 14).
Ders.: Die Furie des Verschwindens. © 1980 Suhrkamp Verlag, Frankfurt a. M. (7, 8).
Ders.: Blindenschrift. © 1964 Suhrkamp Verlag, Frankfurt am Main (4).
Ders.: Verteidigung der Wölfe. © 1957 Suhrkamp Verlag, Frankfurt a. M. (1, 10).
Ders.: Gedichte 1955 –1970. © 1971 Suhrkamp Verlag, Frankfurt a. M. (11).
Ders.: Die Geschichte der Wolken. 99 Meditationen. © 2003 Suhrkamp Verlag,
Frankfurt am Main (6).

ELKE ERB (*1938)

E. E.: Kastanienallee. Residenz Verlag, Salzburg und Wien 1988 © Elke Erb und
Urs Engeler Editor.

HEINZ ERHARDT (1909–1979)

(1) Die Made 192
(2) Das Große Los 327
(3) Stiche 582
(4) Querschnitt durch Verdi 594
(5) Zeus 596
(6) Tatü, tatü 634
(7) Den Unverstandenen 648
(8) Hirngespinst 758
(9) Der König Erl 791
(10) Der Brummer 799
(11) Ganz zuletzt 803
(12) Beethovens Totenmaske 808

H. E.: Das große Heinz Erhardt Buch. Fackelträger-Verlag, Hannover, 1970. © 2000 Lappan Verlag, Oldenburg. (2 - 12). Ders.: Satierliches und himmlischer Käse. © 2001 Lappan Verlag, Oldenburg (1).

OTTO ERNST (1862–1926)

(1) Ein Korrekter 336
(2) Auf einen Minister 379
(3) Der Mystikus 421

O. E.: Gesammelte Werke. 7. Band: Gedichte. L. Staackmann-Verlag, Leipzig o.J.

JAN FAKTOR (*1951)

(1) sterbender Papa steht auf 193
(2) Fünfzehn Grundsätze des modernen Haushalts 219
(3) ? bist Jandl 534

J. F.: Georgs Versuche an einem Gedicht und andere positive Texte aus dem Dichtergarten des Grauens. Luchterhand Literaturverlag, Frankfurt am Main 1990 © Jan Faktor

LUDWIG FELS (*1946)

(1) Wahnsinn im Geviert 203
(2) Akkordgedicht 368

L. F.: Vom Gesang der Bäuche. Ausgewählte Gedichte 1973–1980. Luchterhand Verlag, Darmstadt 1980 © Ludwig Fels

WERNER FINCK (1902–1978)

Brief einer verheirateten Frau an ihren Geliebten 204

W. F.: Zwischendurch. Ernste Versuche mit dem Heiteren. © 1975 F. A. Herbig Verlagsbuchhandlung, München.

THEODOR FONTANE (1819–1898)

T. F.: Gedichte in einem Band. Hrsg. von Otto Drude. Insel Verlag, Frankfurt am Main und Leipzig 1998.

FRANZOBEL (d. i. Franz Stefan Griebl) (*1967)

© Franzobel (1)
F.: Luna Park. Vergnügungsgedichte. © Paul Zsolnay Verlag, Wien 2003. (2)

ERICH FRIED (1921–1988)

E. F.: Die bunten Getüme. Verlag Klaus Wagenbach, Berlin 1977. Jetzt in: Ge-sammelte Werke. Gedichte 2. Hrsg. von Volker Kaukoreit und Klaus Wagenbach. © 1993 Verlag Klaus Wagenbach, Berlin.

GÜNTER BRUNO FUCHS (1928–1977)

G. B. F.: Werke in 3 Bänden. Hrsg. von Wilfried Ihrig. Band 2: Gedichte und kleine Prosa. © 1992 Carl Hanser Verlag, München und Wien.

PETER GAN (d. i. Richard Moering) (1894–1974)

P. G.: Gesammelte Werke in 3 Bänden. Hrsg. von Friedhelm Kemp. Band 1: Gedichte. Wallstein Verlag, Göttingen 1997. Auch in: Ausgewählte Gedichte. Hrsg. von Friedhelm Kemp. Wallstein Verlag, Göttingen 1994. © Gesina Möring.

FRANZ FREIHERR VON GAUDY (1800–1840)

F. F. v. G.: Poetische und Prosaische Werke. Neue Ausgabe. Hrsg. von Arthur Mueller. 1. Band. Verlag von A. Hofmann & Comp., Berlin 1853.

EMANUEL GEIBEL (1815–1884)

In: Deutsche Epigramme aus fünf Jahrhunderten. Hrsg. von Klemens Altmann. Heimeran Verlag, o. O. 1966.

CHRISTIAN FÜRCHTEGOTT GELLERT (1715–1769)

C. F. G.: Werke. Hrsg. von Gottfried Honnefelder. 1. Band. Insel Verlag, Frankfurt am Main 1979.

ADOLF GLASSBRENNER (1810–1876)

A. G.: Der politisierende Eckensteher. Auswahl und Nachwort von Jost Hermand. Verlag Philipp Reclam jun., Stuttgart 1969.

JOHANN WILHELM LUDWIG GLEIM (1719–1803)

J. W. L. G.: Versuch in Scherzhaften Liedern und Lieder. Nach den Erstausgaben von 1744/45 und 1749 hrsg. von Alfred Anger. Max Niemeyer Verlag, Tübingen 1964.

JOHANN WOLFGANG GOETHE (1749–1832)

J.W.G.: Gedichte in zeitlicher Folge. Hrsg. von Heinz Nicolai. Insel-Verlag, Wiesbaden 1958 (1 - 18, 20 - 26).

Ders. in: Pedro Zimmermann (Hrsg.): Das Hausbuch der fabelhaften Fabeln. Haffmans Verlag, Zürich 1998 (19).

MAX GOLDT (*1958)

M.G.: Ungeduscht, geduzt und ausgebuht. a-verbal Verlag, Berlin 1988 © Max Goldt (1).

Ders.: ‚Mind-boggling' – Evening Post. Haffmans Verlag, Zürich 1998 © Max Goldt (2).

YVAN GOLL (d.i. Isaac Lang) (1891–1950)

Y.G.: Die Lyrik in 4 Bänden. Band 2: Liebesgedichte 1917–1950. Hrsg. von Barbara Glauert-Hesse. Argon Verlag, Berlin 1966 © Wallstein Verlag, Göttingen.

GÜNTER GRASS (*1927)

G.G.: Gedichte und Kurzprosa. In: Werkausgabe in 18 Bänden, Band 1: Gedichte. © 1997, 2002 Steidl Verlag, Göttingen.

FRITZ GRASSHOFF (1913–1997)

    (1) Speisen bildet 150
    (2) Bordellvorsteherposten gesucht 207
    (3) Verdieners Klage 216
    (4) Halunkenlied 524
    (5) Der Henker von Paris 789
    (6) Interview 795

F.G.: Neue große Halunkenpostille. Limes Verlag, Wiesbaden und München 1981
© Roswitha Grasshoff.

JOHANN GEORG GREFLINGER (um 1620– um 1677)

    An eine sehr häßliche Jungfrau 101

In: Der Neue Conrady. Das große deutsche Gedichtbuch. Hrsg. von Karl Otto
Conrady. Patmos Verlag, Düsseldorf und Zürich 2000.

FRANZ GRILLPARZER (1791–1872)

    (1) Der Geschichtforscher 301
    (2) Das Rechte und Schlechte 304
    (3) Jahrmarkt 380
    (4) Abschied von der Hofbibliothek 452

F.G.: Sämtliche Werke. Hrsg. von Peter Frank und Karl Pörnbacher. 1. Band:
Gedichte, Epigramme, Dramen I. Carl Hanser Verlag 1961 – 1965.

DURS GRÜNBEIN (*1962)

    (1) Ein Mann in Belgien 635
    (2) Mit einer roten Zipfelmütze 775

D.G.: Den Teuren Toten. 33 Epitaphe. © 1994 Suhrkamp, Frankfurt am Main.

ANDREAS GRYPHIUS (d.i. Andreas Greif) (1616–1664)

    (1) An Jolinden 42
    (2) Auf Flaccillam 103
    (3) An Cajam 105

A.G.: Gesamtausgabe der deutschsprachigen Werke in 15 Bänden. Hrsg. von
Marian Szyrocki und Hugh Powell. Niemeyer Verlag, Tübingen 1963–1983.

THOMAS GSELLA (*1958)

T. G.: Materialien zur Kritik Leonardo DiCaprios und andere Gedichte. © 1999 Eichborn Verlag, Frankfurt am Main.

JOHANN CHRISTIAN GÜNTHER (1695–1732)

J. C. G.: Gesammelte Gedichte. Hrsg. von Herbert Heckmann. Hanser Verlag, München und Wien 1981.

PETER HACKS (1928–2003)

P. H.: Werke in 15 Bänden. Band 1: Die Gedichte. © 2003 Eulenspiegel Verlag, Berlin.

GISBERT HAEFS (*1950)

In: Dorn im Ohr. Das lästige Liedermacher-Buch. Hrsg. von Bernhard Lassahn. Diogenes Verlag, Zürich 1982 © Gisbert Haefs.

PETER HÄRTLING (*1933)

P. H.: Gesammelte Werke. Hrsg. von Klaus Siblewski. Band 8: Gedichte. © 1999 Verlag Kiepenheuer & Witsch, Köln.

FRIEDRICH VON HAGEDORN (1708–1754)

(1) Arist und Suffen 134
(2) Der ordentliche Hausstand 195

F. v. H.: Sämmtliche poetische Werke in 3 Theilen. Hrsg. von Albrecht von Haller und Johann Peter Uz. Bohn Verlag, Hamburg 1757.

FERDINAND HARDEKOPF (1876–1954)

Zwiegespräch 739

F. H.: Wir Gespenster. Dichtungen. Hrsg. von Ingrid Heinrich-Jost und Wilfried F. Schoeller © 1963, 2004 Arche Verlag, Zürich - Hamburg.

LUDWIG HARIG (*1927)

(1) Stille Dialektik 115
(2) Um Kopf und Kragen 602
(3) Auftakt 619
(4) Ins Nichts 620
(5) Komm, Boris 623

L. H.: Hundert Gedichte. Alexandrinische Sonette, Terzinen, Couplets und andere Verse in strenger Form. Carl Hanser Verlag, München und Wien 1988 © Ludwig Harig (1).
Ders. in: Der Raben-Kalender auf das Jahr 1987, Haffmans Verlag, Zürich 1986 © Ludwig Harig (2).
Ders. in: Jahrbuch der Lyrik 2000. Verlag C. H. Beck, München 1999 © Ludwig Harig (3, 4).
Ders. in: »Die Zeit« Nr. 52 vom 22.12.1989 © Ludwig Harig (5).

GEORG PHILIPP HARSDÖRFFER (1607–1658)

(1) Die Einfalt 186
(2) Ehr', Reh 350
(3) Freude des Geizes 520

G. P. H.: Werke in 8 Theilen. Nürnberg: W. Endter 1644–1649.

HARALD HARTUNG (*1932)

(1) Er wäre gern böse gewesen 13
(2) Mobilat 111
(3) Man höre 200
Aus: Burbanks Paris
    (4) Den Fahrplan konnte ich nicht lesen 263
    (5) Du möchtest eigene Fische schuppen 263
(6) Im Louvre lieb ich die Kopisten 580
(7) Satura 755

H. H.: Langsamer träumen. © 2002 Carl Hanser Verlag, München und Wien (1, 2, 3, 7).
Ders.: Jahre mit Windrad. © 1996 Steidl Verlag, Göttingen (4 - 6).

FRIEDRICH HEBBEL (1813–1863)

(1) Neue Liebe 29
(2) Vorwärts 86
(3) Auf Manchen 422
(4) Niederländische Schule 574
(5) Parabel 777

F. H.: Gedichte. Gesammt-Ausgabe, stark vermehrt und verbessert. Verlag der
Cotta'schen Buchhandlung, Stuttgart 1857.

JOHANN PETER HEBEL (1760–1826)

Der allzeit vergnügte Tabakraucher 682

J. P. H.: Alemannische Gedichte. Hrsg. von Wilhelm Zentner. Verlag Philipp
Reclam jun., Stuttgart 1960.

HEINRICH HEINE (1797–1856)

(1) Aus: Emma 56
(2) Mythologie 70
(3) Auf meiner Herzliebsten Äugelein 72
(4) Das Fräulein stand am Meere 79
(5) Den König Wiswamitra 87
(6) Unterwelt 209
(7) Himmel grau und wochentäglich 288

H. H.: Werke und Briefe in 10 Bänden. Hrsg. von Hans Kaufmann. Band 1, 2: Gedichte. Aufbau-Verlag, Berlin und Weimar 1972.

ECKHARD HENSCHEID (*1941)

E. H.: An krummen Wegen. Gedichte und Anverwandtes. Haffmans Verlag, Zürich 1994 © Eckhard Henscheid

KERSTIN HENSEL (*1961)

K. H.: Schlaraffenzucht. Luchterhand Literaturverlag, Frankfurt am Main 1990 © Kerstin Hensel (2).
Dies.: Bahnhof verstehen. Gedichte 1995–2000. © 2001 Luchterhand Literaturverlag, München, einem Unternehmen der Verlagsgruppe Random House (1).

MAX HERRMANN-NEISSE (d.i. Max Herrmann) (1886–1941)

M. H.-N.: Gedichte 1 - 4. © 1986 – 87 Zweitausendeins, Frankfurt am Main.

GEORG HERWEGH (1817–1875)

G. H.: Herweghs Werke in 3 Teilen. Hrsg. von Hermann Tardel. 1. Teil: Gedichte eines Lebendigen. Deutsches Verlagshaus Bong & Co. Berlin, Leipzig, Wien, Stuttgart o.J.

HERMANN HESSE (1877–1962)

H. H.: Die Gedichte 1892 – 1962. 2. Band. Neu eingerichtet und um Gedichte aus dem Nachlaß erweitert von Volker Michels © 1953, 1977 Suhrkamp Verlag, Frankfurt am Main.

FRANZ HESSEL (1880–1941)

F. H.: Sämtliche Werke. Hrsg. von Hartmut Vollmer und Bernd Witte. Band 4: Lyrik und Dramatik. © 1999 Igel Verlag, Oldenburg.

GEORG HEYM (1887–1912)

G. H.: Dichtungen und Schriften. Hrsg. von Karl Ludwig Schneider. Band 1: Lyrik. Ellermann Verlag, Hamburg 1964.

PAUL HEYSE (1830–1914)

P. H.: Werke. Hrsg. von Bernhard Knick, Johanna Knick, Hildegard Korth. 1. Band. Insel Verlag, Frankfurt am Main 1980.

PETER HILLE (1854–1904)

    (1) Hymnus der Dummen 356
    (2) Aus: Ansichtskarten-Verse 474
    (3) Für höhere Töchter 683

P. H.: Gesammelte Werke in 4 Bänden. Hrsg. von seinen Freunden. Eingeleitet von Julius Hart. Berlin: Schuster & Loeffler 1916.

WOLFGANG HILDESHEIMER (1916–1991)

    (1) Anatomie 663
    (2) Mary Stuart 793
    (3) Absage 804

W.H.: Gesammelte Werke in 7 Bänden. Hrsg. von Christiaan Lucas Hart Nibbrig und Volker Jehle. Band 7: Vermischte Schriften. © 1991 Suhrkamp Verlag, Frankfurt am Main.

JAKOB VAN HODDIS (d.i. Hans Davidsohn) (1887–1942)

    (1) Ach! 27
    (2) Ich sah dich auf dem Maskenballe 69
    (3) Weltende 377

J.v.H.: Gedichte. Hrsg. von Regina Nörtemann. Luchterhand Literaturverlag, Frankfurt am Main 1990. © 2004 Jakob van Hoddis Erbengemeinschaft.

FRANZ HODJAK (*1944)

    (1) Mythos 382
    (2) mythos 708

F. H.: Ankunft Konjunktiv. © 1997 Suhrkamp Verlag, Frankfurt am Main (1). Ders.: Siebenbürgische Sprechübung. © 1990 Suhrkamp Verlag, Frankfurt a. M. (2).

LUDWIG CHRISTOPH HEINRICH HÖLTY (1748–1776)

    (1) Stax 21
    (2) Der Misogyn 60

L. C. H. H.: Sämtliche Werke. Hrsg. von Wilhelm Michael. 1. Band. Gesellschaft der Bibliophilen, Weimar 1914.

CHRISTIAN HOFFMANN VON HOFFMANNSWALDAU
(1617–1679)

  (1) Schertz-lied 18
  (2) Augen / brüste 37
  (3) Auff eine Nonne 710

C. H. v. H: Gesammelte Werke in 3 Bänden. Nachdruck der Ausgabe: Fellgibel,
Breslau 1679. Hrsg. von Franz Heiduk. Hildesheim: Olms 1984–1993.

ULRICH HOLBEIN (*1953)

  Die gute Tat 611

In: Der Rabe. Magazin für jede Art von Literatur. Hrsg. von Gerd Haffmans.
Nr. 40, Zürich 1994 © Ulrich Holbein.

ARNO HOLZ (1863–1929)

  (1) Zu den drei Nymphen 58
  (2) Et altera pars! 375
  (3) Die deutsche Dichtkunst 438
  (4) Die achte Todsünde 459
  (5) Einem Kritiker 471
  (6) Selbstporträt 502
  (7) Ganz recht! 627
  (8) An Neunundneunzig von Hundert 629
  (9) Religionsphilosophie 728
  (10) Einem Fortschrittsleugner 751

A. H.: Buch der Zeit. Lieder eines Modernen. In: Werke in 7 Bänden. Hrsg. von
Wilhelm Emrich und Anita Holz. 5. Band: Das Buch der Zeit, Dafnis, Kunst-
theoretische Schriften. Luchterhand Verlag, Neuwied-Berlin 1962.

KARL IMMERMANN (1796–1840)

  (1) Der Kammerherr 336
  (2) Das schreibende Haus 423
  (3) Dilettanten 470
  (4) Allegorie 546
  (5) Die säuselnden Lüfte 675

K. I.: Werke in 5 Bänden. Hrsg. von Benno von Wiese. 1. Band: Gedichte, Erzählungen, Tulifäntchen, Kritische Schriften. Athenäum Verlag, Frankfurt am Main 1971.

STEFFEN JACOBS (*1968)

S. J.: Angebot freundlicher Übernahme. Gerd Haffmans bei Zweitausendeins © 2002 Zweitausendeins, Frankfurt am Main.

OTTO JÄGERSBERG (*1942)

O. J.: Wein Liebe Vaterland. © 1985 Diogenes Verlag, Zürich.

ERNST JANDL (1925–2000)

E. J.: Ernst Jandl, Poetische Werke. Hrsg. von Klaus Siblewski. © 1997 Luchterhand Literaturverlag, München, einem Unternehmen der Verlagsgruppe Random House.

ABRAHAM GOTTHELF KÄSTNER (1719–1800)

A. G. K.: Gesammelte Poetische und Prosaische Schönwissenschaftliche Werke. Erster Theil. Bei Theod. Christ. Fried. Enslin, Berlin 1841.

ERICH KÄSTNER (1899–1974)

E. K.: Zeitgenossen, haufenweise. Werke, hrsg. von Franz Josef Görtz. Band 1: Gedichte. Hrsg. von Harald Hartung in Zusammenarbeit mit Nicola Brinkmann.

1998 Carl Hanser Verlag, München und Wien 1998 © Atrium Verlag, Zürich (1, 3, 4, 6 - 20).

Ders.: Wir sind so frei. Werke, hrsg. von Franz Josef Görtz. Band 2: Chanson, Kabarett, Kleine Prosa. Hrsg. von Hermann Kurzke in Zusammenarbeit mit Lena Kurzke . © 1998 Atrium Verlag, Zürich (5).

Ders.: Eintritt frei! Kinder die Hälfte! Werke hrsg. von Franz Josef Görtz. Band II: Romane für Kinder II. Hrsg. von Franz Josef Görtz in Zusammenarbeit mit Anja Johann © 1998, 2004 Atrium Verlag, Zürich (2).

HEINZ KAHLAU (*1931)

H. K.: Bögen. Ausgewählte Gedichte 1950-1980. © 1976 Aufbau-Verlag, Berlin und Weimar (1, 2).

Ders.: Querholz. Sinn- und Unsinnsgedichte. © 1989 Aufbau-Verlag, Berlin und Weimar (3).

MASCHA KALÉKO (1907–1975)

M. K.: In meinen Träumen läutet es Sturm. Gedichte und Epigramme aus dem Nachlaß. © 1977 Deutscher Taschenbuch Verlag, München (2, 3, 4, 6).

Dies.: Horoskop gefällig? Verse in Dur und Moll. Hrsg. von Hilde Arnold. arani-Verlag, Berlin 1979 © Gisela Zoch-Westphal (5).

Dies.: Die paar leuchtenden Jahre. © 2003 Deutscher Taschenbuch Verlag, München (7, 8).

Dies.: Das lyrische Stenogrammheft. Kleines Lesebuch für Große. © 1956 Rowohlt Taschenbuch Verlag, Hamburg (1).

NORBERT C. KASER (1947–1978)

    (1) meinung 255
    (2) zeitwandel 714

CÉSAR KEISER (*1925)

    Drei Limericks:
        (1) Da gab's einen Herrn aus Ascona 259
        (2) Da hatte ein Herr aus den Anden 259
        (3) Da vermißte ein Herr in La Spezia 259

GOTTFRIED KELLER (1819–1890)

    (1) Regina 52
    (2) Champagner 375
    (3) Majorität 376
    (4) Den Dichter seht, der immerdar erzählt 446
    (5) Ein Goethe-Philister 469
    Aus: Gaselen
        (6) O Mädchen! gestern quälte mich ein Christ 733

JUSTINUS KERNER (1786–1862)

    (1) Der Zopf im Kopfe 303
    (2) Ein Spruch 354
    (3) Spindelmanns Rezension eines Buchs 471
    (4) Unter ein lithographiertes Bild von mir 512
    (5) Lust stürmischen Wetters 561
    (6) Spindelmanns Rezension der Gegend 689

KARIN KIWUS (*1942)

K. K.: Von beiden Seiten der Gegenwart. © 1976 Suhrkamp Verlag, Frankfurt a. M.

KLABUND (d. i. Alfred Henschke) (1890–1928)

K.: Sämtliche Werke. Band 1 (2 Teile): Lyrik. Hrsg. von Ramazan Sen. Editions Rodopi, Amsterdam und Atlanta 1998.

HEINRICH VON KLEIST (1777–1811)

H. v. K.: Sämtliche Werke und Briefe in 2 Bänden. Band 1. Hrsg. von Helmut Sembdner. Carl Hanser Verlag, München 1952.

BARBARA MARIA KLOOS (*1958)

B. M. K.: Solo. R. Piper Verlag, München 1986 © Barbara Maria Kloos (2).
Dies. in: Literarischer März 6. Lyrik unserer Zeit. Hrsg. von Fritz Deppert, Hanne F. Juritz, Karl Krolow. Paul List Verlag, München 1989 © Barbara Maria Kloos (1).

MATTHIAS KOEPPEL (*1937)

    (1) Nebul 15
    (2) Treye 96
    (3) Rottwoin 117
    (4) Stullwegganck 656

M. K.: Starckdeutsch. Sämtliche Gedichte. Dritte erweiterte Auflage. Edition Kleber, Berlin 1980. © Matthias Koeppel.

UWE KOLBE (*1957)

    (1) Vermutung über Birmingham 1997 92
    (2) Was hab ich noch nachzuholen 254

U. K.: Vineta. © 1998 Suhrkamp Verlag, Frankfurt am Main.

JAN KONEFFKE (*1960)

    Locklied 67

In: Das Gedicht. Zeitschrift für Lyrik, Essay und Kritik. Hrsg. von Anton G. Leitner. Nr. 8: Erotik-Special. © Jan Koneffke.

AUGUST KOPISCH (1799–1853)

    (1) Der unangenehme Wein 117
    (2) Dummheit 355
    (3) Das verbotene Fluchen 719

A. K.: Gesammelte Werke. Erster Band. Weidmannsche Buchhandlung, Berlin 1856.

KARL ARNOLD KORTUM (1745–1824)

    Vater und Sohn 225

Wilhelm Busch: Bilder zur Jobsiade. Bassermann, München 1908.

THEODOR KRAMER (1897–1958)

Festliche Mahlzeit 161

T. K.: Gesammelte Gedichte, Band 3. Hrsg. von Erwin Chvojka. © 1997 Paul Zsolnay Verlag, Wien.

KARL KRAUS (1874–1936)

(1) Sexus und Eros 75
(2) Verkehrte Götterwelt 313
(3) Expansion 326
(4) Burgtheater-Tradition 346
(5) Gerüchte 348
(6) Der Widerspruch 519
(7) Ehrendoktorate 747

K. K.: Worte in Versen. Werke 7. Hrsg. von Heinrich Fischer. © 1959 Suhrkamp Verlag, Frankfurt am Main.

URSULA KRECHEL (*1947)

(1) Hoden und Haben 46
(2) Mahlzeit 489

U. K.: Kakaoblau. Residenz Verlag, Salzburg und Wien 1989 © Ursula Krechel.

VOLKER KRIEGEL (1943–2003)

(1) Wie sich das nackte Schaf mal schwer gehenließ 120
(2) Eines Abends in Aix-en-Provence 579

V. K.: Manchmal ist es besser, man sagt gar nix. Haffmans Verlag, Zürich 1998. © Ev Kriegel.

JAMES KRÜSS (1926–1997)

(1) Die Ballade von Henry und den achtzehn Tanten 223
(2) Der Bär und die Ameisen 310
(3) Jung Siegfried 598

J. K.: Mein Urgroßvater, die Helden und ich. © 2001 James-Krüss-Erbgemeinschaft, Frau Rickmers-Liebau.

GÜNTER KUNERT (*1929)

(1) In Kansas City 409
(2) Hymnik 667

G. K.: Gedichte. Philipp Reclam jun., Stuttgart 1987.
Ders.: So und nicht anders. Ausgewählte und neue Gedichte © 2002 Carl Hanser
Verlag, München und Wien.

AUGUST FRIEDRICH ERNST LANGBEIN (1757–1835)

(1) Der Adler und die Schnecke 336
(2) Die lange Predigt 709

A. F. E. L.: Anthologie aus den Gedichten von A. F. E. Langbein. Cabinets-Biblio-
thek der Deutschen Classiker. Neue Folge, Vier und fünfzigstes Bändchen. Druck
und Verlag vom Bibliographischen Institut, Hildburghausen und New-York 1831.

BERNHARD LASSAHN (*1951)

Ode an Boris 621

In: Der Rabe. Magazin für jede Art von Literatur. Hrsg. von Gerd Haffmans.
Nr. 17, Zürich 1987. Jetzt in: Der letzte Cowboy. Pendragon Verlag, Bielefeld 2004
© Bernhard Lassahn.

ERNST LEHMANN (1886–1937)

Der Epigon 686

In: Aus dem Ärmel geschüttelt. Fast 1001 Schüttelreime. Hrsg. von Wendelin
Überzwerch. J. Engelhorns Nachf. Adolf Spemann, Stuttgart 1935.

ANTON G. LEITNER (*1961)

Menschen, Fress er 35

A. G. L.: Das Meer tropft aus dem Hahn. Fließ, Blätter 1998 – 2001. Lyrikedition
2000, BoD-Verlag, München 2002 © Anton G. Leitner.

NIKOLAUS LENAU
(d. i. Nikolaus Franz Niembsch, Edler von Strehlenau, 1802 –1850)

(1) Ein offener Wald 473
(2) Der falsche Freund 539

N. L.: Sämtliche Werke in 2 Bänden. Einleitung von H. Löbner. 1. Band: Gedichte, Lyrische Nachlese. Th. Knaur Nachf., Berlin - Leipzig 1906.

GOTTHOLD EPHRAIM LESSING (1729–1781)

G. E. L: Werke in 8 Bänden. Hrsg. von Herbert G. Göpfert. Band 1. Carl Hanser Verlag, München 1970.

REINHARD LETTAU (1929–1996)

R. L.: Gedichte. Carl Hanser Verlag, München 1968 © Reinhard Lettau Erbengemeinschaft.

DAGMAR LEUPOLD (*1955)

(1) Imperative, Fragen 75
(2) Aus dem Fenster 398

D. L.: Byrons Feldbett. S. Fischer Verlag, Frankfurt a. M. 2001 © Dagmar Leupold.

GEORG CHRISTOPH LICHTENBERG (1742–1799)

(1) Die Amazone 38
(2) Die Champagner-Bouteille im Kühlfaß 138
(3) Opim und Nachbar Seip 197
(4) Geburtstagslied für den Sohn Wilhelm 227
(5) Der Seelenarzt zu N. an seine Gemeinde 771

G. C. L.: Schriften und Briefe. Hrsg. von Wolfgang Promies. 3. Band: Aufsätze, Entwürfe, Gedichte, Erklärung der Hogarthischen Kupferstiche. Carl Hanser Verlag, München 1972.

ALFRED LICHTENSTEIN (1889–1914)

(1) Kunos Nachtlied 61
(2) Erotisches Variété 89
(3) Kientoppbildchen 590
(4) Frühling 676

A. L.: Gesammelte Gedichte. Hrsg. von K. Kanzog, Verlag der Arche, Zürich 1962.

DETLEV VON LILIENCRON (1844–1909)

(1) Der Handkuß 202
(2) Dichterlos in Kamtschatka 448

D. v. L.: Gesammelte Werke in 8 Bänden. Hrsg. von Richard Dehmel. Band 2, 3: Gedichte. Schuster & Loeffler, Berlin 1922.

HERMANN LÖNS (1866–1914)

(1) Lebensregel 339
(2) Der Wundermann 769

H. L.: Sämtliche Werke in 8 Bänden. Hrsg. von Friedrich Castelle. Band 1: Gedichte. Hesse & Becker, Leipzig 1923.

FRIEDRICH VON LOGAU (1604–1655)

F. v. L.: Salomons von Golaw deutscher Sinn-Getichte drei Tausend. In Verlegung Caspar Kloßmanns, Breslau 1654.
Ders.: 336 Sinn=Gedichte. Erlesen, erklärt und benachwortet von Werner Schmitz. Haffmans Verlag, Zürich 1989.

TILL R. LOHMEYER (*1950)

In: Der ganze kleine Rabe Nr. o. Hrsg. von Gerd Haffmans. Zweitausendeins, Frankfurt am Main 2003 © Till R. Lohmeyer.

PETER MAIWALD (*1946)

P. M.: Springinsfeld. © 1992 S. Fischer Verlag, Frankfurt am Main. (3, 4)
Ders.: Lebenszeichen. © 1997 S. Fischer Verlag, Frankfurt am Main (2).
Ders.: Guter Dinge. © 1987 Deutsche Verlags-Anstalt, Stuttgart (1).

RAINER MALKOWSKI (1939–2003)

R. M.: Ein Tag für Impressionisten und andere Gedichte. © 1994 Suhrkamp Verlag, Frankfurt am Main.

THOMAS MANN (1875–1955)

Als Sachsens Marschall einst 43

T. M.: Buddenbrooks. © 1901 S. Fischer Verlag, Berlin, jetzt Frankfurt am Main.

AXEL MARQUARDT (*1943)

(1) Hail to thee Snitzel! 143
(2) Reisevorbereitungen 247
(3) Probleme beim Reimen und ihre Überwindung 496
(4) Romantik und so 684
(5) Rede an den altbösen Feind 786

A. M.: Standbein Spielbein. Haffmans Verlag, Zürich 1989. Jetzt in: A. M.: Was bisher geschah. Alle Mach-, Lach- & Meisterwerke © 2008 Haffmans Verlag bei Zweitausendeins.

KURT MARTI (*1921)

(1) es war eine gute ehe 211
(2) suburbia 328

K. M.: Kurt Marti: leichenreden. Mit einem Vorwort von Peter Bichsel. © 2001 Nagel & Kimche im Hanser Verlag, München - Wien (1).
Ders: republikanische gedichte. Luchterhand Literaturverlag, Neuwied und Berlin 1971 © Kurt Marti (2).

WALTER MEHRING (1896–1981)

(1) Ihr Bananenrohköstler 314
(2) Die Aasgeier und der Klapperstorch 397

W. M.: Staatenlos im Nirgendwo. Die Gedichte, Lieder und Chansons 1933–1974. Hrsg. von Christoph Buchwald. Claasen Verlag, Düsseldorf 1981 © List Ullstein Econ, München (1).
Ders.: Chronik der Lustbarkeiten. Die Gedichte, Lieder und Chansons 1918–1933. Hrsg. von Christoph Buchwald. © 1981 Claasen Verlag, Düsseldorf 1981 © List Ullstein Econ, München (2).

ERNST MEISTER (1911–1979)

Hundeasyl (oder: The Bell) 487

E. M.: Unveröffentlichte Gedichte. © 1999 J. P. Wallmann, Münster.

JOHANN BURCHARD MENCKE (1674–1732)

    (1) Die beschwerliche Nase 15
    (2) Epitaphium einer dürren Nonne 710

In: Ignaz Hub (Hrsg.), Die deutsche komische und humoristische Dichtung seit Beginn des XVI. Jahrhunderts. Band 1. Verlag der Ebner'schen Buchhandlung, Nürnberg 1854.

KARL MICKEL (1935–2000)

    (1) Die Friedensfeier 406
    (2) Ode nach Horaz II/13 652

K. M.: Vita nova mea. Mein neues Leben. © 1966 Aufbau Verlag, Berlin & Weimar (1). Ders.: Eisenzeit. Mitteldeutscher Verlag, Halle 1975 © Carla Lehmann (2).

KLAUS MODICK (*1951)

    Kurze Hymne auf Donald 583

In: Der Rabe. Magazin für jede Art von Literatur. Hrsg. von Gerd Haffmans. Nr. 8. Zürich 1984 © Klaus Modick

EDUARD MÖRIKE (1804–1875)

    (1) Zur Warnung 135
    (2) Bei einer Trauung 185
    (3) Die Visite 547
    (4) Restauration 665
    (5) Pastoralerfahrung 708
    (6) Auf ein Ei geschrieben 757

E. M.: Sämtliche Gedichte. Hrsg. von Bernhard Zeller. Insel Verlag, Frankfurt am Main und Leipzig 2001.

CHRISTIAN MORGENSTERN (1871–1914)

    (1) Der Hecht 142
    (2) Das Böhmische Dorf 248
    (3) Sprachstudien 258
    (4) Zäzilie 330
    (5) Die beiden Esel 359

C. M.: Die Galgenlieder. Hrsg. von Gerd Haffmans. Gerd Haffmans bei Zweitausendeins. Frankfurt am Main 2005.

ERICH MÜHSAM (1878–1934)

E. M.: Gedichte. Hrsg. von Günther Emig. Verlag europäische ideen, Berlin 1983.

MYNONA (d. i. Salomon Friedlaender) (1871–1946)

    (1) In alte Schläuche taugt kein neuer Wein 440
    (2) Das Leben hatte mich arg durchgewalkt 774
    (3) Der heitre Greis trinkt gern Kamillentee 779

In: Manfred Kuxdorf, Die Lyrik Salomo Friedlaender / Mynonas Traum, Parodie und Weltverbesserung. Verlag Peter Lang, Frankfurt am Main 1990. © Hartmut Geerken.

ROBERT NEUMANN (1897–1975)

    (1) Ein Sohn, etwas frühreif, schreibt an
        Frau Großhennig 431
    (2) Die Wunderstunde 685
    (3) Schleim 662

R. N.: Die Parodien. Verlag Kurt Desch, München 1962.

WOLFGANG NEUSS (1923–1989)

    (1) Gereimte Destruktion 317
    (2) Das Beste 382

W. N.: Der totale Neuss. Gesammelte Werke. Hrsg. von Volker Kühn. © 1997 Rogner & Bernhard, Hamburg, bei Zweitausendeins, Frankfurt am Main.

ALEXANDER NITZBERG (*1969)

    Eros 69

A. N.: Getrocknete Ohren. © 1996 Grupello Verlag, Düsseldorf.

HELLMUTH OPITZ (*1959)

    (1) Weißglut 532
    (2) Hut ab 793

H. O.: Engel im Herbst mit Orangen. © 1996 Pendragon Verlag, Bielefeld.

MARTIN OPITZ (1597–1639)

    (1) Im Fall die Zeit die Schönheit ganz vertreibet 103
    (2) Auff den Philopompus 338

(3) Traum eines Geizigen 520

M. O.: Gesammelte Werke. Hrsg. von George Schulz-Behrens. Bibliothek des literarischen Vereins in Stuttgart 1968 ff.

OSKAR PASTIOR (*1927)

(1) how many mumifizz and goist 145
(2) triftig o du o triftig 257

O. P.: sonetburger. Rainer Verlag, Berlin 1983 © Oskar Pastior.

DIRK VON PETERSDORFF (*1966)

(1) Es ist aus, 479
(2) Bert telefoniert mit einer Banane 608

D. v. P.: Wie es weitergeht. Gedichte. © 1992 S. Fischer Verlag, Frankfurt a. M. (1).
Ders.: Bekenntnisse und Postkarten. © 1998 S. Fischer Verlag, Frankfurt a. M. (2).

BERND PFARR (1958–2004)
     Das Nashorn 644

In: Der Rabe. Magazin für jede Art von Literatur. Hrsg. von Gerd Haffmans. Nr. 30, mit weiteren Nashorn-Gedichten von Arnfrid Astel, F. W. Bernstein, Brösel, F. C, Delius, Bernd Eilert, Robert Gernhardt, Eckhard Henscheid, Franz Hohler, Elfriede Jelinek, Yaak Karsunke, Peter Knorr, James Krüss, Jürgen Lodemann, Chlodwig Poth, Otfried Preussler, Christa Reinig, Gerhard Seyfried, Hans Traxler, Tomi Ungerer, Otto Waalkes, Hans Wollschläger, Freimut Wössner und Peter Paul Zahl, Zürich 1991 © Bernd Pfarr.

GOTTLIEB CONRAD PFEFFEL (1736 – 1809)

(1) Die Maden 373
(2) Der Abt und der Noviz 716

G. C. P.: Poetische Versuche. 5. Theil. In der J. G. Cotta'schen Buchhandlung. Tübingen 1803.

RICHARD PIETRASS (*1946)

(1) Der Vorabend 109
(2) Das Abendmahl 410

R. P.: Schattenwirtschaft. © 1990 Faber & Faber Verlag, Leipzig (1).
Ders.: Die Gewichte. Hundert Gedichte. © 2001 Langewiesche-Brandt, Ebenhausen bei München (2).

Die Gedichte des Grafen A. v. P. Hrsg. von R. Schlösser. Leipzig 1910.

M. P.: Jenseits von Wurst und Käse. 44 Gedichte. Luchterhand Literaturverlag, München 1995 © Matthias Politycki (1, 2, 5).
Ders.: Ratschlag zum Verzehr der Seidenraupe. 66 Gedichte. © 2003 Hoffmann und Campe Verlag, Hamburg (3, 4).

R. P.: vierundvierzig gedichte. Werkausgabe Band 1. Hrsg. von Ferdinand Schmatz. © 1978 Literaturverlag Droschl. Graz-Wien.

H. Q.: Brettl vorm Kopf und andere Texte fürs Kabarett. Werkausgabe Band 2. Hrsg. von Traugott Krischke. © 1996 Franz Deuticke Verlagsgesellschaft, Wien.

© Anna Real.

In: Ignaz Hub (Hrsg.), Die deutsche komische und humoristische Dichtung seit Beginn des XVI. Jahrhunderts. Band 3. Verlag der Ebner'schen Buchhandlung. Nürnberg 1866.

KARL RIHA (*1935)

K. R.: nicht alle fische sind vögel. gedichte und gedichtgedichte. Machwerk Verlag, Siegen 1981 © Karl Riha (2, 3).
Ders.: Was ist mit mir heute los? Moritaten, Sonette, Short Poems. 1994 Anabas-Verlag, Frankfurt am Main 1994 © Karl Riha (1, 4).

JOACHIM RINGELNATZ (d. i. Hans Bötticher) (1883–1934)

J. R.: Die Gedichte. Hrsg. von Fritz & Katinka Eycken mit Jakob Winter.
© 2005 Gerd Haffmans bei Zweitausendeins.

LUDWIG ROBERT (1778–1832)

     Publikum 465

L. R.: Gedichte. Tübingen 1820.

HERBERT ROSENDORFER (*1934)

     (1) Lyrische Lebensregeln 522
     (2) Der Gott, der Eisen wachsen ließ 726

In: Das Gedicht. Zeitschrift für Lyrik, Essay und Kritik. Hrsg. von Anton
G. Leitner. Nr. 9: Himmel und Hölle. © Herbert Rosendorfer.

THOMAS ROSENLÖCHER (*1947)

     (1) An die Zahnbürste 650
     (2) An die Klopapierrolle 656
     (3) An die Seife 659
     (4) Dreißigstes Jahr 766

T. R.: Ich sitze in Sachsen und schau in den Schnee. 77 Gedichte. © 1998 Suhrkamp
Verlag, Frankfurt am Main.

EUGEN ROTH (1895–1976)

     (1) Reiskur 157
     (2) Der Abschied 252
     (3) Trümpfe 290
     (4) Daheimbleiben 296
     (5) Der Rezensent 471
     (6) Bescheidenheit 518
     (7) Das Zauberwort 535
     (8) Angstträume 738
     (9) Heilschlaf 773
    (10) Einbildung 781

E. R.: Heiter und nachdenklich. Verse, Gedichte, Anekdoten. Carl Hanser Verlag,
München und Wien 1979 © Dr. Eugen Roth Erben (2 - 5, 7, 9, 10).
Ders.: Das Eugen Roth Buch. Carl Hanser Verlag, München 1966 © Dr. Eugen
Roth Erben (1, 6, 8).

RALF ROTHMANN (*1953)

    (1) Mit der Brille auf der Nase 26
    (2) Nie wieder Paris 265

R. R.: Kratzer und andere Gedichte. © 1987 Suhrkamp Verlag, Frankfurt am Main.

HARRY ROWOHLT (*1945)

    Gebet des Nashorns 644
    Auf wacht das Nashorn 645

Abdruck mit freundlicher Genehmigung des Autors. © 2005 Harry Rowohlt.

LUDWIG RUBINER (1881–1920)
FRIEDRICH EISENLOHR (1889–1954)
LIVINGSTONE HAHN (1887/88 – um 1960)

    (1) Die Texasbahn 606
    (2) Das Kriminal-Sonett 609

L. R., F. E., L. H.: Kriminalsonette. Scherz Verlag, Stuttgart-Bern-Wien 1962.

FRIEDRICH RÜCKERT (1788–1866)

    (1) Perrücke und Brille 302
    (2) Grammatische Deutschheit 383
    (3) Dichterehe 434
    (4) Das Lachen 556

F. R.: Gedichte. Sauerländer, Frankfurt am Main 1841.

GERHARD RÜHM (*1930)

    (1) mein steckenpferd 36
    (2) dar wein 131
    (3) hasen-ode 398
    (4) sonett 442
    (5) wer in der sahara 521
    (6) seelsorge 715

G. R.: Gesammelte Gedichte und Visuelle Texte. Rowohlt Verlag, Reinbek bei Hamburg 1970 © Gerhard Rühm (2, 4, 5).
Ders.: Geschlechterdings. Chansons, Romanzen, Gedichte. Rowohlt Verlag, Reinbek bei Hamburg 1990 © Gerhard Rühm (1, 3).

Ders. in: Über den Atlas gebeugt. Jahrbuch der Lyrik 2000. Hrsg. von Christoph Buchwald und Raoul Schrott. C. H. Beck Verlag, München 1999 © Gerhard Rühm (6).

PETER RÜHMKORF (1929–2008)

P. R.: Wenn – aber dann. Vorletzte Gedichte. © 1999 Rowohlt Verlag, Reinbek bei Hamburg (1 - 3, 5, 7, 10).
Ders.: Gedichte. Werke 1. Hrsg. von Bernd Rauschenbach. © 1959 – 2000 Rowohlt Verlag, Reinbek bei Hamburg (4, 6, 8, 9).

AXEL SANJOSÉ (*1960)

In: »Titanic«. Das endgültige Satiremagazin Nr. 8, 2003 © Axel Sanjosé.

PAUL SCHEERBART (1863–1915)

P. S.: Katerpoesie und Mopsiade. Eulenspiegel Verlag, Berlin 1978.

JOSEPH VIKTOR VON SCHEFFEL (1826–1886)

J. V. v. S.: Gaudeamus. Lieder aus dem Engeren und Weiteren. Erweiterte Ausgabe letzter Hand. Adolf Bonz & Comp. Stuttgart 1886.

FRIEDRICH SCHILLER (1759–1805)

F. S.: Werke in 4 Bänden. Hrsg. von J. G. Fischer. Band 1: Gedichte. Verlag von Eduard Hallberger. Stuttgart und Leipzig 1877.

AUGUST WILHELM SCHLEGEL (1767–1845)

A. W. S.: Poetische Werke. Hrsg. von Eduard Böcking. Dritte, sehr vermehrte Ausgabe. Zweiter Theil, 4.-7. Buch. Weidmann'sche Buchhandlung, Leipzig 1846.

FRIEDRICH SCHLEGEL (1772–1829)

F. S.: Sämmtliche Werke in 15 Bänden. Verlag Ignaz Klang, Wien 1845–1846.

ARTHUR SCHOPENHAUER (1788–1860)

(1) Auf die Gothaer Philister 340

(2) Gebet eines Skeptikers 718

Gedichte von an über Schopenhauer. Hrsg. von Arthur Hübscher. Mit Zeichnungen von F.W. Bernstein, Bettina v. Bülow, Almut Gernhardt, Robert Gernhardt, Tatjana Hauptmann, Loriot, Peter Neugebauer, Chlodwig Poth, Hilke Raddatz, F.K.Waechter u.a. Haffmans Verlag, Zürich 1984.

CHRISTIAN FRIEDRICH DANIEL SCHUBART (1739–1791)

(1) Toleranz 91

(2) Der Lebenssatte 210

(3) An Dudeldum 696

C. F. D. S.: Sämmtliche Gedichte in 3 Bänden. Hrsg. von W. E. Weber. Joh. Christ. Hermann'sche Buchhandlung, Frankfurt am Main 1829.

FRANK SCHULZ (*1957)

Die Glucke 190

F. S.: Kolks blonde Bräute. Eine Art Heimatroman. Haffmans Verlag, Zürich 1991. NA: Gerd Haffmans bei Zweitausendeins. Frankfurt am Main 2004. © 2002 Eichborn Verlag, Frankfurt am Main.

KURT SCHWITTERS (1887–1948)

(1) Da sprach der Herr: Wieso 11

(2) Kleines Gedicht für große Stotterer 486

(3) Der Zigarette Ende 794

K. S.: Das literarische Werk. Hrsg. von Friedhelm Lach. Band 1: Lyrik. © 1973 Verlag M. DuMont Schauberg, Köln.

HEINRICH SEIDEL (1842–1906)

(1) Auf eine Nase 129

(2) Grausames Schicksal 151

(3) Erinnerung 157

(4) Das Buch aus der Leihbibliothek 426

(5) Die schlimme Sorte 552

H. S.: Gedichte. Gesamtausgabe. J.G.Cotta'sche Buchhandlung Nachfolger, Stuttgart und Berlin 1903.

SITA STEEN (*1919)

    Ein Glied von Schillers Locke 507

S.T.: Mit dem Kopfe geschüttelt. Deut. Verlags-Anstalt, Stuttgart 1991 © Sita Steen.

MICHAEL STEIN (*1952)

    Rein kommen sie immer 649

In: Der Rabe. Magazin für jede Art von Literatur. Hrsg. von Gerd Haffmans. Nr. 38, Zürich 1993 © Michael Stein.

THEODOR STORM (1817–1888)

    (1) Aus der Marsch 307
    (2) Der Beamte 335
    (3) Der Lump 527
    (4) Gesegnete Mahlzeit 716
    (5) Stoßseufzer 724

T.S.: Gesammelte Werke in 6 Bänden. Hrsg. von Hans A. Neunzig.. Band 1: Gedichte, Märchen und Spukgeschichten. Nymphenburger Verlagshandlung, München 1981.

RUDI STRAHL (1931–2001)

    (1) Drei Feststellungen ohne eigentl. Zusammenhang 96
    (2) Einer jungen und hübschen Lyrikerin
        ins Poesie-Album 683

R.S.: Eine Wendeltreppe in den blauen Himmel. Eulenspiegel Verlag, Berlin 1981 © Alice Strahl.

LOTHAR THIEL (*1953)

    (1) einladung 158
    (2) gans wi du wilsd 478

In: Ausreichend lichte Erklärung. Jahrbuch der Lyrik 1998/99. Hrsg. von Christoph Buchwald und Marcel Beyer. C. H. Beck Verlag, München 1998 © Lothar Thiel (2).
Ders. in: Über den Atlas gebeugt. Jahrbuch der Lyrik 2000. Hrsg. von Christoph Buchwald und Raoul Schrott. C. H. Beck Verlag, München 1999 © Lothar Thiel (1).

L.T.: Gesammelte Werke. Band 6: Romane und Ausgewählte Gedichte. Piper Verlag, München 1968.

L.T.: Gedichte, Zweiter Theil, Verlag P. G. Hilscher, Dresden 1821. Nachdruck mit einem Nachwort von G. Kluge. Heidelberg 1967.

V.v.T.: Im Lande Vogelfrei. Gesammelte Gedichte. © 1981 Verlag Klaus Wagenbach, Berlin.

H.T.: German Poems. Edition Nautilus. © 1999 Verlag Lutz Schulenburg, Hamburg.

(5) Die Mütze des Poeten 467
(6) Kopf hoch 788

H.-U.T.: Liebe Not. © 1986 Suhrkamp Verlag, Frankfurt am Main (1, 2, 3, 6).
Ders.: Der einzige Gast. © 1994 Suhrkamp Verlag, Frankfurt am Main (4).
Ders.: Ein Restposten Zukunft. Edition Neue Wege, Berlin 1979. © Suhrkamp Verlag, Frankfurt am Main (5).

DANIEL WILHELM TRILLER (1695–1782)

Das trunkene Weib 137

In: Ignaz Hub (Hrsg.), Die deutsche komische und humoristische Dichtung seit Beginn des XVI. Jahrhunderts. Band 2. Verlag der Ebner'schen Buchhandlung, Leipzig 1846.

JOHANNES TROJAN (1837–1915)

(1) Männerlied 118
(2) Vom Stoffwechsel 141
(3) Der Geldpunkt 234
(4) Die greulichen Kerle 550

J.T.: Neue Scherzgedichte. 3. Auflage. J.G. Cotta'sche Buchhandlung Nachfolger, Stuttgart und Berlin 1916 (1, 3, 4).
Ders. in: Wahrmut Meyer. Sei mir gegrüßt, mein Sauerkraut. Gedichte und Lieder vom Essen und Trinken. Süddeutsche Verlagsanstalt, Ludwigsburg 1984 (2).

FRIDOLIN TSCHUDI (1912–1966)

Steckbrief 95

Zuerst in der »Weltwoche« vom 27.7.1958. Wieder in: »Die Weltwoche« – Extrablatt zum Jubiläum »70 Jahre Weltwoche«, Nr. 47, 2003.
In F.T.: Wer lacht lebt länger. © Paul Rothenhäusler Verlag, Stäfa.

KURT TUCHOLSKY (1890–1935)

(1) Versunkenes Träumen 39
(2) Wider die Liebe 88
(3) Wie mans macht 213
(4) Immer raus mit der Mutter 261
(5) Luftveränderung 274
(6) Die Seriösen 316
(7) Das Ideal 325

K.T.: Gesammelte Werke in drei Bänden. Hrsg. von Mary Gerold-Tucholsky. Zweitausendeins, Frankfurt am Main 2005.

WENDELIN ÜBERZWERCH (d. i. Karl Fuß) (1903–1962)

W. Ü. (Hrsg.): Aus dem Ärmel geschüttelt. Fast 1001 Schüttelreime. J. Engelhorns Nachf. Adolf Spemann, Stuttgart 1935.

LUDWIG UHLAND (1787–1862)

L. U.: Werke in 2 Bänden. Hrsg. von Hartmut Fröschle und Walter Scheffler. Band 1: Sämtliche Gedichte. Winkler Verlag. München 1980.

REINHARD UMBACH (*1954)

In: Der Rabe. Magazin für jede Art von Literatur. Hrsg. von Gerd Haffmans. Nr. 5, Zürich 1984 © Reinhard Umbach.

KARL VALENTIN   (d. i. Valentin Ludwig Fey) (1882–1948)

    (1) Rezept zum komischen Salat 151
    (2) Das futuristische Couplet 577
    (3) Die vier Jahreszeiten 668
    (4) Die Loreley 692

K.V.: Gesammelte Werke in einem Band. Hrsg. von Michael Schulte. Lizenzausgabe für Zweitausendeins, Frankfurt am Main. © 1985 R. Piper Verlag, München.

SYBIL VOLKS   (*1965)

    Kusskuss 16

© Sybil Volks.

JOHANN HEINRICH VOSS   (1751–1826)

    (1) Die Spinnerin 28
    (2) Sprachanmerkung 198
    (3) Klingsonate 286
          I. Grave 286
          II. Scherzando 286
          III. Maestoso 286
    (4) Stand und Würde 337
    (5) An Goethe 439
    (6) Der gewesene Dichter 446
    (7) An Priap 475

J. H.V.: Sämtliche Gedichte. Auswahl der letzt. Hand. Immanuel Müller, Leipzig 1833.

ROBERT WALSER   (1878–1956)

    Literatur 503

R.W.: Das Gesamtwerk in 14 Bänden. Hrsg. von Jochen Greven. Band 11: Gedichte und Dramolette. Hrsg. von Robert Mächler. © 1971 Suhrkamp Verlag, Frankfurt a. M.

PETER WAWERZINEK   (*1954)

    Was Mottek sagt, sagt Mottek nicht 408

P.W.: Es war einmal… Parodien zur DDR-Literatur. Unabhängige Verlagsbuchhandlung Ackerstraße, Berlin 1990 © Peter Wawerzinek.

GEORG RODOLF WECKHERLIN (1584–1653)

   (1) Einer zänkischen Frau 211

   (2) Alters eigenschaften 801

G. R. W.: Gedichte in 3 Bänden. Hrsg. von Hermann Fischer. Literarischer Verein, Tübingen 1894.

FRANK WEDEKIND (1864–1918)

   (1) Stallknecht und Viehmagd 17

   (2) Zwiegespräch 31

   (3) Morgenstimmung 87

   (4) Allbesiegerin Liebe 94

   (5) Xanthippe 209

   (6) Der Tantenmörder 222

   (7) Der Zoologe von Berlin 332

   (8) Der Gefangene 513

   (9) Das Lied vom armen Kind 591

F. W.: Gesammelte Werke in 8 Bänden. Band 8: Lyrik, Versespik, erzählende Prosa. Georg Müller Verlag, München 1920.

ERICH WEINERT (1890–1953)

   (1) Sommerfrischler 269

   (2) Wie reimt sich das? 378

   (3) Der Führer 394

   (4) Autorenabend in Berlin W 464

   (5) Nichtöffentliche Ärgernisse 536

E. W.: Gesammelte Gedichte in 7 Bänden. Hrsg. von der Akademie der Künste der Deutschen Demokratischen Republik unter Mitarbeit von Li Weinert, Bruno Kaiser, Edith Zenker. © 1969–1987 Aufbau-Verlag, Berlin und Weimar.
Band 2: Gedichte 1926–1927 © Aufbau-Verlag, Berlin und Weimar 1970 (1, 2, 4, 5).
Band 6: Gedichte 1941–1953 © Aufbau-Verlag, Berlin und Weimar 1976 (3).

FRANZ WERFEL (1890–1945)

   Konzert einer Klavierlehrerin 699

F. W.: Das lyrische Werk. Hrsg. von Adolf D. Klarmann. © 1967 S. Fischer Verlag, Frankfurt am Main.

WOLF WONDRATSCHEK (*1943)

    (1) Hände weg, du Arschloch! 40
    (2) Angenehm diese Wohnung 539
    (3) Uns trennen Welten 541

W.W.: Gedichte / Lieder. Zweitausendeins, Frankfurt am Main 2003 © Wolf Wondratschek (1, 2).
Erstveröffentlichung © 2004 Wolf Wondratschek (3).

BEAT ZWICKY (*1965)

    (1) Zerfall 418
    (2) Irgendetwas holpert in meinem Vers 495
    (3) Geheimnis 647

Aus dem Rondo: »Blut, Schweiz und Tränen«. In: Der Rabe. Magazin für jede Art von Literatur. Hrsg. von Gerd Haffmans Nr. 32, Zürich 1992 © Beat Zwicky.

REGISTER DER GEDICHTANFÄNGE
und -*überschriften*

HAFFMANS VERLAG
BEI ZWEITAUSENDEINS

ARTHUR SCHOPENHAUER.
  Eristische Dialektik oder Die Kunst, Recht zu behalten.

Das SCHOPENHAUER EinLeseBuch.

FRANK SCHULZ. Kolks blonde Bräute.

FRANK SCHULZ. Kolks blonde Bräute. 7 CDs oder 1 MP-3.

FRANK SCHULZ. Morbus fonticuli oder Die Sehnsucht des Laien.

FRANK SCHULZ. Das Ouzo-Orakel.

FRANK SCHULZ. Die Hagener Trilogie.

FRANK SCHULZ. Naturlyrik, Anfängerkurs.

DAVID SEDARIS. Gute-Nackt-Geschichten.

WILLIAM SHAKESPEAREs Theatralische Werke.

LINDA VERHAELEN. Mein Leben als Schlampe.

LINDA VERHAELEN. Das Leben als Zumutung.

JOSEPH von WESTPHALEN.
  Zur Phänomenologie des arbeitenden Weibes.

OSCAR WILDE. Werke in 5 Bänden.

OSCAR WILDE. Die Märchen.

OSCAR WILDE – EIN LEBEN IN SCHÖNHEIT. CD.

WÖRTERBUCH Schweizerdeutsch – Deutsch.

DAS WÜSTE WILDE WEIHNACHTSBUCH.

DER RABE – Magazin für jede Art von Literatur. Der Rabe 65.

DER RABEN-KALENDER. Für jeden Tag im Jahr 2009.

www.Zweitausendeins.de